JN434415

러시아 지방연구 I

중앙연방지구

경희대학교 러시아지역연구팀

KHUP 경희대학교 출판국

이 책은 지난 2년 동안 경희대학교 러시아지역연구팀이
수행해 온 연구의 성과물이다.

이 책은 2002년도 학술진흥재단의 지원에 의하여 연구되었음
(KRF-2002-072-BS2072)

목차

머리말

오늘날 국제사회는 빠르고 복잡하게 변화하고 있다. 이런 변화가 우리에게 한편으로는 불확실한 환경에 대응해야 하기에 도전이고, 다른 한편으로는 20세기의 부정적인 정체성을 극복하고 발전할 수 있는 기회가 될 수 있다. 역사적으로 한국의 운명은 지정학적인 특성으로 인해 종종 외부환경에 의해 결정되곤 했다. 그 과정에서 우리 자신이 부정되고 왜곡되면서 부정적인 정체성(minus identity)이 형성되었다. 이제 우리는 20세기 후반부터 형성되고 있는 새로운 국제환경에서 부정적인 정체성을 극복하고 새로운 발전을 모색할 수 있는 기회를 갖게 되었다.

최근 한국과 러시아간 교류가 다방면에 걸쳐 확대, 발전되고 있다. 이런 측면은 한반도 발전에 중요한 의미를 지니고 있다. 20세기의 한반도 운명에 결정적인 영향을 미쳤고, 향후 한반도에 중요한 영향을 미치는 나라가 러시아이다. 국권상실과정, 남북분단과정, 냉전체계에서 러시아적 요소는 우리에게 부정적이었지만 앞으로 러시아적 요소는 긍정적인 측면에서 한국의 발전에 중요한 역할을 할 것으로 기대된다. 한국과 러시아의 관계가 상호의존적으로 발전할 가능성이 매우 크기 때문이다.

냉전이후 우리의 국가발전전략 수립 과정에서 러시아의 정치적, 안보적, 경제적 측면이 중요한 역할을 하고 있다. 우리의 생존뿐만 아니라 발전적 측면에서도 러시아적 요소가 존재한다. 러시아는 한국의 국가안보 및 남북관계에도 적지 않은 영향을 미칠 수 있는 국가이며, 세계의 자원, 환경의 보고이며, 유라시아 물류의 통로이다. 나아가 유라시아 대륙과 태평양 세력을 연결시키는 교량적 위치의 활용이 우리 국가발전 전략의 주요개념으로 대두되고 있기 때문에 러시아와의 관계는 한국에 있어서 중요하다.

역사적으로 한국과 러시아의 관계는 150여년 전으로 거슬러 올라간다. 부정적이든 긍정적이든 양국관계가 확대됨으로써 그에 대한 연구도 적지 않게 진행되어 왔다. 각론적인 수준의 연구뿐만 아니라 점차 종합적인 연구도 시도되고 있다. 그렇지만 대부분의 연구가 중앙수준에서 진행됨으로써 러시아의 전체상을 이해하는데 한계가 있었다. 이런 경향은 중앙의 통제적 차원, 중앙집권적인 국가주도 차원에서 사회현상을 이해하려는 근대적 패러

다임과 관련된다고 볼 수 있다.

러시아 지방 수준에서의 연구 필요성을 두 가지 측면에서 살펴 볼 수가 있다. 세계화, 지방화 추세라는 보편적인 측면과 러시아의 특수적인 측면에서 러시아의 지방에 대한 이해가 필요한 시점이다. 오늘날 보편적 측면에서 지구촌의 시대가 도래 하고 있다. 근대이후 국가라는 개념으로 통일되었던 영역이 한편으로는 지방화(localization), 다른 한편으로는 세계화(globalization)로 인해 서서히 약화되어 가고 있다. 탈근대, 탈냉전, 세계화 경향이 대두되면서 지방은 중앙을 거치지 않고 세계와 접촉하게 되었다. 즉 이런 세방화(glocalization)과정에서는 근대적 국민국가의 영역 못지않게 지방의 영역이 주요하게 대두되고 있다. 한편 특수적 측면은 러시아 국가성 형성과 관련하여 제기되고 있는 러시아 지방화 경향이다. 소련 붕괴 후 러시아연방이 해체위기를 맞으면서 국가권력의 수직적 배분과정이 러시아 정치의 주요요소가 되었다. 러시아 국가성의 형성 과정에서 지방의 영역 및 중앙과 지방의 관계는 본질적이게 되었다.

러시아 헌법에 따르면 러시아는 공화국 통치형태의 연방제 국가로서 연방은 다양한 권리를 갖는 러시아 연방 주체들로 구성되어 있다. 러시아에는 89개 연방 구성주체가 있으며, 주체는 21개 공화국(республика), 49개 주(область), 6개 변강주(край), 2개 연방시(город федерального значения), 1개 자치주(автономная область), 10개 자치구(автономный округ)로 규정된다. 러시아의 연방조약(Федеративный Договор)과 연방헌법에 따르면 러시아의 연방체계는 2가지 원칙, 민족원칙 (национально-территориальный)과 지역원칙(административно-территориальный)에 근거하고 있다. 89개 주체로 구성되어 있는 행정체제는 다시 7개 연방지구로 묶여져 기능적 측면에서 중앙의 통제를 받고 있다. 연방지구에는 중앙에서 파견한 대표가 행정을 총괄하는 형태를 띠고 있다. 이는 구소련 붕괴 이후 제대로 작동을 하지 않고 있는 국가관리 체제를 회복하기 위한 시도이다.

러시아에서 연방을 구성하는 단위(支邦)인 'субъект(主體)'는 지방(地方)을 뜻하는 'регион(region)'과 동의어로 사용되고 있다. 일반적으로 지방 이라는 개념에는 다양한 의미가 함축되어 있다. '지방'이라는 개념은 강한 위계를 전제하며 항상 '중앙'과 대비되어 사용되면서 중앙과 대비되는 '주변부 지역', '농촌', '발전되지 않은 지역'등의 의미를 내포하고 있다. 여기서 '지방'과 '지역'이라는 개념은 종종 혼용되어 사용된다. '지역 활성화'와 같은 관용적인 표현이 있는가 하면 문화적인 측면에서 '지방'이라는 용어가 사용되기도 한다. 러시아에서 정치적, 경제적, 사회적 부분에서 지방(地方)이라는 용어는 본래의 지방(地方)과 연방의 구성단위인 지방(支邦)과 혼용되어 사용된다. 이는 러시아에서의 지방화(регионализация)의 경향은 근본적으로 연방 주체와 관련되기 때문이다. 따라서 중앙-지방의 관계, 지방자치, 지방정부, 지방엘리트(региональная элита), 지방선거(региональные выборы)와 같은 경우 '지방'이라는 용어가 러시아연방을 구성하는 지방 즉 러시아의 연방주체(субъект Российской Федерации)를 의미한다. 하지만 러시아 헌법에 따르면 지방자치(местное самоуправление)는 연방주체 이하인 지방행정 단위, 즉 도시, 농촌거주지역과 기타 구역에 해당한다.

본 연구는 러시아 '공간'의 지방적 특성에 대한 총체적 분석을 목적으로 한다. 러시아 '공간' 및 '공간'간 관계에 대한 보다 정확한 분석은 사회과학, 자연과학간의 학제 간 연계 하에서 가능할 것이다. 그런데 학제 간(interdisciplinary) 연구에서 진행된 주제도(主題圖)의 분석은 별도의 방법론에 근거하기에 그 한계점이 있다. 따라서 본 연구는 이런 한계점을 극복하기 위하여 기존의 요소 환원주의(reductionism)적 연구방법에 의하여 도출된 자료를 복잡성(complexity) 패러다임으로 범위를 재구성하여 러시아 지방의 특성들을 파악하고자 한다.

경희대학교 러시아지역연구팀은 2002년부터 학술진흥재단의 지원 하에 연구의 공간적 범주로서 러시아 지방에 대한 연구를 수행하고 있다. 지난 2년간 본 연구팀은 러시아 지방특성에 대한 분야별 자료조사를 위해 러시아 현지를 방문하고 3차례 세미나를 거쳤다. 1단계 연구는 분야별 연구방법에 근거하여 각 지방의 특성을 파악하는 것이다. 즉 보편으로 분해 및 분석(解析)하는 귀납적 일반화(inductive generalization)단계이다. 1차적으로 구조적인 子시스템(89개 연방주체)은 기능적인 分시스템으로 고찰된다. 에너지를 중심개념으로 하는 자연시스템, 권력을 중심개념으로 하는 사회시스템, 정보를 중심개념으로 하는 문화시스템이 분석의 국면, 즉 분 시스템이 된다.

자연시스템 관계항목은 토양, 기후, 지형, 자원; 사회시스템 관계항목은 역사, 생활환경, 경제, 교통, 산업, 정치과정, 정치형태, 선거경향; 문화시스템 관계항목은 언어, 종교, 세계관, 신화, 의례, 정체성, 표현상징군 등으로 열거할 수 있다. 이 단계에서 중요한 것은 요소환원주의 (reductionism)적 방법으로 경험적인 자료를 수집하여 분류하는 것이다. 이런 분류체계는 '왜(why)'에 대한 설명(explanation)보다는 'what(무엇)'에 대해 '기술(description)'하게 된다. 이 자료들은 일반화된 관념들을 상호 제약 하에 둠으로써 실재세계에 대한 하나의 합리적 해석체계를 구축하는 '기술적 일반화(descriptive generalization)', 즉 일반화된 모델을 구체적이고 특수한 영역에 적용하여 '결과'의 해석보다는 '과정'의 성격을 항상 새롭게 해석하게 되는 '유비적 일반화(analogical generalization)'를 위한 첫 단계 작업이다.

공동연구의 1단계 작업을 마무리하면서 러시아 지방연구 시리즈를 출간하고자 한다. 시리즈는 이미 구획된 러시아 지역의 연방지구를 기준으로 하여 총 7권으로 구성된다. 이 시리즈는 지방특성의 이해에 있어서 필수적인 기초 자료를 제공할 것이다. 이 공동연구를 시작한지 2년이라는 시간이 흘렀다. 짧은 시간에 다양한 전공자들이 공통 주제로 연구하는 과정에서 많은 어려움도 있었지만, 소박하나마 결실을 보게 되었다. 이 연구가 러시아의 이해와 연구, 특히 러시아 지방연구에 도움이 되기를 기대한다. 아울러 연구시리즈 출판을 맡아 준 경희대학교 출판국에게 감사드린다.

러시아 지역연구팀
연구책임자 권 세 은

일러두기

1. 러시아어 고유명사의 한글표기

러시아어 고유명사를 한글로 표기할 때, 가능하면 원어민의 발음과 유사하게 표기하되 다음과 같은 원칙을 유지한다.

1) 모음표기:

- 모음약화는 허용하지 않는다.

  예: Ростов-на-Дону 로스또프 나 도누

- 모음 'е'는 자음 뒤에서는 'ㅔ', 음절의 맨 앞과 'ь', 'ъ', 다른 모음 및 'ш', 'щ'뒤에서는 'ㅖ'로 표기한다.

  예: Липецк - 리뻬쯔크, Екатеринбург - 예까쩨린부르크, Грибоедов - 그리보예도프, Ингушетия - 인구셰찌야

- 모음 'ы'는 'ㅣ' 로 표기한다.

  예: Тыва - 띠바

2) 자음표기

- 된소리를 허용하며 자음동화를 반영한다.

  예: Татарстан - 따따르스딴, Новгород - 노브고로트

  그러나 Ленинград(레닌그라드)처럼 우리 사회에 고착화되어 사용되는 표현은 그대로 둔다.

- 자음 'п', 'т', 'к'는 모음 앞에서는 'ㅃ', 'ㄸ', 'ㄲ'로, 공명음 앞에서는 'ㄲ', 'ㄸ', 'ㅃ'로 표기하고, 어말이나 장애음 앞에서는 'ㅍ', 'ㅌ', 'ㅋ'로 표기한다.

  예: Пенза - 뻰자, Казань - 까잔, Красноярск - 끄라스노야르스크, Брянск - 브랸스크

- 자음 'б', 'д', 'г'는 모음 앞에서는 'ㅂ', 'ㄷ', 'ㄱ'로, 다른 유성음 앞에서는 'ㄱ', 'ㄷ', 'ㅂ'로 표기하고, 어말이나 장애음 앞에서는 무성음화를 적용하여 'ㅍ', 'ㅌ', 'ㅋ'로 표기했다.

예: Бай кал - 바이깔, Дон - 돈, Гагарин - 가가린, Брянск - 브랸스크

- 자음 'с'는 모음 앞에서는 'ㅆ', 다른 자음 앞이나 어말에서는 'ㅅ'로 표기한다.

  예: Саранск - 싸란스크, Ставрополь - 스따브로뽈

- 자음 'з'는 모음 앞에서는 'ㅈ', 다른 자음 앞에서는 'ㅈ', 어말이나 무성음화가 일어나는 곳에서는 'ㅅ' 로 표기한다.

  예: Загорск - 자고르스크, Берёзовский - 베료조프스끼, Кавказ - 까프까스

2. 연방 주체 명칭 표기

1) 러시아 주체 명칭에 대한 다양한 표기가 있지만 다음과 같이 통일한다.
   республика - 공화국; область - 주; край - 변강주;
   город федерального значения - 연방시; автономная область - 자치주; автономный округ - 자치구.

2) 민족단위로 구성된 연방주체(공화국, 자치주, 자치구)의 명칭은 고유의 명칭을 그대로 유지한다.
   예: Республика Татарстан - 따따르스딴 공화국,
   Республика Саха(Якутия) - 싸하(야꾸찌야) 공화국

3) 민족단위가 아닌 연방주체의 명칭은 주도의 명칭을 사용한다.
   예: Читинская область - 치따주, Пензенская область - 뻰자주,
   Ленинградская область - 레닌그라드주

4) 연해 변강주(Приморский край)나 유태인 자치주(Еврей ская автономная область)처럼 이미 고착화되어 사용되는 경우는 그대로 유지한다.

중앙연방지구 개관

중앙연방지구는 벨고로트, 브랸스크, 블라지미르, 보로네슈, 이바노보, 깔루가, 꼬스뜨로마, 꾸르스크, 리뻬쯔크, 모스크바, 오룔, 랴잔, 스몰렌스크, 땀보프, 뜨베리, 뚤라, 야로슬라블 등 17개 주와 모스크바 연방시 등 총 18개 연방주체로 구성되어 있으며, 중심지는 모스크바(Москва) 연방시이고 대통령 전권대표는 게오르기 세르게예비치 뽈따프첸꼬(Георгий Сергеевич Полтавченко)이다. 중앙지구의 총 면적은 65만 2천 800㎢로서 러시아 전체 면적의 3.8%를 차지한다. 인구는 3천 7백 14만 2천 300명으로 러시아 인구의 25.5%를 차지한다(2000년 기준). 인구밀도는 ㎢당 56.9명이다. 중앙연방지구에는 총 300개의 도시가 있고 이 중 주요도시로서는 다음과 같다: 모스크바 (Москва), 보로네슈(Воронеж), 야로슬라블(Ярославль), 랴잔(Рязань), 뚤라(Тула), 리뻬쯔크(Липецк), 이바노보(Иваново), 브랸스크(Брянск), 뜨베리(Тверь), 꾸르스크(Курск).

러시아의 심장부로서 중앙-유럽 러시아가 위치하고 있는 중앙지구는 중앙지역과 중앙-흑토지역의 2개의 경제권으로 나뉜다. 역사상 이곳은 봉건군주제가 모스크바를 중심으로 중앙집권화가 이루어지고 지리상 교통의 요지로서 소련과 러시아의 국민경제 중심지로 발달했다. 러시아 전체 경제기반의 1/4, 산업 생산의 1/5, 농업 생산의 1/4, 과학기술 인력의 1/2을 담당하고 있는바, 인구와 모든 경제 지표상으로 절대적 우위를 차지하고 있다. 또한 러시아 기계설비의 1/3, 경공업의 1/3, 화학공업의 1/4, 철강 공업의 1/5이 집중되어 있는 지역으로 생산과 시장의 인프라 구축이 잘 형성되어 있다.

러시아 연방의 수도인 모스크바시는 기간산업, 과학기술, 교역과 재정, 교육, 문화의 중심지로 많은 은행과 대기업, 외국기업의 대표부들이 있다. 인구는 모스크바시와 모스크바주, 보로네슈주, 뚤라주, 블라지미르주, 야로슬라블주, 브랸스크주, 벨고로트주 순으로 많으며 ㎢당 인구밀도는 모스크바시와 모스크바주의 300명으로부터 꼬스뜨로마주의 13명으로까지 그 편차가 심하다. 중앙경제지구는 도시집중화가 심한 반면 중앙-흑토경제지구는 상대적으로 도시화가 덜 되어 있다. 블라지미르, 이바노보, 모스크바, 뚤라, 야로슬라블주에는 80% 이상의 주민이 도시에 살고 있으며 땀보프, 꾸르스크, 보로네슈,

오룔주에는 65% 이하의 주민이 도시에 거주하고 있다. 모스크바시 주위에는 5만에서 20만 명의 시민이 거주하는 30개의 시가 있다. 모스크바시 다음으로 인구 규모상 대도시는 보로네쉬(90만), 야로슬라블(60만), 랴잔, 리뻬쯔크, 뚤라(각 50만)이다.

러시아 연방

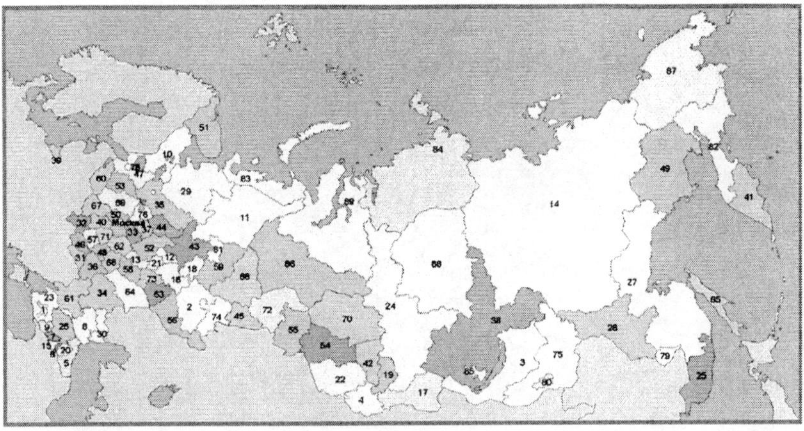

1. 아디게야 공화국 2. 바슈꼬르또스딴 공화국 3. 부랴찌야 공화국 4. 알따이 공화국 5. 다게스딴 공화국
6. 인구셰찌야 공화국 7. 까바르드-발까리야공화국 8. 깔미끼야 공화국 9. 까라차이-체르께씨야 공화국
10. 까렐리야 공화국 11. 꼬미 공화국 12. 마리 엘 공화국 13. 모르도비야 공화국 14. 싸하 (야꾸찌야)공화국
15. 북 오쎄찌야 공화국 16. 따따르스딴 공화국 17. 띠바 공화국 18. 우드무르찌야 공화국 19. 하까씨야 공화국
20. 체첸 공화국 21. 추바시야 공화국 22. 알따이 변강주 23. 끄라스노다르 변강주 24. 끄라스노야르스크 변강주
25. 연해 변강주 26. 스따브로뽈 변강주 27. 하바로프스크 변강주 28. 아무르주 29. 아르한겔스크주
30. 아스뜨라한주 31. 벨고로트주 32. 브랸스크주 33. 블라지미르주 34. 볼고그라트주 35. 볼로그다주
36. 보로네슈주 37. 이바노보주 38. 이르꾸쯔크주 39. 깔리닌그라트주 40. 깔루가주 41. 깜차트까주
42. 꼐메로보주 43. 끼로프주 44. 꼬스뜨로마주 45. 꾸르간주 46. 꾸르스크주 47. 레닌그라드주
48. 리뻬쯔크주 49. 마가단주 50. 모스크바주 51. 무르만스크주 52. 니제고로트주 53. 노브고로트주
54. 노보씨비르스크주 55. 옴스크주 56. 오렌부르크주 57. 오룔주 58. 뻰자주 59. 뻬름주 60. 프스꼬프주
61. 로스또프주 62. 랴잔주 63. 싸마라주 64. 싸라또프주 65. 싸할린주 66. 스베르들로프스크주
67. 스몰렌스크주 68. 땀보프주 69. 뜨베리주 70. 똠스크주 71. 뚤라주 72. 쭈멘주 73. 울리야노프스크주
74. 첼랴빈스크주 75. 치따주 76. 야로슬라블주 77. 모스크바 연방시 78. 쌍트 뻬쩨르부르크 연방시
79. 유태인 자치주 80. 아가-부랴찌야 자치구 81. 꼬미-뻬르먀크 자치구 82. 꼬랴크 자치구 83. 네네쯔 자치구
84. 따이미르(돌가노-네네쯔) 자치구 85. 우스찌-오르다 부랴찌야 자치구 86. 한띠-만씨스크 자치구
87. 추꼬트까 자치구 88. 에벤크 자치구 89. 야말-네네쯔 자치구

중앙연방지구

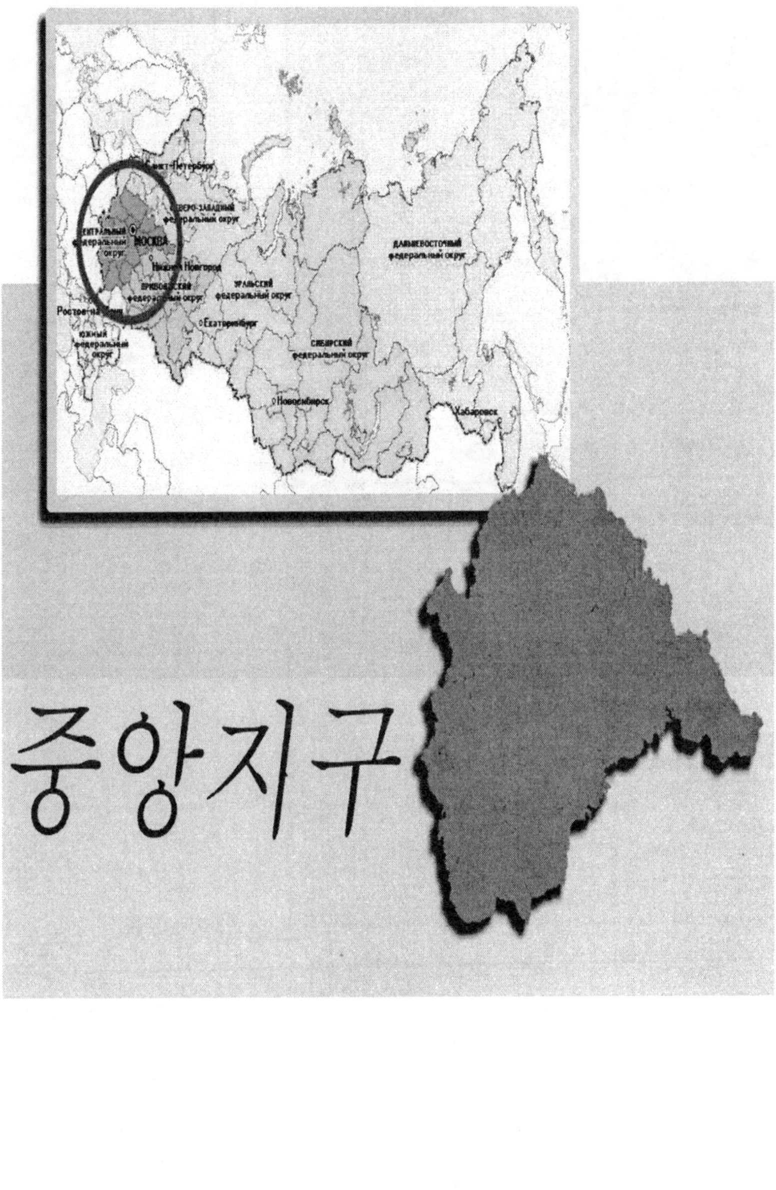

федеральный округ
МОСКВА
ДАЛЬНЕВОСТОЧНЫЙ
федеральный округ
УРАЛЬСКИЙ
федеральный округ
ЮЖНЫЙ
федеральный
округ
СИБИРСКИЙ
федеральный округ
Новосибирск
Хабаровск
중앙지구

깔루가주
Калужская Область

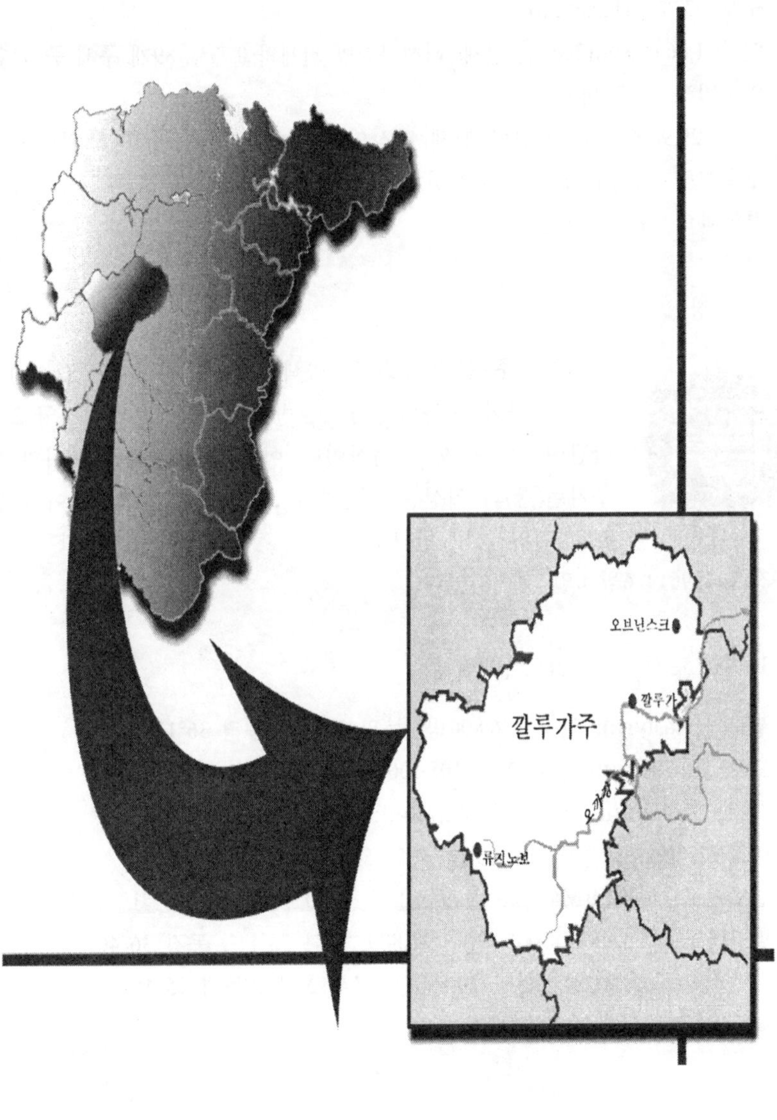

Ⅰ. 개황

1. 기초정보

주 성립일: 1944년 7월 5일.
주도: 깔루가(Калуга)
인구: 1,069,000명(2001년 현재: 러시아연방 전체의 0.73%; 89개 주체 중 52위)
인구밀도: 35.75명/㎢
면적: 29,900㎢(러시아연방 전체 면적의 0.18%; 89개 주체 중 68위)
소속지구: 중앙연방지구, 중앙경제지구
한국과의 시차: -6시간

2. 상징

깔루가주 문장

깔루가주 문장(紋章)은 녹색 방패에 은빛 파장(波長)의 띠와 왕관이 묘사되어 있고, 방패 위에는 보다 큰 규모의 왕관이 씌워져 있는 형상이다. 이 왕관은 19세기 당시의 깔루가현(懸)의 위상을 상징한다. 문장 주위는 안드레이 리본으로 엮인 금빛 참나무 잎사귀로 장식되어 있다. 깔루가주 문장은 1996년 6월 6일 채택되었다.

3. 주요도시(인구: 2002년 현재)

깔루가(Калуга): 인구 336,800명; 북위 54°32′, 동경 36°17′
오브닌스크(Обнинск): 인구 108,100명; 북위 55°6′, 동경 36°37′
류지노보(Людиново): 인구 42,700명; 북위 53°52′, 동경 34°27′
끼로프(Киров): 인구 40,300명; 북위 54°4′, 동경 34°19′
말로야로슬라베쯔(Малоярославец): 인구 30,300명; 북위 55°1′, 동경 36°18′
발라바노보(Балабаново): 인구 21,800; 북위 56°11′, 동경 36°40′
꼬젤스크(Козельск): 인구 20,600명; 북위 54°2′, 동경 35°46′

4. 주요 산업 및 농업

주의 주요 산업으로 기계제작, 금속가공(에너지산업, 교통 부문 기계제작, 공작기계, 기기, 기구제작), 임업, 목재가공업, 제지업(셀룰로스, 목재, 종이 생산), 경공업(섬유, 면방적업, 모, 아마, 봉재산업), 식료품산업 등이 발달했으며, 농업부문은 낙농업, 양돈, 양금, 식물 재배업 등이 발달했다.

Ⅱ. 자연환경

1. 지리적 위치와 구성

깔루가주는 24개 행정구, 18개 시, 14개 도시형 마을, 341개의 농촌마을로 구성되어 있으며, 러시아 유럽지역 중부, 중유럽 고지대 북서부에 위치하고 있다.

모스크바주, 뚤라주, 오룔주, 브랸스크주, 스몰렌스크주와 경계를 이룬다.

러시아 유럽지역 중앙, 중유럽 고지대 북서부에 위치하고 있는 깔루가주의 지표는 골짜기가 많은 강과 협곡이 많은 구릉진 평원으로 대표된다.

주요 하천은 오까(Ока)강과 그 지류인 우그라(Угра), 지즈드라(Жиздра), 쁘로뜨바(Протва)강 등이 있으며, 대부분 구불구불한 하상으로 인해 물의 흐름이 느리고 격차가 심하지 않다.

수도 깔루가시와 모스크바 간의 거리는 188㎞이다.

2. 기후조건

온난기후대, 대륙성 온난기후

1월 평균기온: -10℃

7월 평균기온: 17℃ ~ 18℃

연 강수량: 650㎜

식물 생장 기간: 130 ~ 135일

식생: 혼합림

토양: 부식성 염분회색토

삼림분포도: 43%

3. 주요 유용광물

갈탄, 이탄, 인회토, 트리폴리, 내화성 점토, 백악, 광물 염료, 석영모래 등의 다양한 형태의 모래와 점토, 치료용 광천수, 석회암 등의 산지로 유명하다. 제올라이트를 함유한 바위와 석영-해록석 모래, 금, 다이아몬드 등도 발견된다. 그밖에도 다양한 유용광물이 아직 개발되지 않은 채 남아 있다. 예를 들어 오브닌스크(Обнинск)시 주변에는 벽돌 제작용 진흙, 갈철광, 석회암, 식탁염 등이 미개발 상태로 남아있다.

주요 산지:

갈탄: 수히니치(Сухиничи), 끼로프(Киров)와 스빠스-제멘스크(Спас-Деменск) 사이.

인회토: 흐바스또비치 지역(이 지역에는 34개의 점토 산지가 있으며 그 매장량은 2억 2천만m^3에 달한다. 깔루가주의 점토는 러시아에서 발견되는 점토의 16%를 차지하고 있다).

Ⅲ. 정치시스템

1. 역사

깔루가시를 주도로 하는 깔루가주는 모스크바 남서쪽 170㎞ 지점에 있는 오까강 상류연안에 있다. 깔루가의 역사는 14세기부터 언급된다. 당시 깔루가는 주변의 팽창주의적 국가 앞에 놓여 있었다. 깔루가 북-동 루시의 연합은 루시국가가 따따르-몽골의 압제 및 폴란드-리투아니아 영주의 압제로부터 해방되는 것과 동시에 이루어졌다.

14세기 거의 모든 깔루가 땅이 리투아니아의 권력아래 놓여있었다. 메딘스꼬예, 모살스꼬예, 쥐즈드린스꼬예, 꼬젤스꼬예 공국을 포함하여 많은 공국이 리투아니아에 의해 점령되었다. 모스크바와 리투아니아를 나누는 경계는 오까와 우그르를 따라 나있었다. 심지어 깔루가로부터 15킬로미터에 있던 보로띤스크조차 리투아니아의 압제아래 있었다.

1371년 콘스탄티노플 총주교 필로페야에게 보내는 올게르트 게제미뇨비치 리투아니아 대공이 쓴 편지에서 깔루가에 대한 최초의 언급이 보여진다. 이 편지에서 대공은 러시아 대공 드미뜨리 이바노비치의 일련의 도시에 대한 침략에 대해 말하고 있다.

1380년 드미뜨리 이바노비치 대공은 킵차크한국 군대의 연속적인 침입에 반대하는 태도를 취했다. 리투아니아 권력아래 놓였던 많은 도시의 부대들이 대공의 러시아연합 군대로 편입되어 들어갔다. 이곳으로 뚜루사, 오볼렌스크, 보롭스크의 대공들과 함께 자원부대와 민간인 부대가 들어왔다. 리투아니아는 꿀리꼬프 평원의 전투에서 자신의 공후 표도르와 므스찌슬라프와 함께 마지막이 되었다.

결국 꿀리꼬프 평원에서의 승리 이후 드미뜨리 이바노비치는 킵차크한국을 블라지미르 대공이 관리하는 것을 인정하지 않았으며, 이를 자신의 아들 바실리 1세에게 상속영지로 넘겨주었다. 1389년 모스크바공국의 왕자 드미뜨리 돈스끼가 기록한 유언장에 깔루가가 최초로 언급되고 있다. 그후 깔루가 요새는 17세기까지 크림반도의 따따르인에 대한 모스크바공국의 전초기지였다.

혼란스럽고 불안한 시간의 종말은 깔루가 지역을 몰락과 붕괴로 유도했다. 1620년 1월 4일 황제 미하일 표도로비치의 은상(恩賞)증서에 따르면, 깔루가 주민들의 집과 소유지가 약탈당했으며 주민들은 몇년동안 납입해야 하는 금액으로부터의 해방을 황제에게 청하는 극도의 가난에 이르게 된다. 황제는 3년동안 면제혜택을 그들에게 주었다.

이때부터 깔루가는 회복의 기미를 보이기 시작했다. 1634년에는 러시아 국가의 도시들 가운데 12위의 경제력을 지니게 되었다. 러시아와 우크라이나의 재결합, 남부국경의 위치변경 등은 깔루가 지역의 발전에 긍정적인 영향을 주었다. 1681년까지 깔루가에는 1045개의 농장이 있었다. 이 시기에 도시에는 훌륭한 요새가 건설되었다. 외벽의 길이는 약 735미터에 달했고, 요새의 호(壕)위에는 12개의 탑이 설치되었다. 무역 또한 왕성하게 추진되었으며, 시장에서는 러시아인 및 외국상인들을 만날 수 있었다. 주요 러시아상인들은 곡물, 목재, 삼(大麻) 등을 거래했다. 이와 동시에 산업이 발전되었다. 1715년에 두그나에 제미도비(Демидовый Е.)에 의해 대규모 주물공장이 건립되었고, 1720년에는 깔루가로부터 멀지 않은 곳에 아마포공장이 들어서기도 했다. 1719에 모스크바현에 소속되는 깔루가 지방(провинция)이 구성되었다. 50년동안 깔루가의 인구는 급속도로 증가되었었다.

예까쩨리나 여제는 1775년 12월 15일 깔루가를 두번째 방문했다. 여제는 아마포공장을 시찰했다. 1776년 8월 24일 황제의 칙령에 따라 깔루가 지방은 현으로 승격되었다. 현은 12개의 향(уезд)을 포함하고 있으며, 73만 3천명의 인구를 갖고 있었다. 당시에 깔루가 자체 지역에만 해도 1만 7천명의 주민이 거주하고 있었다.

새로운 현의 최초의 지사로 끄레체뜨니꼬프(Кречетников М. Н.)가 임명되었다. 재임 기간에 그는 많은 개혁을 수행했다. 거대한 2층 및 3층 건물이 들어서기도 했고, 농촌의 낡은 건물이 아름답게 재건축되기도 했다. 1777년에는 도시에 최초의 극장이 생겼으며, 끄레체뜨니꼬프의 활동으로 인해 깔루가는 러시아의 가장 잘 정리된 도시들 중에서 하나로 손꼽히기도 했다.

1812년의 조국전쟁은 러시아에는 어려운 경제적 사건이었다. 특히 깔루가 현에 거주하는 주민들의 어려움은 매우 컸다. 쿠투조프의 지적에 따르면, "적의 침입의 절정"이었다. 현은 군부대를 위한 양식-식료품의 주요공급처였다. 1813년 깔루가에 장티프스가 발발하여 많은 어려움을 겪었다.

한차례 지나간 어려운 상황이 해결되면서, 지역주민들의 수는 점차적으로 증가되었다. 1857년까지 3만 2천명에 달했다. 그러나 무역과 산업생산은 발전되는 모습을 보이지 못했다.

1874년 12월 15일, 깔루가를 뚤라와 뱌지마로 연결시키는 철도가 개통되었다. 그러나 철도가 경제상황을 개선시키지는 못했다. 1천-2천여명의 노동자를 가진 공장이 가동을 시작하고 있었으나, 주민의 절대다수는 농민이었다. 20세기가 시작되면서, 깔루가에는 5만 5천여명의 인구가 거주하게 되었으며, 665명이 거주하는 20여개의 공장이 가동되고 있었다.

1917년의 사회주의혁명은 깔루가의 운명을 변화시켰다. 혁명이후 레닌과 스탈린에 의한 사회주의 정치-경제구조로의 전환과정을 겪었으며, 1941년 6월에는 독일과의 2차 세계대전이 깔루가를 강타했다. 전쟁 시작 1개월 동안 깔루가에서 2만5천명이 징집되어 전선으로 보내졌다. 그리고 전쟁동안에 깔루가 지역에 있는 여러 공장들이 군수산업을 생산하는 공장으로 전환되었다.

독일의 공격은 깔루가 근처로 진격했다. 10월 4-7일 깔루가는 심각한 폭격을 당하게 되었다. 10월 11-12일 깔루가주의 영토는 점령당했다. 지역주민들의 체포와 도시의 파괴가 이루어졌다. 그러나 깔루가 영토의 점령자들은 심각한 저항에 직면하게 되었다. 지역주민들은 적과의 투쟁에 합류했고, 공장에서도 노동자들이 2차 세계대전을 지원했다.

1941년 12월 6일 쥬꼬프(Жуков Г.К.)가 지휘하고 있던 서부전선의 소련부대가 독일군을 대파했다. 12월 21일 소련군은 깔루가 지역으로 밀고 들어갔다. 12월 30일 깔루가는 적군을 정리했다. 1942년이 시작되면서, 여러 지방이 해방되기 시작했다. 꾸르스크주와 오룔주에서 심각한 전투가 종료된 9월에 가서야 완전히 해방되었다.

2차 세계대전기에 14만명 이상의 깔루가 군인들이 조국을 위해 목숨을 버렸다. 25만명 이상의 소련군인들이 깔루가 지역의 전투에서 전사했다.

1944년 7월 5일, 소련 최고회의 간부회의 명령에 의해 깔루가주가 구성되었다. 깔루가주는 1929년까지 깔루가현이 소유하고 있던 영토의 일부가 제외된 채 구성되었다. 이는 경제복원과 노동의 향상을 목적으로 하여 결정되었다.

2. 정치

1) 정치 일반

깔루가주는 러시아의 중앙경제지대에 포함된다. 주단위에서 집행권력은 지역 및 도시 그리고 주행정부가 실현한다. 최고 집행권력기관은 깔루가주 행정부이다. 행정수반인 주지사는 수다렌꼬프(Сударенков В.В.)이며 부지사는 아르따모노프(Артамонов А.Д.)이다.

입법권력은 깔루가주 의회(Законодательное собрание)가 실행하고 있다. 주의회의장은 꼴레스니꼬프(Колесников В.М.)이다. 주의회의 구조에는 위원회와 기구가 들어간다.

깔루가주의 발전과 관련된 정책은 주헌장의 영향을 받게 된다. 주 발전의 법적 토대를 구축하는 과정에 필요한 주의 지위는 깔루가주 헌장에 의해 확인된다. 깔루가주는 중앙으로부터의 자치를 확인받고 있으며 주 내부적으로 3권분립의 형태로 정치과정이 이루어지고 있다.

깔루가주에 소속된 행정 및 입법 대표들은 유권자들이 직접 선거로 선출한다. 깔루가주에는 다양한 정당과 사회단체가 있다. 1999년 초 깔루가주에서는 450개에 달하는 사회단체가 등록되었다. 실질적으로 러시아연방내의 모든 대규모 정당들은 자신의 지부를 두고 있다. 1997-8년을 거쳐 많은 전국규모 정당의 지부, 지역 자체적인 정당 및 사회단체가 등록되기 시작했다. 공산당, 단합당, 야블로꼬 등을 비롯한 여러 정당과 사회단체가 깔루가주에서 활동하고 있다.

2) 선거

(1) 깔루가주 지사 선거

① 1996년

1996년 10-11월 4명의 후보가 경쟁하면서 제2대 깔루가주 지사 선거가 실시되었다. 이들 중에는 현직 지사인 사브첸꼬(Савченко О.В.), 깔루가주 의회 의장인 수다렌꼬프가 포함되었다. 선거는 양자구도로 진행되었다. 1996년 3월에 주지사로 임명된 사브첸꼬와 주의회의장인 수다렌꼬프가 그들이다. 수다렌꼬프는 러시아공산당과 야블로꼬와 같은 정치세력으로부터 지지를 획득했으며, 사브첸꼬는 주행정부에 지지기반을 두고 있었다.

1996년 10월 27일 선거에서 어느 누구도 과반수 이상을 득표하지 못했다. 45.8%를 획득한 수다렌꼬프와 39.6%를 획득한 사브첸꼬가 결선투표에 들어갔다. 11월 9일 결선투표에서 수다렌꼬프가 63.5%를 획득하여 승리했으며 사브첸코는 30.5%를 획득하는데 그쳤다.

② 2000년

깔루가주 지사 선거가 2000년 11월 12일 실시되었다. 등록된 유권자의 39.02%가 투표에 참여했다. 유권자의 25% 이상이 참여하면 선거는 인정된다. 선거관리위원회에 따르면, 연금생활자와 농촌유권자들이 보다 적극적으로 투표에 참여했다. 선거과정에서 심각한 혼란상황은 발생하지 않았다. 5명의 후보들이 경쟁했다. 선거결과는 다음과 같다.

후보자	득표수	득표율(%)
아르따모노프(Артамонов А.Д.)	178433	56.78
아르쩨모프(Артемов В.В.)	24716	7.87
바라노비치(Баранович В.А.)	15685	4.99
제미체프(Демичев А.П.)	50113	15.95
뿌쉬낀(Пушкин Г.Г.)	4288	1.36
모든 후보에 대한 반대	31036	9.88

http://www.nsn.net.ru/?id=770&ch=5&sub=2 참조(검색일: 2003.1.10).

투표결과 깔루가주 지사로는 아르따모노프가 당선되었다.

(2) 깔루가주 의회의원 선거

깔루가주 의회의원 선거가 2000년 11월 12일 주지사 선거와 동시에 실시되었다. 유권자의 39.02%가 투표에 참여했다. 선거구는 총 40개로 구성된다. 제36선거구에서는 유권자의 다수가 당선자를 내지 못했기 때문에 선거는 성립되지 못했다. 제2기 깔루가주 의회의 첫 회기는 2000년 11월 18일 개최되었다. 의장으로는 꼴레스니꼬프가 선출되었다.

(3) 러시아연방 국가두마의원 선거

러시아연방 국가두마의원 선거가 1995년 12월 17일과 1999년 12월 19일 개최되었다.

① 1995년 12월

깔루가 선거구의 경우 유권자수는 400,568명이고 중심지는 깔루가시이다. 선거구는 깔루가시를 포함하여 9개의 라이온으로 구성된다. 전체 유권자의 70.21%(285,191명)가 투표에 참여했으며 빰필로바-구로프-리센꼬 블록의 빰필로바(Памфилова Э.А.)가 21.9%를 획득하여 당선되었다.

제르진스크 선거구의 경우 유권자수는 404,312명이고 중심지는 꼰드로보시이다. 선거구는 오브닌스크시를 포함한 4개의 시와 15개의 라이온으로 구성된다. 전체 유권자의 66.88%(275,138명)가 투표에 참여했으며 18.2%를 획득한 러시아농민당 소속의, 국가두마 안보위원회 위원인, 부르두꼬프(Бурдуков П. Т.)가 당선되었다.

② 1999년 12월

깔루가 선거구에서는 깔루가시에 거주하고 있는 보이꼬(Бойко В.А.)가 당선되었다. 현역 의원인 그는 러시아공산당 소속으로 출마했다.

제르진스크 선거구에서는 깔루가주 꾸이븨셉스끼 라이온에 거주하고 있는 부르두꼬프가 당선되었다. 국가두마 안보위원회 위원인 그는 러시아농민당 소속이었다. 그러나 이 선거에서는 러시아공산당 소속으로 출마하여 당선되었다.

(4) 러시아연방 대통령 선거

러시아연방 대통령 선거가 2000년 3월 26일 전국적으로 실시되었다. 유권자의 69.4%가 투표에 참여했고 주요후보들에 대한 투표율은 다음과 같다.

후보	득표율(%)
뿌친	51.0
쥬가노프	33.8
야블린스끼	5.6
지리놉스끼	2.3%
찌또프	0.8
뚤레예프	1,9
기타	1.9
모든 후보에 대한 반대	1.9

Ⅳ. 경제 시스템

1. 경제개황

깔루가주는 7개의 연방지구 중 중앙연방지구에 속하고 12개의 러시아 경제지역 중 중앙경제지역에 속한다. 깔루가주는 러시아에서 가장 큰 규모의 과학연구단지가 있는 지역이다. 러시아 중앙정부의 결정에 따라 오빈스크에 세워진 첫 번째 과학도시는 현재 기술개발과 연구개발이 꾸준히 진행되고 있다. 주로 핵에너지, 우주기술, 통신기술, 무선장비, 기구제작 등의 분야와 관련하여 업무를 수행하고 있다.

이 분야들은 깔루가주만의 발전차원을 넘어 러시아의 잠재력을 활용한 '미래의 희망'을 창조하는 수준에 이르고 있다. 특히 시장경제의 수익성의 측면에서 현대사회의 다양한 욕구를 충족시키기 위한 새로운 경쟁상품을 생산해 내는 초석이 되고 있다.

깔루가주의 기업들은 높은 수준의 기술과 직업의식을 가지고 있어 생산하는 다양한 제품들이 높은 경쟁력을 가지고 있다. 기업들은 주로 터빈, 가스터빈엔진과 장비, 자동전기장비, 강력수력장치, 철로장비, 무선장비, 무선전기장치 등을 생산해 내고 있다. 깔루가주에서 생산되는 것들은 80개국 이상으로 수출되어 진다. 깔루가주는 정부차원과 민간차원의 비즈니스 관계를 독일, 핀란드, 인도, 체코, 불가리아 등과 긴밀하게 맺고 있으며 이것을 더욱 확대시키고자 노력하고 있다.

깔루가주에서 발달된 공업 분야는 기계제작·금속가공, 기구제작·전기전력, 건설업, 목재가공·종이펄프, 경공업, 식료품, 철강업, 기타부문 등이다. 이 부문들을 더욱 활성화하기 위해 깔루가주 정부는 비즈니스 파트너와의 협력을 위한 요건들을 세우고 이것을 정책에 반영하고 있다. 이와 관련해 주로 외국인투자를 유인하기 위한 비교우위 부문은 기계제작과 목재가공이고 또한 농공단지의 가공기업에도 주목하고 있다.

깔루가주는 러시아 경제에서 차지하는 경제비중이 작은 편이다. 깔루가주의 거시경제지표들은 대체로 러시아의 여타 주체의 경제규모에 비해 낮은 비율을 차지하고 있다. 러시아경제에서 깔루가주의 비중을 파악하기 위해 몇 개의 주요 거시경제지표를 표로 보면 다음과 같다.

2000년도 러시아 주요 경제지표에서 깔루가주의 비중

주요 항목	러시아전체 대비 깔루가주 비율
지역총생산	0.4%[1)]
공업생산량	0.5%
농업생산량	0.8%
소매유통	0.4%
자본투자	0.4%

http://www.infostat.ru/epub.htm (검색일: 2003.1.10)

깔루가주의 지역총생산은 러시아 전체대비 2000년 0.4%이고 생산액을 비교해보면 1999년에 173억 100만 루블로 1998년 107억 6,400만 루블과 비교해 66.64%이상 상승하였다. 그리고 1인당 지역총생산은 1999년 159억 3,500만 루블로 1998년 대비 48.04%이상 증가하였다.

깔루가주의 지역총생산의 주요 구성과 비율은 공업부문이 26.0%를 차지하고 있어 깔루가주의 지역총생산을 지탱하는 대들보 역할을 하고 있다. 깔루가주는 중앙지역에서 농업경제의 분업적 역할에서 적지 않은 생산을 담당하고 있으며 그 비중이 20.9%에 이르고 있다. 여타 부문을 표로 보면 다음과 같다.

지역총생산의 주요 구성과 비율

주요 산업부문	지역총생산의 주요 구조의 비율
공업부문	26.0%
농업부문	20.9%
건설부문	6.1%
운송부문	3.4%
유통부문	9.6%

http://www.infostat.ru/epub.htm (검색일: 2003.1.10)

깔루가주의 총 기업수는 2000년 21,204개이고 소 기업수는 2000년 5,856개이다. 이것은 1999년에 비해 총 기업수는 6.96% 증가하였고 소 기업수는 4.05% 증가하였다. 공업부문에서 활동 중인 기업 수는 2000년에 1,493개이며 이것은 전년대비 3.82% 증가를 기록하고 있다. 공업기업은 2000년 현재 총 기업

1) 1999년 통계임.(여타주 동일)

수의 7.04%에 이르고 있어 여타 지역의 총 기업수 대비 공업기업수에 비해 매우 높은 비율을 나타내고 있다.[2)]

2. 산업

1) 공업

깔루가주에서는 기계제작·금속가공이 가장 중요한 공업분야이다. 기계제작·금속가공분야에서 활동하는 기업은 공업생산의 거의 절반을 생산해내고 있어 깔루가주에서 대표적 기반산업으로 자리하고 있다. 이에 깔루가주는 '기계제작 지역'이라 불린다. 깔루가주의 공업에 투자된 자본금의 50%가 기계제작분야에 있고 노동자의 수도 59%가 이 분야에서 일하고 있다.

깔루가주의 기계제작·금속가공분야는 꾸준한 안정 성장가도에 있다. 그것은 기업의 자금흐름이 원활해진 것에 기인하고 있다. 또한 이 분야 손실기업도 감소하고 있다. 1997년 1월1일 기준 손실기업은 60%에 이르렀지만 2000년 1월1일 손실기업의 비중은 37%를 기록, 현저히 감소하였다.

깔루가주의 공업관련 지표를 보면 총 공업생산량은 1998년 66억 5,100만 루블, 1999년 123억 7,700만 루블, 2000년에 133억 500만 루블로 증가폭이 매우 크다. 특히 1999년은 전년대비 186.09%를 기록, 놀라운 성장을 했다. 물론 2000년에는 공업생산량의 상승폭은 약간 줄고 있지만 생산액은 상승을 나타내고 있다.

공업생산지수는 1998년에 99.8, 1999년에 114, 2000년에 117을 나타내어 변동지수로는 큰 변화폭 없이 꾸준한 상승을 하고 있다.[3)]

이 지역의 전체 공업생산량은 러시아 대비 0.5%에 이르고 있다. 주요 공업생산부문별 생산비율을 살펴보면 역시 기계제작분야가 월등히 높다. 그 비율은 43.2%로 총 공업생산량의 절반에 가깝다. 그 외 식품공업이 22.0%로 깔루가주에서 매우 중요한 산업으로 자리하고 있다. 여타 공업부문을 표로 보면 다음과 같다.

---

2) 2000년 말 통계임.(여타주 동일)

3) 전년대비 %(여타주 동일)

주요 공업생산부문별 생산비율

생산부문	깔루가주 총공업생산 비율
전기전력	7.7%
철강업	0.1%
비철금속	0.1%
화학·석유화학	1.9%
기계제작·금속가공	43.2%
목재가공, 종이·펄프	13.0%
건재공업	7.3%
경공업	1.5%
식품공업	22.0%
기타	3.2%

http://www.infostat.ru/epub.htm (검색일: 2003.1.10)

2) 농업

깔루가주는 여러 조건 즉, 따뜻한 기후, 기름진 땅, 맑은 공기, 그리고 풍부한 수자원 등의 환경이 농업에 적합해 농업생산이 활발하게 이루어져 왔으며 깔루가주 지역총생산의 20.9%를 농업이 생산해내고 있다. 깔루가주의 농업부문에서 주도적인 역할을 하는 것 중의 하나는 가축사육이다. 깔루가주의 거의 모든 지역에서는 가축사육이 전문화되어 있다. 주로 고기와 우유를 얻기 위한 것이다.

이 때문에 작물재배를 위한 파종의 구성에 있어서 사료용 작물재배에 비중이 가장 크다. 즉, 작물을 가축의 여물로 일년 내내 사료로 사용해야 하므로 수확시기를 달리하는 작물을 적절히 길러야 한다. 깔루가주 영토의 60%가 농업에 사용되며 농업을 담당하는 기업들이 주로 생산해내는 가축사육관련 농산물은 다음과 같다.

가축과 닭-2만 5,600 톤; 우유-20만 300 톤; 달걀-11만 6,700 개 등이다.

깔루가주 농업기업들이 기르고 있는 주요 가축들은 다음과 같다.

소-21만 8,300 두; 이 중 암소-9만 3,300 두; 돼지-2만 2,800 두; 가금류-188만 1,000 마리 등이다.

깔루가주는 곡물생산외의 작물재배로 감자와 아마 그리고 채소 등을 생산해 낸다.

깔루가주의 2000년 총 농업생산량은 647억 8,100만 루블이다. 즉 1999년의

583억 100만 루블에 비해 11.11%상승하였다. 총 농업생산액 중 작물관련 생산액은 1999년과 2000년에 각각 298억 5,900만 루블과 341억 8,600만 루블로 전년대비 약 3배에 가까운 놀라운 기록을 나타내고 있다.

농업생산액 중 가축관련 생산액은 1999년과 2000년에 각각 28억 4,420만 루블과 30억 5,950만 루블로 전년대비 2배에 조금 못 미치는 상승을 기록하고 있다.[4] 2000년에 상승속도가 다소 둔화하였지만 적지 않은 생산량의 증가가 있었다. 농업생산 지수추이는 1998년에는 94 그리고 1999년에 97 2000년에 104로 점진적인 상승으로 나타나고 있다.[5]

3. 자원 등 기타

깔루가주는 동유럽평원의 중앙부분에 위치하며 브랸스크주와 스몰렌스크주, 모스크바주, 뚤라주 및 오룔주 사이에 위치하고 있다. 이 지역의 전 영토의 60%는 농경지이며 숲지대 는 23.9%, 초원지대는 0.5%를 차지한다.

농경지의 토양은 칼리와 인광을 비롯하여 기타 영양분이 부족하며 산도가 높다. 이것은 깔루가주의 대부분이 무두질석회 토양에 위치해 있기 때문이다. 상대적으로 비옥한 토양은 남동쪽에 분포되어 있는 회색 산림토양이다.

깔루가주의 수자원은 주로 오까강과 제스나강 및 그 지류로 구성된다. 이 지역에 흐르는 강의 수는 2,043개로서 전체 길이는 11,700km이다.

이 지역에는 17개의 저수지가 있으며 그 수량은 7,900만㎥에 달한다. 크고 작은 저수지는 주민의 식수원이 될 뿐만 아니라 어류의 서생지가 되고 휴식의 장소가 되고 있다.

이 외 지하담수원이 47개가 발견되었고 이들의 하루 평균 방출량은 98만 7,000㎥에 이른다.

깔루가주는 지하에 광원료 자원층이 매장되어 있다. 이미 발굴된 자원으로는 갈탄, 이탄, 인광, 규산토, 석고, 백묵, 광염료와 다양한 종류의 모래와 점토, 치료용 광천수 등이 있다. 지질탐험가에 의해서 다이아몬드와 금 등도 발견되었다.

이러한 유용광물들은 깔루가주 공업부문의 수요를 충족시키고 있으며 나

4) 명목가치임(여타주 동일)
5) 실질가격, 전년대비=100(여타주 동일)

아가 러시아의 다른 지역으로 수출되고 있다. 특히 깔루가주의 점토매장지는 러시아 전체 점토매장지의 16%에 달하고 있다. 이 점토들은 벽돌 생산, 도자기, 도관 등에 사용되어 진다.

깔루가주 숲의 목재자원은 1억 9,100만㎥이며 대부분의 산림지대는 침엽수림과 잎이 넓은 활엽수림의 혼합림이다. 일부 중부와 동부지역에서는 잎이 넓은 활엽수림이 펼쳐져 있다.

깔루가주에는 동물자원이 매우 다양하다. 야생동물을 비롯하여 서생하고 있는 포유류만 해도 56종을 넘으며 37종의 어류와 225종의 조류도 이 지대에 서생하고 있다.

심각하지 않으나 깔루가주는 다른 지역과 비교하여 대기와 물이 오염되어 있는 상태이다. 그것은 체르노빌 원자력 발전소의 사고로 인한 방사능누출이 그 원인이다. 그러나 대체로 깔루가주의 자연은 매우 아름다우며 수자원이 풍부한 강들, 풍부한 산림자원 및 동물자원은 이 지역의 환경을 지켜주고 있다.

V. 문화시스템

1. 지역정체성

1) 인구

깔루가주의 인구는 1996년까지 꾸준히 증가한 후 1997년부터 점차 감소하기 시작하여, 2001년 현재의 인구수는 1990년의 인구수보다 적다.

이는 90년대 중반 이후 경제상황의 악화로 인해 인구 출생률에 비해 사망률이 현저히 높은 데서 비롯되었다고 할 수 있다. 실제로 2000년도 출생자수가 7,861명인데 반해 사망자 수는 19,254명으로 자연 증가수는 -11,393명에 이른다. 반면에 2000년도에 전출입에 의한 인구 증가수는 3,028명으로, 1999년의 2,863명에 비해 약간의 증가세를 보이고 있다. 이러한 인구전입은 주로 발틱해 연안국가 및 CIS 국가들인 까자흐스딴, 우즈베끼스딴, 우끄라이나 등의 국가들로부터 이루어진다.

깔루가주 인구변동 추이

연도	1990	1992	1993	1994	1995	1996	1997	1998	1999	2000	2001
인구수 (1,000명)	1,072	1,078	1,083	1,085	1,092	1,095	1,093	1,092	1,087	1,078	1,069

Россий ский статистический ежегодник. Госкомстат России. М., 2001. С. 82.

깔루가주의 최근 인구상황과 향후 변동 가능한 상황을 바탕으로 2011년까지의 인구예측 결과를 보면, 깔루가주의 인구의 감소추세는 조사기간인 2011년까지 지속될 전망이며, 전출자 수에 대한 전입자 수의 우위는 계속 유지되나, 그 절대수치는 감소할 전망이다.

깔루가주 출생자수, 사망자수, 자연증가율

연도	출생자수(명)	사망자수(명)	자연증가율(명)
1990	12,839	13,373	-534
1992	9,996	14,247	-4251
1993	8,659	17,124	-8,465
1994	8,924	18,977	-10,053

1995	8,643	17,986	-9,343
1996	7,968	16,874	-8,096
1997	7,937	16,863	-8,926
1998	8,112	17,045	-8,933
1999	7,571	18,804	-11,233
2000	7,861	19,254	-11,393

Россий ский статистический ежегодник. Госкомстат России. М., 2001. С. 106.

깔루가주의 경제활동인구 및 취업률, 실업률은 다음과 같다. 깔루가주의 실업률은 1997년 전체 러시아의 경제위기를 계기로 최고치에 도달한 후 최근 들어 약간의 하향세를 보이고 있다.

깔루가주 경제활동인구(취업자, 실업자), 실업률

연도	경제활동인구 (1,000명)	취업자수 (1,000명)	실업자수 (1,000명)	실업률(%)
1992	578	551	27	4.6
1993	562	533	29	5.1
1994	544	513	31	5.7
1995	566	519	47	8.3
1996	556	513	44	7.8
1997	541	480	61	11.2
1998	504	453	51	10.2
1999	569	505	64	11.2
2000	564	518	46	8.2

Россий ский статистический ежегодник. Госкомстат России. М., 2001. С.135.

2) 민족

깔루가주에는 1989년 현재 러시아인 93.8%, 우끄라이나인 2.8%, 기타민족 3.4%가 거주하고 있어, 러시아인이 절대다수를 차지하고 있다. 그러나 1970년과 1979년 당시의 민족분포를 보면 러시아인이 각각 95.5%, 95.4%, 우끄라인이 2.2%, 2.2%, 기타민족이 2.3%, 2.4%였다. 이는 해가 갈수록 러시아인의 비중은 완만하게 감소하는데 비해 이민족의 비중이 점차 늘고 있음을 알 수 있다.

3) 교육

깔루가주는 과학·기술 잠재력 면에서 러시아연방 89개 주체 중 3위를 차지한다. 깔루가주에는 380여개 산학연구단체, 과학·기술 연구소 및 그 지부, 고등교육기관 등이 등록, 운영되고 있다. 이러한 기관 및 단체에서는 주로 원자력에너지, 물리, 화학, 무선전기공학, 통신, 소재학, 생명공학, 의학, 농학, 항공기제작, 선박건조, 운송기계제작, 기상학 등 다양한 분야를 연구하고 있다. 대부분의 과학센터는 오브닌스크(Обнинск)시에 위치하고 있다.

현재 깔루가주에는 552개 중등학교가 있으며, 어린이들의 창조력을 개발하기 위해서 '청소년 창작학교', '기술창작 센터', '어린이 관광, 견학센터', '생태·환경센터', '어린이 체육학교' 등을 비롯한 보충교육기관이 설립되어 운영되고 있다. 현재 깔루가시에는 73개 보충학교가 개설되어 있다. 어린이들은 이러한 보충교육기관을 통해서 교과목 관련 지식뿐 아니라 다른 분야에 관한 지식을 심화할 수 있다.

영세가정의 어린이들을 위한 32개 기숙학교 및 고아원이 설립, 운영 중에 있으며, 그 중 20개교는 깔루가주로부터, 나머지 12개교는 시로부터 재정지원을 받고 있다. 기숙학교에서는 약 4,000명의 어린이와 청소년들이 교육을 받고 있으며, 그 중 25%는 고아이거나 부모로부터 버림받은 아이들, 육체적, 정신적 지체아들이다. 또한 이러한 특수학교에서는 깔루가주에 거주하는 아이들뿐 아니라, 뚤라주, 브랸스크주, 스몰렌스크주와 모스크바주로부터 전입하는 아이들도 교육을 받고 있다.

깔루가주에는 34개 초등전문교육기관이 운영되고 있으며, 이곳에서는 분야별 전문가를 양성하고 있다.

중등전문교육기관의 수는 30개이며, 이 중 3개교는 사립이다. 이곳에서는 68개 전문분야(교육, 기술, 농업, 무역·통상, 건축, 의료, 교통 등)의 교육이 이루어진다. 이러한 중등전문교육기관에서는 유상교육서비스를 확대하고 있다.

깔루가주의 고등교육시스템에는 13개 국립대학 및 분교가 있으며, 총 14,000명의 학생이 재학중이다. 고등교육기관에서는 유상교육도 실시하고 있다.

2. 지역문화

1) 문화개괄

이미 16세기에 깔루가는 발달한 상업 항구였고 리투아니아(Литва)와 모스크바 사이를 연결하는 고리역할을 하고 있었다. 당시에는 유명한 목기 그릇이 멀리 타지역까지 수송되어 졌다. 17세기의 80년대부터 목조 교회 대신에 석조사원이 건축되었다. 지금은 주에 593개의 기념물이 남아 있고 그 중 470개는 연방 기념물이다. 17세기 말 당시의 석조 건축의 대표적인 예는 꼬로보프(Коробов)의 2층 건물이다. 18세기 후반에 칼루가에는 183개의 석조 건물과 2,235개의 목조 건물이 있었다. 현재에도 당시의 관청 건물이 많이 남아 있다.

깔루가의 장인들은 수세기 동안 자수에 재능을 나타났으며, 또 그들은 자신만의 방법을 계속 덧붙여서 주전자 및 잔과 여러 가지 형태의 그릇에서 명작을 만들어내는 도자기 예술을 발전시켰고, 어린이들이 오락으로 가지고 노는 점토완구와 집의 내벽과 외벽을 장식하는 타일기술을 발달시켰다. 80년대부터 칼루가에는 새로운 방식과 기술로 만들어진 옻칠세공품이 발달하게 되었는데 이 세공품의 주제는 주로 칼루가 지역의 자연(산, 들, 강, 동물, 식물 등)에서 모방해왔다.

주에는 2개의 극장과 2개의 아틀리에가 있다. 국립 깔루가 드라마 극장은 1777년에 창립되었다. 이 극장의 무대에서 몰초프(П.А. Молчов), 쉐쁘낀(П.В. Щепкин), 다비도브(В.А. Давыдов), 일린스끼(И.В. Ильинский), 자로프(М.М. Жаров), 사빈(М.О. Савин), 사도프스끼(П.А. Садовский) 등 전 국민적인 명성을 지니고 있는 많은 유명한 배우들이 연기를 펼쳤다. 이 극장은 장기간의 업적을 인정받아 노동 적기 훈장을 받았다. 깔루가 자치 인형 극장은 2차 세계대전 당시 만들어졌다. 이 극장의 건립에 깔루가의 예술가 빅토로바(М. Викторова)와 모스크바 인형극장의 오브라쪼바(С.А. Обрацова)가 커다란 영향을 주었다. 이 극장에서 상연된 첫 번째 인형극은 '곱사등이 망아지', '추크와 게크(Чук и гек)', '밤나무 아이' 등 이었다. 이들 극장 외에 깔루가에는 '쭈즈(ТЮЗ)'라는 젊은이 실험극장이 있는데 극장거리에 위치하고 있다. 오브닌스크(Обнинск)시에는 또 하나의 실험 극장인 '데미(ДЕМИ)'가 문을 열었다.

깔루가주에는 22개의 박물관이 있는데 그들 중 대표적인 것은 깔루가주 예술

박물관과 깔루가주 지지(地誌) 박물관이다. 1918년에 문을 연 예술 박물관의 시작은 깔루가의 의사인 바실리에프가 기증한 개인 수집품으로부터 출발했다. 지금 이 박물관에는 7천개가 넘는 조각품, 그림, 러시아와 외국의 유명한 예술가들이 만든 장식용 예술품이 보존되어 있다. 이 예술가들을 열거해보면 오메가녹(Б. Омеганок), 브란지(Д. Бранди), 레비쯔끼(Д. Левицкий), 뜨로삐닌(В. Тропинин 1776-1857), 사브라소프(А. Саврасов), 야로센꼬(Н. Ярошенко 1846-1898), 꼬로빈(К. Коровин, 1861-1939, 러시아 인상주의 화가), 꼰찰로프스끼(П. Кончаловский , 1876-1957, 러시아의 다이아몬드 잭파의 화가) 등이다.

깔루가주 지지 박물관은 1897년에 설립되었다. 이 박물관에는 18세기에서 20세기 초의 도자기와 도기 수집품 전시실이 있고 학자이며 여행가인 메스쩨르가지(М.М Местергази)의 수집품인 세계 곳곳의 골동 시계, 나비, 딱정벌레의 전시실이 있다. 다른 박물관들은 이 두 박물관의 지부이다. 칼루가주 지역에는 530개의 클럽과 500여개의 도서관이 있다.

주의 가장 큰 박물관들은 '접대궁전'에 있는 주 어린이 박물관과 오스뜨로프스끼의 맹인 특수 박물관과 벨린스키 국립 깔루가주 학술박물관이다. 도시출신으로 구성된 남성 아카데미 합창단은 그 레퍼토리가 여러 장르를 넘나들면서 200개가 넘는다. 이 합창단은 러시아와 국제 대회에서 몇 번 우승한 경험이 있다.

'깔루슈스키 수비니르(Калужский сувенир)'라는 댄스 앙상블은 러시아를 넘어서 외국에까지 유명하다. 이 앙상블은 루마니아, 중국, 독일, 캐나다, 폴란드, 불가리아에서 공연을 한다. 이 앙상블의 구성원들은 6세부터 15세 까지의 100명이 넘는 어린이들이다. '라조리(Лазори)'라는 민속 앙상블이 1983년에 깔루가에 만들어졌는데 폴란드, 이탈리아, 스페인, 인도, 한국에서 불리는 러시아 민중의 노래들이 이 앙상블의 주요 레퍼토리다.

1955년에 지역의 예술가 비평가들이 예술가-예술비평가 연합을 창립했다. 그 구성원은 거의 100명의 유화화가, 그래픽화가, 조각가, 장식-실용 예술인들이다. 이들은 자주 러시아와 외국에서 전시회를 가진다. 예술가 연합은 러시아의 다른 많은 예술가들과 관계를 가지고 있다. '이미지'라는 깔루가의 미술박물관에는 300점 이상의 그림이 전시되어 있다. 또 갤러리라는 미술관은 '깔루가 갤러리'라는 소식지를 발간하는데 거기에는 지역 예술의 과거의 모습이 그대로 나타나 있다.

2) 문화시설

(1)깔루가주 지지(地誌) 박물관

깔루가주 지지 박물관 전경

박물관은 1897년에 고문서 위원회의 학자들의 적극적인 주창에 따라 세워졌다. 1922년에 지지 박물관은 상인 졸로따레프(П.М. Золотарев)의 영지로 이전했다. 그 영지는 1808년 러시아 고전주의 양식으로 세워졌다. 영지의 주건물은 문에 있는 기묘한 주철의 당초무늬와 매우 정교한 형태의 등불 때문에 깊은 인상을 준다. 방의 내부 장식은 모스크바의 깜삐온(С.П. Кампион)의 작업실에서 맡아서 했다. 벽은 섬세한 그림들과 양각으로 장식되어 있다. 역사-건축 기념물로서 졸로따레프의 집과 컬렉션을 구성하고 있는 유능한 예술가들의 작품들은 조화롭게 박물관의 앙상블을 연출하고 있다. 박물관에는 학자이며 여행가인 메스쩨르가지의 수집품에서 가져온 18-20세기 초의 도자기, 도기, 골동품 시계, 나비, 딱정벌레 등이 전시되어 있다.

(2)깔루가 지역 예술 박물관

깔루가 지역 예술 박물관은 1918년에 문을 열었는데 이것은 깔루가의 의사인 바실리에프가 자신의 수집품을 시에 기증한 것이다. 박물관의 컬렉션은 에르미따쉬(Эрмитаж) 박물관, 뜨레쨔꼬프(Третьяков) 박물관, 국립 박물관과 개인 소장가들로부터 온 그림들로 계속 늘어났다. 지금 박물관은 7천 점이 넘는 작품들을 소장하고 있다. 박물관에는 회화작품 외에도 러시아와 외국의 유명한 예술가들의 조각품, 그래픽, 장식실용 예술품 등이 보존되어 있다. 예술박물관은 1969년부터 상인 빌리빈(И.Х. Билибин)의 개인 저택으로 옮겨졌는데 이 저택은 1810년에 세워져서 역사적, 건축적 가치를 가지고 있는 건물이다.

(3) 국립 깔루가 드라마 극장

깔루가 드라마 극장은 1777년에 세워졌다. 코미디 오페라의 설립으로 유명한 바뚜린(И. Батурин), 레프신(В. Левшин)이 이 극장을 이끌었다. 이 극장에 명성을 안겨준 연극들은 러시아연방의 공훈 배우인 류바르스끼(Д. Любарский) 가 올린 '봄같이 사랑', '낙천적인 비극' 등이다. 이 극장의 무대에 페도또프(Г. Федотов), 모찰로프(П. Мочалов), 쉐쁘낀(М. Щепкин), 다비도프(В. Давыдов), 일린스끼(И. Ильинский), 도돈낀(А. Додонкин), 자로프(М. Жаров) 등 많은 유명배우들이 출현했다. 지금 극장에는 러시아의 공훈 배우인 로마노프스끼(В. Романовский), 로그비노프스끼(В. Логвиновский), 에프레멘꼬(Н. Ефременко), 빠호멘꼬(М. Пахоменко), 수민(Е.Сумин), 러시아연방 국민 여배우인 바네에바(П. Ванеева)가 활동 중이다. 오스뜨로프스끼(А. Островский), 모엠(С. Моэм), 고골(Н. Гоголь), 도스토예프스끼(Ф. Достоевский) 같은 유명한 작가의 작품들도 올려지고 있다. 극장의 작품들은 높이 평가되어서 1977년에 극장은 노동 적기를 수상했다.

꼬스뜨로마주
Костромская Область

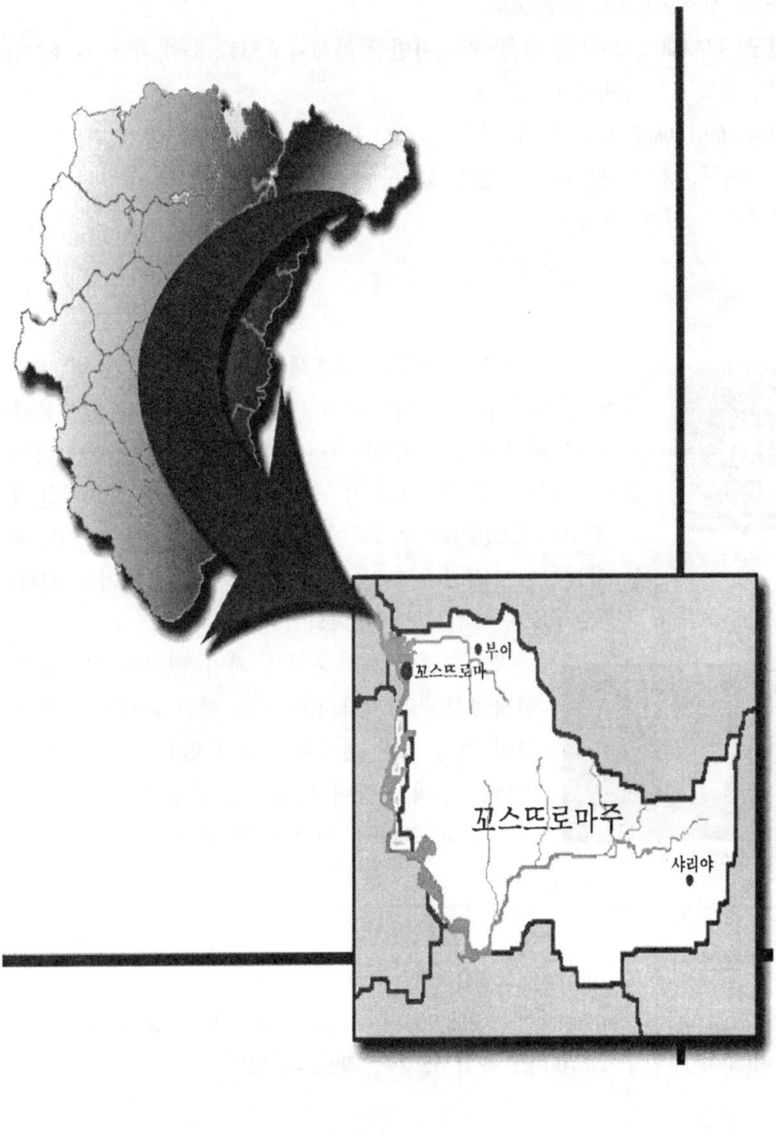

Ⅰ. 개황

1. 기초정보

주 성립일: 1944년 8월 13일.
주도: 꼬스뜨로마(Кострома)
인구: 774,000명(2001년 현재: 러시아연방 전체의 0.53%; 89개 주체 중 64위)
인구밀도: 12.8명/㎢
면적: 60,100㎢(러시아연방 전체 면적의 0.35%; 89개 주체 중 50위)
소속지구: 중앙연방지구; 중앙경제지구
한국과의 시차: -6시간

2. 상징

꼬스뜨로마주 문장

꼬스뜨로마주의 문장은 푸른색 방패 하단부의 은빛 파도 위에 금빛 군함이 묘사되어 있는 형상이다. 군함 앞부분에는 눈과 혀가 빨간 독수리 머리가 장식되어 있다. 군함에는 또한 7개의 노와 돛, 깃발이 게양되어 있고, 배 꼬리부분에는 장두기(檣頭旗)가 부착되어 있다. 돛 위에 게양된 깃발에는 알렉싼드르 II세 시절의 검은 쌍두독수리가 그려져 있다. 꼬스뜨로마주의 문장은 1999년 1월 29일 채택되었다.

꼬스뜨로마 주기

꼬스뜨로마주의 주기는 과거 러시아 사회주의 연방공화국의 기와 흡사하다. 빨간 바탕에는 깃대 쪽에 푸른 띠가 세로로 그려져 있으며, 주기의 중앙에는 주의 문장이 묘사되어 있다. 꼬스뜨로마주의 주기는 2000년 10월 19일 채택되었다.

3. 주요도시

꼬스뜨로마(Кострома): 인구 288,900명; 북위 57°46′, 동경 40°56′
부이(Буй): 인구 28,700명; 북위 58°29′, 경도 41°32′

네흐레따(Нехрета): 인구 27,900명; 북위 57°28′, 경도 40°34′
샤리야(Шарья): 인구 26,400명; 북위 58°22′, 경도 45°31′
만뚜로보(Мантурово): 인구 21,200명; 북위 58°20′, 경도 44°46′
갈리치(Галич): 인구 20,200명; 북위 58°23′, 경도 42°21′
(인구: 2002년 현재)

4. 주요 산업 및 농업

주의 주요 산업으로 기계제작, 섬유산업, 목재가공업, 식료품산업, 경공업, 건축자재업 등이 발달했으며, 섬유, 섬유제품, 기계, 설비 등 공산품의 1/10을 세계 30여개 국가에 수출되고 있다. 농업부문은 낙농업, 양돈, 양금, 양봉, 농식물 재배업 등이 발달했다.

Ⅱ. 자연환경

1. 지리적 위치와 구성

꼬스뜨로마주는 24개 행정구, 12개 시, 13개 도시형마을, 267개의 농촌마을로 이루어져 있으며 볼가강 상류 및 좌측 지류(꼬스뜨로마(Кострома), 우주냐(Унжя), 베뜰루가(Ветлуга)강) 유역의 동유럽평원에 위치한다.

꼬스뜨로마주의 남·북간 거리는 260㎞, 동·서간 거리는 420㎞이다. 주의 북쪽은 볼로그다주, 남쪽은 이바노보주, 니제고로트주, 서쪽은 야로슬라블주, 동쪽은 끼로프주와 경계을 이룬다.

주의 중심부에는 곳에 따라 최고 높이가 해발 292m에 이르는 갈리치(Галич) 고지대, 동북지역에는 쎄베르니예 우발리(Северные Увалы)라 불리는 급경사 언덕이 각각 위치하고 있다.

주요 하천은 볼가강과 그 지류인 꼬스뜨로마, 우주냐, 베뜰루가강이 있으며, 총 3,189개의 하천이 주를 통과한다. 모든 하천의 총연장은 14,694㎞이다. 주에는 갈리치(Галич)호, 추흘로마(Чухлома)호를 비롯한 수많은 호수가 있다.

수도 꼬스뜨로마와 모스크바 간의 거리는 372㎞이다.

2. 기후조건

온난기후대, 대륙성 온난기후

1월 평균기온: -12℃

7월 평균기온: 18℃

연강수량: 600㎜

식물 생장 기간: 155 ~ 165일

식생: 타이가와 혼합림

토양: 부식성 염분회색토, 이탄 소택지 토양

삼림분포도: 72%

3. 주요 유용광물

꼬스트로마주는 최근에 들어 새로운 광물 자원 개발에 착수해 가연성 점판암(슬레이트), 이탄, 원유, 금 등의 유용광물의 새로운 산지를 발굴하였다. 주에는 전 도시들에 열기를 공급할 수 있는 온천이 있다. 그밖에도 많은 지역에 치료를 위한 12개의 광천수 원천이 있다. 광물 염료, 인회토, 식염, 수은, 황철광 등도 이 지역에서 새롭게 주목받는 광물들이다.

Ⅲ. 정치시스템

1. 역사

꼬스뜨로마는 러시아 국가건설 역사에서 중요한 역할을 했던 고대도시들 가운데 하나이다. 11세기 말 예전부터 메랸(мерян)족이 살았던 중앙 뽀볼쥐로 슬라브인 이주자들이 들어왔다. 이들은 남-서 루시에서 온 이주자들이었다. 이들은 볼가강 하구에서 크지 않은 마을을 이루어 거주했다. 1152년 로스또보-수즈달 공작 유리 돌고루끼 공이 자신의 영토인 북쪽국경을 강화하기 위해 꼬스뜨로마 도시-요새를 세웠다. 꼬스뜨로마 사람들은 불가르와 흐발리스트로 흐르는 볼쥐스끼 수로의 보호를 자신의 새로운 역할로 받아들였다. 이 시기부터 꼬스뜨로마는 위대한 러시아 역사의 적지 않은 부분을 형성하고 보호하면서 지속되고 있다.

꼬스뜨로마는 1213년경 보스끄레센스크와 뜨베리스크 연대기에 처음으로 언급되었다. 꼬스뜨로마시는 수백년간 적의 공격과 국내전을 경험했다. 13-14세기에 꼬스뜨로마인들은 킵챠크 한국과 적극적으로 싸웠다. 15세기 대공국 왕위를 위한 봉건 전쟁시기에 꼬스뜨로마는 모스크바와 갈리찌야 대공 사이에 전개된 전투의 격전장이 되었다. 차후에 꼬스뜨로마 도시는 뽀볼쥐 왕과의 투쟁거점이었으며 17세기에는 폴란드-라트비아 간섭으로부터 해방에 참여했다.

따따르-몽골의 침략이 꼬스뜨로마를 지나갔다. 침략자에 의해 황폐화된 꼬스뜨로마는 재빨리 반격할 수 있는 힘을 가지게 되었다. 바실리 야로슬라보비치의 통치시기에 꼬스뜨로마인들은 러시아인들에게 적과의 투쟁에서 적극적이고 성공적인 투쟁의 모범을 보여주었다. 호수 연안에서 따따르-몽고 군대에 대한 최초의 승리를 거둔 이 사건을 기념하여 호수 연안을 신성한 것으로 부른다.

부유한 꼬스뜨로마 지방은 모든 고대 루시-끼예프인들, 스몰렌스크인들, 블라지미르-수즈달인을 비롯한 진취적인 사람들을 끌어당겼다. 또한, 13세기에 개간하지 않은 새로운 땅으로 뽈로베쯔인들의 침입과 대공의 전쟁으로부터 살아남은 평범한 농민들도 밀려들어왔다. 꼬스뜨로마 지방의 원주민인 메

랴와 마리인(핀-우그르족)은 이주민들을 평화롭게 맞이했으며 여기에서 조직적으로 지역문화와 그리스정교가 결합되었다. 이렇게 꼬스뜨로마 땅에 러시아 역사 형성의 근저를 이루는 독창적인 문화, 북동 루시의 문화가 발생했다.

14세기 중반 꼬스뜨로마는 꼬스뜨로마 공후령 공국의 중심이었다. 꼬스뜨로마는 후에 모스크바 공국의 일원으로 볼가강 상류에 중요한 무역항구가 되었다. 또한 러시아 황금고리의 한 고리가 되었다.

과거 오랫동안 꼬스뜨로마 땅은 미하일 로마노프의 러시아 옥좌에 의한, 새로운 왕조를 여는 창시자의 고향으로 찬양받았다. 이렇게 하여 고대 꼬스뜨로마 땅으로부터 러시아 국가의 새로운 부흥이 시작되었다. 지금까지 미하일 표도로비치의 후손들은 꼬스뜨로마를 방문하는 것을 자신의 의무로 여기고 있다. 꼬스뜨로마에 다녀갔던 예까쩨리나 2세는 도시에 문장을 선물했으며 국가 행정-지역 분리에 관한 문제가 발생했을 때 꼬스뜨로마를 넓은 현의 중심으로 만들었다. 꼬스뜨로마는 폴란드-라트비아 간섭 시기에 꾸지마 미닌과 뽀자르스크 공작의 국민군 창설에 커다란 역할을 하였다.

부유한 동쪽과 발틱해 연안 및 서유럽을 연결하는 고대무역로인 볼가강에 위치한 꼬스뜨로마의 경제적 의미는 매우 컸다. 16-18세기에 꼬스뜨로마는 발달된 직조업과 금속가공 산업을 가진 대도시들 중의 하나가 되었다. 다양한 형태의 수공업이 발달했다. 가죽, 대장간, 은, 다양한 형태의 직물 수공업, 벽돌업, 건축업과 미술이 대표적이다. 로스또프-수즈달 지역으로부터 꼬스뜨로마를 통하여 볼가강 상류지역(뽀볼쥐예) 도시로 연결되는 길이 있다. 유리한 지리적 위치는 무역과 수공업의 발달을 가능하게 했다. 영국으로의 무역로 개설은 외국과 꼬스뜨로마의 관계를 확대시켰다. 18세기 말에 러시아 최고의 도시 건설업자들이 꼬스뜨로마의 건축계획을 준비했다. 수십년 동안에 아름다운 그리고 아주 뛰어난 무역-행정 앙상블이 만들어졌으며, 현재에도 러시아에서 가장 뛰어난 것 가운데 하나로 손꼽힌다. 꼬스뜨로마의 건축가, 성상화가, 작가, 미술가들이 러시아 문화에 거대한 기여를 했다.

1917년 이후 새로운 통치자들은 러시아 문헌에서 슬라브 꼬스뜨로마 역사의 의미를 인민들의 기억 속에서 영원히 제거하고자 했다. 꼬스뜨로마는 현청소재 도시의 지위를 잃었고 야로슬라블주의 지역중심이 되었다. 많은 교회들이 사라졌으며, 위대한 아름다움으로 현대인들을 놀라게 하는 보고야블린스끼 사원과 꼬스뜨로마 크레믈린의 우스뻰스끼 사원도 폭파되었다. 기적적으로 몇몇 개별적인 건축 앙상블이 보존되었으며, 이들은 오늘에도 주민들과 도시 방문객들을 즐겁게 하고 있다. 현재 도시의 지도자는 정신-도덕적 귀중품 부활과, 꼬스뜨로마 땅 뿐만 아니라 러시아를 장식하고 장식하게 될 뛰어난 교회건축 기념물들의 복구에 모든 노력을 기울이고 있다. 내전후 최초 5년에 꼬스뜨로마에서의 전기, 교통 문제는 해결되었다. 전력난방용 발전소와 볼가강을 가로지르는 철도다리가 건설되었다. 1930년대에 "노동자 금속공" 공장이 굴착기 생산을 시작했고 새로운 아마방적 콤비나트가 작업을 개시했다. 섬유 직업학교와 섬유 대학이 문을 열었다.

러시아에 죽음의 위험이 도래했던 2차 세계대전 시기에 꼬스뜨로마에 거주하는 수천의 주민들은 총을 잡았고, 후방에 남아있던 사람들은 승리를 위해 일했다. 2차 세계대전시기 도시의 기업은 항공 패널과 군사 하천용 작은 배, 탱크, 스키, 망토-천막을 생산했다. 수천의 꼬스뜨로마 사람들은 모스크바와 레닌그라드 방위경계 건설에 참여했으며 전선에서 헌신적으로 싸웠다. 겨우 1944년 8월 13일에 꼬스뜨로마는 새로이 주의 중심이 되었다. 전쟁이 끝난 후 꼬스뜨로마 노동자들은 국민경제를 복구시켰으며 도시를 정비했고, 새로운 공장과 제조소, 주택, 학교, 어린이 집, 극장들을 건축했다.

러시아의 역사속에서 꼬스뜨로마는 민중의 예술적 삶의 보존에 노력했으며, 러시아 문화의 살아있는 역사로 인식되었다. 꼬스뜨로마는 과거와 현재가 긴밀하게 얽혀 있으며 역사와 시대성은 서로 인접해 있고 상호 보완해주는 러시아 도시들에 속한다.

2. 정치

1) 정치 일반

주 집행권력의 최고기관은 꼬스뜨로마주 행정부이다. 주지사는 세르슈노프(Шершунов В. А.)이다. 1950년생이며, 까잔 국립대학 법학부를 졸업한 그는 1996년 12월 꼬스뜨로마주 지사 선거에서 다수표를 획득하여 당선되었다.

2) 선거

(1) 꼬스뜨로마 시장 선거

꼬스뜨로마 시장 선거에서 유권자의 64.35%가 투표에 참여했다. 5명이 입후보하여 경쟁한 결과 1946년생이며 꼬스뜨로마시에 거주하고 있는 꼬로보프(Коробов Б.К.)가 투표참여 유권자의 51.32%(73,451표)를 획득하여 시장에 당선되었다.

(2) 꼬스뜨로마주 지사 선거

2000년 12월 10일 꼬스뜨로마주 지사 선거가 4명이 입후한 가운데 실시되었다. 후보들 중 어느 누구도 50% 이상을 득표하지 못했다. 따라서 12월 24일 결선투표가 실시되었다.

2명의 후보, 즉 단결당이 지지했던 꼬로보프와 러시아 인민애국연합이 지지한 러시아공산당 소속의 셰르슈노프가 경쟁했으며, 이전의 주지사였던 셰르슈노프가 다수표를 획득하여 당선되었다.

(3) 러시아연방 국가두마의원 선거

1999년 12월 19일 러시아연방 국가두마의원 선거가 실시되었다. 꼬스뜨로마주의 유권자수는 590,509명이고, 투표에는 391,758명이 참가하여 66.34%의 투표율을 보였다.

정당별 투표에서 주요정당이 얻은 득표율은 다음과 같다.

정당	득표율(%)
야블로꼬	5.54
단결(메드베드)	35.00
지리놉스끼 블록	7.94
조국-전러시아	6.17
러시아공산당	21.03
우파연합	6.73

(4) 러시아연방 대통령 선거

2000년 3월 26일 러시아연방 대통령 선거가 실시되었다. 주요후보들의 득표상황은 다음과 같다.

후보	득표율(%)
뿌친	59.28
쥬가노프	25.84
야블린스끼	3.86
지리놉스끼	3.54
뚤레예프	2.29
찌또프	1.22
빰필로바	1.05
모든 후보에 대한 반대	1.46

Ⅳ. 경제 시스템

1. 경제개황

꼬스뜨로마주는 7개의 연방지구 중 중앙연방지구에 속하고 12개의 러시아 경제지역 중 중앙경제지역에 속한다. 꼬스뜨로마주 정부는 산업구조의 문제를 경제위기시부터 인식하여 꾸준히 산업조직개편에 노력하여 왔다. 어느 정도 산업구조의 변화가 있어 왔고 산업조직 개편 후 꼬스뜨로마주는 전기전력산업이 현저히 발달해 있고 목재가공과·종이펄프산업, 기계제작·금속가공분야도 큰 비중을 차지하고 있다.

러시아 경제에서 차지하는 꼬스뜨로마주의 경제비중은 작다. 러시아경제에서 꼬스뜨로마주의 비중을 파악하기 위해 몇 개의 주요 거시경제지표를 비교하면 농업이 상대적으로 비교우위부문이다. 그 외 지표를 표로 보면 다음과 같다.

2000년도 러시아 주요 경제지표에서 꼬스뜨로마주의 비중

주요 항목	러시아전체 대비 꼬스뜨로마주 비율
지역총생산	0.3%
공업생산량	0.3%
농업생산량	0.7%
소매유통	0.3%
자본투자	0.3%

http://www.infostat.ru/epub.htm (검색일: 2003.1.10)

꼬스뜨로마주의 지역총생산은 1999년에 142억 8,700만 루블로 전년대비 60.90%이상 상승하였다. 1인당 지역총생산은 1999년 1,809만 9,000 루블로 1998년 대비 61.99%이상 증가하였다.

꼬스뜨로마주의 지역총생산의 주요 구성과 비율에서 공업부문이 가장 많은 비중을 차지하고 있어 꼬스뜨로마주를 지탱하는 부문이다. 그 외 농업도 큰 규모의 성과를 보이고 있다. 여타 부문을 표로 보면 다음과 같다.

지역총생산의 주요 구성과 비율

주요 산업부문	지역총생산의 주요 구조의 비율
공업부문	29.3%
농업부문	20.4%
건설부문	6.4%
운송부문	4.4%
유통부문	10.5%

http://www.infostat.ru/epub.htm (검색일: 2003.1.15)

꼬스뜨로마주의 총 기업수는 2000년 13,497개이고 소 기업수는 2000년 3,248개이다. 이것은 1999년에 비해 총 기업수는 4.99% 증가, 소 기업수는 3.44% 증가한 것이다.

공업부문에서 현재 활동 중인 기업들의 수는 2000년에 1,012개이다. 이것은 전년대비 8.58% 상승한 것으로 나타나고 있다. 이 공업기업들은 2000년 현재 총 기업수의 7.50%에 이르고 있어 매우 높은 비율을 보이고 있다. 공업이 비교우위에서 활발히 활동하고 있는 것으로 분석된다.[1)]

2. 산업

1) 공업

꼬스뜨로마주는 공업이 충분히 발달된 지역이다. 주요 공업부문은 전기전력부문이다. 그 외 목재가공과 기계제작도 큰 비중을 차지하고 있다. 식료품공업도 매우 큰 규모이며 철강업과 경공업도 꼬스뜨로마주 공업의 중요한 요소 중의 하나이다.

꼬스뜨로마주의 공업중심지로는 꼬스뜨로마, 샤리야, 갈리치, 부이, 만뚜로보, 끄라쓰노예나볼게 등이다.[2)]

꼬스뜨로마주의 총 공업생산량은 1998년 61억 9,800만 루블, 1999년 94억

1) 2000년말 통계임

2) 그리고 꼬스뜨로마주의 공업부문 대기업들을 보면 다음과 같다. АООТ ‘Завод Мотордеталь’ (запчасти к легковым автомобилям), АООТ ‘Костромская ГРЭС’, АООТ ‘Шарьядрев АПК’, ЗАО ‘Большая Льняная Мануфактура’, ОАО ‘ЭКСКО’ (экскoваторы), АООТ ‘Фанерный комбинат’, ОАО ‘Льнокомбинат Зворыкина’, АООТ ‘Автокрановый завод’.

1,000만 루블, 2000년에 133억 500만 루블로 증가폭이 큰 것으로 나타나고 있다. 2000년에는 전년대비 공업생산량의 상승폭은 약간 줄었지만 상승 액은 엄청난 성과를 거두고 있다.[3)]

공업생산지수는 1998년에 105로 전년대비 하락을 가져온 이후에 1999년에 112, 2000년에 108로 등락을 거듭하고 있다. 꼬스뜨로마주 공업[4)]의 부문별 구조를 살펴보면 전기전력부문이 29.9%로 가장 높은 비중을 차지하고 있다. 여타 공업부문을 표로 보면 다음과 같다.

주요 공업생산부문별 생산비율

생산부문	꼬스뜨로마주 총공업생산 비율
전기전력	29.9%
연료공업	0.1%
철강업	4.5%
비철금속	0.6%
화학·석유화학	3.9%
기계제작·금속가공	15.9%
목재가공, 종이·펄프	17.0%
건재공업	3.6%
경공업	5.1%
식품공업	10.1%
기타	9.3%

http://www.infostat.ru/epub.htm (검색일: 2003.1.16)

2) 농업

꼬스뜨로마주에서 농업의 역할은 매우 중요하다. 주로 곡물을 생산해 내며 그것은 호밀, 밀, 연맥, 귀리 등이다. 그 외 양봉과 여러 작물재배를 주요 생산품으로 삼고 있다.

꼬스뜨로마주의 농업에서 특화되어 있는 작물은 아마이고 아마의 재배와 가공이 활성화되어 있다. 꼬스뜨로마주의 농업은 가축사육이 큰 부분을 차지하고 있으며 주로 낙농, 양돈, 목양, 양금 등이다.

꼬스뜨로마주의 농업경작면적은 94만 헥타르를 차지하고 있다. 그 중에는

---

3) 명목가격 기준

4) 러시아 전체공업생산의 0.3%차지하고 있다.

농장이 2만 6,400 헥타르이고 경작지가 55만 1,000 헥타르이다. 경작지의 58%는 사료용 작물을 파종하고 곡물은 38%, 특용작물은 1.4%, 감자와 채소는 4.8%를 파종한다.

꼬스뜨로마주에 있는 농업아카데미[5]는 고기와 우유를 공급하는 낙농을 늘리기 위해 뛰어난 꼬스뜨로마 종의 암소를 탄생시켰다. 이 종은 낙농의 측면에서 가장 상품성이 있는 것이며 황소가 1,000킬로그램, 암소가 550-650킬로그램에 달한다.

양도 새로운 종을 만들어 내었으며 바로 로마노쁘스끼 종이다. 이 양의 종은 현재 2개의 협동농장에 있다. 60마리는 수사니노에서 사육하고 1,500 마리는 수지슬라블에서 사육되고 있다. 이 양의 새로운 종은 파리박람회에 참가해 주목을 받은 적이 있다. 이 로마노프스키 종의 양은 현재 미국, 캐나다, 프랑스 등에서 사육되고 있다. 주정부에서도 이 종의 수출의 관리를 위해 프로그램을 준비하여 실행하고 있다.

꼬스뜨로마주의 2000년 총 농업생산량은 543억 6,800만 루블이다. 이것은 1999년 대비 18.27% 상승한 액수이다. 농업생산액 중 작물관련 생산액은 1999년과 2000년에 각각 21억 320만 루블과 26억 900만 루블을 기록하고 있어 2000년은 전년대비 24.05% 상승한 것으로 나타나고 있다.

농업생산액 중 작물관련 생산액은 1999년과 2000년에 각각 24억 9,370만 루블과 28억 2,780만 루블로, 2000년의 성장폭은 전년대비 13.40%를 기록하고 있다.[6] 2000년에 상승속도의 둔화가 있지만 상승액은 적지 않은 폭의 증가가 있었다.

농업생산 지수는 일정하게 상승하고 있다. 1998년에는 91 그리고 1999년에 98, 2000년에 105로 점진적인 성장을 하고 있다.[7]

---

5) Костромской филиал Российской академии менеджмента и агробизнеса (Информационно-консультационная служба)

6) 명목가치임

7) 실질가격, 전년대비=100

3. 자원 등 기타

꼬스뜨로마주는 염분이 있는 회색토양에 위치해 있다. 이 토양은 점토 및 사점토, 모래밭 등에서 자라는 침엽수림으로 인해 형성되었다. 이러한 토양은 8-10cm정도의 두껍지 않은 부식토 층을 포함하는 산도가 높은 땅이다. 이러한 토양은 물에 의해 그 토양의 양분이 씻겨 흘러가므로 주기적으로 석회, 비료 등을 공급해야 한다. 따라서 이 부분에서 주 정부의 재정이 지속적으로 할당되고 있다.

최근 몇 년에 걸쳐 꼬스뜨로마주는 새로운 지하자원 매장지발굴에 있어서 큰 성공을 거두었다. 그 광물들은 스라네쯔와 석유, 금, 이탄 등이다. 또한 전 도시의 난방을 보장할 수 있을 만큼의 거대한 규모의 온천도 발견되었다.

꼬스뜨로마주 대부분의 지역에는 광천수와 치료 및 식용수의 매장지가 분포되어 있으며 이들 매장지는 총 12개로 알려져 있다. 또한 하루에 방출되는 지하수의 양은 22만 800㎥를 기록하고 있다.

꼬스뜨로마주의 가장 풍부한 자원의 하나로 산림자원을 들 수 있다. 산림지대는 전 영토의 72.6%를 차지하고 있으며 총 목재 보유량은 6억1천7백만 ㎥로 추산되고 있다. 이 지역토양의 특성상 일반적인 소나무, 전나무, 사시나무, 자작나무 등의 나무가 숲을 형성하고 있다. 또한 꼬스뜨로마주에는 14종의 나무와 150여종의 풀이 정부에 의해 보호되고 있다.

꼬스뜨로마주의 동물자원은 매우 풍부하며 다양하다. 숲지대에 분포되어 있는 전체 수렵지역은 460만 헥타르이며 수상 밀렵지역은 130 헥타르이다. 현재까지 이들 지역 내에서의 생산성은 여타 지역에 비해 상대적으로 높은 편이다. 그렇지만 꼬스뜨로마주의 수렵경제는 근본적 변화를 필요로 하며 이 문제들은 외자유치가 필수불가한데 이러한 전제만 해결된다면 성공적으로 당면한 문제들을 해결할 수 있을 것이다.

꼬스뜨로마주의 수산자원을 살펴보면 이 지역의 강 및 저수지에는 40종이상의 어류가 분포되어 있어 수자원이 매우 풍부하다. 어업경제를 차지하는 주요 분포를 보면 저수지가 56,800 헥타르, 호수가 19,900 헥타르, 강이 14,700 헥타르 등이다.

V. 문화시스템

1. 지역정체성

1) 인구

2001년 현재 774,000명으로 러시아연방 전체의 0.53%, 89개 연방주체 중 64위를 기록하고 있는 꼬스뜨로마(Кострома)주의 인구상황은 대다수 연방주체와 동일한 감소현상을 겪고 있다.

1990년대 초 경제개혁이 시작되면서 줄기 시작한 인구는 90년대 후반 경제위기를 겪으면서 감소폭이 심화되고 있다.

꼬스뜨로마주 인구변동 추이

연도	1990	1992	1993	1994	1995	1996	1997	1998	1999	2000	2001
인구수 (1,000명)	805	806	806	804	803	800	795	791	787	781	774

Россий ский статистический ежегодник. Госкомстат России. М., 2001. С. 83.

꼬스뜨로마주 인구의 자연감소율은 해가 갈수록 더 심화되고 있는데, 예컨대 90년도의 자연감소 수는 635명으로 총 인구(805,000) 대비 0.07%인데 반해 2000년도 자연감소 수는 8,134명으로 총인구(774,000) 대비 1.05%에 이른다.

꼬스뜨로마주 출생자수, 사망자수, 자연증가율

연도	출생자수(명)	사망자수(명)	자연증가율(명)
1990	10236	10871	-635
1992	7460	11136	-4134
1993	6624	12939	-6315
1994	7012	14692	-7680
1995	6383	13685	-7302
1996	6326	13461	-7135
1997	6315	13035	-6910
1998	6204	12955	-6751
1999	6082	14040	-7958
2000	6167	14301	-8134

Россий ский статистический ежегодник. Госкомстат России. М., 2001. С. 106.

꼬스뜨로마주의 경제활동인구 및 취업률, 실업률은 다음과 같다.

꼬스뜨로마주의 실업률은 93년도에 전년대비 59.3% 상승하면서 고실업률을 기록한 이래 점차 상승하기 시작하여 97년도 경제위기를 계기로 98년도에는 최고조에 달한 후 차츰 안정세를 띠고 있다.

꼬스뜨로마주 경제활동인구(취업자, 실업자), 실업률

연도	경제활동인구 (1,000명)	취업자수 (1,000명)	실업자수 (1,000명)	실업률(%)
1992	400	382	19	4.7
1993	397	364	32	8.1
1994	383	346	37	9.5
1995	384	348	36	9.4
1996	379	342	37	9.9
1997	363	329	34	9.4
1998	365	325	40	11.0
1999	390	351	39	10.0
2000	387	354	33	8.6

Российский статистический ежегодник. Госкомстат России. М., 2001. С. 135.

2) 민족

꼬스뜨로마주의 인구 774,000명 중 러시아인 96.3%, 우끄라니아인 1.2%, 벨라루스인 0.4%, 따따르인 0.4%, 집시 0.2%, 추바슈인 0.1%, 기타민족 1.4%로 구성되어 있다. 따라서 꼬스뜨로마주에서도 러시아인이 절대다수를 차지한다. 그러나 러시아인의 비중은 1979년 현재 97.6%에서 96.3%로 하락하였고, 반대로 이민족의 비중은 1979년 현재 2.5%에서 3.7%로 증가하였다.

3) 교육

꼬스뜨로마주에는 꼬스뜨로마시의 567개 중등학교, 19개 중등기술전문학교, 4개 국립학교를 포함한 60개 전문교육기관을 비롯하여 다수의 교육기관이 개설되어 있다.

네끄라쏘프(Н. А. Некрасов) 꼬스뜨로마 국립사범대학에서는 대규모 국제학술회의가 자주 개최된다. 1998년 5월에는 세계적으로 유명한 꼰드라찌예프(Н. Д. Кондратьев)를 기념하는 '제 3회 국제 꼰드라찌예프 학술회의'

가 개최되었다. 이곳에서는 또한 매년 4월 사범대학 음악교육과 교사들이 참가하는 '러시아 콩쿨'이 개최되며, 취학전아동교육기관의 교사 및 학교 외의 기관에 종사하는 교사들의 참여하에 매년 개최되는 '올해의 교사' 페스티벌은 큰 인기를 누리고 있다.

꼬스뜨로마주는 정치인, 사회활동가, 군인, 작가, 시인, 극작가, 학자, 종교인 등 유명인사를 많이 배출했다. 화학자, 고분자합성 연구소장, 소연방 과학아카데미 준회원 우샤꼬프(С. Н. Ушаков), 소비에트 시대의 영화제작자, 연출가, 시나리오 작가, 무대연출가, 소연방 국가상 수상자 이바노프-바르꼬프(Е, А. Барков), 꼬스뜨로마 예술학교 창립자, 러시아연방 공훈예술가 슐레인(Н. П. Шлеин) 등 다수의 유명 인사가 꼬스뜨로마주 출신이다.

2. 지역문화

1) 문화개괄

꼬스뜨로마는 러시아 문화의 보고라고 해도 과언이 아니다. 바로 네끄라소프(Н. А. Некрасов), 오스뜨로프스끼(А. Н. Островский), 꾸스또지에프(Б. М. Кустодиев), 뜨레쨔꼬프(П. М. Третьяков)와 같은 문화와 과학, 예술분야의 위대한 활동가들이 이곳에서 활동했거나 이곳과 깊은 인연이 있다.

꼬스뜨로마에는 러시아의 위대한 조각가들의 작품들이 많이 보존되어 있다. 수백 년 전에 시의 주요 광장에 세워진 상업 건물은 고대 도시의 기념물 중의 하나이다. 건축가 푸르소프(А. Фурсов)에 의해 설계된 소방망루 역시 시의 명승고적이며 훌륭한 기념물 중의 하나이다. 고전주의 시대에 꼬스뜨로마에는 예술적 의미를 지닌 적지 않은 건축물이 세워졌다. 많은 교회와 사원들은 그 이후부터 보존되고 있는데, 이빠찌예프스끼(Ипатьевский) 수도원의 삼위일체 성당의 벽 바깥쪽에 있는 꼬스뜨로마 역사 건축 박물관이 그 예이다. 그 옆에는 러시아 목조 건축 박물관이 들어서 있다. 삼위일체 사원은 아름다운 사원이다. 사원의 벽과 아치, 제단, 꼭대기는 당시의 예술가들에 의해 화려하게 장식되어 있다. 교회의 예배실에는 독특한 장식 조각품들이 있다. 많은 성상화, 나무, 뼈, 돌로 된 고대 러시아 예술가들의 아름다운 작품은 수도원의 큰 자산이다.

이전에 로마노프 박물관이 위치해 있던 장소에 꼬스뜨로마 조형예술 박물관이 세워져 있다. 여기에는 과거와 현재의 위대한 화가의 회화 전시실이 있다. 또 이 지역에는 1808년에 세워져 이전에는 지역 박물관이었지만, 지금은 오스뜨로프스끼의 이름을 딴 꼬스뜨로마 드라마 극장이 활동 중이다. 러시아의 문화 재단 꼬스뜨로마 지부는 지역 문화유산의 보존과 발전을 위해 큰 역할을 하고 있다. 그 활동의 주요 주제를 보면, '문화와 창조', '나라와 문화', '문화, 교육, 학문', '문화와 출판' 등이다. 이 지부의 지도아래 출판 활동이 이루어지고 문화 프로그램이 준비되고 있다.

2) 문화시설

(1)오스뜨로프스끼 국립 박물관 보호 구역

이 박물관은 러시아의 한적한 곳이며, 아름다운 마을인 쉘리꼬보 마을에 위치하고 있는데 이곳은 극작가 알렉산드르 니꼴라에비취 오스뜨로프스끼(А. Н. Островский)가 오랜 세월 동안 살았던 곳이다. 이 곳에서 오스뜨로프스끼는 많은 작품을 완성했고 이 곳은 오스뜨로프스끼가 오랜 세월을 보낸 그 환경 그대로 유지되어 있다. 17세기 말에 세워진 목조건물과 작은 계곡을 가로지르는 다리들과 호수와 그늘진 오솔길이 있는 아름다운 공원은 오늘날까지 잘 보존되고 있다. 오스뜨로프스끼는 1886년 6월 14일 쉘리꼬보 마을에 있는 자신의 방에서 서거했다. 1848년 소연방 장관 위원회는 쉘리꼬보를 국립 보존 구역으로 지정했다. 1973년에 오스뜨로프스끼 탄생 150주년을 맞이하여 문학-연극 박물관이 세워져서, 위대한 극작가의 창조 유산을 보여주는 전시실이 문을 열었다. 또 이 지역에는 배우, 작가, 예술가들의 휴식의 공간인 '창조의 집'이 위치하고 있다.

오스뜨로프스끼의 정자

(2)국립 꼬스뜨로마 역사- 건축 박물관 보호구역 '이빠찌예프스끼 수도원'

꼬스뜨로마 박물관-보호 구역은 이빠찌예프스끼 수도원(Ипатьевский монастырь)의 독특한 고대 러시아 건축 기념물들의 보호를 위해 1958년에 만들어 졌는데 이 수도원은 13세기에 고두노프 자하리야(Годунов Захария)

의 조상에 의해 세워졌다. 16세기와 17세기 초에 고두노프 가문은 수도원의 기초를 세웠고 미하일 표도르비취 로마노프(Михаил Федорович Романов)가 이 수도원에 온 이후에는 수도원을 보호하는 역할은 로마노프 가문이 맡았다. 1613년 3월에 로마노프가 이 곳으로 온 뒤를 이어 젬스끼 사보르(Земский собор 국민회의)에서 그를 차르로 추대했다는 서신이 보내졌고 이 수도원에서 로마노프에게 짜르에 대한 존경이 표해졌다. 이렇게 이빠찌예프스끼 수도원의 건축들은 러시아사에서 유명한 두 대귀족과 짜르 왕조의 기념물이 되었고 동란의 시기 이후 러시아 국가의 재생과 밀접한 관계가 있다.

박물관에는 380,000점의 소장품이 있다. 주요 전시실을 보면 다음과 같다.

-성상화와 교회 세간 전시실-

유명한 예술가 구리 니끼찐(Гурий Никитин)과 실로프 사비니이(Силов Савиний)가 그린 17세기 벽화가 있고 숭배건축의 기념작인 삼위일체 사원의 성기소(聖器所)에 자리 잡고 있다.

-대귀족 로마노프의 전시실

-나비와 딱정벌레 등의 독특한 수집품이 있는 자연관

(3) 오스뜨로프스끼 국립 드라마 극장

극장 전경

극장은 1808년에 세워졌는데 극장의 무대에는 쉐쁘낀(М. Щепкин), 예르몰로바(М. Ермолова), 사빈(М. Савин), 다비도프(В. Давыдов), 꼬미사르제프스까야 (В. Комиссаржевская) 같은 유명한 배우들이 출현한 적이 있다.

1923년 오스뜨로프스끼의 탄생 100주년을 기념하여 이 극장에 위대한 극작가 오스뜨로프스끼의 이름이 붙여졌다. 이 극장의 무대에서는 오스뜨로프스끼의 극 중에 46-47개가 상연되었는데 이 수는 러시아의 어떤 극장보다도 많다.

오늘날 이 극장의 레퍼토리는 여러 가지 장르의 수십 개의 작품으로 구성되어 있다. 극장의 무대에는 정기적으로 모스크바, 뻬쩨르부르크, 다른 많은 지방 도시에서 온 배우단이 객연을 한다. 135년 이상 된 이 극장의 건물은 건축기념물의 하나이다. 국립 드라마 극장의 단장은 두보프(С. Б. Дубов)이고 감독은 쪼지꼬프(А. М. Цодиков)이다.

4) 꼬스뜨로마

꼬스뜨로마시는 주도로 볼가 강 연안에 위치하고 있는 도시이며 12세기 경 유리 돌고루끼의 요새의 하나로 세워졌고 몽고족의 침입 시에는 러시아인들의 방어 거점 도시 역할을 했다. 그 뒤 1340년에는 이반 깔리따에 의해 이 도시는 모스크바 공국의 통치하에 놓이게 되었고 잦은 화재로 시의 목조 건물들은 종종 재건축되기도 했다.

18세기에 들어와 폴란드와 리투아니아의 내정 간섭 시기에 꼬스뜨로마는 미닌과 뽀자르스끼가 이끄는 민간 의용군의 형성의 중심지였다. 꼬스뜨로마는 아름다운 교회 건축으로 잘 알려진 시인데 꼬스뜨로마강이 볼가강으로 합류하는 곳에 세워진 이빠찌예프스끼 수도원이 특히 유명하다.

꾸르스크주
Курская Область

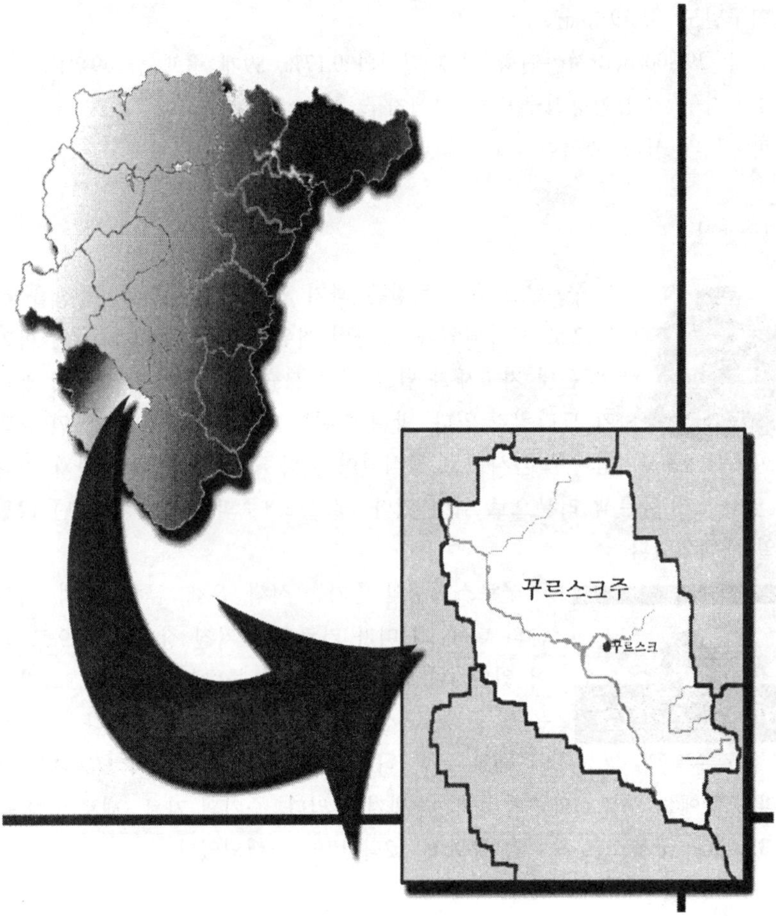

Ⅰ. 개황

1. 기초정보

주 성립일: 1934년 6월 13일.
주도: 꾸르스크(Курск)
인구: 1,299,000명(2001년 현재: 러시아연방 전체의 0.89%; 89개 주체 중 43위)
인구밀도: 43.59명/㎢
면적: 29,800㎢(러시아연방 전체 면적의 0.17%; 89개 주체 중 69위)
소속지구: 중앙연방지구; 중앙경제지구
한국과의 시차: -6시간

2. 상징

꾸르스크주 문장

꾸르스크주의 문장은 과거 꾸르스크현(縣)의 문장을 바탕으로 제작되었다. 왕관이 씌워진 은빛 방패에는 세 마리의 은빛 자고새가 날고 있는 모습을 형상화한 감청색 벨트가 드리워져 있다. 방패 주위는 푸른색 리본으로 엮인 금빛 참나무 잎사귀로 장식되어 있다. 문장 위에는 왕관과 참나무 잎사귀가 붉은색 리본으로 엮여 있다. 꾸르스크주의 문장은 1996년 12월 17일 채택되었다.

꾸르스크 주기

꾸르스크주의 주기는 적색, 은색, 금색, 흑색, 적색 순의 다섯 개 띠가 가로로 새겨진 장방형 천으로 되어 있다. 위, 아래에 새겨진 두 개의 적색띠, 그리고 은색, 금색, 흑색띠의 크기는 서로 동일하다. 적색띠의 세로 폭은 나머지 색상의 세로 폭의 1/2이다. 주기의 중앙에는 꾸르스크주의 문장이 새겨져 있다. 주기의 가로, 세로의 비율은 3:2이다. 꾸르스크 주기는 1996년 12월 17일 채택되었다.

3. 주요도시(인구: 2002년 현재)

꾸르스크(Курск): 인구 443,200명; 북위 51°44′, 동경 36°11′

젤레즈노고르스크(Железногорск): 인구 96,300명; 북위 52°21′, 동경 35°25′

꾸르차또프(Курчатов): 인구 48,300명; 북위 51°35′, 동경 35°39′

리고프(Льгов): 인구 23,700명; 북위 51°39′, 동경 35°17′

시그리(Щигры): 인구 20,300명; 북위 51°52′, 동경 36°55′

4. 주요 산업 및 농업

주의 주요 산업으로 기계제작(전기공업, 공작기계/기기제작공업, 계산기, 베어링), 화학공업, 석유화학공업(합성섬유, 고무), 철광산업, 식료품 산업, 건축 자재업 등이 발달했으며, 농업부문은 다양한 곡물, 특용작물, 사료작물 재배, 낙농업, 양돈업, 양금 등이 발달했다.

II. 자연환경

1. 지리적 위치와 구성

꾸르스크주는 28개 행정구, 10개 시 및 23개 도시형마을, 477개 농촌마을로 구성되어 있으며, 동유럽 평원의 중심부, 중부 러시아 고지대 서쪽 경사면에 위치하고 있다. 주 지형의 고도는 해발 177~225m이며, 강과 계곡에 의한 기복이 심하다.

벨고로트주, 보로네슈주, 리뻬쯔크주, 오룔주, 브랸스크주, 우끄라이나 공화국과 경계를 이룬다. 서쪽 끝으로부터 동쪽 끝까지는 305㎞, 남쪽에서 북쪽 끝까지는 171㎞이다.

주요 하천은 드네쁘르와 돈강 유역에 연결된 쎄임(Сейм)과 쁘셀(Псел)강이다.

꾸르스크주는 러시아와 우끄라이나 및 까프까스 지역의 산업지대와 연결하는 교통 요지에 위치함으로써 지리적 입지가 매우 좋다.

수도 꾸르스크시와 모스크바 간의 거리는 536㎞이다.

2. 기후조건

온난기후대, 대륙성 온난기후

1월 평균기온: -8℃

7월 평균기온: 19℃

연 강수량: 500㎜

식물 생장 기간: 약 150일

식생: 스텝과 삼림대의 중간 지대

토양: 흑토

삼림분포도: 8%

3. 주요 유용광물

철광석(꾸르스크 이상 자기 지대의 주 생산 광물), 이탄, 인회토, 건축자재 등이 있다.

주요 산지:

철광석: 미하일로프스크(Михаиловск), 꾸르바낀스크(Курбакинск), 디치냔스꼬-레우쩨쯔크(Дичнянско-Реутецк).

이탄: 사포노프스크(Сафоновск).

건축자재: 골루베예프스크(Голубеевск), 쑤드잔스크(Суджанск), 리슈꼬프스크(Рышковск) 산지가 유명하다.

Ⅲ. 정치시스템

1. 역사

꾸르스크는 풍부한 역사를 가지고 있으며, 단 한 번도 러시아와 역사적 단결의 경험이 없었다. 꾸르스크는 982-984년에 끼예프 공의 요새도시로 설립되었다. 꾸르스크 도시의 옛 영토는 꾸르강 계곡에 의해 분리된 구릉지대였는데, 꾸르강의 이름에서 꾸르스크의 이름이 유래되었다. 당시 꾸르스크 북부지역은 투르크족이 유목하는 초원지대와 접경하고 있었다. 뻬체네기강과 달리강의 합류지점에 꾸르스크 도시가 펼쳐져 있는데, 꾸르는 촌락 또는 도시를 뜻하며 뚜스까르는 '야영을 하다'라는 뜻을 지닌다. 이런 지명과 고고학적 유물은 이 지역에서 꾸르스크 도시가 발생되기 오래전부터 슬라브족들이 요새도시 안에 거주했음을 증명한다.

최초의 요새도시로 1036년이후 쥐찌 지역의 레오도시야 뻬체르스꼬보가 있었다. 이 시기는 현자 야로슬로프가 드네프르강 좌안지역을 지배하던 시기로 연대기에는 1095년으로 기록되어 있다. 1185년 꾸르스크의 브세볼로드 공은 그의 신하들과 함께 <이고르 원정기>에 참여했다. 꾸르스크는 이후 계속 요새도시로서 급속한 발전을 보였다. 그러나 13세기에 몽골-따따르가 러시아를 침입했을 때, 꾸르스크 주민들은 그들의 영토를 방위하기 위해 전투에 나섰다.

15세기 말부터 꾸르스크는 리투아니아 대공의 지배아래 놓이게 되었으며 1508년에는 '포스폴리트'와 '디키' 초원을 경계로 모스크바 국가에 소속되었다. 17세기 초 꾸르스크는 폴란드-리투아니아, 크림-따따르, 노가이쯔들에 의해 자주 침략을 당했다. 1708년 꾸르스크는 끼예프현에 소속되었으나, 5년 뒤 끼예프군 사령관 소속에서 분리하여 꾸르스크 자신의 행정조직을 가지게 되었다. 수세기가 지나는 동안 꾸르스크는 루시국가 남부지역의 방위를 맡는 역할을 했으며, 점차 루시국가의 거대한 남부지역 영토의 중심부로 부상했다. 꾸르스크에는 많은 농민들이 정착하게 되었고, 이로 말미암아 새로운 농촌마을과 장원이 생겨나기 시작했다.

1727년에 꾸르스크는 벨고로트현에 소속되었으며, 1779년에 꾸르스크 관구의 중심도시가 되었다. 1797년에는 꾸르스크현의 중심도시가 되었다. 1860년대 말부터 꾸르스크는 러시아 북부지역에서 남부, 서부, 동부를 연결하는 주요 철도교통 중심지가 되었다.

꾸르스크의 역사는 따따르-몽골, 폴란드-리투아니아, 독일정복자 등에 의한 끊임없는 전쟁으로 점철되었다. 2차 세계대전 중 1941년 11월 4일부터 1943년 2월8일에 걸쳐 독일군에 점령당했으며 이때 많은 피해를 보게 되었다. 1943년 7월5일부터 8월 23일까지 벌어진 꾸르스크 전투는 2차 세계대전 역사에 결정적인 전기를 마련했다. 이 전투는 차후 전투의 승패를 판가름할 수 있는 전투로 대규모 탱크전 양상을 보였다. 이 전투는 1943년 7월 12일 쁘로호로브까 마을 꾸르스크 능선에서 전개되었다. 이 전투에 소련과 독일군 모두 탱크, 자주포 등의 장비 1200대 이상을 동원했다. 전투에서 소련군은 승리했으며, 이로 말미암아 차후 전투의 주도권을 잡게 되었다.

소련군 진격의 결과 독일군 약 3천명이 사살되었고 약 1만명이 독일로 후퇴했으며, 1만명 이상이 아사했다. 1943년 2월 8일 꾸르스크는 해방되었다. 1년이 지난 1944년 2월까지 꾸르스크에는 약 10개의 산업시설이 복원되었다. 전쟁 후에 도시는 급속도로 재건되었다. 꾸르스크 변경에는 새로운 주거시설이 들어섰으며 전기, 기계, 화학공장이 건설되었다. 특히 2차 세계대전의 영웅들을 기념하기 위해 거리와 광장에는 그들의 이름이 명명되었다. 이미 1980년에 소련 최고회의 명령에 의해 꾸르스크시는 조국전쟁의 제1공훈자로 훈장을 수여받았으며, 전쟁기간 동안 꾸르스크 시민의 용기와 확고한 의지를 보여준 점과 산업과 문화재건의 공적으로 레닌훈장을 부여받았다.

현재의 꾸르스크시는 아름다운 도시로 역사적 건축물들이 많이 있다. 여기에는 즈나멘스끼, 세르기에보-까잔 성당, 필하모니 건물, 로마노소프 광장, 바랴찐스끼 공 궁전과 그 밖에 많은 기념물이 있다. 현재 꾸르스크시는 꾸르스크주의 행정, 문화, 산업의 중심지이다.

2. 정치

1) 정치 일반

러시아의 중앙-흑토경제지대에 포함되는 꾸르스크주는 10개의 도시와 28

개의 라이온, 23개의 도시형 촌락과 477개의 농촌 행정구역으로 나누어져 있다. 꾸르스크시는 젤레즈노도로즈늬, 세임스끼, 쩬뜨랄늬와 같은 3개의 행정지구로 나누어져 있다.

꾸르스크주에서의 집행권력은 라이온, 시, 주의 행정부에 의해 실현된다. 최고 집행권력기관은 꾸르스크주 행정부이다. 루쯔코이(А. В. Руцкой)가 꾸르스크주 지사이며, 연방회의의 경제정책문제담당 위원이다. 그는 1996년 10월 20일 선출되었으며, 2000년 10월 권한이 종료된다.

꾸르스크시에서의 입법권력은 시의회가 갖고 있으며, 집행권력은 꾸르스크시 행정부가 담당하고 있다. 입법 및 집행권력의 최고책임자는 꾸르스크 시장인 말쩨프(С. И. Мальцев)이다. 그는 2회 연임되고 있으며, 임기는 2003년 7월 종료된다.

꾸르스크주의 입법권력은 꾸르스크주 의회와 선거관리위원회에 의해 실행된다. 제1기 주의회는 1994년부터 1996년까지 활동했으며, 의장은 빠뜨니쯔끼(Ю. Г. Пятницкий)이다. 제2기 주의회는 1996년부터 2000년까지 활동했으며, 의장은 체르니흐(В. Д. Черных)이다.

제2기 꾸르스크주 의회는 러시아연방 헌법과 법률, 꾸르스크주 헌장과 법률에서 규정되고 있는 러시아연방 주체의 국가권력 입법기관으로서의 모든 권한을 가진다. 주의회는 45명의 의원으로 구성되어 있다. 꾸르스크주 의회 의장인 체르니흐는 러시아연방 상원의원으로서 학문, 문화, 교육, 건강, 환경 담당 위원회 위원이다. 1997년 1월 22일 선출되어 2000년 12월 권한이 만료된다.

꾸르스크주에서는 2001년 제3기 주의회의원이 선출되었고, 현재 이들이 활동하고 있다. 제3기 주의회의원의 임기는 2005년 종료된다.

2) 선거

(1) 꾸르스크주 지사 선거

2000년 10월 22일 꾸르스크주 지사 선거가 성립되었다. 7명이 입후보했다. 투표에는 등록된 유권자의 51.79%가 참여했다. 과반수 이상을 득표한 후보가 없어서 최다득표자인 미하일로프(А. Н. Михайлов, 39.52%)와 수르쥐꼬프(В. П. Суржиков, 21.58%)를 대상으로 11월 5일 결선투표가 실시되었다.

미하일로프가 55.54%를, 수르쥐꼬프가 37.93%를 득표했다. 투표에는 등록된 유권자의 47.3%가 참여했고 모든 후보에 대한 반대에는 투표참여 유권자의 5.43%가 투표했다. 꾸르스크주 지사로는 미하일로프가 당선되었다.

(2) 러시아연방 국가두마의원 선거

1999년 12월 19일 러시아연방 국가두마의원 선거가 실시되었다. 꾸르스크주의 유권자수는 992,489명이고, 투표에는 625,949명이 참가하여 63.07%의 투표율을 보였다.

정당별 투표에서 주요정당이 얻은 득표율은 다음과 같다.

정당	득표율(%)
야블로꼬	3.14
단결(메드베드)	31.46
지리놉스끼 블록	5.57
조국-전러시아	6.08
러시아공산당	31.95
우파연합	3.91

Ⅳ. 경제 시스템

1. 경제개황

꾸르스크주는 7개의 연방지구 중 중앙연방지구에 속하고 12개의 러시아 경제지역 중 중앙흑토경제지역에 속한다. 꾸르스크주와 더불어 벨고르드주, 보로네슈주, 리뻬쯔크주, 땀보프주가 중앙흑토경제지역에 속한다.

러시아경제에서 차지하는 꾸르스크주의 경제비중은 작다. 꾸르스크주의 거시경제지표들을 살펴보면 대체로 러시아의 여타 주체에 비해 낮은 비율을 전반적으로 차지하고 있다. 러시아경제에서 꾸르스크주의 비중을 파악하기 위해 몇 개의 주요 거시경제지표를 비교하면 다음과 같다.

지역총생산은 1999년 러시아전체 대비 0.6%로 낮은 편이다. 지역총생산액은 253억 5,200만 루블이며 이것은 전년대비 2.5% 상승한 것이다. 공업생산량은 2000년 0.6%의 비율을 차지하고 있고 총 공업생산액은 261억 900만 루블이다[1].

러시아 전체에서 농업이 차지하는 비중은 1.8%나 되며 이것은 꾸르스크주의 기반산업으로 입지를 가지고 있음을 나타내 주고 있다. 소매유통과 자본투자가 러시아에서 차지하는 몫은 0.5%와 0.4%로 아주 낮은 수준이다. 전체적으로 보아 꾸르스크주는 상대적으로 농업부문이 강세를 나타내고 있는 것으로 분석된다. 즉, 꾸르스크주는 농업으로 유명한 지역이다.

꾸르스크주의 지역총생산[2]의 주요 구성과 비율을 보면 공업부문이 36.1%, 농업부문 16.6%, 건설부문 6.8%, 운송부문 3.9%, 유통부문 12.3%이다. 꾸르스크주에서 지역총생산의 순위로는 공업이 단연 36.1%로 우위에 있고 농업부문이 16.6%로 다음을 차지하고 있다.

꾸르스크주의 총 기업수는 2000년 20,045개이고 소 기업수는 2000년 2,795개이다. 이것은 1999년에 비해 각각 66.16%와 19.95% 상승한 것이다. 소 기업수는 총 기업수에 비해 14%에도 미치지 못하고 있어 생산과 유통을 위한 토대가 저변에 확대되어 있지 못함을 알 수 있다.

현재 공업부문에서 활동하고 있는 기업수는 2000년 689개이다. 이것은 총

---

1) 명목가치임

2) 1999년 통계임.

기업수에 비해 3.4%를 넘는 수준으로 공업이 꾸르스크주의 아주 중요한 부문이라는 것을 대변하고 있다.

2. 산업

1) 공업

꾸르스크주는 러시아에서 공업이 발달한 지역 중의 하나이다. 이 지역에서 가장 발달된 부문은 식품공업, 경공업, 화학·석유화학공업, 전기전력, 철강업, 기계제작·금속가공부문이다. 현재 꾸르스크주에는 약 10,000개의 대·중·소 기업들이 공업부문에서 활동하고 있고 이 기업들 중에서 92%가 국가소유가 아닌 민간업체이다. 이 기업들에 의한 총 공업생산량의 80%이상이 러시아의 전 지역과 외국으로 수출되어지고 있다.

꾸르스크주에는 몇 개의 공업단지가 위치하고 있다. 이 공단에 주요 공업투자자본금 중 40%이상이 집중되고 있고 1/3이상의 노동자가 일하고 있다. 또 전 수입의 2/3을 벌고 있다.

꾸르스크주의 산업 중 공업(러시아 전체공업생산의 0.6%차지)의 부문별 구조를 살펴보면 전기전력부문이 매우 강한 부문으로 나타나고 있다. 전기전력부문이 22.3%를 차지하고 있다. 그 외 기계제작·금속가공부문이 18.2%를 차지하고 있어 꾸르스크주의 중요한 부문이라 평가된다. 여타 주요 공업생산부문별 비율을 보면 다음과 같다.

주요 공업생산부문별 생산비율

생산부문	꾸르스크주 총공업생산 비율
전기전력	22.3%
철강업	13.9%
화학·석유화학	14.5%
기계제작·금속가공	18.2%
목재가공, 종이·펄프	4.8%
건재공업	3.2%
경공업	2.3%
식품공업	15.6%
기타	5.5%

http://www.infostat.ru/epub.htm (검색일: 2003.1.10)

2) 농업

꾸르스크주는 러시아의 주요 농업지역중의 하나이다. 기름진 토지, 생육하기에 좋은 촉촉한 습도, 오래 지속되는 따뜻한 날씨 등으로 인하여 작물과 가축의 생육에 유리한 환경을 가지고 있다.

꾸르스크주의 총 농업생산량은 2000년에 137억 5,270만 루블이고[3] 이것은 전년대비 44% 성장한 것이다. 총 농업생산액 중 작물관련 생산액은 2000년 86억 1,170만 루블, 가축관련 생산액은 2000년 51억 4,100만 루블이다. 이것은 각각 1999년 대비 71.68%와 14.59% 성장한 것이다.

농업생산물 지수는 실질가격으로 환산해 1998년, 1999년, 2000년 각각 96, 90, 121로 나타나 고른 성장을 하고 있지는 않은 것으로 분석된다.

꾸르스크주에서는 공예농산물[4]로 식용비트, 해바라기, 대마 그리고 정유(精油)[5]를 함유한 작물이 생산되고 있다. 농지면적은 23억 헥타르이다. 이중 식용비트가 가장 많이 생산되고 있다. 자연적 조건과 비옥토 덕분에 1헥타르의 토지로부터 식용비트 400-450쩬트네르[6]와 미맥류 35-40쩬트네르가 수확되고 있으며 이것은 여타 지역에 비해 단위면적당 높은 수확량이다.

꾸르스크주는 지난 몇 년 동안 대규모의 가축육성 경제정책에 힘입어 소의 두수를 크게 증가시켰다. 그러나 양과 염소의 두수는 감소했다. 그 외 꾸르스크주에서는 육류와 우유제품 그리고 달걀, 곡물, 설탕, 채소, 과일, 통조림 등이 생산되고 있다. 꾸르스크주는 농업생산품 그리고 그 가공품을 러시아의 여러 다른 지역에 제공하고 있다. 더 멀리 우크라이나와 백러시아에도 수출하고 있다.

꾸르스크주에는 넓은 면적에 많은 작물재배와 원예업이 잘 발달되어 있어 양봉이 잘 될 수 있는 조건에도 불구하고 실제로는 충분히 발전되어 있지 못하다. 그러나 발전가능성에 기반하여해 장래 양봉의 성장가능성에 농업발전의 기대를 걸고 있다.

---

3) 농업관련 수치는 명목가치임
4) 삼, 담배, 면화 등을 일컫는다.
5) 방향성 식물유의 총칭: 테레빈유, 장뇌유, 장미유, 레몬유 등
6) 100킬로그램을 의미한다.

3. 자원 등 기타

꾸르스크주의 천연자원 중에서 가장 특별한 위치를 차지하는 자원이 바로 토지 자원이다. 꾸르스크주는 25.7%의 토양이 회색산림토양이며 전 면적의 69.5%는 흑토질의 토양이다. 바로 풍부한 흑토질은 이 지역의 주요한 자산이다. 또한 꾸르스크주의 면적의 5%인 94만 5,000 헥타르의 토양은 4-6%의 부식토를 함유하고 있다.

꾸르스크주는 거대한 두 개 강인 돈강과 드네쁘르강과 인접해 있다. 돈 강과 접한 영역은 전체 면적의 78%이며 드네쁘강과는 22%의 영토가 접해있다. 주 전체로는 902개의 강이 있으며 이 강들의 전체 길이는 8,000km에 달한다. 쎄임강, 쁘쎌강 등 큰 강들 이외에 꾸르스크주에는 800개 이상의 인공저수지와 못, 댐 등이 있다. 이외에 지하수를 포함하여 꾸르스크주의 수자원은 매우 풍부하여 향후 25-30년 동안의 물 공급 시스템이 이미 준비되어 있다.

꾸르스크주에는 치료용 목적의 약물이 방출되고 있다. 이 물은 미네랄이 소량 포함된 염화나트륨 성분의 물로서 위장 및 장의 질환, 만성신장염, 요도염, 신진대사의 문제 등의 치료에 쓰이고 있다.

철광산, 백운석, 구리, 니켈, 보오크 사이트 등 꾸르스크주의 유용광물자원은 세계적 수요를 충족시키고 있다. 이 지역의 대표적인 광산인 KMA에서 채굴되는 광물은 그 구성성분을 비교할 때 다른 광산에서 채굴된 광물에 비해 질적으로 월등히 높다. 이외 비광석 원료로써 백묵, 점토, 사점토, 석영모래, 모래 등의 매장지가 높이 평가받고 있다. 꾸르스크주의 지하자원에 대한 연구·조사 결과 위에 언급한 유용광물 이외 석유의 매장 역시 풍부한 것으로 나타나고 있다.

V. 문화시스템

1. 지역정체성

1) 인구

꾸르스크주의 생산 잠재력의 결정적 요인 중 하나는 바로 인구이다. 2001년 현재 꾸르스크주의 인구수는 1,299,000명으로 러시아연방 전체의 0.89%이며, 연방 89개 주체 중 43위, 인구밀도는 43.59명/㎢이다.

최근 10여 년 동안 꾸르스크주의 인구 상황은 많은 변동을 보였다. 1990년대 중반까지는 상당수 증가했으나(1990년 1,333,000명, 1995년 1,345,000명), 그 후부터는 역으로 큰 감소추세를 보이고 있다.

꾸르스크주 인구변동 추이

연도	1990	1992	1993	1994	1995	1996	1997	1998	1999	2000	2001
인구수 (1,000명)	1,333	1,331	1,337	1,340	1,345	1,343	1,339	1,332	1,324	1,312	1,299

Россий ский статистический ежегодник. Госкомстат России. М., 2001. С. 82.

꾸르스크주 인구의 자연증가율은 이미 오래전부터 마이너스로 돌아섰다. 인구수가 전체적인 증가추세를 보였을 당시에도 역시 자연증가율은 마이너스였다. 그럼에도 90년대 중반까지 인구수가 증가하거나, 최근까지의 자연감소율에 비해 전체적인 인구 감소율이 그리 크게 나타나지 않는 것은 외부로부터의 전입에 의한 것으로 볼 수 있다.

꾸르스크주로의 인구전입은 주로 북부지역, 시베리아, 극동지역 및 우끄라이나를 비롯한 CIS로부터 이루어지고 있다.

꾸르스크주 출생자수, 사망자수, 자연증가율

연도	출생자수(명)	사망자수(명)	자연증가율(명)
1990	15,828	18,560	-2,732
1992	12,929	19,734	-6,805
1993	12,028	22,251	-10,223
1994	12,382	24,178	-11,796
1995	11,472	22,464	-10,992

1996	11,243	22,771	-11,528
1997	10,562	22,053	-11,491
1998	10,630	21,814	-11,184
1999	10,160	23,283	-13,123
2000	10,451	23,726	-13,275

Россий ский статистический ежегодник. Госкомстат России. М., 2001. С. 106.

2000년 현재 꾸르스크주의 경제활동인구는 45.7%로 최근 들어 급격히 줄어들고 있는 추세이다. 꾸르스크주 인구의 평균연령은 38.6세이다.

실업률은 90년대 초부터 상승하기 시작하여 97년도 경제위기를 계기로 17%에 달하는 폭등현상을 보이고 있다.

꾸르스크주의 경제활동인구 및 취업률, 실업률은 다음과 같다.

꾸르스크주 경제활동인구(취업자, 실업자), 실업률

연도	경제활동인구 (1,000명)	취업자수 (1,000명)	실업자수 (1,000명)	실업률(%)
1992	673	633	39	5.9
1993	656	601	55	8.4
1994	624	539	85	13.6
1995	641	547	94	14.6
1996	628	524	104	16.5
1997	609	506	103	16.9
1998	592	482	110	18.6
1999	600	495	105	17.5
2000	600	539	61	10.1

Россий ский статистический ежегодник. Госкомстат России. М., 2001. С. 135.

2) 민족

꾸르스크주의 인구 1,299,000명 중에는 러시아인 96.6%, 우끄라이나인 1.7%, 벨라루스인, 유태인, 집시, 아제르바이잔인이 각각 0.1%, 기타 민족이 0.5%를 차지한다. 꾸르스크주에도 러시아인이 절대다수를 차지한다.

3) 교육

최근 꾸르스크주에서는 꾸르스크시를 중심으로 새로운 고등교육기관들이 설립되고 있으며, 기존의 고등교육기관들은 고유의 영역을 확장하는 추세에 있다. 전공분야를 확대하고, 교육의 질을 향상시키며, 새로운 형태의 교육이 도입되고 있다. 그 외에도 해외 여러 나라 대학들과의 협력관계를 추진하고 있다.

중등학생들은 학교와 맺은 계약에 따라 국가시험을 통해서 조기졸업 후 미리 선정한 대학에 입학이 가능하게 되었다.

꾸르스크주에서는 4개 대학과 모스크바 소재 국립대학들의 분교를 중심으로 고급 전문가들을 양성하고 있다. 교육은 정부재정을 통한 무상교육 및 유상교육이 동시에 실행된다.

사립대학은 학자 및 현장 전문가들로 구성된 최고의 전문가들에 의해 운영되고 있으며, 학생들은 각종 컨퍼런스, 올림피아드, 학술 콩쿨 등 다양한 행사에 적극적으로 참여하고 있다.

꾸르스크주와 꾸르스크시에는 통신학교가 개설되어 운영 중에 있다. 또 꾸르스크시를 중심으로 종합통신망이 구축되고 있다.

꾸르스크의 각 대학은 주에 있는 전(全) 러 농업 및 토양연구소를 비롯한 15개 기업 및 과학·기술 연구소와 제휴관계를 맺고 있다.

꾸르스크주에는 가공산업의 발전전망이 매우 높아 각 대학에는 해당기업의 요구에 부응하는 고급전문가들을 양성하기 위해 신규 전공분야를 개설하고 있다.

2. 지역문화

1) 문화개괄

꾸르스크(Курск)는 풍부한 역사를 가진 지역이다. 그 천년의 역사는 많은 역사-건축 기념물에 자신의 모습을 투영하고 있는데 그들 중 대부분은 17세기에서 19세기에 세워졌다. 이 기념물들은 현재도 잘 보존되어 있는 즈나멘스끼(Знаменский) 성당과 세르기예프-까잔(Сергиев-Казанский) 사원, 바랴띤스끼(Барятинский) 공후 궁전, 로모다노프(Ромоданов) 대귀족 저택, 역사-건축 앙상블, 근본 수도원, 이전의 귀족 모임 건물들이며, 현재의 '오피쩨르의 집(Дом офицера)' 등 많은 다른 건축물들이 사람들의 주의를 끌고 있다.

옛 건축의 아름다움과 훌륭함은 현대 건물 양식과 잘 조화를 이루고 있다. 오늘날 꾸르스크 지방은 러시아에서 가장 큰 문화 중심지 중의 하나인데 오늘날까지 민간의 전통이 흐르고 있는 곳이다. 이미 1772년에 도시에는 바르소프(Барсов) 형제에 의해 최초의 러시아 직업 극장이 세워졌는데 이 극장은 1938년부터 푸쉬킨 국립 드라마 극장으로 불리게 되었다. 이 극장은 200년 넘게 예술과 세계문학 애호가들을 맞이하고 있다.

꾸르스크는 재능 있는 예술가, 음악가, 문인의 거장군(巨匠群)을 세계에 배출한 곳이다. 또 많은 유명한 인물들 예를 들면, 차이꼬프스끼(И. И. Чайковский), 스비리도프(Г. В. Свиридов), 톨스토이(Л. Н. Толстой), 가이다르(А. П. Гайдар), 쉐쁘낀(М. С. Щепкин), 제이네끼(А. А. Дейнеки) 등 예술과 음악과 학문의 재능 있는 사람들의 많은 작품이 꾸르스크 지방과 인연이 깊다.

오늘날 꾸르스크에는 많은 문화 기관이 활동하고 있다. 지역의 고고학 박물관과 지지(地誌)박물관에는 많은 독특한 유물들이 전시되어 있는데 이것들은 유적 발굴 시에 발견된 생활 용품과 여러 가지 소상(小像)들이다. 게다가 지지박물관은 주민들에게 꾸르스크 지역의 소비에트 이전과 이후의 역사, 현대 역사를 알려주고 있다. 지역의 박물관에는 시기마다 바뀌는 전시실이 있다. 꾸르스크 전투의 유물을 전시하는 역사박물관에는 2차 세계대전 시 꾸르스크 철도근로자들의 참여를 기리는 흥미로운 전시실이 있다.

다른 종류의 박물관과 문화 기관들도 흥미를 끄는데, 예를 들면 꾸르스크 교육 대학 내의 동물박물관과 자동차 박물관, 데이네끼의 이름을 딴 지역 미술관과 열대어와 열대 식물 전시실, 꾸르스크 운송역사 박물관 등이 그런 곳이다.

꾸르스크지역은 극장으로 유명한 곳이다. 푸쉬킨의 이름을 딴 드라마 극장은 고전과 현대의 작품으로 레퍼토리가 구성되어 있는데 타 지역까지 유명하다. 로베스니크(Ровесник)라는 젊은이 극장과 꾸르스크 국립 인형 극장의 극 내용은 아이들과 청소년들만이 아니라 어른들까지도 흥미를 느끼게 만들고 있다.

여러 번 전러시아와 국제 대회에서 수상한 바 있는 꾸르스크 필하모니는 지역민들의 고전음악, 현대 음악에 대한 관심을 불러일으키고 있다. 게다가 지역의 중심에서는 공원과 영화관, 서커스단이 지역문화를 활성화시키고 있다.

2) 문화시설

(1) 푸쉬킨 국립드라마 극장

푸쉬킨 국립드라마 극장 전경

이 극장은 처음에는 바르소프(Барсов) 형제의 극장으로 1772년에 문을 열었다. 1805년에 이 극장의 무대에서 볼껜쉬쩨인(Волькенштей н) 백작의 농노 쉐쁘낀이 처음 연기를 했다. 이외에도 모찰로프(П. Мочалов), 꼬미사르제프스까야(В. Комисаржевская), 오를레네프(П. Орленев), 까찰로프(В. Качалов)같은 유명한 배우들이 연기를 펼쳤다. 1938년에 극장은 푸쉬킨 극장으로 불리게 되었다.

1970년대와 80년대에 극장은 체코, 몽고, 독일에서 소비에트 군대에 봉사하는 후원자로 큰 역할을 했다. 1985년부터 이 극장은 독일과 체코, 몽고, 헝가리에서 객연을 했다. 이 기간 동안 극장은 「군대가 진군한다」라는 연극을 상연한 공로로 뽀뽀프의 이름을 딴 은메달을 수상하고, 레르몬또프의 희극 「가면무도회」로 스따니슬라프스끼 러시아 정부 훈장을 받는 등 여러 상을 수상했다.

(2) 꾸르스크 지지(地誌) 박물관

박물관 건설은 1903년 4월 23일 꾸르스크 지역의 고문서 위원회의 학자들에 의해 결정되었다. 지역 주민들을 위해서 1905년에 문을 열었고 박물관은 즈나멘스끼 사보르(Знаменский собор)에서 멀지 않은, 이전의 주교들의 집에 위치하고 있다. 1934년부터 박물관은 현재의 이름으로 불리게 되었다. 박물관의 전시실은 자연관, 문학관, 역사관, 인류학관, 고대문학관, 조형예술, 장식 실용예술관으로 나누어져 있다. 시기 마다 바뀌는 주제 전시실이 있다.

(3)데이네끼 꾸르스크 지역 미술 박물관

1935년에 설립된 이 미술관은 유명한 예술 박물관이다. 미술관은 200점의 예술품으로 개관했는데 이것들은 이전에 지지 박물관에 속해 있던 작품들이다. 1935년부터 미술관은 작품을 모으기 시작했고 60년대 중반부터 미술관은 예술품을 독자적으로 구입하기 시작했다. 미술관의 연구도서관에는 55,759점의 다양한 책과 앨범, 슬라이드, 비디오가 보관되어 있다.

땀보프주
Тамбовская Область

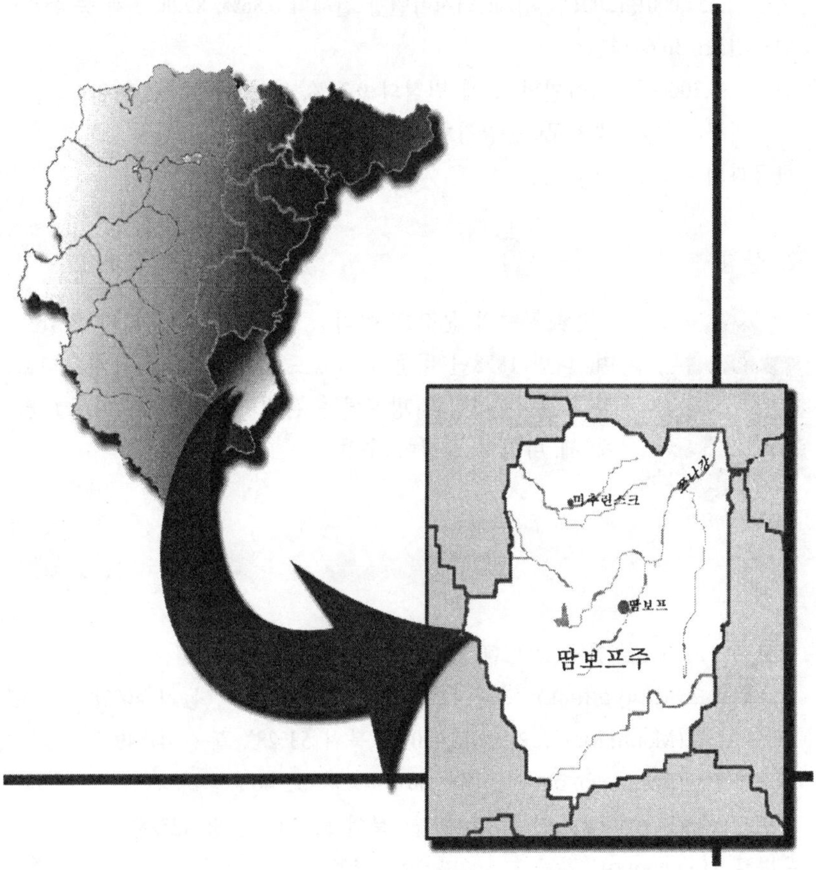

Ⅰ. 개황

1. 기초정보

주 성립일: 1937년 9월 27일.
주도: 땀보프(Тамбов)
인구: 1,257,000명(2001년 현재: 러시아연방 전체의 0.86%; 89개 주체 중 45위)
인구밀도: 36.64명/㎢
면적: 34,300㎢(러시아연방 전체 면적의 0.20%; 89개 주체 중 66위)
소속지구: 중앙연방지구; 중앙경제지구
한국과의 시차: -6시간

2. 상징

땀보프주 문장

땀보프주의 문장은 아직 공식적으로 비준되지 않았으며, 다만 1878년 비준된 땀보프현(縣)의 문장이 사용되고 있다. 푸른 바탕의 방패에는 은빛 벌통이 있으며, 그 위에 세 마리의 꿀벌이 수평으로 묘사되어 있다.

3. 주요도시

땀보프(Тамбов): 인구 309,200명; 북위 52°43′, 동경 41°25′
미추린스크(Мичуринск): 인구 117,900명; 북위 52°54′, 동경 40°28′
모르샨스크(Моршанск): 인구 48,400명; 북위 53°28′, 동경 41°49′
라스까조보(Рассказово): 인구 48,200명; 북위 52°40′, 동경 41°53′
꼬또프스크(Котовск): 인구 36,400명; 북위 52°34′, 동경 42°28′
우바로보(Уварово): 인구 31,800명; 북위 52°0′, 동경 42°16′
(인구: 2002년 현재)

4. 주요 산업 및 농업

주의 주요 산업으로 기계제작(화공설비 생산, 자동차/트랙터 부품, 섬유산업 설비, 기기제작공업, 가정용 냉장고), 화학공업, 경공업, 식료품산업(설탕, 육류, 밀가루, 통조림, 버터제조) 등이 발달했으며, 농업부문은 곡물, 사탕무우, 해바라기, 사료작물, 감자 재배, 주정, 녹말, 당밀 생산, 낙농업, 양돈, 양금, 목양 등이 발달했다.

Ⅱ. 자연환경

1. 지리적 위치와 구성

땀보프주는 23개 행정구, 8개 시 및 12개 도시형마을, 308개 농촌마을로 구성되어 있으며, 동유럽 평원, 오까-돈(Ока-Дон) 평원의 중심부에 위치하고 있다.

뻰자주, 랴잔주, 리뻬쯔크주, 보로네슈주, 싸라또프주와 경계를 이룬다.

땀보프주는 미추린스크(Мичуринск) - 땀보프(Тамбов) - 싸라토프(Саратов)를 잇는 간선철도 및 까미신(Камышин)으로 연결되는 지선이 땀보프주의 중심을 통과함으로써 지리적 입지가 매우 양호하다. 또한 모스크바 및 러시아 중부 산업도시와 우끄라이나, 북 까프까스, 러시아 서부지역으로 나갈 수 있는 통로를 보유하고 있다. 땀보프주의 관통 길이는 286㎞이다.

주요 하천으로는 남쪽으로부터 북쪽으로 쯔나(Цна)강이 흐른다. 주요 식수원은 강수량 및 지하수이다. 도처에 지하수가 풍부하여 주거지역에 농업용수 및 식수제공이 용이하다.

수도 땀보프와 모스크바 간의 거리는 480㎞이다.

2. 기후조건

온난기후대, 대륙성 온난기후

1월 평균기온: -11℃

7월 평균기온: 20℃

연강수량: 500m

식물 생장 기간: 140 ~ 150일

식생: 스텝과 삼림대의 중간 지대

토양: 흑토

삼림분포도: 11%

땀보프주의 기후는 대륙성 온난기후로 북서쪽으로부터 남동쪽으로 발달하며, 주로 남풍과 남서풍, 부분적으로는 북서풍이 불기도 한다. 따뜻한 기온은 온난기후대의 모든 농작물뿐 아니라 밀, 옥수수, 해바라기, 사탕무 등 열대성 작물의 생장을 촉진한다. 연 강수량은 500㎜ 정도지만 3년마다 한 차례씩 건기가 반복되어 땀보프주의 토양은 농사에는 그다지 적합하지 않다.

3. 주요 유용광물

땀보프주는 건축자재, 인회토, 미네랄 염료, 이탄 등의 유용광물을 포함하고 있으며 금, 은, 천연가스, 석탄, 유황 등의 산지가 분포해 있다. 이처럼 다양한 유용광물 산지가 모두 317개나 산재해 있다. 그중에서 총 5,505.8ha 면적의 70개의 이탄 산지가 있고, 총 면적 239.3ha의 부니탄 산지가 있으며 총 매장량은 1,476톤에 달한다. 그밖에도 1,150톤의 미네랄 염료, 248,000톤의 인회토, 7,981톤의 주형용 모래 산지가 있다.

Ⅲ. 정치시스템

1. 역사

최초의 땀보프 도시발생에 대한 언급은 미하일 표도로비치의 명령에 의해 쯔나강 왼쪽 연안에 도시건설이 시작된 1636년으로 거슬러 올라간다. 땀보프는 러시아 남쪽국경을 침범하는 유목민으로부터 방어를 담당하는 성곽도시 역할을 했다. 성곽건설은 고위관리인 로만 바바리낀에 의해 진행되었으며 1637년에 완공되었다. 성곽은 그 자체로 도시를 의미했으며 도시를 감싸는 성곽의 높이는 6미터이고 길이는 1245미터에 달했다. 남서쪽으로부터 도시를 향해 요새가 연결되었는데 이 요새를 둘러싼 성곽의 길이는 1776.6미터이다.

두개의 성곽은 한 지점에서 서로 만나며 그 결과 요새와 도시는 하나의 성곽을 형성했다. 북쪽에는 스뚜제네쯔강이, 동쪽에는 쯔나강 자연 방어막 역할을 하였다. 성곽 남쪽과 서쪽에는 방벽 호가 구축되었고 거기에는 물로 가득 차 있다. 초기 도시이름은 똔보프로서 목샨스크 방언에서 유래되었고 강을 의미한다.

18세기 초까지 루시의 영토확장으로 인해 땀보프의 국경방어 의미는 사라지고 농업 라이온의 농업-행정 중심지로 변모했다. 1708년까지 땀보프는 아조프현에 소속되었다. 11년 후에는 아조프현 소속 땀보프 지방의 중심지가 되었다. 1779년에 땀보프 지방은 독립적인 직할지로 분리되었으며 15년 후에는 다시 13개의 도시를 보유한 현의 지위를 얻었다. 19세기 초 땀보프의 산업은 충분히 발달되지 못했다. 철도제작소와 수십개의 작은 공장이 있었다. 땀보프는 곡물교역의 거대 중심지였다.

혁명후 땀보프주에는 많은 수의 교육기관, 공장, 주거시설, 문화관련 교육 및 공연장이 들어섰다. 1928년에 소비에트 정부는 땀보프를 중앙-흑토주에 편입시켰으며, 이는 9년동안 지속되었다. 1937년 9월 27일 땀보프는 땀보프주의 중심지가 되었고 여기에는 뻰자주의 일부가 편입되었다. 1939년 땀보프주의 경계선은 다시 검토되었으나 실제적으로는 변함이 없었다.

1941년 가을 땀보프와 땀보프주는 독일 항공기에 의해 폭격을 당했다. 2차 세계대전기간 동안 주의 중심지에 몇개의 후송병원이 설립되었다. 40만명 이상의 땀보프 주민이 전투에 참가했으며, 이중 7만 7천명은 실종되었고 10만 2천명은 사망했다. 전쟁후에 땀보프는 재건을 시작했으며 짧은 기간에 공장, 병원, 주거시설을 복구했다. 1961년 4월 25일 소련 최고회의 명령에 의해 땀보프시는 2차 세계대전동안 땀보프 주민의 공로로 노력-붉은기 훈장을 수여받았다.

20세기 말까지 땀보프는 화학기계, 전기기계 분야의 발전으로 인해 대규모 생산중심지로 변모했다.

2. 정치

1) 정치 일반

땀보프주는 중앙-흑토지역에 포함된다. 땀보프주는 8개의 도시를 비롯, 23개의 라이온으로 구성되어 있다. 주의 집행권력은 라이온, 시, 주행정부에 의해 실행된다. 최고의 집행권력기관은 땀보프주 행정부이다. 땀보프주의 행정수반은 베찐(О. И. Бетин)이다. 1998년 5월 베찐은 땀보프주 러시아연방 대통령 전권대표직에 임명되었으며, 1999년 12월 26일에는 땀보프주 행정수반으로 피선되었다. 땀보프시의 집행권력은 땀보프 시장에 의해 실행되며 시의 행정수반(시장)은 일린(А.Ю. Ильин)이다.

제2기 땀보프주 의회가 입법권력을 행사한다. 의장은 까레예프(В. Н. Кареев)이고 부의장은 뜌린(А. П. Тюрин)이다. 땀보프주 의회 산하에 있는 위원회들은 다음과 같다. 지방자치기관, 사회기관, 지방의원의 권한 및 의원의 윤리문제 관련 위원회, 예산, 세금, 재정 위원회, 사회정책 위원회, 산업, 교통, 건설, 기업체 관계 및 발전 위원회, 농업문제, 환경 및 자원활용 위원회, 법령위원회 등이다. 땀보프시에서는 시두마가 입법권력을 행사한다. 의장은 젬쪼프(В. А. Земцов)이다.

2) 선거

1999년 12월 19일 러시아연방 국가두마의원 선거가 실시되었다. 땀보프주의 유권자수는 954,073명이고, 투표에는 585,712명이 참가하여 61.39%의 투표율을 보였다.

정당별 투표에서 주요정당이 얻은 득표율은 다음과 같다.

정당	득표율(%)
야블로꼬	3.84
단결(메드베드)	24.02
지리놉스끼 블록	5.94
조국-전러시아	6.28
러시아공산당	32.49
우파연합	4.32

Ⅳ. 경제 시스템

1. 경제개황

땀보프주는 7개의 연방지구 중 중앙연방지구에 속하고 12개의 러시아 경제지역 중 중앙경제지역에 속한다. 러시아경제에서 차지하는 땀보프주의 경제비중은 크지 않다. 즉, 땀보프주의 거시경제지표들에 의하면 전 분야에 걸쳐 실적비율이 러시아의 여타 주체에 비해 낮은 것으로 나타나고 있다.

땀보프주는 농업생산량이 러시아전체 대비 1.2%로 농업부문이 상대적으로 강한 부문이다. 즉, 땀보프는 농업지역인 것이다. 공업은 여타 지역에 비해 상대적으로 약간 뒤져있지만 지역분업 역할의 차원에서 기계제작·금속가공, 식료품의 발달은 주목할 만하다. 러시아경제에서 땀보프주의 비중을 파악하기 위해 몇 개의 주요 거시경제지표를 비교하면 다음과 같다.

2000년도 러시아 주요 경제지표에서 땀보프주의 비중

주요 항목	러시아전체 대비 땀보프주 비율
지역총생산[1]	0.4%
공업생산량	0.3%
농업생산량	1.2%
소매유통	0.6%
자본투자	0.2%

http://www.infostat.ru/epub.htm (검색일: 2003.1.17)

땀보프주의 지역총생산은 1999년에 255억 7,700만 루블이고 1인당 지역총생산은 1,582만 8,000 루블이다. 지역총생산은 1998년 대비 69.81% 상승한 것이다.

지역총생산의 주요 구성과 비율을 살펴보면 공업부문이 20.9%로 기여도가 가장 큰 부문이고 그 다음이 유통부문으로 20.5%의 매우 높은 비중을 차지하고 있다. 농업이 18.1%의 큰 규모로 지역총생산에 기여하고 있고 운송과 건설은 각각 3.9%와 3.8%로 상대적으로 낮은 비율을 가지고 있다.

땀보프주의 총 기업수는 2000년 16,371개에 이르고 있다.[2] 이것은 1999년

1) GRP(=Gross Regional Products)

대비 2.09% 하락한 것이다. 소 기업수는 2000년 3,599개이고 공업부문에서 활동하고 있는 기업의 수는 2000년 785개이다. 소 기업은 총 기업수의 약 22%에 이르고 있다. 공업부문에서 활동하고 있는 기업은 총 기업수대비 4.8%에 이르고 있어 공업부문이 상당히 활성화될 잠재력을 가진 것으로 평가된다.

2. 산업

1) 공업

땀보프주 공업은 대규모 공업을 형성하고 있지는 못하지만 자급자족이 가능할 만큼 다양한 산업을 골고루 발달시켜 놓고 있다. 그 중 땀보프주의 기반공업 부문으로서 식품공업과 기계제작. 금속가공 등을 꼽을 수 있다.

땀보프주의 공업을 전반적으로 이해하기 위해 총 공업생산량과 공업생산지수를 연도별 추이로 보면 다음과 같다.

총 공업생산량 추이

항목 \ 년도	1997	1998	1999	2000
총 공업생산량	5,495	5,605	9,114	12,557
공업생산 지수	102	102	117	106

http://www.infostat.ru/epub.htm (검색일: 2003.1.17)

땀보프주의 공업생산에 있어 중심이 되는 도시들은 땀보프, 미추린스크, 모르샨스크, 라스까조보, 우바로보, 끼르싼노프, 제르제쁘카, 뻬르보마이 등이다. 약 1,000개 기업이 공업부문에서 활동하고 있고 약 10억 달러이상을 생산하고 있다. 이 공업부문에서 일하고 있는 노동자의 수는 9만7,500명에 이르고 있다.

땀보프 주의 총 공업생산량은 2000년에 360억 1,000만 루블에 이르고 있다.[3] 이는 러시아 전체공업생산의 0.3%를 차지하고 있어 공업비중은 여타 주에 비해 낮은 편이다. 땀보프주의 부문별 구조를 살펴보면 다음과 같다.

---

2) 년말 통계

3) 이 수치는 명목가치임

주요 공업생산부문별 생산비율

생산부문	땀보프주 총공업생산 비율
전기전력	15.6%
철강업	0.1%
화학·석유화학	18.3%
기계제작·금속가공	27.9%
목재가공, 종이·펄프	1.9%
건재공업	2.5%
경공업	3.7%
식품공업	26.9%
기타	3.1%

http://www.infostat.ru/epub.htm (검색일: 2003.1.18)

2) 농업

땀보프주에서 농업과 식품공업은 주요 산업부문중의 하나이다. 이 주의 토양은 8-9%의 부식토 형태의 흑토토양이다. 비옥한 토지와 장기간 지속되는 따뜻한 여름날씨가 식물성, 동물성, 원예 등의 농업을 발전시키고 있다. 실제 대부분의 모든 농업경제는 감자, 채소, 그리고 과일생산이 차지하고 있다. 그 외 미맥류, 식용비트, 해바라기, 사료용 작물 등과 이것의 가공품인 알콜, 전분 그리고 당밀을 만들어 내고 있다.

농산물의 생산주체로 보면 땀보프주의 농업기업들은 밀과 식용비트 그리고 해바라기를 주로 생산하고 있다. 이것들의 90%이상이 기업들에 의해 재배되고 있다. 이에 비해 감자와 채소는 주민들이 주로 직접 생산한다. 1999년에 감자는 99.4%, 채소는 93.2%가 주민들에 의해 생산되었다. 또한 농장재배를 통해 밀이 5.6%, 해바라기가 6.3%, 식용비트가 5.6%이고 채소와 감자는 각각 약 1%씩 재배되고 있다.

땀보프주의 가공공업은 식료품, 맥주, 포도주 등을 중심으로 11개 기업이 생산하고 있는 주목할 여지가 있는 부문이다. 대체로 이 기업들은 맥주 41만 6,000 달러, 비알콜음료 11만 7,400천 달러, 포도주 14만 500 달러, 미네랄수 27만 6,000 병, 과자류 8,210 톤을 생산해내고 있다.

땀보프주는 설탕생산에서 5개의 설탕공장이 있다. 이 공장들은 15만 1,000 톤의 설탕을 생산하고 있다. 이 중 식용비트로는 약 53%정도를 생산하고 있다.

밀가루 공장에서는 4,718톤의 밀가루를 생산해 내며 이것은 대체로 이 지역에서 소비되고 있다. 이것을 원료로 해서 생산되는 주요 식품을 보면 주식류의 빵 79,282톤, 면류 2,622톤이다.

우유관련 공장에서는 동물성버터 2,682톤, 치즈 2,102톤, 탈지전지분유 1,184톤, 우유제품 9,555톤을 생산해내고 있다.

3. 자원 등 기타

땀보프주의 천연자원 중에서 가장 중요한 위치를 차지하는 자원은 토양자원이다. 이 곳은 비옥한 흑토질의 토양을 가지고 있으며 부식토의 함량이 8-9%에 이른다. 땀보프주의 전체 토지의 영역은 344만 6,200 헥타르이며 이 중의 78,7%에 해당하는 지역이 농경지로 이용되고 있다.

땀보프주는 볼가강과 돈강을 가로질러 위치하고 있다. 이 지역의 주요 수상동맥으로는 '쯔나강'이 있다.

주요 수자원으로 지역전체에 걸쳐 5개의 지하담수 매장지가 탐사되어 그 보유량이 101만 5,000㎥에 달하고 있음이 알려졌다. 또한 미네랄의 함량이 각각 다른 지하 광천수의 매장지도 8개가 탐사되었으며 이들 매장지의 총보유량은 1,200㎥에 달한다. 특히 이 광천수는 화학적 성분이 염화나트륨의 성질을 가지고 있으며 이 외 요드, 불소, 취소 등의 성분도 포함하고 있어 현재 치료용수로 쓰이고 있다. 심장・동맥관련 질환, 피부 질환, 신경질환 등을 비롯하여 기타 다른 질환에도 널리 적용된다.

땀보프주에는 수많은 유용광물이 매장되어 있다. 주요 광물로는 건축자재, 인회토, 광염료, 이탄뿐만 아니라 금, 은, 천연가스, 석탄, 유황 등의 매장원이 있다. 이 지역에는 전체적으로 317개의 자원 매장지가 탐사되었으며 공개방법으로 발굴작업이 진행되고 있다.

이외 1,150톤의 보유량을 가진 광염료, 2억 4,800만 톤의 인광, 798만 1,000톤의 모래매장지 등이 탐사되었다. 20개의 구리 니켈과안, 티탄과 지그크늄 등의 매장지도 조사되었다.

그러나 탐사된 많은 양의 유용광물들은 재원의 부족으로 인하여 실제적 발굴 및 가공 작업을 거치지 못하고 있는 실정이다.

이 지역의 숲은 37만 4,000 헥타르에 분포되어 있고 주요 나무는 소나무, 참나무, 자작나무 등이다. 서식하는 식물의 종류는 55종의 목질 식물과 110

종의 맥관 식물들이다. 이 숲지대에서는 토끼, 사슴, 멧돼지, 너구리 및 담비 등 여러 동물들을 포함하는 60여종의 포유동물과 161종의 조류가 서생하고 있다.

땀보프주에는 금렵구역으로 지정되어 주 정부의 보호를 받고 있는 지역이 10,700헥타르에 이른다.

V. 문화시스템

1. 지역정체성

1) 인구

땀보프주의 인구는 2001년 현재 1,257,000명이며, 러시아연방 전체의 0.86%, 연방 89개 주체 중 45위를 기록하고 있다. 인구밀도는 36.64명/㎢ 이다.

땀보프주의 인구 역시 전반적으로 감소추세에 있다. 단지 90년대 중반까지는 그 추이가 정적이었던 반면, 90년대 후반부터는 지속적인 하향세를 보이고 있을 뿐 아니라 감소폭도 점차 커지고 있다.

땀보프주 인구변동 추이

연도	1990	1992	1993	1994	1995	1996	1997	1998	1999	2000	2001
인구수 (1,000명)	1,319	1,312	1,316	1,316	1,317	1,312	1,304	1,294	1,284	1,271	1,257

Российский статистический ежегодник. Госкомстат России. М., 2001. С. 82.

땀보프주의 인구감소는 절대적으로 높은 사망률과 낮은 출생률에서 기인한다. 특히 90년대 말부터는 자연감소율이 더욱 증폭되고 있다. 이것은 주의 전반적인 사회·경제 상황의 악화에 따른 것으로 분석된다.

전입자의 수는 그나마 악화되고 있는 인구상황을 보충해주는 역할을 했으나, 최근 들어서는 전입자의 수도 차츰 감소하는 추세에 있다. 1999년 전출입에 의한 인구 증가수는 916명이었는데 비해 2000년에는 무려 14배가 감소하여 35명에 불과하다.

땀보프주 출생자수, 사망자수, 자연증가율

연도	출생자수(명)	사망자수(명)	자연증가율(명)
1990	15,396	19,643	-4,247
1992	12,580	19,971	-7,391
1993	11,543	22,844	-11,310
1994	11,666	24,007	-12,431
1995	10,979	22,676	-11,697
1996	10,405	21,918	-11,513

1997	9,689	21,767	-12,078
1998	9,743	21,239	-11,496
1999	9,189	23,229	-14,040
2000	9,719	23,229	-13,510

Россий ский статистический ежегодник. Госкомстат России. М., 2001. С. 106.

땀보프주의 경제활동인구 및 취업률, 실업률은 다음과 같다.

땀보프주 경제활동인구(취업자, 실업자), 실업률

연도	경제활동인구 (1,000명)	취업자수 (1,000명)	실업자수 (1,000명)	실업률(%)
1992	621	598	23	3.7
1993	615	580	35	5.8
1994	588	544	44	7.5
1995	609	544	65	10.6
1996	591	525	66	11.1
1997	541	471	70	12.9
1998	504	441	64	12.6
1999	592	516	76	12.8
2000	583	535	48	8.2

Россий ский статистический ежегодник. Госкомстат России. М., 2001. С. 135.

땀보프주의 경제활동인구 또한 전체 인구수에 비례해서 꾸준히 감소하고 있다. 더욱이 취업자수의 감소폭은 더욱 심화되고 있다. 이에 따라 90년대 초반에는 매우 안정적이었던 실업률이 개혁기를 거치면서 상승한 후 경제위기를 맞게 되는 97년부터는 최고조에 달한다. 다행스럽게도 최근 들어 실업률이 줄어들고 있는 경향을 보이고 있다.

2) 민족

땀보프주는 1996년 현재 러시아인 97.2%, 우끄라이나인 1.0%, 벨라루스인 0.3%, 따따르인 0.2%, 집시 0.2%, 기타민족 1.1% 등으로 구성되어 있어, 러시아인이 절대다수를 차지하고 있다.

3) 교육

땀보프주는 러시아연방의 대규모 과학·교육센터 중 하나이다. 땀보프주에는 수많은 과학, 설계연구소, 중합체연구소, 유기질 반제품 및 안료 연구소, 고무제작 설비 연구소 등이 운영되고 있다. 이러한 연구소들은 최첨단 설비 및 기술공정을 개발하고 있다.

땀보프주에는 수많은 중·고등 교육기관 및 단과대학이 있다. 2000년 초 현재 땀보프주에는 364개 취학전아동교육기관이 등록, 운영되고 있다. 고등교육기관 및 단과대학에서는 다양한 분야의 고급전문가를 주·야간에 걸쳐 양성하고 있다. 특히 많은 학생들은 생산활동과 학업을 연계함으로써 학교에서 배운 지식을 직접 활용하고 있다. 최근 들어 교육의 다양성이 젊은 세대에게 많은 인기를 얻고 있는데, 이로 인해서 기존의 국립학교뿐 아니라 많은 사립학교가 설립되어, 중·고등교육기관의 학생들이 제기하는 다양한 요구에 부응하고 있다. 땀보프시에는 장거리 통신장비를 이용한 통신대학이 운영되고 있는데, 교육 이수 후 국가로부터 자격증을 획득할 수 있다. 또한 땀보프 국립공과대학에는 땀보프 사이버대학이 설립되어, 운영되고 있다.

2. 지역문화

1) 문화개괄

땀보프주는 풍부하고 흥미 있는 역사를 가진 러시아의 문화와 정신의 중심지 중의 하나이다. 1989년에 주의 중심지는 역사 도시라는 명성을 얻었다. 주의 건축에는 현대 건축과 18-19세기의 옛 건물이 서로 잘 조화를 이루고 있는데, 이 옛 건축들은 수년간의 재건축 작업 끝에 완전히 새롭게 단장되어 시의 긍지와 자랑거리가 되고 있다. 땀보프시는 민족 문화, 역사 기념물의 보존에 커다란 의미를 부여하고 있다. 옛 기념물을 보존하고자 하는 시의 계획은 여러 해 동안 계속되었다. 시의 주요한 명승고적 중의 하나는 구세-변형 성당 본산인데 이것은 1694년에 세워졌다.

그보다 약간 전인 1685년 땀보프에 뜨레굴랴에프스끼 쁘레드쩨첸(Трегуляевский Предтечен)의 수도원과 까잔(Казан)의 수도원이 세워졌고, 1690년에는 보즈니센스크(Вознесенск) 여자 수도원이 세워졌다. 18세기 동안에 땀보프는

뽀끄로프 교회 전경

정신적 중심지로 발전했고 이 곳에는 많은 교회와 수도원, 다른 종교 기관이 세워졌다. 이 기간에 세워진 수도원 중 사람들이 가장 자주 찾는 곳은 뽀끄로프(Покров)교회이다. 이 곳에는 땀보프 성모 마리아 이콘이 보관되어 있는데 전 러시아에서 이 이콘을 보러 오고 있다. 땀보프에서 또 하나의 놀라운 유적은 까잔 교회인데 이것은 18세기 말에 사로프(Саров) 수도원의 우스뻰스키 사원을 모방하여 세워졌고 시의 구 지구 중심지에 위치하고 있다.

대략 18세기 말 경에 보즈니센스크 교회가 까잔 수도원의 자매 건물로 세워졌는데 이 교회에서는 종교 세미나가 종종 열리고 있다. 이 세미나가 열리는데 기초를 놓은 사람은 러시아의 유명한 시인 제르좌빈(Державин)이며 그는 그 당시에 땀보프 주지사의 위치에 있었다. 제르좌빈의 주지사직 4년 동안에 땀보프에 긍정적인 변화가 많이 있었다.

이 길지 않은 기간 동안에 보즈니센스크 교회에는 종교 세미나 외에도 초등 학교, 문법반, 수학반, 무용반이 문을 열었고 지역 신문이 출판되었고 인쇄소가 세워졌다.

주에서는 극장 건물의 건축이 시작되었는데 이 땀보프 주 극장의 역사는 로마노비취(Г. Романович)의 집에서의 극 상연으로부터 시작되었다. 오늘날 땀보프주에서는 세 개의 전문 극장과 700개가 넘는 문화 -휴식기관이 활동하고 있다. 땀보프의 주의 긍지인 주 드라마 극장은 유명한 배우들과 인연이 있는데 그들은 리바꼬프(Н. Х. Рыбаков), 밀로슬라프(Н. К. Милослав), 오를레네프(П. Н. Орленев) 등이며 이 극장의 무대에서 샬라삔(Ф. И. Шаляпин), 쁠리세츠까야(М. Плисецкая), 쇼스따꼬비취(Д. Шостакович) 등이 출현했다. 지역의 전문극장 외에도 젊은이 극 스튜디오와 음악 단체가 활동 중이다. 많은 유명한 사람들 즉, 작곡가, 시인, 작가, 예술가, 성직자와 성렬에 오른 성자들이 땀보프 출신이거나 땀보프를 방문했다.

피아니스트이며 작곡가, 지휘자이기도 한 라흐마니노프(В. Рахманинов)가 1890년에 땀보프주에 와서 이바노프에 있는 사찐(Сатин)이라는 영지에서 살았다. 이바노프 지역은 라흐마니노프가 좋아하는 휴식 장소가 되었으며, 이곳에서 그는 작품 중에서 가장 뛰어난 것 중의 하나를 작곡했다. 몇 년의 세월동안 라흐마니노프는 휴식 차 이 영지를 방문했고 1910년에는 고향처럼 여기게 되었다. 오늘날 이 영지에는 라흐마니노프의 박물관이 있으며, 그의 영지에는 음악 학교가 세워졌고 이 학교는 1900년에 몇 개의 음악 학급을 바탕으로 세워진 것이었다. 이 학교의 콘서트홀은 시에서 가장 훌륭한 것 중의 하나로 매년 여기서 라흐마니노프를 기리는 음악 페스티벌이 열리고 있다.

1871년에서 1876년까지 차이꼬프스끼가 땀보프주를 방문했다. 그리고 땀보프주의 마라라는 영지에서 러시아의 시인 바라띤스끼가 태어났고 성장했다. 땀보프 지역의 자연의 아름다움과 시들은 옛날부터 예술가들을 고양시켰다. 이미 1925년에 땀보프에서는 러시아 혁명 예술가 창작 연합의 지부가 결성되었고, 이 단체는 1938년에는 러시아 연방 예술가 연합의 땀보프 지역 조직으로 바뀌었다. 오늘날 그 회원들은 60명이 넘는다.

땀보프 미술관의 홀에 전시되어 있는 미술작품에는 지역의 자연과 도시와 농촌 풍경이 잘 나타나 있다. 이 미술관은 1961년에 세워졌는데 지역의 지지(地誌) 박물관에서 가져온 조형 예술작품들이 전시품에 속해 있다.

지역의 문화적, 역사적 유물은 주의 12개의 박물관에서 보관 중인데 그 수집품은 167,000점에 이른다고 한다. 그 중 가장 유명한 것은 땀보프 지역 지지 박물관인데 이 박물관에는 인류학적 자료와 예술적 자료가 풍부하게 있고, 17세기에서 19세기까지의 희귀한 고서, 러시아의 독특한 도자기, 그릇, 훈장들이 보존되어 있고, 땀보프와 인연이 있는 인물에 대한 자료들도 보존되어 있다.

또 치치린(Чичирин)의 박물관이 큰 흥미를 끄는데, 이 박물관은 러시아에서도 드문 의학역사 박물관이다. 땀보프 지역에는 많은 도서관이 있는데 가장 오래된 것 중의 하나는 땀보프 주립 대학 학술 박물관이며 이 박물관은 19세기 초에 문을 열었다. 지역에는 711개의 대중 도서관이 문을 열고 있다.

2) 문화시설

(1) 땀보프 주 지지(地誌) 박물관

이 박물관은 러시아에서 가장 오래된 박물관 중의 하나이며 1879년에 땀보프 관구 형성 100주년을 기념하여 세워졌다. 지지 박물관에는 문자 자료, 조형 자료, 유물 자료들이 보존되어 있는데 그 중에는 독특한 도자기 수집품들, 고고학적, 인류학적 자료들, 유화 등이 있다. 1994년부터 박물관은 이전의 정치 계몽관 건물에 위치하고 있다. 이 박물관은 지역에 있는 10개의 국립 박물관과 120개의 일반 박물관의 중심 역할을 하고 있다. 게다가 이 박물관에는 4개의 지부가 있는데, 4개의 지부는 이바노보에 있는 라흐마니노프 박물관, 땀보프에 있는 치치린 박물관, 천과 섬유 산업 역사박물관, 인자빈스끼(Инжавинский) 지지 박물관이다.

(2) 라흐마니노프(С.В.Рахманинов) 박물관

라흐마니노프 박물관 전경

라흐마니노프 박물관의 공식적인 개관은 1982년 7월 18일에 있었다. 실제로 박물관 설립의 역사는 1967년 봄으로 거슬러 올라간다. 이전의 라흐마니노프의 영지는 당시에는 무너진 상태로 남아 있었는데 재건축할 자금이 없었다. 이듬해 봄에 이바노프의 콜호즈(집단 농장)와 땀보프 지지박물관이 함께 힘을 합쳐 콜호즈의 클럽 장소에 라흐마니노프 박물관을 만들었다. 박물관의 개관은 매년 이바노프에서 라흐마니노프의 날에 개최되는 커다란 음악 축일에 있었다.

건물의 1층에는 박물관이 위치해 있고 2층에는 음악학교가 있다. 땀보프주 행정 위원회는 이바노프 박물관에 땀보프 지지박물관의 지부의 자격을 주었다.

(3) 땀보프 드라마 극장

극장은 1786년에 땀보프의 주지사였고 러시아의 위대한 시인인 제르좌빈에 의해 세워졌다. 1918년부터 극장은 이전의 귀족회의 건물에 위치하고 있다. 극장의 무대에는 유명한 배우들이 출현했는데 예를 들면, 구소련의 국민배우 러시아의 마린과 공훈배우들인 까뚜셴꼬(В. Катушенко), 푸르민(К. Фурмин), 등이 그들이다. 극장의 배우진은 땀보프에서 뿐만 아니라 타 지역까지 유명하다. 1986년에 극장은 '존경의 표시(Знак почта)'훈장을 받았다.

뚤라주
Тульская Область

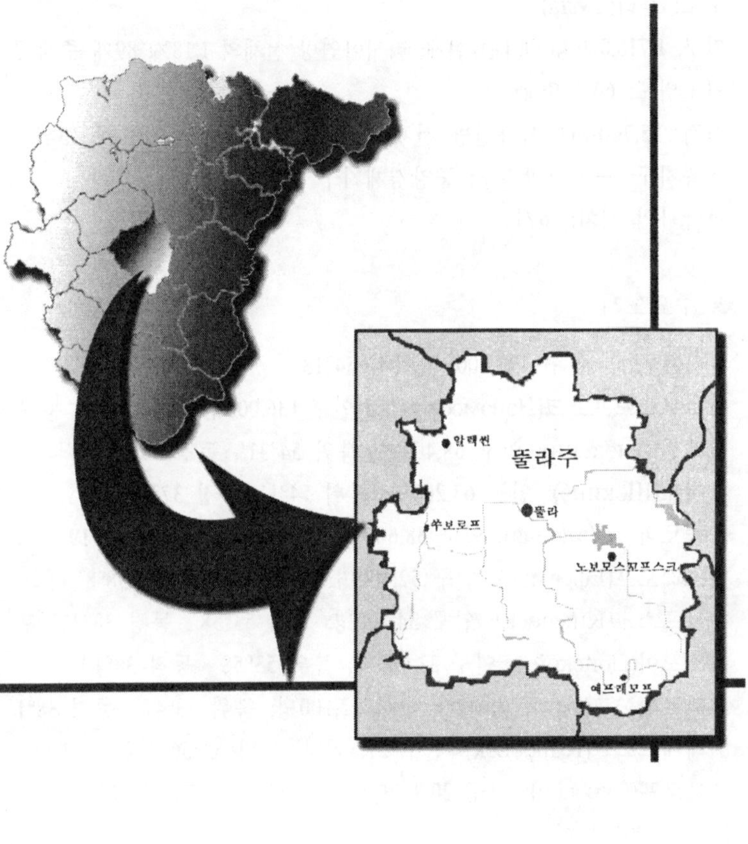

Ⅰ. 개황

1. 기초정보

주 성립일: 1937년 9월 26일.
주도: 뚤라(Тула)
인구: 1,716,000명(2001년 현재: 러시아연방 전체의 1.18%; 89개 주체 중 26위)
인구밀도: 66.77명/㎢
면적: 25,700㎢(러시아연방 전체 면적의 1.5%; 89개 주체 중 73위)
소속지구: 중앙연방지구; 중앙경제지구
한국과의 시차: -6시간

2. 주요도시

뚤라(Тула): 인구 497,000명; 북위 54°13′, 동경 37°36′
노보모스꼬프스크(Новомосковск): 인구 136,000명; 북위 54°5′, 동경 38°11′
알렉씬(Алексин): 인구 68,400명; 북위 54°31′, 동경 37°4′
쇼끼노(Щёкино): 인구 63,200명; 북위 54°1′, 동경 37°31′
우즐로바야(Узловая): 인구 58,600명; 북위 53°29′, 동경 38°19′
예프레모프(Ефремов): 인구 52,400명; 북위 53°9′, 동경 38°8′
끼모프스크(Кимовск): 인구 34,100명; 북위 53°58′, 동경 38°31′
돈스꼬이(Донской): 인구 33,400명; 북위 53°58′, 동경 38°19′
보고로지쯔크(Богородицк): 인구 32,100명; 북위 53°47′, 동경 38°1′
끼레예프스크(Киреевск): 인구 27,800명; 북위 53°56′, 동경 37°55′
쑤보로프(Суворов): 인구 20,800명; 북위 54°7′, 동경 36°30′
(인구: 2002년 현재)

3. 주요 산업 및 농업

주의 주요 산업으로 기계제작, 금속가공(화학공업, 원유채굴, 탄광, 트랙터, 농기계 제작, 경공업, 식료품산업용 기계제작), 화학공업, 석유화학공업(광물성 비료생산, 화학섬유, 실(絲) 생산, 합성수지, 플라스틱, 가정화학, 합성고무 및 고무제품 생산), 연료(석탄)산업, 철강업, 건축자재산업, 경공업(섬유, 봉재산업), 식료품 산업 등이 발달했으며, 농업부문은 낙농업, 양돈, 양금, 목양, 곡물, 사료작물, 감자, 사탕무우, 야채, 과실수 재배 등이 발달했다.

II. 자연환경

1. 지리적 위치와 구성

뚤라주는 23개 행정구, 21개 시 및 49개 도시형마을, 344개 농촌마을로 구성되어 있으며, 중부러시아 고지대 북부에 위치하고 있다.

모스크바주, 랴잔주, 리뻬쯔크주, 오룔주, 깔루가주와 경계를 이룬다.

주요 하천은 오까(Ока), 우빠(Упа), 오쎄뜨르(Осетр)강 등이다. 수로 및 육로의 교차지점에 위치한 양호한 지정학적 입지조건으로 인해 매우 확고한 국내외 경제관계를 유지하고 있다. 한편 교통인프라도 잘 발달 되어 있는데 철도길이는 총 1,100㎞이며, 자동차 도로(포장)는 7,500㎞(전체 도로의 98%)이다.

수도 뚤라와 모스크바 간의 거리는 193㎞이다.

2. 기후조건

온난기후대, 대륙성 온난기후

1월 평균기온: -10℃

7월 평균기온: 19℃

연강수량: 470 ~ 570㎜

식물 생장 기간: 140 ~ 145일

식생: 참나무, 자작나무, 사시나무와 같은 활엽성 수림과 소위 뚤라의 금벌림(禁伐林)이라고 불리는 활엽 수림대가 뚤라 전역을 통과하고 있다.

토양: 염분회색토, 흑토

삼림분포도: 14%

뚤라주는 온난기후대에 속하며 대륙성 온난기후로, 적당히 추운 겨울과 적당히 더운 여름이 특징이다. 뚤라주의 기후에는 대기이동이 실질적인 영향을 미치는데, 연중 대기이동은 대륙으로부터 60%, 해양으로부터 40% 반복된다. 해양으로부터의 대기이동은 특히 겨울과 가을에 집중된다. 풍향은 그리 자주 바뀌지 않는다. 온기에는 주로 서풍과 북서풍, 북풍과 남동풍이 불고, 한기에는 남서풍과 남풍이 주로 분다. 연중 영상기온은 220 ~ 225일 관측된다.

3. 주요 유용광물

갈탄, 철광석, 석회석, 인회토, 점토, 모래 등이 있다.

건축 자제 생산을 위한 원료가 되는 160개 이상의 점토, 모래, 쇄석(碎石), 석고, 자갈 산지가 분포되어 있다. 약 2억 톤의 스트론튬 철강이 매장되어 있는 20개의 개발 가치가 높은 산지가 있다. 그 밖에 귀금속, 폴리메탈, 카드뮴, 구리, 은, 아연, 연, 바륨, 리튬 등이 채굴을 위한 산업적 타당성 검토를 기다리고 있다.

Ⅲ. 정치시스템

1. 역사

뚤라지방에는 오래전부터 사람이 살았던 것으로 추정된다. 이 지역에서 무덤과 도시유적이 발견되었다. 이 지역에는 뱌티치족이 살았는데, 그들은 농사를 지었으며 교역과 수공업에 종사했다. 이러한 사실은 토지대장의 기록에 의해 증명된다. 여기에는 고대 마을유적에 대한 기록이 남아 있으며 이 마을은 뚤리짜 하천이 윱강과 합류하는 지점에 있다고 적혀 있다. 아마도 이들 주민들은 따따르족과 다른 유목민족의 침입으로부터 자신을 보호했을 것으로 보인다. 그러나 역사에는 이와 관련된 기술을 찾을 수 없다. 뚤라에 대한 최초의 기록은 니꼬놉스끼 연대기에서 볼 수 있고, 이러한 사실은 체르니고프 공국의 공후인 스뱌토슬라브 올고비치의 원정기록에서 보여진다. 그의 원정길은 랴잔지역에 걸쳐 있었고 1146년에 뚤라의 몇몇 마을을 지나갔으며 당시 이 마을들은 랴잔공국에 소속되어 있었다.

도시 이름인 뚤라의 생성배경으로 뚤라강을 지적할 수 있다. 뚤라는 바로 뚤라강변에 세워졌다. 또한 달 교수의 해석에 따르면, 뚤라라는 명칭은 비밀의 또는 도달할 수 없는 장소를 뜻한다. 14세기 전반에 뚤라는 드좌니벡 한의 부인인 따이둘 왕의 따따르 한국에 소속되었다. 그후 랴잔의 공후에 의해 되찾아졌으며 14세기 모스크바 국가에 소속되었고 200년간 모스크바 국가 남쪽 국경지역에 위치하는 중심도시가 되었다. 1507년 바실리 3세 공후의 명령에 의해 뚤라를 강화할 목적으로 석재로 된 성곽건설이 시작되어 1520년에 완공되었다.

1531-1540년 사이에 14차례의 크림-따따르의 공격이 있었으나 성곽을 지키는 병사들에 의해 모스크바 국경이 침략을 당하지는 않았다. 1552년에 제블레트-기레야 한의 크림-따따르 포위공격을 막아냈다. 1607년에는 뚤라성곽 안에서 이반 볼로트니꼬프가 지휘하는 농민반란을 막아냈다. 포위공격은 4개월 동안 계속되었고 포위군은 5배나 세력이 강했으며 황제의 군대는 성곽 방어자 앞에서 세력이 약했다. 단지 간교와 계략으로 성곽에 침입할 수 있었다.

모스크바국가의 국경이 아조프해까지 확장된 17세기 중반에 들어서 뚤라는 국경방위 기능을 상실하게 되었으며 점차 제철 및 무기산업의 중심지가 되었다. 이때 뚤라의 무기에 관한 역사는 변하게 되었다. 이때까지는 유목민의 침입에 대항하여 러시아 국경을 지키려는 뚤라 주민들에게는 무기가 충분치 못했다. 무기는 모스크바에서 만들어졌고, 무기의 공급은 의무감과 배려에서만 이루어졌었다. 무기부족을 해결하기 위해 황제는 뚤라에서 직접 무기를 제조하도록 명령했다.

황제의 명령이후 도시의 운명은 변하게 되었다. 뚤라는 러시아의 무기수도라는 별명이 붙게 되었다. 뚤라의 역사에서 뾰뜨르 1세의 영향은 매우 컸다. 그는 무기 제조기술자에 대한 가치를 높이 평가했다. 1695년에 정부는 약 2천정의 소총을 주문했다. 1706년에 자레치에 고대무기 궁전이 세워졌고 무기생산량이 연간 15,000개로 늘어났다.

1712년에 뾰뜨르 1세의 명령에 의해 뚤라에 러시아 최초로 국립 무기공장이 세워졌다. 18세기에 뚤라는 무기생산의 수도뿐만 아니라 철의 생산 및 주철가공의 중심지가 되었다. 도시에는 여러 종류의 측정기기, 실험기기, 기계, 공예품, 금속제품이 생산되었다. 무기산업의 발전으로 뚤라는 성장하게 되었다. 1777년에 뚤라는 뚤라 직할지의 중심지가 되었으며, 1796년에는 뚤라현의 중심지가 되었다.

바로 이 시기가 뚤라의 역사에서 새로운 운명을 맞이하는 기간이 된다. 이때부터 사모바르가 생산되기 시작했다. 1778년에 무기제조자인 리시찐 (Ф. И. Лисицын)이 사모바르 공장을 건설했다. 1830-1835년에 최초의 뚤라 아코디언이 생산되었다. 20세기 초 무기생산과 관련하여 러-일전쟁과 1차 세계대전이 영향을 미치며 도시는 빠르게 발전했다.

뚤라는 또한 내전 때 붉은 군대를 위해 무기를 생산했다. 1937년 9월 26일 현재의 경계선으로 이루어진 뚤라주가 수립되었다. 1941년 10-12월까지 전쟁의 남부전선이 뚤라의 남쪽 경계선을 침범했을 때 도시주민은 붉은 군대와 함께 히틀러의 공격으로부터 뚤라를 방어했다. 2차 세계대전이 끝난 후 도시와 주민들은 주거지와 산업시설 복구에 정성을 쏟았다. 짧은 기간에 이 지역의 농촌경제가 되살아났다. 뚤라는 금속제련 및 금속가공 산업의 중심지가 되었다.

그후 1976년 뚤라는 전쟁기간중의 도시방어 공로로 '영웅도시' 칭호를 얻었다. 오늘날의 뚤라는 아름다운 고대도시로 지역의 문화, 산업, 교육의 중심지가 되었다. 오늘날까지 뚤라의 성곽전설이 내려오고 있는데 성곽은 도시 중심에 위치하고 있다. 이는 뚤라의 영광스러운 공훈을 상기시킨다. 뚤라는 러시아뿐만 아니라 외국에서도 사모바르, 아코디온, 당밀과자, 무기 등으로 유명하다.

2. 정치

1) 정치 일반

뚤라주는 23개의 라이온, 21개의 시를 비롯하여 기타 지역으로 세분화된다. 뚤라주의 집행권력은 라이온, 시, 주의 행정부에 있다. 최고의 집행권력기관은 뚤라주 행정부이다. 뚤라주의 행정수반은 스따로두프쩨프 (В. А. Стародубцев)이다. 농학박사인 그는 연방의회 상원의 농업정책담당 위원으로 활동하고 있다. 그는 1997년 3월 23일 뚤라주 지사 선거에서 당선되었다. 뚤라주에는 연방대통령 전권대표부가 설치되어 있다.

전권대표는 연방과 뚤라주의 정책을 중앙차원에서 조율하게 된다. 주의회가 뚤라주에 필요한 법률을 연방정부의 정책노선에 배치되지 않는 범위 내에서 입안하고 있다. 뚤라주 산하의 지역단위들도 역시 자체의 입법, 행정기관을 두고 있다. 뚤라시에는 시행정부가 있고 시장은 까자꼬프(С. И. Казаков)이다.

2) 선거

(1) 뚤라주 지사 선거

2001년 4월 8일 뚤라주 지사 선거가 성립되었다. 4명이 입후보했다. 투표는 두 번에 걸쳐 실시되었다.

4월 8일 실시된 1차 투표에서는 등록된 유권자의 50.14%가 투표에 참여했다. 사모신(А. А. Самошин)과 스따로둡쩨프(В. А. Стародубцев)가 각각 20.96%, 49.09%의 득표율로 결선투표의 대상이 되었다. 그러나 사모신은 사퇴했고 그 다음 순위인 스꼴롭스끼(В. В. Сколовский)가 결선투표의 후보가 되었다.

4월 22일 결선투표가 진행되었다. 스꼴롭스끼는 17.16%, 스따로둡쩨프는

71.44%의 득표율을 보였다. 투표에는 등록된 유권자의 39.07%가 참여했다. 투표참여 유권자의 9.89%가 모든 후보에 대한 반대에 투표했다.

뚤라주 지사로는 현직 주지사인 스따로둡쩨프가 다시 당선되었다.

(2) 러시아연방 국가두마의원 선거

1999년 12월 19일 러시아연방 국가두마의원 선거가 실시되었다. 뚤라주의 유권자수는 1,383,677명이고, 투표에는 843,702명이 참가하여 60.98%의 투표율을 보였다.

정당별 투표에서 주요정당이 얻은 득표율은 다음과 같다.

정당	득표율(%)
야블로꼬	6.82
단결(메드베드)	21.89
지리놉스끼 블록	5.45
조국-전러시아	9.27
러시아공산당	29.05
우파연합	9.06

Ⅳ. 경제 시스템

1. 경제개황

뚤라주는 7개의 연방지구 중 중앙연방지구에 속하고 12개의 러시아 경제지역 중 중앙경제지역에 속한다. 뚤라주는 러시아에서 행정적, 영토적으로 가장 큰 규모로 이루어져 있고 수로와 육로가 서로 교차되어 있어 경제지리적으로 아주 유리한 위치에 있다. 이것은 오랜 동안 대내외 경제관계의 발전에 긍정적인 영향을 주어왔다. 그 덕에 최근 몇 년간 뚤라주는 큰 폭의 성장을 이루었고 시장경제시스템이 정착되는 단계에 들어와 있다. 뚤라주에서 나타나고 있는 시장경제시스템의 모습으로 금융시스템의 발전, 시장인프라 확충, 외국인투자의 확대, 외국파트너와의 합작공업기업 확대 등을 들 수 있다.

러시아경제에서 차지하는 뚤라주의 경제비중은 공업과 농업의 생산부문에서 두각을 나타내고 있다. 2000년 현재 러시아대비 공업생산의 비중이 1.1%이고 농업생산이 1.3%이다. 즉, 뚤라주는 공업과 농업이 고루 발달해 있는 지역인 것이다.

이 외의 부문도 상당한 비중들을 나타내고 있다. 자본투자와 소매유통은 여타 지역에 비해 평균이상의 비중을 갖고 있어 뚤라주의 경제가 다방면에서 활성화되어 있는 것으로 분석되고 있다. 여타 부문의 비중을 알아보기 위해 몇 개의 주요 거시경제지표를 비교하면 다음과 같다.

2000년도 러시아 주요 경제지표에서 뚤라주의 비중

주요 항목	러시아전체 대비 뚤라주 비율
지역총생산	0.7%
공업생산량	1.1%
농업생산량	1.3%
소매유통	0.7%
자본투자	0.8%

http://www.infostat.ru/epub.htm (검색일: 2003.1.10)

뚤라주의 지역총생산은 완만한 증가추세에 있다가 1999년에 접어들어서는 대단한 폭의 상승을 기록했다. 즉 1996년, 1997년은 1998년과 비교해 큰 폭의 상승은 없으나 1998년의 185억 6,500만 루블에 비해 1999년의 302억 8,600만 루블이라는 생산액은 전년대비 63.13% 증가한 것이다. 1인당 지역총생산도 역시 1998년까지는 완만한 상승에 그치고 있다. 1999년에는 1,723만 2,000 루블로 전년대비 거의 64.98% 상승을 하고 있어 똘라주의 경제상승이 대단한 것으로 파악된다. 똘라주의 지역총생산의 주요 구성과 비율을 보면 공업부문이 37.3%로 단연 강세를 나타내고 있고 농업부문이 13.5%로 다음을 차지하고 있다. 여타 부문을 표로 살펴보면 다음과 같다.

지역총생산의 주요 구성과 비율

주요 산업부문	지역총생산의 주요 구조의 비율
공업부문	37.3%
농업부문	13.5%
건설부문	5.8%
운송부문	4.4%
유통부문	10.9%

http://www.infostat.ru/epub.htm (검색일: 2003.1.10)

똘라주에서는 경제전반이 발전해 있고 그 중 공업부문이 가장 주도적인 역할을 하고 있다. 똘라주는 중앙경제지역중에서 가장 공업이 발달한 지역 중의 하나이다. 공업부문 중 가장 발달된 분야는 기계제작과 화학공업, 철강업, 건재공업, 경공업과 식품공업, 에너지공업 등이다.

2. 산업

1) 공업

똘라주의 총 공업생산량은 1999년과 2000년에 각각 279억 2,500만 루블과 450억 3,200만 루블로 아주 가파른 상승세를 나타내고 있다. 2000년은 전년대비 61.26% 증가했다. 그러나 2000년에는 공업생산량의 상승폭은 약간 줄고 있다. 그리고 공업생산지수에 있어서는 1998년에 97로 전년대비 하락을 가져온 이후에 1999년에 109와 2000년에 116으로 증가세가 두드러지고 있다.

똘라주의 기업부문 지표를 살펴보면 총 기업수는 2000년 25,920개이고 소기업수는 2000년 6,270개이다.[1)] 그리고 공업부문에서 활동하는 기업의 수는

1,221개이다. 총 기업수는 전년대비 7.02%를 밑도는 낮은 상승률이고 소 기업수는 오히려 전년대비 74.07%에 이르는 높은 하락률을 나타내고 있다. 공업생산부문의 기업수의 비율은 72.33%를 기록, 역시 높은 하락률을 나타내고 있다. 그리고 공업부문에서 활동하는 기업수는 매년 총 기업수의 약 4.71%에 미치고 있어 공업부문에서 활동하는 기업이 총 부문에서 차지하는 비중이 작지 않은 것으로 평가된다.

뚤라주의 기업들은 수출에 큰 잠재력을 가지고·있으며 650개의 기업이 대외경제관계에 참여하고 있다. 이 기업들은 200 종 이상의 제품을 생산해 내고 있고 CIS를 포함해 세계 각국 80여 개국으로 수출하고 있다.

총 수출액 중 각 부문이 차지하는 비중에 있어서 철강업은 수출액의 63%를 차지하고 있고 화학공업이 29.6%, 기계제작·금속가공이 3.4%, 의료공업이 3.5%이다. 그리고 생산품의 가공정도에 따라 원료 수출은 95.8%, 기계와 설비와 같은 자본재는 1.4%, 일반소비재상품과 같은 소비재는 2.8%가 수출되고 있다.

이 외 수출품에는 비료, 메탄올, 암모니아 등이 있고 수입품으로는 전문적 기계나 설비, 주조기계, 각종 기구, 신발생산을 위한 반제품, 의류, 천, 이불, 신발 등이 있다. 특히 뚤라주의 전통적인 수출품인 주철은 여전히 주요 수출품으로 자리 잡고 있으며 주요 수출국은 미국 63.8%[2], 독일 19.3%, 이탈리아 8.2%, 한국 7.9%, 스위스 7%를 포함하여 모두 17개국 정도에 이르고 있다.

뚤라주의 산업 중 공업[3]의 부문별 구조를 살펴보면 화학·석유화학부문, 철강업부문이 매우 강한 부문으로 나타나고 있다. 뚤라주의 공업생산의 26.9%를 화학·석유화학부문이, 20.2%를 철강업부문이 차지하고 있다. 그 외 기계제작·금속가공부문이 19.1%로 큰 비중을 가지고 있는 부문이다. 여타 부문을 표로 보면 다음과 같다.

---

1) 이 수치들은 연말 통계임.
2) 이 수치들은 뚤라주의 총 주철수출량대비 비율임.
3) 러시아 전체공업생산의 1.1%차지

주요 공업생산부문별 생산비율

생산부문	뚤라주 총공업생산 비율
전기전력	10.2%
연료공업	0.4%
철강업	20.2%
비철금속	0.7%
화학·석유화학	26.9%
기계제작·금속가공	19.1%
목재가공, 종이·펄프	1.3%
건재공업	3.6%
경공업	1.7%
식품공업	13.8%
기타	2.1%

http://www.infostat.ru/epub.htm (검색일: 2003.1.10)

2) 농업

뚤라주의 농업경제는 성과가 높은 상태에 있다. 뚤라주의 농공단지에는 100개 정도의 대규모 농산품을 생산하는 기업들이 있고 200개 이상 크지 않은 농장경영 혹은 개인적 부업경영을 하고 있다. 그리고 다수의 농업생산 협동조합도 있다.

뚤라주의 농업경제의 특화는 낙농, 양돈, 목양, 양금, 염소사육 그리고 작물재배에 있다. 작물재배는 주로 밀재배, 그리고 사료용 작물재배, 감자, 식용비트[4], 채소, 과일 등의 재배를 하고 있다. 작물재배에 있어 특히 감자와 소맥은 생산성과 품질이 높아 인근지역으로부터 충분히 보증 받고 있다. 또 밀재배의 대부분은 복합사료로 가공·활용되고 있다.

뚤라주는 러시아에서 농업생산 규모순위로 33번째 큰 규모를 가지고 있고 1인당 농업생산은 39위를 차지하고 있다. 뚤라주 농업에서 작물재배와 가축사육의 비율을 보면 작물재배가 35%로 나타나고 가축사육은 65%로 나타나고 있어 가축사육의 비중이 좀 더 높게 나타나고 있다.

뚤라주의 농업생산량은 1999년과 2000년에 크게 높아졌다.[5] 2000년은 104억 4,910만 루블이고 이것은 1999년 87억 1,290만 루블에 비해 19.92%이상 상승한

4) 근대의 일종임.
5) 이 수치들은 명목가치를 나타내는 통계임

것이다. 그러나 2000년의 상승속도는 줄고 있다.

총 농업생산액 중 작물관련 생산액은 2000년에 65억 360만 루블이고 이것은 전년대비 상승속도의 하락은 있지만 상승액은 줄고 있지 않다.

총 농업생산액 중 가축관련 생산액 역시 2000년에 39억 4,550만 루블로 전년대비 상승속도의 둔화가 있지만 상승액에는 적지 않은 증가폭이 있었다.

농업생산 지수추이는 일정치 않다. 1998년에는 92 그리고 1999년에 91로 거의 변화가 없다가 2000년에 112로 큰 변화를 기록하고 있다.

3. 자원 등 기타

뚤라주는 모래점토, 나무 무두질토양, 회색산림토양, 검회색 산림토양, 배양토 등 그 토양이 매우 다양하다. 이 토양들은 6.5-8.5%정도의 부식토를 함유하고 있어 비옥도가 높다.

뚤라주는 거대한 두 강에 인접하여 있으며 영토의 80%가 볼가강과 인접해 있고 나머지 20%는 돈강과 접해있다. 또한 주요한 수상동맥으로 우파강을 들 수 있으며 총 345km의 길이로 뚤라주의 영토를 흐르고 있다. 그 넓이는 20-75m이며 깊이는 1.2-3.5m이다.

뚤라주에 흐르는 크고 작은 강들은 전체적으로 1,600개이며 전체 길이는 11,000km이다. 강뿐만 아니라 이 지역에는 석회암 산악지에서 근원이 된 일련의 호수들과 인공적으로 건설된 못 등이 다수 있어 수자원이 풍부하다.

뚤라주의 영토 내에는 많은 유용광물이 분포되어 있다. 그 종류로는 갈탄, 철광석, 석회암, 점토, 모래 등이 있다. 이 외 지지학적 조사에 의해 기타 광연료와 전통적으로 이 지역에 발견되지 않았던 다른 지하자원들의 매장지가 있음이 알려졌다.

뚤라주에는 점토, 모래, 쇄석, 석고, 자갈 등 건설자재 생산의 원료가 되는 자원들의 매장지가 160여개 이상 탐지되었다. 아울러 2천만 톤에 달하는 '스트론튬 광산'이 위치한 지역이 20개 이상 조사되고 있다.

뚤라주의 쑤보로프스끼 지역에는 이 지역에서 발견된 치료용 이탄 흙과 광천수를 이용한 요양소가 있다.

뚤라주는 숲지대와 초원지대의 중간쯤에 해당하는 지역에 위치하고 있어 이 지역의 특성상 숲이 상대적으로 적다. 숲 지대는 전 영토의 14%에 불과한 39만 5,300 헥타르에 불과하다. 이 중 대부분의 주요 산림은 국가의 공유지이며 환자들을 위한 요양 및 회복의 장소로 쓰이고 있다.

뚤라주의 숲 지대는 대부분 활엽수가 주종을 이룬다. 참나무, 자작나무, 단풍, 보리수 등이 그 대표적인 예이다. 특히 뚤라주의 고유한 가치있는 산림으로 평가받고 있는 곳은 채벌이 금지되어 있고 그 곳에는 12종의 주요 종들이 자라고 있다. 이 외 뚤라주에는 보호구역이 있어 희귀 동물 및 식물들이 생장하고 있다.

V. 문화시스템

1. 지역정체성

1) 인구

뚤라주의 인구는 1990년 이래 2001년까지 무려 140,000명이 감소함으로써, 11년 동안 7.54%가 감소했다. 90년대 후반에 이르러 이러한 감소추세가 더욱 더 악화되고 있는데, 이는 전반적인 경제상황의 악화로 인해 인구 출생률에 비해 사망률이 현저히 높아 자연감소율이 높을 뿐 아니라, 인구 전출입에 의한 플러스 요인도 크게 도움이 되지 못하는 데서 비롯되었다고 할 수 있다.

뚤라주 인구변동 추이

연도	1990	1992	1993	1994	1995	1996	1997	1998	1999	2000	2001
인구수 (1,000명)	1,856	1,839	1,834	1,827	1,820	1,809	1,795	1,780	1,763	1,740	1,716

Россий ский статистический ежегодник. Госкомстат России. М., 2001. С. 82.

뚤라주의 인구 자연감소율은 90년대 초반부터 이미 크게 상승하고 있다. 이는 전반적인 경제상황의 악화에 따라 출생률이 급격히 하락하고, 반면에 사망률이 급격히 상승한데 기인한 것이다.

뚤라주 출생자수, 사망자수, 자연증가율

연도	출생자수(명)	사망자수(명)	자연증가율(명)
1990	18,883	26,836	-7,953
1992	15,055	29,028	-13,973
1993	14,047	33,785	-19,738
1994	13,906	37,547	-23,641
1995	13,282	35,248	-21,966
1996	12,492	33,227	-20,735
1997	12,069	32,590	-20,521
1998	12,436	32,260	-19,824
1999	11,389	35,432	-24,043
2000	11,845	36,403	-24,558

Россий ский статистический ежегодник. Госкомстат России. М., 2001. С. 108.

2000년 현재 뚤라주의 경제활동인구는 831,000명으로 전체 인구 중 47.75%이다. 그 중 취업자 수는 751,000명, 실업자 수는 80,000명으로 실업률은 9.7%이다. 실업률은 90년대 초반까지는 비교적 안정세를 유지하여 4%대에 머물다가 94년부터 상승하기 시작하여 97년 경제위기 발생 이후부터는 두 자리 수를 기록하고 있다. 다만 최근 들어서 약간 하향세를 나타내고 있다.

뚤라주의 경제활동인구 및 취업률, 실업률은 다음과 같다.

뚤라주 경제활동인구(취업자, 실업자), 실업률

연도	경제활동인구 (1,000명)	취업자수 (1,000명)	실업자수 (1,000명)	실업률(%)
1992	930	891	39	4.2
1993	922	885	37	4.1
1994	873	815	58	6.7
1995	854	801	53	6.2
1996	838	780	58	6.9
1997	813	731	81	10.0
1998	802	709	93	11.6
1999	822	729	93	11.2
2000	831	751	80	9.7

Россий ский статистический ежегодник. Госкомстат России. М., 2001. С. 135.

2) 민족

2001년 현재 1,716,000 명으로 구성된 뚤라주의 인구는 러시아인 96.1%, 우끄라이나인 1.5%, 따따르인 0.6%, 벨라루스인 0.4%, 독일인 0.3%, 기타 민족 1.1%로 구성되어 있다.

이와 같이 뚤라주의 인구에서도 러시아인이 차지하는 비중이 절대적이다.

3) 교육

뚤라주에서는 청소년 교육문제에 많은 관심을 기울이고 있다. 현재 뚤라주에는 고급 직업교육기관이 잘 발달되어 있으며, 뚤라주에 필요한 다양한 수준의 전문가를 양성하고, 학술연구 및 문화 계몽활동을 펼치고 있다.

연방차원의 사회·경제개혁 과정에 나타나는 어려운 여건 속에서도 교원 및 연구원들의 높은 프로의식, 학생들의 높은 창의력 덕분에 고등교육기관들이 본연의 연구, 교육활동에 충실하고 있으며, 이를 통해서 훌륭한 현대과학의 전통을 유지, 발전시켜나가고 있다.

많은 교육기관들은 주로 자체 개발한 교육 프로그램을 활용하고 있다. 일부 교육기관은 다양한 상업기관과 더불어 유상교육시스템으로 전환하고 있다. 고등교육기관들은 최고 수준의 교원 및 현대적인 강의실 및 실험실, 설비 등을 보유하고 있다.

현재 뚤라주는 높은 과학·기술 잠재력을 보유하고 있으며, 연방차원의 전문가 양성 및 자질향상 프로그램 실행에 적극 참여하고 있다. 뚤라주에서는 40여개 이상의 독립 과학·기술 연구소와 7개의 고등교육기관, 다양한 기업 산하의 대규모 과학·기술연구소 등이 운영되고 있으며, 이러한 연구소 및 학교들은 뚤라주의 과학·기술 발전에 크게 기여하ㄱ 있다.

2. 지역문화

1) 문화개괄

러시아의 중앙, 고대슬라브인의 땅에 고도(古都) 뚤라가 위치해 있다. 이 지역의 흘러간 수세기 동안의 역사를 분묘와 옛 유적들이 보여주고 있다. 뚤라주는 고고학적 유물, 기념물, 건축물, 자연 환경 기념물이 풍부한 곳이다.

뚤라의 중심에는 그 완전함과 조화로운 형태로 건축된 방어용 건축 기념물인 크렘린이 서있다. 이 건물은 16세기 초에 바실리 3세의 명령에 따라 세워졌다. 크렘린 성벽의 건축물은 끄림 따따르의 러시아 침공이라는 어려운 시기를 견뎌냈다. 뚤라의 크렘린을 건축한 장인들은 고대 러시아 건축의 전통과 서구 유럽의 건축 예술의 특징을 솜씨 있게 결합시켰다. 뚤라 크렘린의 건축에는 러시아의 석공들 외에도 15세기에 모스크바 크렘린을 완성한 이탈리아의 건축가들이 참여했다.

고화, 연대기, 책, 성화들은 뚤라 교회에 아름다움을 부여하는 러시아의 매우 귀한 유산이기도 하다. 옛 모습 그대로 남아 있는 17세기의 유일한 건축 기념물은 성모 수태 고지 성당인데 이 성당은 크렘린 다음으로, 오늘날까지 남아 있는 두 번째로 오래된 건축이다. 뚤라 지역의 긍지는 박물관들인데 이

곳에는 민족의 문화적 유물이 보존되어 있다. 예를 들면, 이 유물들은 과거의 역사에 관한 유물, 러시아의 영웅과 천재에 대한 유물, 과거 전투에서의 승리에 대한 유물, 예술적 보물, 고고학적 유물, 성스러운 형상과 훈장 등이다.

1380년 뚤라 땅에 역사적인 꿀리꼬보 전투가 있었는데 이 전투는 따따르 한국으로부터 러시아 땅을 해방시키는 토대가 되었다. 이를 기념해서 1996년 10월에 전쟁-역사, 자연 박물관 보호구역인 '꿀리꼬보 들판(Куликово поле)'이 만들어졌다. 1999년에는 붉은 언덕에서 꿀리꼬보 전투 619주년 행사가 열렸다.

뚤라는 러시아에서 무기의 고향으로 잘 알려져 있다. 1712년에 짜르 뾰뜨르 1세(피터대제)는 러시아의 최초의 국립 무기 공장을 뚤라에 세웠다. 현재 무기 박물관에 전시되어 있는 놀라운 세공품들에는 뚤라의 무기공들의 훌륭한 솜씨가 잘 나타나 있다. 에르미따쉬 박물관이나 무기가 예술 장식이 있는 표본으로 전시되어 있는 역사박물관의 무기고와는 달리, 뚤라 국립 무기 박물관은 뾰뜨르 시대에서부터 오늘날까지의 무기 컬렉션을 가지고 있다. 뚤라 공장의 도검류(刀劍類)와 화기 컬렉션들은 중요한 의미가 있는 것들이다. 사실 뚤라의 무기 공장은 18세기부터 러시아 무기 공장의 중심이 되었고 이 곳의 생산품은 세계적인 명성을 얻었다.

뚤라 무기공들의 많은 작품들은 유사품이 없는 매우 드문 기념물에 속한다. 이러한 무기 기념물들과 함께 왕족과 귀족들의 뚤라 무기공장 방문기념으로 제작된 무기 유형들이 전시되어 있다.

몇 개의 독특한 전시품들은 1900년 파리에서 열린 전 세계 전시회에 러시아를 대표해서 출품되어 금메달을 받았다. 1993년 이 박물관은 러시아의 여타 오래된 박물관처럼 '다보(Даво)'라는 러시아의 기록 책에 나오게 되었고 1994년에는 뚤라시의 문화발전과 사기 진작에 기여한 커다란 공을 인정받아 공훈 상을 수상했다.

러시아의 어떤 시골이나 한적한 마을에서도 뚤라의 사모바르를 만날 수 있다. 뚤라지방의 사모바르는 아코디언 산업, 당밀과자, 장난감, 과즙과자 등과 같이 전통산업에 속한다. 뚤라의 사모바르 박물관에는 사모바르의 형태와 구조, 재료에 따라 여러 가지 모양이 전시되어 있다.

오늘날 뚤라의 문화는 다양하고 풍부하다. 35개의 박물관과 뚤라의 필하모니, 고리끼 뚤라 국립 아카데미 드라마 극장, 국립 인형극장 '마법사, 지역 젊은이 극장', 지방 자치제 극장이 있다. 몇 해 전에는 막심 고리끼의 희곡이 뚤라 국립 아카데미 드라마 극장에서 상연되었다.

뚤라 지역의 필하모니 단원과 배우진들은 뚤라에 토대를 가지고 있는 러시아 민속악기의 전통 연주법을 보존하고 발전시키고 있다. 그리고 적극적으로 연주회를 열고 있고 창작과정에서 새로운 완성도를 추구하면서 지역과 러시아와 국제 대회에서 여러 번 수상자가 되었다. 배우들의 레퍼토리는 여러 가지 작품을 망라하고 있는데 예를 들면, 아리아, 로망스, 러시아 민요, 고전 재즈 등이다.

어린이 필하모니는 주 필하모니의 한 부분을 담당하며 최초의 주 어린이-청년 전문 콘서트 단이다. 어린이 필하모니의 주 목적은 세계 고전 음악의 훌륭한 표본과 민속 예술의 선전을 통해서 자라나는 세대를 예술적, 미학적으로 교육시키는 것이다

오늘날 주에는 도서관 연계망이 구축되어 있다. 최근에 도서관은 도서 전시회를 개최하고, 문학 야회를 여는 등, 문화적, 계몽적 역할을 수행하고 있다. 뚤라 지역과 가장 밀접한 연관이 있는 작가는 레프 톨스토이이다. 뚤라의 야스나야 빨랴나에서 톨스토이는 태어났고 살았고, 바로 여기에 묻혔다. 이곳에서 그는 자신에게 세계적 명성을 안겨준 작품들을 썼다. 톨스토이는 자신에게 고양을 주고 작품을 집필했던 이 지역을 사랑했다. 그는 이 고향 땅을 돌아다녔는데 200곳이 넘는 것으로 추정되고 있다. 그러나 유감스럽게도 톨스토이 기념 장소 중, 적은 부분만이 오늘날까지 남아 있고 이보다 더 적은 곳이 관람의 대상이 되고 있다. 왜냐하면 10월 혁명 후 귀족 영지 문화를 파괴했기 때문이다. 야스나야 빨랴나에는 문헌적으로 정확한 박물관과 세계에서도 드문 문화적 유물이 있는 전시실이 문을 열고 있다.

야스나야 빨랴나

2) 문화시설

국립 뚤라 무기 박물관

1724년에 뾰뜨르 1세의 명령에 따라 뚤라의 무기 공장에서는 오래된 장총을 모으기 시작했는데 이것은 박물관 수집품의 근간을 이루게 되었다. 오늘날 박물관의 수집품은 16세기 말부터 오늘날까지 무기 발달과정을 말해주고 있다.

러시아, 서구 유럽, 동양의 장인들의 화기와 도검류(刀劍類)의 견본들은 그들 상호간의 수준을 비교할 수 있게 하는 기회를 제공하고 있다. 박물관에는 사냥용과 레저용 무기의 커다란 컬렉션이 있다. 황제의 가족들이 뚤라의 무기 공장을 방문한 기념으로 만든 무기들은 이 박물관의 진정한 명품이다.

현대의 수집품 중에는 특별한 관심을 끄는 색다른 무기들이 있는데, 표준보다 작은 형태의 권총과 기관총, 수중총과 소음 자동총과 권총 등이 있다. 박물관에는 비행기, 헬리콥터, 배와 장갑차의 무장을 위해 특별히 제작된 대포와 기관총도 전시되어 있다.

뜨베리주
Тверская Область

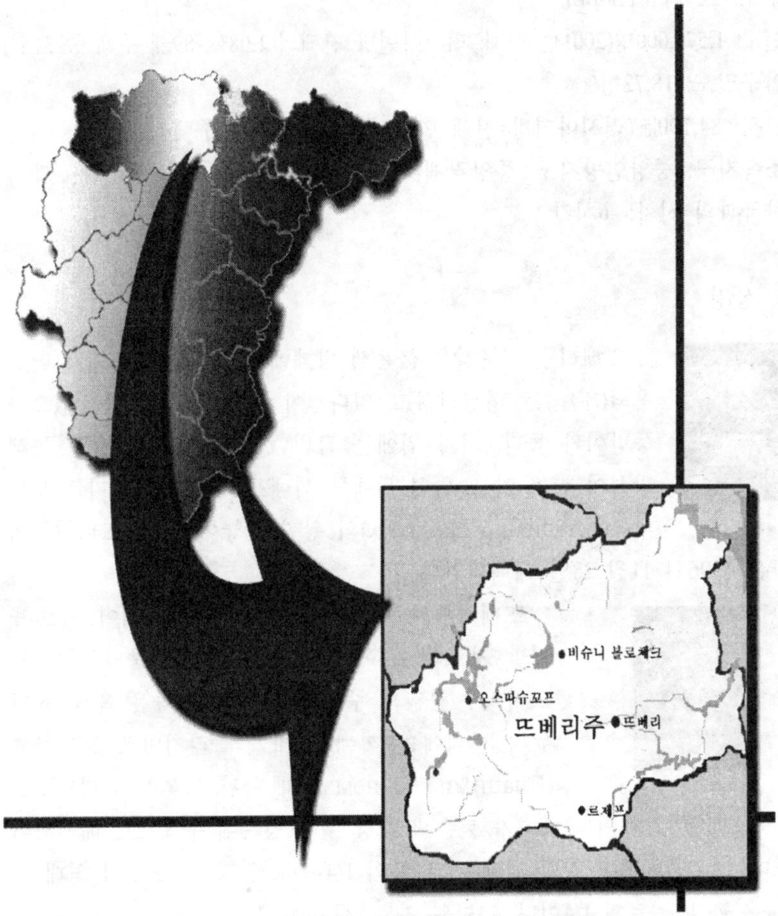

Ⅰ. 개황

1. 기초정보

주 성립일: 1990년 - 깔리닌(Калинин)주에서 뜨베리(Тверь)주로 개명
주도: 뜨베리(Тверь)
인구: 1,575,000명(2001년 현재: 러시아연방 전체의 1.08%; 89개 주체 중 31위)
인구밀도: 18.72명/㎢
면적: 84,100㎢(러시아연방 전체 면적의 0.49%; 89개 주체 중 42위)
소속지구: 중앙연방지구; 중앙경제지구
한국과의 시차: -6시간

2. 상징

뜨베리주 문장

뜨베리주의 문장은 붉은색 방패에 금빛 2단 받침대가 딸린 옥좌(玉座)를 형상화하고 있다. 이 옥좌는 팔걸이는 없으나 등받이가 높다. 의자 위에는 금빛 장식과 수술이 달린 녹색 방석이 놓여 있고, 방석 위에는 끼예프 대공 블라지미르 모노마흐(Владимир Мономах)의 왕관이 놓여 있다. 뜨베리주의 문장은 1996년 11월 28일 채택되었다.

뜨베리 주기

뜨베리주의 주기는 장방형 천으로 되어 있으며, 깃발 가로의 2/4에 해당하는 붉은색 중앙부분에는 뜨베리주 문장의 주 요소(등받이가 높은 옥좌, 옥좌 위의 방석에는 끼예프 대공 블라지미르 모노마흐(Владимир Мономах)의 왕관이 놓여 있다)가 묘사되어 있다. 두 개의 황색띠가 붉은색 중앙 부분 양측에 수직으로 배치되어 있으며, 그 가로 폭은 깃발 전체 가로 폭의 1/4이다. 문장 주 요소의 최대 가로 폭은 깃발 가로의 1/4이다. 깃발의 가로, 세로 비율은 3:2이다. 뜨베리주의 문장은 1996년 11월 28일 채택되었다.

3. 주요도시

뜨베리(Тверь): 인구 453,800명; 북위 56°52′, 동경 35°55′
르제프(Ржев): 인구 68,000명; 북위 56°16′, 동경 34°20′
비슈니 볼로체크(Вышний Волочек): 인구 58,900명; 북위 57°35′, 동경 34°32′
끼므리(Кимры): 인구 58,500명; 북위 56°53′, 동경 37°21′
또르조크(Торжок): 인구 49,000명; 북위 57°3′, 동경 34°58′
꼬나꼬보(Конаково): 인구 43,500명; 북위 56°43′, 동경 36°46′
볼로고예(Бологое): 인구 33,100명; 북위 57°52′, 동경 34°3′
우도믈랴(Удомля): 인구 33,000명; 북위 57°53′, 동경 35°1′
베제쯔크(Бежецк): 인구 29,600명; 북위 57°48′, 동경 36°41′
넬리도보(Нелидово): 인구 28,000명; 북위 56°13′, 동경 32°47′
오스따슈꼬프(Осташков): 인구 21,800명; 북위 57°10′, 동경 33°6′
(인구: 2002년 현재)

4. 주요 산업 및 농업

주의 주요 산업으로 기계제작, 금속가공(객차제작, 도로건설 기계제작, 기기제작공업), 화학공업, 석유화학공업(화학섬유, 실(絲) 생산, 플라스틱 제품 생산), 경공업(면방적업, 아마, 봉재, 신발산업) 건축자재산업(벽돌생산, 철골조립, 시멘트구조물), 임업, 목재가공업, 제지업, 유리, 도자기, 식료품 산업(버터제조, 제분업) 등이 발달했으며, 농업부문은 낙농업, 양돈, 양금, 목양, 곡물, 아마, 감자, 야채, 사료작물 등의 재배가 발달했다.

Ⅱ. 자연환경

1. 지리적 위치와 구성

뜨베리주는 36개 행정구, 23개 시 및 33개 도시형마을, 613개 농촌마을로 구성되어 있으며, 동유럽 평원의 중심부, 볼가(Волга)강 상류, 발틱해와 카스피해 사이에 위치하고 있다.

노브고로트주, 프스꼬프주, 볼로그다주, 야로슬라블주, 스몰렌스크주, 모스크바주와 경계를 이룬다. 러시아의 북서부 지역, 북위 55°40′ ~ 58°50′, 동경 30°50 ~ 38°20′에 위치하며, 남북간 총연장은 250㎞, 동서간 총연장은 450㎞이다. 뜨베리주는 국내외 주요 교통로(철도, 자동차 도로 및 수로)가 교차하는 교통요지로서, 모스크바와 쌍트 뻬쩨르부르크를 연결하는 대부분의 철도 및 자동차 도로가 뜨베리주를 통과한다.

숲과 호수가 많은 지방으로, 볼가, 드네쁘르 및 서 드비나강 및 기타 1,500여개의 소규모 하천의 발원지이기도 하다. 쎌리게르(Селигер)호수와 볼가강이 시작되는 발다이(Балдай) 호반은 예로부터 지금까지 볼가강 상류의 천연진주라 불린다. 천연 호수 외에도 11개의 인공호수가 있다. 볼가강 상류지역에 있는 대규모 인공호수로는 이반꼬프(Иваньков), 리빈(Рыбин), 우글리치(Углич)호수가 있다.

수도 뜨베리와 모스크바 간의 거리는 167㎞이다.

2. 기후조건

온난기후대, 대륙성 온난기후
1월 평균기온: -9℃
7월 평균기온: 17℃
연강수량: 550 ~ 750㎜
식물 생장 기간: 125 ~ 130일
식생: 타이가와 혼합림
토양: 염분회색토, 소택지 토양
뜨베리주의 기후는 대륙성 온난기후로 러시아연방 유럽지역 동부의 대륙

성기후와 북서부의 다습기후 등 과도적 특성을 보인다. 가장 많은 강수량을 기록하는 지역은 발다이(Балдай) 고지대의 서부 경사면이며, 동부 경사면에는 강수량이 적다. 영상기온을 기록하는 일수는 211일이다. 연중 눈이 내리는 시기는 11월부터 3월까지이나, 때로는 9월과 5월 말, 6월 초에도 눈이 내리는 경우가 있다. 연중 눈 쌓이는 날의 수는 140 ~ 150일이다. 식물계는 종이 매우 다양하며 풍부하다. 숲의 총면적은 5,086,300ha이다.

3. 주요 유용광물

갈탄, 이탄(매장지와 생산지가 전 지역에 분포해 있음), 석회암, 유리용 모래, 백운석, 미네랄 염료 등이 있다.

주요 산지:

갈탄(질이 낮음): 모스크바 부근 수계의 넬리도보(Нелидово).

Ⅲ. 정치시스템

1. 역사

기록에 따르면 뜨막강이 볼가강으로 합류되는 곳에 이미 9-10세기에 사람들이 살기 시작하였다. 이 지역은 대규모 정주지가 있었던 지역으로 북부지역에서 끼예프 루시로 연결되는 고대국가간 연결통로가 있었다. 오랜 시간이 흐른 후 로스또프-수즈달 공후의 노브고로트와의 전쟁으로 이 지역에 성곽이 세워졌다. 이 지역에서 뜨베리시의 출현은 1181년으로 추측된다. 12세기에 뜨베리는 수즈달 공국 서부국경에 있는 크지 않은 성곽으로부터 시작되었다. 13세기 전반에 뜨베리는 뻬레야슬라프 공국에 병합되었다. 1247년경 뜨베리는 뜨베리 공국의 수도였으며 뜨베리 성곽은 역사적 사건발생지의 근간을 이루었다. 1265년 뜨베리는 그리이스 정교의 중심지가 되었다. 뜨베리는 1276년과 1282년에 도시가 전소됐음에도 불구하고, 이후 도시의 발전과 성장은 계속되었다. 이미 1323-1325년에 뜨막강 하구에 석조로 표도르교회가 지어졌다. 성곽은 리투아니아 국가와의 관계에 의해 1485년까지 건설되었다.

15세기에 뜨베리는 교역과 수공업, 문화의 대규모 중심지가 되었으며 뜨베리는 가장 발달된 도시 가운데 하나가 되었다. 그때까지 뜨베리는 종의 주조와 넓은 석재를 이용한 건설로 유명했다. 성곽에는 석재로 만든 공후의 궁전, 석재로 만든 수도원 종, 석재교회[이반 밀로슬랍스크, 보리스, 글렙, 미하일 아르한겔], 표도로프 및 젤띠꼬프 수도원과 같은 석조 사원 등이 건설되었다. 이때는 뜨베리가 자주적인 공국으로서 힘을 가졌던 마지막 시기였다. 1485년에 모스크바 군대는 도시를 점령했고, 뜨베리 공국은 자주적인 국가로서의 정치적 주권을 상실했다. 뜨베리는 러시아 중앙집중국가로 편입되었고 교역과 상업의 중심지로 남아 있었다. 그때까지 '하얀 삼위일체(Белая Троица)' 교회가 보존되었으며 석재를 이용한 건축이 진행되었다.

1708년에 뜨베리는 인게르만란드스크 현에 편입되었고 1710년에 상뜨-뻬쩨르부르그에 속했다. 1719년에 뜨베리는 뻬쩨르부르그현에 소속된 뜨베리 지방의 중심지가 되었고 1727년에는 노브고로트현에 소속되었다. 뜨베리는 전략 및 교역 중심에 위치하기 때문에 예까쩨리나 2세 정부는 도시의 복원을 위해 비상조치를 취하기도 했다. 1775년에 뜨베리는 또다시 뜨베리 직할지(1796년부터는 뜨베리현)의 중심지가 되었다. 1809-1812년에 뜨베리는 뜨베리 및 야로슬라프, 노브고로트 전체 현의 중심지가 되었다. 올덴부르그스크 왕자인 총지사의 거주지는 여행궁전이 되었다. 1820-1830년에 뜨베리에는 뿌쉬낀이 여러차례 방문하였고, 19세기에는 글린까(Ф. Н. Глинка), 라쥐치니꼬프(И. И. Лажечников), 오스뜨롭스끼 (А. Н. Островский), 도스또옙스끼(Ф. М. Достоевский), 살띄꼬프-셰드린 (М. Е. Салтыков-Щедрин), 에르뗄(А. И. Эртель)이 살았다.

도시의 성장은 계속되었다. 러시아에서 발생한 모든 사건은 뜨베리의 사회, 정치, 문화생활에 영향을 주었다. 1871년에 최초의 의사대회가 열렸고, 1884년에 뜨베리현 고전 학문위원회가 창설되었다. 1850년 말에서 1860년 초까지 도시는 자유주의운동의 중심지 가운데 하나가 되었으며 지주에 종속된 농민들의 생활향상을 위한 위원회가 열렸다. 이때에 볼가강에 선박 공동체 '비행기(Самолёт)'가 조직되었고, 최초의 여객선이 만들어졌다. 그밖에 최초의 직물공장이 문을 열었다. 1873년에 직물기계 부품생산 공장 및 몇몇의 제재소, 거대 증기제분소가 건설되었다. 1897년에 차량제조 공장이 건설되기 시작했는데 이미 1898년에 최초의 차량이 선을 보였다.

19세기 말과 20세기 초에 뜨베리에는 종교세미나, 뜨베리 막시모비치 여자사범학교, 여자 정교회학교, 여자상업학교, 호텔, 문화교육기관, 노동자 숙식소, 성탄절 산타할아버지 역할을 하는 일꾼들을 위한 건물이 세워졌다. 민족극장, 우체국, 은행도 설립되었다. 1893년에 최초의 전화국이, 1898년에는 시외전화국이 생겼다. 1895년에 거리에 최초로 자동차가 출현했다. 19-20세기에 걸쳐 볼가강에 다리가 놓여졌다. 1901년 최초의 전차가 길거리를 달렸다. 1905년에 영화관이 생겨났고 1910년 뜨베리에 최초의 비행기가 착륙했다. 뜨베리에서 본치-브루예비치(М. А. Бонч-Бруевич)는 러시아 최초의 라디오용 진공관을 발명했다.

1902년부터 뜨베리에서는 혁명운동이 시작되어 러시아 사회주의노동당 뜨베리위원회가 조직되었다. 내전기간 중 많은 기업들이 가동을 중지했으며 이것은 도시의 경제발전에 부정적 영향을 주었다. 전쟁이 종료됨과 동시에 도시의 일생생활이 복원되었다. 뜨베리에 수많은 돌격대원과 공산무급노동자가 활동했다.

1929년에 뜨베리는 현의 중심지였으나 점차로 모스크바주 소속 라이온에 속하게 되었다. 1930년에 교회로 인한 국가로부터의 국민이탈을 막기 위한 새로운 캠페인이 정권에 의해 널리 실시되었다. 거의 모든 종각들이 사라지게 되었다. 1931년에 뜨베리는 깔리닌으로 개칭되었으며 깔리닌을 중심도시로 한 깔리닌주가 탄생하게 되었다. 깔리닌에는 주필하모니와 음악학교, 주 미술전시관, 아카데미, 영화관 '별', '항만'이 세워졌다. 또한 깔리닌, 차이꼬프스끼, 바그좌노프 거리가 만들어졌다.

2차 세계대전은 도시생활의 변화를 가져왔다. 7,714개의 건물이 파괴되고, 70개 이상의 기업이 가동을 중지했다. 산업공장 건설을 위한 재기의 노동이 시작되었다. 1945년이후 많은 건물이 세워졌다. 드라마극장, 문화궁전, 고리끼 기념도서관 등 여러 시설들이 세워졌다.

1989년에 깔리닌의 도시 및 라이온 소비에트 대회기간에 깔리닌을 예전의 역사적 의미를 지닌 이름인 뜨베리로 변경하기로 결정했다. 1990년 7월 29일 뜨베리는 자신의 역사적 이름을 되찾은 것을 기념하는 축제를 개최했다. 1990년 11월 16일 뜨베리 문장이 공식적으로 복원되었는데, 이는 1780년 예까쩨리나 2세가 하사한 것이었다.

2. 정치

1) 정치 일반

주의 최고 집행권력기관은 뜨베리주 행정부이다. 주행정부는 라이온별 행정담당기구, 도시 발전에 관한 위원회 등을 두고 있다. 주지사는 쁠라또프(Платов В.И.)이다. 1946년에 출생한 그는 2000년 1월 선거에서 재선되어 제2기 주지사 업무를 시작했다. 부지사는 끄라스노프(Ю. М. Краснов)이다. 러시아연방 대통령의 전권대표는 까랴끼나(Т. Т. Карякина)가 맡고 있다.

뜨베리주의 헌장이 주단위의 기본법 역할을 한다. 뜨베리주의 입법기관으로서는 주의회가 있으며 주에서 필요한 법령을 마련한다. 의장은 미로노프(В. А. Миронов)이다. 제2기 뜨베리주 의회의원들 중에서 직능관련 의원은 산업체의 지도자이다. 이러한 지도자는 농업관련 기업체 및 의료분야에 이르기까지 걸쳐 있다. 의원들의 다수는 40-55세이며, 직능과 관련해서 9명이 활동하고 있다.

2) 선거

(1) 뜨베리주 지사 선거

뜨베리주 지사 선거가 1999년 12월 19일 실시되었다. 제1차 선거에서 유권자의 다수는 전직 주지사였던 쁠라또프를 선택했다. 그는 32.51%를 획득했다. 러시아공산당 소속의 국가두마의원인 바유노프(В. Баюнов)는 22.91%를 획득했다. 2000년 1월 9일 결선투표가 실시되었다. 유권자의 53.11%가 참여한 결선투표 결과 근소한 차이로 쁠라또프가 당선되었다. 쁠라또프는 46.55%를, 바유노프는 46.02%를 획득했다.

(2) 러시아연방 국가두마의원 선거

1999년 12월 19일 러시아연방 국가두마의원 선거가 두개 선거구에서 실시되었다. 12명의 후보가 등록(이중 6명은 모스크바 거주)한 베줴쯔끼 선거구에서는 러시아공산당 소속의 조리낀(В. А. Зорькин)이 당선되었다. 18명의 후보(절반 이상은 뜨베리 거주)가 경쟁한 뜨베리 선거구에서는 러시아공산당 소속의 아스뜨라한끼나(Т. А. Астраханкина)가 당선되었다. 정당별 투표에서 주요정당들의 득표율은 다음과 같다.

정당명	득표율(%)
야블로꼬	5.52
단결	29.11
지리놉스끼 블록	6.45
조국-전러시아	8.38
러시아공산당	23.21
우파연합	8.75

(3) 러시아연방 대통령 선거

2000년 3월 26일 치러진 대통령 선거에서 뜨베리주 전체 유권자(1,217,918명)의 62.19%가 투표에 참여했다. 뿌친이 과반수가 넘는 지지를 획득했다.

후보	득표율(%)
뿌친	57.71
쥬가노프	27.89
야블린스키	4.55
지리놉스끼	2.59
뚤레예프	2.32
찌또프	0.99
빰필로바	0.94

Ⅳ. 경제 시스템

1. 경제개황

뜨베리주는 7개의 연방지구 중 중앙연방지구에 속하고 12개의 러시아 경제지역 중 중앙경제지역에 속한다. 뜨베리주는 공업 각 부문이 경제에서 중요한 역할을 하고 있으며 공업부문 중 기계제작과 섬유부문이 비교우위를 가지는 부문이다. 뜨베리주의 지역적 중심은 뜨베리시이며 이 도시는 전반적으로 여러 부문에서 발전되어 있고 특히 철도차량을 포함한 기계제작공업의 발달이 두드러지고 있다.

러시아경제에서 차지하는 뜨베리주의 경제비중에서 농업의 비중은 크며 특히 낙농과 아마재배가 주가 되고 있다. 뜨베리주의 농업은 인근지역의 식량창고로서 중요한 역할을 하고 있다. 그 외 거시경제지표들은 대체로 러시아의 여타 주체에 비해 높지는 않다. 러시아경제에서 뜨베리주의 비중을 파악하기 위해 몇 개의 주요 거시경제지표를 비교하면 다음과 같다.

2000년도 러시아 주요 경제지표에서 뜨베리주의 비중

주요 항목	러시아전체 대비 뜨베리주 비율
지역총생산	0.7%
공업생산량	0.7%
농업생산량	1.2%
소매유통	0.6%
자본투자	0.8%

http://www.infostat.ru/epub.htm (검색일: 2003.1.19)

뜨베리주의 지역총생산은 1999년에 278억 8,800만 루블로 전년대비 54.77%의 증가를 나타내고 있다. 1인당 지역총생산은 1999년 1,730만 8,000 루블을 기록하고 있다. 그리고 뜨베리주의 지역총생산의 주요 구성과 비율을 보면 공업부문과 농업부문이 각각 31.8%와 13.7%로 강세를 나타내고 있다. 여타 부문을 표로 보면 다음과 같다.

지역총생산의 주요 구성과 비율

주요 산업부문	지역총생산의 주요 구조의 비율
공업부문	31.8%
농업부문	13.7%
건설부문	7.8%
운송부문	6.0%
유통부문	8.7%

http://www.infostat.ru/epub.htm (검색일: 2003.1.19)

러시아의 경제적·금융적 위기에도 불구하고 뜨베리주는 공업부문에서 성장을 하고 있으며 이것은 러시아 평균보다 높은 성장이다. 1999년 자료에 따르면 공업부문에서 총 187억 루블이 생산되었으며 철강업과 비철금속업을 제외하고 모든 부문이 시장가액과 실제생산량 비교에 있어 증가했다. 특히 뜨베리주의 생산량지수(명목가치)의 동향에 영향을 주는 부문들은 진기전력, 기세제삭, 식품공업 등이 중심이다. 이 부문들의 비중은 총 공업량의 약 62%에 달하고 있다. 이 중 식품공업은 뜨베리주의 농업발전과 함께 가공공업의 발달로 이어져 고기와 버터, 치즈, 밀가루, 주식용 빵, 과자, 알콜과 음료수 등의 생산에 주력하고 있다.

뜨베리주의 최근 몇 년간 중소기업의 성장은 주목할 만하다. 도시 내에서 1,700개의 중소기업이 다양한 부문에서 다양한 소유형태로 활동하고 있으며 대외경제관계의 확대에 크게 기여하고 있다. 무역뿐만 아니라 합작투자가 활성화되고 있으며 협력관계에 있는 주요국은 이탈리아, 독일, 프랑스, 미국, 핀란드, 헝가리 등이다.

뜨베리주의 기업부문의 지표를 살펴보면 총 기업수는 2000년에 3만 3,413개이고 소 기업수는 2000년에 5,725개이다. 공업부문에서 활동하고 있는 기업수는 2000년 현재 1,640개이며 총 기업수는 전년대비 9.09% 상승한 것으로 나타나고 있다. 공업기업이 총 기업수에서 차지하는 비중이 4.90%로 나타나 뜨베리주의 공업이 활성화 토대를 가지고 있는 것으로 평가된다.

2. 산업

1) 공업

뜨베리주의 유리한 경제·지리적 조건이 공업발전에 기여한 바가 크다. 수로와 육로 그리고 철도가 교차하는 곳이므로 러시아 대내외 경제관계의 발전에 큰 도움을 주고 있다. 뜨베리주는 많은 공업부문이 골고루 발전되어 있으며 그 중 가공업, 섬유업, 기계제작 등이 주요한 분야이다. 그 외 화학공업, 경공업, 인쇄업 등도 입지를 세워두고 있고 단일 업종으로 도자기와 과자류 등은 중요한 위치를 차지하고 있는 분야이다.

뜨베리주의 기계제작분야는 여러 도시에 분포되어 있는 공업부문이다. 기계제작부문에서 활동하고 있는 기업들은 높은 수준의 생산전문화를 이루고 있고 생산된 제품은 러시아뿐만 아니라 세계시장에서 많은 수요를 가지고 있다. 이 부문 특화제품은 굴착기, 콤바인[1], 승객용 객차, 기계장비, 설비 등이다. 그리고 섬유와 화학공업부문의 수요기업을 위한 설비의 생산이나 수리기술도 발달되어 있고 기계제작의 수요기업을 위한 자본재중심의 금속제품 생산도 발전되어 있다.

뜨베리주의 총 공업생산량은 1999년과 2000년에 각각 190억 2,000만 루블과 285억 3,900만 루블을 기록하고 있다.[2] 이것은 1999년은 전년대비 63.14% 상승한 것이고 2000년은 50.05% 상승한 것으로 매우 높은 상승률을 기록하고 있다. 그러나 2000년에는 공업생산량의 상승폭이 약간 줄고 있음을 알 수 있다. 공업생산지수에 있어서는 1998년에 103, 1999년에 113, 2000년에 111[3]로 1999년 상승한 후 큰 차이가 없는 것으로 나타나고 있다.

뜨베리주의 산업 중 공업[4]의 부문별 구조를 살펴보면 기계제작·금속가공이 매우 강한 부문으로 나타나고 있다. 뜨베리주의 공업생산의 27.6%를 기계제작·금속가공부문이 차지하고 있다. 그 외 24.5%의 비중을 가지고 있는 전기전력부문도 강한 부문이다. 여타 부문의 비율을 표로 보면 다음과 같다.

주요 공업생산부문별 생산비율

생산부문	뜨베리주 총공업생산 비율
전기전력	24.5%
연료공업	0.2%
철강업	0.3%

1) 아마수확용으로 사용되는 콤바인.
2) 명목가격임.
3) 이 수치는 전년대비 %

화학·석유화학	5.9%
기계제작·금속가공	27.6%
목재가공, 종이·펄프	7.7%
건재공업	3.2%
경공업	8.1%
식품공업	12.8%
기타	9.7%

http://www.infostat.ru/epub.htm (검색일: 2003.1.18)

뜨베리주의 전기전력부문과 연료공업은 여타 공업의 발전에 기인한 파생수요가 급격히 일어나고 있다. 위 표에서 보는 것처럼 전기전력은 총 공업생산량 중에서 2번째로 큰 위치를 차지하고 있다. 전기전력을 얻는 에너지원 중에서 최근 원자력이 성장하고 있으며 가장 큰 원자력발전소는 우도믈랴시에 있다. 1999년에는 여기에서 시간당 2억 2,800만 킬로볼트의 전력생산이 있었으며 이것은 1998년 대비 10%가 증가된 것이다.

결론적으로 뜨베리주는 편리한 지리적 조건, 안정된 운송체계, 공업용지의 확보 등으로 인해 새로이 공업에서 활동할 주체들 혹은 투자자들, 그리고 전문가들에게 매우 유리한 입지조건을 가지고 있다. 이러한 전제조건의 충족이 뜨베리주의 공업발전을 담보할 것이다.

2) 농업

농공단지는 러시아 어느 지역을 막론하고 생존과 발전의 필수분야이다. 실제적으로 이것의 발전정도가 주민들의 후생상태를 결정하기도 한다. 농공단지는 식량과 그 외 필요를 충족시킬 뿐만 아니라 공업원료를 제공하기도 한다. 뜨베리주의 자연적 기후조건은 농업성장에 큰 도움을 주고 있으며 이에 힘입어 농업 수확량은 매우 높다. 토지 1헥타르 당 러시아평균보다 약 2배가 수확되고 있다.

뜨베리주의 농업에서 큰 비중을 차지하고 있는 것은 낙농과 소맥, 호밀, 메밀, 감자, 채소, 각종 특용작물들(특히 아마) 등이다. 전 러시아 아마생산의 30%이상이 뜨베리주에서 생산되는 것이다.

---

4) 러시아 전체공업생산의 0.7%차지

뜨베리주 농업에서 근교부지를 활용하는 형태의 생산은 중요한 농업생산 방향이다. 그 곳에서는 채소, 감자, 우유, 고기, 달걀 등이 생산되고 있다. 이러한 형태는 대도시부근에서 대개 행해지고 있으며 주로 주민들의 기초식료품이 여기에서 제공된다.

뜨베리주의 총 농업생산액은 2000년에 92억 3,820만 루블로 전년의 73억 4,480만 루블에 비해 25.78% 상승한 것으로 나타나고 있다. 2000년에는 생산속도의 하락은 있었지만 상승액은 크게 늘고 있다. 그리고 총 농업생산액 중 작물관련 생산액은 1999년과 2000년에 각각 36억 540만 루블과 48억 1,600만 루블을 기록하고 있다.

뜨베리주의 총 농업생산액 중 가축관련 생산액도 역시 1999년과 2000년에 각각 37억 3,940만 루블과 44억 2,220만 루블로 전년대비 큰 상승폭을 나타내고 있으며[5] 분류별로 작물과 가축 모두 생산액의 상승이 놀라울 정도로 뛰었다. 농업생산 지수추이는 1998년에 99.9, 1999년에 97, 2000년에는 101[6]로 나타나고 있어 큰 변화 없이 진행되는 것으로 해석된다.

3. 자원 등 기타

뜨베리주는 발틱해 연안에 속하는 서북지역과 서쪽지역을 제외하고는 대부분의 지역이 카스피해의 연안에 위치해 있으며 수자원이 풍부하다. 뜨베리주에는 쎌리게르(Селигер) 호수를 포함하여 600개의 대규모 호수가 있다.

이 지역을 흐르는 크고 작은 강의 수는 800개 이상이며 총 길이는 17,000km이다. 유명한 볼가강은 이 뜨베리주에서 시작되어 흐른다.

뜨베리주의 많은 강들은 저수지를 가지고 있으며 총 9개의 큰 저수지가 주목할 만하다. 이렇게 풍부한 수자원은 모스크바 및 모스크바주의 주민을 비롯하여 기타 지역 주민들에게 식수의 주요 공급원이 되고 있다.

뜨베리주는 러시아의 유럽지역에 위치한 지역중심으로서 이탄 매장지가 발굴되었고 그 가공이 활발히 이루어지고 있다. 석회암의 보유량이 풍부하며 벽돌점토, 백운석, 석영모래, 벽돌, 자갈 등의 보유량도 많다. 갈탄, 유리모래, 광염료 등도 발굴되었다.

---

5) 이 수치들은 명목가치를 기준으로 하고 있다.

6) 실질가치를 기준으로 하고 있다. 전년대비=100

유용광물자원으로 들 수 있는 것은 치료용으로 사용되는 광천수가 대표적이다. 까쉰스끼 광천수는 인근지역에서 유명하며 이것을 활용하는 요양소가 여러 개 세워져 있다.

뜨베리주의 북동쪽 및 남쪽지역은 석유와 가스의 탐사작업이 진행되고 있다.

뜨베리주의 많은 지역은 숲 지대에 속해 있다. 전체 영토의 48%에 달하는 450만 헥타르 이상이 숲으로 덮여 있으며 남서지역과 북서지역의 산림밀도는 50-70%에 달하고 있다. 산림은 혼합림에 해당한다. 가장 일반적인 나무로는 전나무, 소나무, 자작나무 등이 있다.

이 지역은 야생의 짐승들이 많으며 특히 조류의 수는 상당히 많다. 호수에는 각종 어류들이 서생하고 있으며 이 외 가재들도 소수이지만 발견되고 있다.

V. 문화시스템

1. 지역정체성

1) 인구

뜨베리주의 인구는 러시아연방 대부분 지역에서와 마찬가지로 1990년 이래 꾸준히 감소하여, 2001년 현재 1990년 대비 92,000명, 5.51% 감소했다. 이는 무엇보다 낮은 출산율에 비해 높은 사망률로 인한 인구의 자연감소율의 증가로 인한 것이다. 뜨베리주에는 러시아연방 전역과 CIS지역으로부터 인구전입이 늘고 있어, 높은 인구 감소율을 다소나마 완화시켜주고 있다.

뜨베리주 인구변동 추이

연도	1990	1992	1993	1994	1995	1996	1997	1998	1999	2000	2001
인구수 (1,000명)	1,667	1,661	1,656	1,648	1,648	1,643	1,637	1,626	1,614	1,595	1,575

Россий ский статистический ежегодник. Госкомстат России. М., 2001. С. 82.

뜨베리주의 자연감소율은 2000년 경우 전체 인구의 1.37%가 감소한 것을 비롯하여 매년 1%내외의 자연감소율을 기록하고 있다. 그러나 1990년부터 2001년까지 11년간 감소율이 5.51%를 기록하고 있는데, 이는 러시아의 타 지역 및 CIS 각국으로부터 상당수의 인구가 전입되고 있음을 시사한다.

뜨베리주 출생자수, 사망자수, 자연증가율

연도	출생자수(명)	사망자수(명)	자연증가율(명)
1990	19,220	24,808	-5,588
1992	14,415	26,698	-12,283
1993	12,828	32,237	-19,409
1994	12,746	34,793	-22,047
1995	12,366	32,108	-19,742
1996	11,918	30,583	-18,665
1997	11,663	29,791	-18,128
1998	12,048	30,064	-18,016
1999	11,329	32,530	-21,201
2000	11,546	33,126	-21,580

Россий ский статистический ежегодник. Госкомстат России. М., 2001. С.108.

뜨베리주에도 러시아연방 다른 지역과 마찬가지로 높은 실업률이 지속되고 있다. 특히 1997년 경제위기를 전후하여 실업률은 최고치에 달했으며, 최근 약간의 하향세를 보이고 있다. 하지만 높은 고실업률은 당분간 지속될 전망인데, 이와 관련하여 주 당국에서는 주민 고용국을 신설하는 등 실업자 취업대책을 적극 마련하고 있다.

뜨베리주의 경제활동인구 및 취업률, 실업률은 다음과 같다.

뜨베리주 경제활동인구(취업자, 실업자), 실업률

연도	경제활동인구 (1000명)	취업자수 (1000명)	실업자수 (1000명)	실업률(%)
1992	848	805	43	5.1
1993	810	778	32	4.0
1994	778	726	52	6.7
1995	776	712	64	8.2
1996	728	686	42	5.7
1997	746	672	74	9.9
1998	744	660	84	11.3
1999	790	710	80	10.1
2000	778	705	73	9.4

Российский статистический ежегодник. Госкомстат России. М., 2001. С. 135.

2) 민족

2001년 현재 뜨베리주의 인구는 러시아인 93.4%, 우끄라이나인 1.5%, 까렐리아인 1.4%, 벨라루스인 0.7%, 따따르인 0.4%, 집시 0.3%, 유태인 0.1%, 기타 민족 2.2% 등 러시아에 거주하고 있는 거의 전 민족이 분포되어 있으며, 러시아인이 절대다수를 차지하고 있음을 알 수 있다.

특히 구소련의 해체 및 다양한 지역에서의 갈등, 체첸전쟁 등으로 인해 많은 난민이 발생하여, 그 구성분포는 매년 변동하고 있으며, 특히 체첸족과 까프까스인들의 유입이 눈에 띄게 증가하고 있다.

3) 교육

뜨베리주에는 1,070개 주간 중등학교에서 21만 명 이상의 학생이, 29개 야간 중등학교에서는 5,000명 이상의 학생이 각각 수학하고 있다.

뜨베리주에는 또한 55개의 초급전문교육기관의 130개 전공분야에 매년 약 19,000명의 청소년들이 수학하고 있다.

또한 매년 22,000여명이 기술전문학교, 단과대학, 의학 및 사범대학에서 중등전문교육을 받고 있다. 뜨베리주 소재 유수 교육기관으로 자동차공과대학, 화학공과대학, 베네찌아노프(Венецианов) 예술대학, 음악대학 등이 있다.

고급 전문인력은 5개 국립대학교 및 20여개 모스크바 국립대학교, 쌍트 뻬쩨르부르크 국립대학교 분교와 사립대학교에서 양성하고 있다.

뜨베리주에는 약 6,000여명의 과학기술 연구 전문인력이 있으며, 그 중 박사 2,000여명, 과학아카데미 준회원 및 정회원 45명이 포함되어 있다. 과학기술 연구소는 총 51개이며, 여기에는 대기업, 대학 연구소 및 연구분소, 부문별 과학기술 연구소 및 설계연구소가 포함되어 있다.

2. 지역문화

1) 문화개괄

뜨베리는 러시아의 마음과 같은 곳이다. 이 말은 뜨베리는 숲과 호수와 강의 고장이며 또한 역사적, 문화적 중심지이며, 또 뜨베리는 국내외의 교통의 교차지이기도 하다는 말로 해석 할 수 있다. 이 모든 여건이 뜨베리를 러시아의 다른 시 중에서 권위있는 시로 격상시켜 놓고 있다. 여러 가지 형태의 풍경과 자연의 아름다움, 러시아의 양대 도시인 상뜨 뻬쩨르부르크와 모스크바 사이에 위치하는 지리적 환경은 뜨베리 지역의 발전을 촉진시켰다.

많은 역사 기념물, 고고학 유물, 건축, 문화 기념물들은 고대부터 현대에 이르기까지 뜨베리에서 사람들이 어떻게 살았는가의 증거가 되고 있다. 특히 뜨베리주는 13세기에서 20세기까지의 유적이 풍부한 곳이다. 주의 14개 도시가 '도시건축 기념물'로 지정되어 있다. 이 지역을 찾는 여행객들에게 흥미로운 코스가 지정되어 있으며 도보, 자전거, 자동차, 배등을 다양하게 이용할 수 있다.

유적에 관심이 있는 사람들은 뜨베리의 수도원들을 찾는 것이 좋을 것이다. 이들 중 가장 오래된 것들은 보리스와 글렙(Борис и Глев)의 수도원(12세에 건축)과 오또로취-우스뻰스끼(Оторочь-Успенский , 13세기 건축) 등이다. 특히 이곳에는 1994년에 400돌을 맞이한 러시아의 민족적 성지로 간주되고 있는 닐로바 수도원(Нилова пустынь)이 있다.

뜨베리에는 42개의 러시아 정교회와 한 개의 루터 교회가 있었다. 이들 중에 21개의 교회 건물이 보존되어 있고 이들 중 대부분은 13세기에서 19세기에 세워진 것들이다. 변형 성당은 매우 아름다운데 이곳에 있는 묘지에는 1318년에 타타르 몽골에 의해 살해된 미하일 야로슬라비치 (Михаил Ярославович)의 영혼이 잠들어 있다. 성 삼위일체 교회는 은색의 양파 지붕과 14세기의 성화로 장식된 교회 문이 있다.

시의 가장 흥미 있는 역사 기념물 중의 하나는 황제 궁전(여행자의 궁전이라고 불리기도 하며 지금은 주지사의 사택이다)이며, 이 건물은 1763년에 예까쩨리나 2세때에 세워졌다. 알렉산드르 1세가 여기로 자주 찾아 왔으며 이 궁전에서 까람진이 「러시아 정부의 역사」(Истоия государства россий ского)의 첫 장을 알렉산드르 1세에게 읽어 주었다. 현재는 궁전의 부속건물 중의 한 곳에 역사박물관이 위치하고 있다. 그 곳에는 석기시대의 도구, 발굴 유물들, 십자가, 성화, 동전, 천 등 여러 가지 고대 유물들이 전시되어 있다.

시의 중심에 있는 밀리온 거리(Миллионная улица)에는 아름다운 건물들이 보존되어 있다. 이 건물은 원래 뜨베리 중학교 건물인데 지금은 이곳에 의학 학교와 '계몽자들의 집'이 위치하고 있다. 1831년에서 37년까지 이 중학교의 교장을 지낸 사람은 유명한 작가인 라제취니꼬프이며 그는 역사 소설 「최후의 신참자」, 「바수르만」(Васурман) 등의 저자이며 이후 뜨베리의 부 주지사가 되었다.

뜨베리 중심부의 독특한 건축 양식은 오늘날까지 유지되고 있다. 1767년과 1773년의 대화재가 난 장소에 예까쩨리나 2세 시대에 모스크바의 건축가인 베쯔끼(И. И. Бецкий)와 니끼찐(П. Р. Никитин)에 의해 건물이 다시 세워졌다. 원기둥이 있는 홀의 아름다운 실내 장식은 궁전 집회장의 건물을 치장하고 있다. 이 궁전 집회장은 유명한 건축가인 로시(К. И. Росси)와 조각가인 비딸리(И. Витали)에 의해 세워졌다. 지금 이곳에는 '장교의 집(Дом офичера)'이 위치하고 있다. 강의 왼쪽 언덕에, 도시의 중심 맞은편에는 러시아의 여행가이며 이야기꾼인 니끼찐의 기념비가 서있다. 1860년에서 1862년까지 뜨베리의 부 주지사였던 살띠꼬프-쉐드린이 뜨베리에 1917년까지 살았다. 작가가 살았던 리바쯔꼬이(Рыбацкой) 거리에 위치한 집에는 그를 기리는 박물관이 있다. 또 우화 작가인 끄릴로프가 젊은 시절에 이곳의 시회(市會)에 근무했다. 그리고 1859년에 시베리아의 유형에서 돌아온 도스토예프스끼가 뜨베리에서 몇 달 동안 살았다.

뜨베리 출신으로 세계적으로 유명한 인물로는 항공기 설계사인 뚜뽈레프(А. Н. Туполев, 1888-1972)와 작가 뽈레프(Б. Н. Полев, 1908-1981)와 스탈린주의 이념가인 즈다노프 (А. А. Жданов, 1898-1948)가 있다.

2) 문화시설

(1)뜨베리 국립 드라마 극장

이 극장은 1921년에 세워졌으며 '위대한 공산주의자'가 소련의 초대 교육부 장관을 지낸 루나차르스끼에게 바쳐진 첫 번째 연극으로 상연되었다. 이 극장의 레퍼토리의 기본에는 러시아와 외국의 고전연극과 현대 소비에트 연극이 있다. 위대한 조국전쟁 (2차 세계 대전)기간에 극장의 배우진들은 콘서트 악단과 함께 전선에까지 나갔다. 1962년에서 1967년까지 이 극장에서 모스크바의 므하트(MXAT, 국립 예술 극장) 지부가 활동했고 1992년에는 극장 부속의 박물관이 문을 열었다. 극단은 많은 도시에서 객연을 했으며 독일, 그리스 등 외국으로 나가기도 했다. 극장의 건물은 원래 19세기와 20세기에는 상업용 건물이었으며 지금은 역사와 문화의 기념물이 되어 있다.

(2)뜨베리 어린이와 젊은이국립 극장

이 극장 건물은 18세기의 건축 기념물이며 1763년 대화재 이후에 뜨베리에 세워진 앙상블 건물의 하나이다. 극장은 1932에 연극 '프리츠 바우에르'(Фриц Бауэр)를 시연으로 활동을 시작했다. 전시 기간에 사라또프에서 어린이 극장을 만들어서 초대 감독을 지낸 끼셀로프(А. А. Киселов)가 뜨베리극장을 위해 많은 일을 했다.

극장의 레파토리는 유명한 러시아의 작가와 극작가들의 직접적인 참여하에 만들어졌으며, 마르샤크(Н. Маршак), 빠노보이(А. Пановой), 로조프(П. А. Розов), 안뜨꼴스끼(А. А. Антколький), 까따에프(П. Р. Катаев) 등이 그들이다. 이 극장은 극장의 무대에서 유명한 감독들이 활동하고 있다는 것에 긍지를 가지고 있으며 소련의 국민 배우 끼셀로프와 그루지아의 국민배우 마르샤크(Н. Маршак), 빅뮤크(Р. Виктюк), 안또노프(В. Антонов) 등이 그들이다.

랴잔주
Рязанская Область

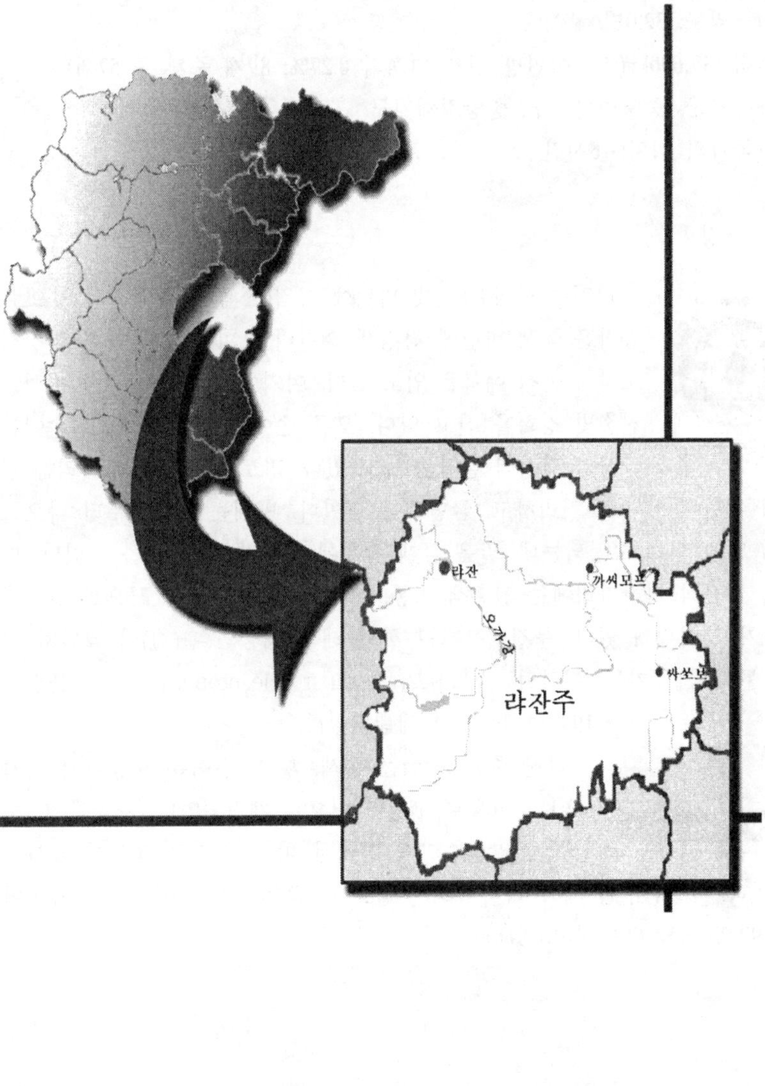

Ⅰ. 개황

1. 기초정보

주 성립일: 1937년 9월 26일.

주도: 랴잔(Рязань)

인구: 1,271,000명(2001년 현재: 러시아연방 전체의 0.87%; 89개 주체 중 44위)

인구밀도: 32.0명/㎢

면적: 39,600㎢(러시아연방 전체 면적의 0.27%; 89개 주체 중 57위)

소속지구: 중앙연방지구; 중앙경제지구

한국과의 시차: -6시간

2. 상징

랴잔주 문장

랴잔주 문장은 금빛 바탕에 공작(公爵)이 형상화된 것으로, 공작은 녹색 바탕에 검정색 흑단비 모피를 테에 두른 금장식 모자에 녹색 예복을 입고 있다. 여기에 진홍빛 망토를 걸치고 진홍빛 장화를 신고 있다. 오른 손에는 은제 검을, 왼손에는 금장식 검정색 칼집을 들고 있다. 망토와 예복 가장자리는 검정색 흑단비 모피로 처리하고, 금단추를 달았다. 방패는 방패로부터 나오는 은제 말에 의해 고정되는데, 말은 금제 갈기에 검정색 발굽을 하고 있다. 방패의 금장식 가장자리에는 진홍색 리본, 그리고 금빛 수술과 끈으로 장식된 망토가 드리워져 있다. 문장에는 독특한 형태의 대공의 관(冠)이 씌워져 있다. 문장 제작자는 미하일 셸꼬벤꼬(Михаил Шелковенко)이며 문장은 1997년 8월 6일 채택되었다.

랴잔 주기

랴잔 주기(州旗)는 흰색, 황금색, 붉은색 등 3색 띠가 1:2:1의 비율로 구성된 천으로 제작되었다. 황금색 띠 중앙에는 랴잔주의 문장에서 따온 공작의 형상이 묘사되어 있다. 주기(州旗) 제작자는 미하일 셸꼬벤꼬(Михаил Шелковенко)이며 1997년 8월 6일 채택되었다.

3. 주요도시

랴잔(Рязань): 인구 526,000명; 북위 54°36′, 동경 39°42′
까씨모프(Касимов): 인구 35,900명; 북위 54°56′, 동경 41°23′
싸쏘보(Сасово): 인구 32,400; 북위 54°20′, 동경 41°55′
스꼬삔(Скопин): 인구 27,100명; 북위 53°49′, 동경 39°32′
랴슈스크(Ряжск): 인구 25,600명; 북위 53°42′, 동경 40°7′
노보미추린스크(Новомичуринск): 인구 21,400명; 북위 54°2′, 동경 39°47′
(인구: 2002년 현재)

4. 주요 산업 및 농업

주의 주요 산업으로 기계제작, 금속가공(공작기계제조업, 기구/기기제작공업, 자동차공업, 트랙터 및 농기계 제작), 전력에너지 산업, 화학공업, 석유화학공업, 연료공업(정유공업, 석탄산업), 금속/비철금속공업, 건축자재업 등이 발달했으며, 농업부문은 낙농업, 양돈업, 양금, 농식물 재배, 다양한 곡물(호밀, 밀, 귀리, 메밀, 수수), 사탕무우, 감자, 야채, 과실수 재배, 양봉 등이 발달했다.

II. 자연환경

1. 지리적 위치와 구성

랴잔주는 25개 행정구, 12개 시 및 27개 도시형마을, 484개 농촌마을로 구성되어 있으며, 러시아연방 유럽지역 중심부, 오까(Ока)강 중류 및 하류에 위치하고 있다.

모스크바주, 블라지미르주, 니제고로드주, 땀보프주, 리뻬쯔크주, 뚤라주 및 모르도비야 공화국과 경계를 이룬다. 랴잔주는 러시아평원 중부지역, 중부 러시아와 볼가 고지대 사이의 저지대에 위치하고 있다. 대부분의 지표면은 평지이며, 가장 높은 고지대는 해발 300m이다. 토양은 오까(Ока)강 남쪽은 강산성 소택지이며, 남쪽으로 가면서 점차 비옥한 흑토대가 이어진다. 토지 중 농지면적이 68.6%로 주를 이루며, 산림면적 19.2%, 주거지 5.5%, 특별보호지구 2.6%, 산업, 교통 및 기타 비농업지구 1.7%, 유휴지 1.8%, 수자원지구 0.6% 등으로 구성된다.

주요 하천은 오까(Ока)강이다. 오까강의 랴잔주 관통 총 연장은 489㎞이며, 집수면적은 38,300㎢이다. 이는 주 면적의 97%를 차지하며, 나머지 3%는 돈(Дон)강 유역에 해당한다. 돈강의 랴잔주 관통 총 연장은 10㎞이다. 랴잔주를 통과하는 수계는 총 895개로 관통 총 연장은 5,911㎞이다. 그 외에 랴잔주에는 500개 이상(약 60,000ha)의 천연 저수지와 2,800개의 크고 작은 호수가 있다.

수도 랴잔과 모스크바 간의 거리는 196㎞이다.

2. 기후조건

온난기후대, 대륙성 온난기후

1월 평균기온: -11℃

7월 평균기온: 19℃

연강수량: 550㎜. 강수량 중 강설량이 차지하는 비중은 25 ~ 30%이다.

식물 생장 기간: 140 ~ 145일

식생: 혼합수림 지대

토양: 염분회색토, 회색 삼림토, 흑토(남부 지역)

삼림분포도: 25%

3. 주요 유용광물

인회토, 점토, 모래, 석탄, 이탄 등이 있다. 원래 이회암, 석회암 등의 비철강 광물들이 풍부하다. 스꼬삔(Скопин), 밀로슬랍스크, 끌레삐크 지역에서는 유리와 석영모래가 발견되었으며 내화성 점토와 도자기를 만드는데 필요한 점토, 양토(찰흙), 미네랄 염료, 탐산염 원료 등이 발굴되었다. 주의 북쪽과 동쪽 지역에는 석회 생산에 필요한 석회암 매장지가 있다. 쁘론강에 있는 미하일로프시로부터 멀지 않은 곳에서 채굴되는 시멘트용 석회암은 도로의 건설과 포장에 사용된다.

Ⅲ. 정치시스템

1. 역사

14세기 초까지 랴잔공국의 수도는 현재의 랴잔이 아닌, 오까 강변에 위치한 도시로서 현재의 지역 중심도시인 스파스카였다. 1096년까지 랴잔은 국가의 형태를 유지하고 있었으며, 수도 이름은 단지 니꼬놉스끼 연대기에서 찾아볼 수 있다. 12세기 랴잔 영토에는 루시의 오래된 수도원 가운데 하나인 올가 우스뻰스끼 사원이 세워졌다. 1198년은 러시아 역사에서 중요한 시기였다. 이때 랴잔의 영토인 무로모는 체르니고프 감독관구에서 벗어나 자신의 주교를 갖는 독립된 정교 관구가 되었다.

13세기에 랴잔공국은 오까강 중류에 자신의 중심지를 세웠다. 그후 랴잔공국은 오랫동안 유지되었다. 일로바이스끼(Иловайский Д.И.)의 지적에 따르면, 랴잔공국은 류리고프 가계혈통에서 가장 호전적이고 불안정한 국가였다. 10세기 말 오까 우측 강변에 정착한 러시아족은 가축을 기르는 유목민족의 침략과 남쪽 삼림지대 민족과의 분쟁을 겪었다. 랴잔은 러시아족 도시들 중에서 가장 먼저 몽골-따따르의 침략에 따른 충격을 받았다. 1237년에 랴잔은 몽골-따따르에 의해 황폐화되어 촌락으로 전락했는데, 이는 '옛 랴잔'(Старая Рязань)이란 명칭으로 잘 알려져 있다.

루시국가가 1380년의 꿀리꼬프 전투와 1480년의 돈강 상류지방의 전투에서 승리하여 한국(汗國)으로부터 독립한 사건이 초원지대에서 일어났다. 18세기까지 초원지대 유목민들은 남쪽으로부터 러시아 영토에 대한 침략을 계속했다. 그러나 오까강과 그 지류인 우그르강은 유목민족의 침입을 막아주는 자연적인 방어막 역할을 하였다. 연대기에서 이들 강은 러시아 땅을 보호해주는 '성모의 띠'라고 지적되고 있다.

1306년에 모스크바 공후가 꼴롬나를 획득하여 오늘날의 슈로보 지역 남쪽으로 영토가 확장되었음에도 불구하고 모스크바와 랴잔간의 국경선은 오랫동안 변함없이 유지되었다. 현대까지 모스크바와 랴잔간의 경계선은 주, 현, 지방으로 행정지위가 변경됐음에도 불구하고 계속 변함없이 유지되고 있다. 이 정표 한 면에는 게오르기 뽀베도노세쯔의 말(馬)이 그려져 있고, 다른 한 면에는 올레그 랴잔스끼의 보병군대가 그려져 있다. 이 이정표는 그 자체로 측량 기준 역할을 했으며 고대 랴잔 문장을 간직하고 있는 유일한 이정표이다.

올레그 랴잔스끼의 이름은 대공국의 역사에서 드라마틱한 페이지로 장식된 적이 있다. 그것은 올레그가 모스크바와 동등한 자격으로 전투를 희망하고 있었을 때이다. 이것은 드미뜨리 돈스끼가 지배하던 14세기의 일이다. 이때 랴잔의 수도는 현재의 랴잔이었으며, 당시에는 뻬레슬라블 랴잔스끼로 불리웠다. 랴잔과 모스크바와의 관계에서, 모스크바 연대기에서는 올레그 랴잔스끼를 전체 러시아의 역사와 역할을 바꾼 원한의 적으로 묘사하고 있다. 1350-1402년의 연대기에 따르면, 모스크바 공후들 하에서 공국운영에 상당한 세력을 지녔던 올레그 이바노비치 공후 지배시기에 랴잔 공국이 성장했다. 올레그 이바노비치 공후는 비범한 군인이면서 정치인이었다. 그의 이러한 능력은 리투아니아와 모스크바 한국 사이에서 발생한 난관을 피하는데 항상 도움을 주었다. 1521년 올레그 이바노비치 공후가 죽은 후, 그의 후계자는 모스크바에 대항할 수 없었고, 랴잔공국은 모스크바 국가에 편입되었다. 이러한 시각은 역사에서 오랫동안 정설로 인정되었다. 그러나 오늘날 이런 시각은 역사에서 또는 심도있는 학문에서 수용되지 않고 있다. 랴잔 땅은, 다른 러시아 지역과 비교할 때 초원지역이 많았고 따따르의 침입을 받았다. 올레그는 랴잔의 경계선을 확장시켜 역사에서 매우 중요하고 존경받는 군인으로 기록되었고, '옛 랴잔'의 문장에 새겨지게 되었다.

랴잔이 모스크바와의 전쟁에서 패하여 처음에는 모스크바의 향으로 전락되었다. 그후 직할지, 주 등으로 행정지위가 변모되었다. 랴잔의 행정지위가 자주 변하는 원인을 설명하기는 어렵다. 다만 하나의 이유는 랴잔 영토가 남쪽 초원지역을 향하고 있어 초원에 사는 민족과의 갈등이 생겨나고, 또한 모스크바국가 입장에서는 랴잔공국을 모스크바에 흡수할 것인지 아니면 독립된 형태로 유지시킬 것인지에 대한 정확한 입장을 정리하지 못했다는 것이다.

현재의 랴잔은 오랫동안 뻬레슬라블-랴잔스끼로 불리웠다. 이 명칭은 역사가에 따르면 체르니고프 공국 야로슬라프 스뱌토슬라보비치와 연관이 있다. 이들 지역은 러시아인의 전설과 적에 대항한 영웅들과 관련이 있다. 옙빠찌 꼴로브라트의 영광스런 전투, 성곽을 버리고 탈출하여 한국의 포로가 되는 것을 모면한 자라이스크 공후 부인, 압도뜨예 랴잔노츠크 등의 전설이 있다.

1778년 예까쩨리나 2세의 칙령에 의해 뻬레슬라블-랴잔스끼는 보다 짧은 이름인 랴잔으로 개칭되었다. 18세기 말 랴잔은 건실한 경제를 이루었고, 수공업과 교역이 발전하였다. 또한 종교학교, 강습회, 인쇄소, 일반학교, 오페라-드라마극장이 세워졌다.

소비에트시대 랴잔은 또다시 모스크바주 소속 지역이 되었으며, 1937년에 이르러 독립적인 주의 지위를 얻게 되었다. 랴잔과 모스크바의 경계선은 슈로보 지역보다 훨씬 남쪽으로 옮겨졌고, 예전의 이정표는 랴잔에서 평탄하지 못한 역사를 보여주는 역할을 하게 되었다.

1940년대 초반 랴잔은 거대 산업중심지가 되었다. 2차 세계대전기간에 1000여명의 랴잔인들이 전선에서 사망했으며, 살아남은 주민들은 공장과 농장에서 일하며 후방을 강화했다. 주의 중심지에서만 200종류 이상의 상품이 출시되었다. 랴잔주민을 비롯하여, 전선과 후방의 영웅을 기리기 위해 랴잔 중심지에 기념물이 세워졌고 꺼지지 않는 불꽃이 점화되었다. 전쟁이후 급속한 속도로 주의 경제가 부흥되었다. 경공업, 식품공업, 농업, 기계제작, 건설자재 산업 등 새로운 산업이 활동을 시작했다. 가동되고 있는 많은 공장들이 재건축되고 새로운 기계가 도입되었다.

오늘날의 랴잔은, 지난날의 풍부한 유산에 기초하여 산업뿐만 아니라 학문과 문화의 중심지로 성장하게 되었다. 1995년에 랴잔은 도시탄생 900주년을 맞았다. 결국 1937년에 편성된 러시아 연방 중부의 랴잔주는 랴잔시를 주도로 하고 있다. 랴잔주는 오까강 중류에 전개되어 있는 메슈체라 습지와 그 우안의 구릉과 대지 및 남쪽의 돈강유역 사면으로 구성되어 있다. 그리고 랴잔 주에는 랴잔시 이외의 대도시가 없다.

2. 정치

1) 정치 일반

랴잔주는 25개의 지역과 주 소속 4개의 시, 라이온 소속의 8개 시, 도시내의 4개 관구, 도시형 촌락 28개, 505개의 농촌소비에트로 구성되어 있다. 러시아 연방 대통령은 중앙정부의 권한강화의 일환으로 전권대표를 파견하고 있다. 중앙지구에 파견된 연방대통령 전권대표 뽈따프첸꼬(Г. С. Полтавченко)이다. 랴잔주는 주에서 필요한 법률을 제정하고 있다. 입법관련 활동은 랴잔주 두마(Рязанская областная Дума)가 담당하며, 1997년 4월부터 표도뜨낀(В. Н. Федоткин)이 의장을 맡고 있다. 집행권력은 라이온, 시, 주의 행정부로 나뉘어 실현된다. 집행권력의 최고기관은 랴잔주 행정부이다. 랴잔주 행정수반은 류비모프(В. Н. Любимов)이며, 그는 러시아연방 상원의원이고 안보 및 국방위원회 부위원장 직을 맡고 있다. 행정수반 직속으로 분야별 수석부지사와 부지사 제도를 두면서 통치의 효율을 기하고 있다.

2) 선거

(1) 랴잔주 지사 선거

1996년 주 행정수반 선거가 실시되었다. 5명의 후보가 난립한 주지사 선거는 12월 8일에 1차 투표가 실시되었다. 같은달 22일에 결선투표가 실시되었다. 현직 주지사인 이블료프(И. Ивлев)와 좌익적 성향을 지닌 류비모프간 양자구도로 선거가 진행되었다. 1차 투표에서 류비모프가 38.3%를 획득했고, 이블료프는 29.6%를 획득했다. 결선투표에서는 56% 이상을 획득한 류비모프가 38.4%를 획득한 이블료프를 제압하고 주지사로 당선되었다.

2000년 12월 3일 랴잔주 행정수반 선거가 실시되었다. 유권자의 45.15%가 투표에 참여한 1차투표의 결과는 다음과 같다.

후보자	득표수	득표율(%)
불라예프(Булаев Н.И.)	41528	9.22
볼로그자닌(Вологжанин Е.А.)	4412	0.98
자발루예프(Забалуев П.П.)	32279	7.16
까나예프(Канаев Л.М.)	9205	2.04
류비모프(Любимов В.Н.)	180625	40.09
말라호프(Малахов М.Г.)	25298	5.62
마르꼬프(Марков В.К.)	45759	10.16
밀례힌(Милехин В.В.)	13118	2.91
류민(Рюмин В.В.)	55687	12.36
프롤료프(Фролов С.Н.)	3969	0.88
모든 후보에 대한 반대	32706	7.26

http://www.nsn.net.ru/?id=1125&ch=5&sub=2 참조

2000년 12월 17일 랴잔주 행정수반 결선투표가 실시되었다. 투표에는 전체 유권자의 41.65%가 참여했다. 류비모프가 주지사로 당선되었다.

후보자	득표수	득표율(%)
류비모프	270679	65.14
류민	111436	26.82
모든 후보에 대한 반대	28952	6.97

http://www.nsn.net.ru/?id=1360&ch=5&sub=2(검색일: 2003.1.10)

(2) 랴잔주 의회의원 선거

1997년 3월 30일 제2기(1997-2001년) 랴잔주 의회의원 선거가 실시되었다. 26명의 의원이 선출되었다. 그러나 제10선거구에서는 선거결과를 공식적으로 인정해 줄 수 있는 유효투표수가 부족하여 선거 자체가 성립되지 못했다. 제10선거구에서의 재선거는 1997년 6월 29일 실시되었으나, 5명의 후보 중 어느 누구도 필요한 투표인 정수를 충족시키지 못하여 당선자를 내지 못했다.

1997년 3월 주의회 의원 선거에서는 러시아공산당과 농민당을 비롯한 좌파성향의 후보들이 랴잔주 공간에서 주도적인 위치를 확보했다. 특히 선출된 26명의 의원들 중에서 러시아공산당 소속의원이 8명이고, 4명은 농민당에 속하며, 4명의 의원들은 러시아 인민애국연합의 이념 및 정치적 성향을 지니고 있다. 결국 남은 10명의 의원이 추가로 선출되기 전까지 주의회의원의 2/3가 좌파적 성향을 띠게 되었다.

(3) 러시아연방 국가두마의원 선거

1995년 12월 17일 실시된 러시아연방 국가두마의원 선거결과를 선거구별로 살펴볼 수 있다. 랴잔 선거구의 전체 유권자수는 526,704명이고, 투표에 참여한 유권자는 65.90%인 353,253명이었다. 투표결과 러시아공산당 소속의 까나예프(Л. М. Канаев)가 26.6%(93,453표)를 획득하여 당선되었다. 쉴롭스끼 선거구의 전체 유권자수는 481,521명이고 투표에는 유권자의 75.21%인 360,995명이 참여했다. 투표결과 러시아농민당 소속의 엔꼬프(С. А. Еньков)가 28.6%(103,336표)를 획득하여 국가두마의원으로 당선되었다.

1999년 12월 19일 러시아연방 국가두마의원 선거가 실시되었다. 선거구별로 선거결과를 살펴볼 수 있다. 랴잔 선거구에서는 러시아공산당 소속의 꼬르네예바(Н. А. Корнеева)가 당선되었다. 쉴롭스끼 선거구에서는 러시아공산당 소속의 올렌예프(В. В. Оленьев)가 당선되었다. 정당별 투표로 조국-전러시아 소속의 불라예프가 국가두마의원으로 당선되었다.

(4) 러시아연방 대통령 선거

2000년 3월 26일 러시아연방 대통령 선거가 실시되었고 전체 유권자의 69.0%가 투표에 참여했다. 주요후보들의 득표상황은 다음과 같다.

후보	득표율(%)
뿌친	48.6
쥬가노프	36.3
야블린스끼	4.2
지리놉스끼	2.6
찌또프	1.1
뚤레예프	2.5
기타	2.1
모든 후보에 대한 반대	1.8

http://www.nsn.net.ru/?id=646&ch=5&sub=2(검색일: 2003.1.10)

Ⅳ. 경제 시스템

1. 경제개황

랴잔주는 7개의 연방지구 중 중앙연방지구에 속하고, 12개의 러시아 경제지역중 중앙경제지역에 속한다. 랴잔주의 여러 지역들은 수로와 육로의 교차점에 위치하고 있어 예로부터 대내관계는 물론이고 대외관계가 활성화되어 왔다. 이 입지조건은 랴잔주의 경제발전에 지대한 영향을 미쳐왔다.

랴잔주는 국내총생산과 공업생산량, 기업수 그리고 과학기술 잠재력의 측면에서 경제규모가 큰, 상위권 영역에 들어 있는 전통적 공업지역이다. 랴잔주의 기반이 되는 산업은 전기전력부문, 기계제작부문, 금속가공부문 등이 있으며 특히 이 지역과 인근지역의 엄청난 양의 열에너지 수요를 충족시키기 위해 전기전력부문은 중요 기간산업으로 자리하고 있다.

그럼에도 불구하고 러시아경제에서 차지하는 랴잔주의 전반적 경제비중은 여타 주에 비해 매우 큰 것은 아니다. 랴잔주의 거시 경제지표들을 살펴보면 대체로 랴잔주는 농업부문이 상대적으로 강세를 나타내고 있다고 할 수 있다. 러시아경제에서 랴잔주의 비중을 주요경제지표를 통해 보면 다음과 같다.

2000년도 러시아 주요 경제지표에서 랴잔주의 비중

주요 항목	러시아전체 대비 랴잔주 비율
지역총생산[1)]	0.5%
공업생산량	0.6%
농업생산량	1.3%
소매유통	0.5%
자본투자	0.4%

http://www.infostat.ru/epub.htm (검색일: 2003.1.10)

랴잔주의 지역총생산액은 1999년 통계로 227억 9,000만 루블이다. 이것은 1998년에 비해 59% 상승한 것으로 빠른 성장을 나타내고 있다. 지역총생산의 주요 구성과 비율을 살펴보면 공업부문 28.4%, 농업부문 21.6%, 건설부문

1) GRP(=Gross Regional Products)

4.6%, 운송부문 4.1%, 유통부문 9.3%로 공업부문과 농업부문이 우세를 나타내고 있다. 랴잔주의 총 기업수는 2000년 현재[2] 24,400개이고 그 중에서 소기업수는 6,421개이다. 그리고 공업에 종사하고 있는 기업수는 1,368개이다.

2. 산업

1) 공업

랴잔주 공업의 특징은 대(對)러시아 비율이 그리 높지 않음에도 불구하고 여러 부문의 공업이 고루 발달해 있다는 것이다. 랴잔주의 공업[3]은 과학기술적 잠재력이 높고 기술력이 우수하며 학문적 실험적 토대가 탄탄하여 질 높고 복잡한 기계와 설비의 생산을 가능하게 하였다. 이에 기초하여 랴잔주에서 기계제작 및 금속가공부문은 전기전력부문과 더불어 전통적 우위에 있는 업종이다. 총 공업생산량 중 전기전력부문이 24.2%이고, 기계제작·금속가공이 28.6%이다.[4] 이 공업생산품들은 러시아지역뿐만 아니라 세계시장으로 수출된다.

이 외 랴잔주에는 화학·석유화학공업이 중요한 부문이라 할 수 있다. 이것은 14.5%의 비중을 차지하고 있다. 그리고 식료품이 11.4%로 큰 부분을 차지하고 있고 연료공업이 9.6%, 철강업 그리고 비철금속업이 각각 0.3%와 3.1%이고 화학·석유화학이 2.8%, 목재가공 · 종이펄프가 1.8%, 건재업이 9.9%이다.

경공업은 4.2%로 나타나고 있으며 이 부문에서 가장 전통적인 부문은 방직이다. 이 부문에서 세계적으로 인정받고 있는 기업인 '비스꼬-에르'(Виско-Р)가 랴잔주에 위치하고 있어 소비자들의 다양한 수요를 만족시켜주고 있다.

그 외 여타 업종이 4.1%를 차지하고 있다.

랴잔주의 전체적인 공업을 이해하기 위해 총 생산량에 대한 통계를 보는 것은 매우 유용하다. 총 공업생산량과 공업생산지수를 연도별 추이로 보면 다음과 같다.

---

2) 년말 통계임
3) 러시아 전체공업생산의 0.6%차지: 2000년
4) 2000년 자료로 대체.

총 공업생산량 추이

항목 \ 년도	1997	1998	1999	2000
총 공업생산량	10,628	10,844	15,403	22,781
공업생산 지수	107	107	107	108

http://www.infostat.ru/epub.htm (검색일: 2003.1.10)

2) 농업

랴잔주의 지리적 위치, 기후조건, 그리고 수로망의 발전은 이 지역의 농업이 성장하는데 큰 기여를 했다. 랴잔주는 2000년 총 농업생산량이 104억 3,230만 루블이며 여기에는 작물재배와 가축사육 모두 농업생산의 주요 구성요소가 되고 있다. 총 농업생산액 중 작물재배 생산액은 63억 1,900만 루블이고 가축사육 생산액은 41억 1,330만 루블이다.[5)]

랴잔주는 농업재배의 총 파종면석이 2000년 11만 7,000 헥타르이며 이 파종면적 구조를 2000년 집계로 보면 다음과 같다.

곡물류: 50.6%; 특용작물: 1.8%; 감자와 채소-참외재배: 6.06%; 사료용 식물: 41.0% 등이다.

랴잔주의 가축사육은 규모가 작지 않으며 가축수를 2000년 말 집계로 보면 다음과 같다.

소: 36만 1,700 두; 이 중 암소: 17만 1,800 두; 돼지: 10만 7,200 두 등이다.

그 외 이 지역에는 양봉도 유명하다.

랴잔주는 얼마 전까지만 해도 우유, 고기, 빵의 생산량은 매우 높았었지만 지방정부의 정책실패, 자연적 조건악화가 원인이 되어 농업생산량이 현저히 떨어지고 대규모의 축산단지의 가동을 중단하는 사태에 이르게 되었다. 특히 1999년은 기상조건의 악화가 겹쳐 생산량이 66만 7,410백만 루블에 그쳐 1998년 대비 총 농업생산량이 93.2%를 기록, 하락세를 나타내게 되었다.

3. 자원 등 기타

랴잔주의 토지 중 68.8%는 농지로 이용이 되고 있다. 그 다음을 차지하고 있는 부분은 삼림지대로서 19.2%를 차지하고 있고 바다 및 강은 총 면적의

5) 명목가치임; 2000년 자료임

0.6%에 이른다.

랴잔주의 지역 중 19개가, 많게는 25개의 지역이 체르노빌사고로 방사능에 오염된 상태이다.

랴잔주의 주요한 수상동맥으로는 오까강을 들 수 있다. 이 강은 모스크바에서 시작하여 블라지미르주의 경계에 이르는 지역을 통과하고 있다. 오까강에 의하여 랴잔주는 북랴잔, 남랴잔 등 두 개의 지역으로 나누어진다. 북부지역은 산림지대로 해발 80-100미터의 높이에 위치해 있다. 남부지역은 활엽수림, 스텝과 산림의 중간지대를 포함하는 구역이다. 오까강은 랴잔주 전지역의 97%를 경유하여 흐르고 있으며 나머지 3%에는 돈강이 흐른다. 이외 500개 이상의 큰 규모의 자연저수지가 있다. 이 중 52개의 저수지의 보유량만 해도 81억㎥에 이르며 기타 2,800개의 작고 큰 호수들이 있어서 이 지역의 수자원은 매우 풍부한 편이다.

랴잔주는 비광물자원이 풍부하다. 그 종류는 모래, 점토, 석회암 및 점토석회 등이다. 랴잔주에서 생산되는 건설자재 등의 생산원료는 그 지역의 내부공급에서 내부수요를 전적으로 충족시키고 있다.

랴잔주의 전체 토지의 27%를 차지하는 삼림지역은 대체로 소나무 숲이 많다. 전체적 삼림지대는 112만 3,400 헥타르를 차지하고 있으며 이 중 침엽수림은 450헥타르를 차지하고 있다. 랴잔주에는 107개의 산림보호구역이 있어 주 정부에 의해 보호되고 있다.

V. 문화시스템

1. 지역정체성

1) 인구

2001년 현재 랴잔주의 인구는 1,271,000명으로, 러시아연방 전체의 0.87%, 연방 89개 주체 중 44위이며 인구밀도는 32.0명/㎢이다.

랴잔주의 인구 또한 대부분 러시아연방 주체에서와 마찬가지로 감소추세에 있다. 이는 전적으로 사망률이 출생률을 앞지르는데서 비롯된다. 아래 표에 따르면, 랴잔주의 2000년 현재 출생자수가 8,876명인데 비해 사망자수는 24,420명으로 무려 15,544명이 자연 감소했다. 그럼에도 불구하고 2000년도의 전체적인 인구는 1,285,000명으로, 1999년 대비 13,000명이 감소한 것으로 나타나 있다. 이것은 랴잔주에 상당수의 인구가 전입해 온 결과라고 할 수 있다.

랴잔주 인구변동 추이

연도	1990	1992	1993	1994	1995	1996	1997	1998	1999	2000	2001
인구수 (1,000명)	1,350	1,346	1,344	1,339	1,335	1,327	1,319	1,308	1,298	1,285	1,271

Россий ский статистический ежегодник. Госкомстат России. М., 2001. С. 82.

게다가 해가 갈수록 결혼률이 점차 하락하고 있어 인구감소추세는 더욱 확대되고 있다.

랴잔주 출생자수, 사망자수, 자연증가율

연도	출생자수(명)	사망자수(명)	자연증가율(명)
1990	15,635	18,865	-3,230
1992	12,044	19,674	-7,630
1993	10,796	22,961	-12,165
1994	10,750	25,454	-14,704
1995	10,345	23,819	-13,474
1996	9,951	23,052	-13,101

1997	9,252	22,856	-13,604
1998	9,493	22,319	-12,826
1999	8,980	23,973	-14,993
2000	8,876	24,420	-15,544

Российский статистический ежегодник. Госкомстат России. М., 2001. С. 107.

랴잔주의 경제활동인구 및 취업률, 실업률은 다음과 같다.

랴잔주의 실업률은 1990년대 초 개혁기에 들어서면서 차츰 상승하기 시작하여, 97년 러시아 전체의 경제위기를 계기로 급등하다가 2000년도에 이르러 하향세로 접어들기 시작했다.

랴잔주 경제활동인구(취업자, 실업자), 실업률

연도	경제활동인구 (1000명)	취업자수 (1000명)	실업자수 (1000명)	실업률(%)
1992	670	641	29	4.4
1993	660	626	34	5.1
1994	629	588	41	6.6
1995	621	579	41	6.7
1996	609	570	39	6.4
1997	588	528	59	10.1
1998	568	527	41	7.3
1999	602	527	75	12.4
2000	613	555	58	9.5

Российский статистический ежегодник. Госкомстат России. М., 2001. С.135.

2) 민족

랴잔주의 인구 1,271,000명 중 대부분은 러시아인이다. 1989년 현재 러시아인이 96.1%이며 기타 민족은 모두 3.9%에 지나지 않는다. 다만 랴잔주에서도 차츰 러시아인의 비중이 줄어들고 있으나, 감소추세는 미미하다(1970년: 97.9%, 1979년: 97.4%).

3) 교육

랴잔주에서는 청소년 및 교육에 대한 관심이 매우 높다. 랴잔주는 높은 과학·기술 잠재력을 보유하고 있으며, 인력 재교육 및 자질향상을 위한 연방프로그램 실행에 적극 참여하고 있다. 최근에는 경제상황의 악화에도 불구하고 교육기관의 수가 증가했으며, 고도의 발전된 교육망을 보유하고 있다.

랴잔주에는 800개 중등학교(17만 명의 어린이 재학), 41개 기술전문학교(15만 5천명 재학), 28개 중등 전문학교(18만 2천명 대학생 재학) 및 10개 과학기술연구소와 10개 고등교육기관이 있으며, 10개 고등교육기관 중 4개는 랴잔 러시아연방 내무부 산하 경제·법률연구소, 군 자동차연구소, 랴잔고등통신학교, 랴잔공수학교(러시아유일) 등 군사학교이다. 기술전문교육기관에서는 랴잔주에 필요한 인력수요를 65% 이상 충족하고 있다.

대다수 교육기관은 자체개발한 교육프로그램을 활용하고 있으며, 점차 독자적인 재정시스템으로 전환하고 있으며, 다양한 유상 교육시스템을 도입하고 있다.

랴잔주는 모스크바와 밀접한 관계를 맺고 있어 교육발전에 많은 도움을 주고 있다. 1980년 러시아연방 문화부 령에 의거 랴잔주에 모스크바 국립문화대학의 분교가 설립되었으며, 본 분교는 1999년부터 모스크바 국립문화예술 랴잔 통신대학으로 개명되었다. 본 분교는 문화·여가활동에 대한 교육 및 방법론 연구센터로서 러시아 각 지역의 문화분야 전문가를 양성하고 있다.

랴잔주는 다수의 세계적인 학자 및 문화인과 인연이 있다. 예쎄닌(С. Есенин), 쌀띠꼬프-쉐드린(М. Е. Салтыков-Щедрин), 미추린(И. В. Мичурин), 찌올꼬프스끼(К. Э. Циолковский), 빠블로프(И. П. Павлов), 솔제니찐(А. И. Солженицын) 등이 이 지역 출신이거나 여기에서 배우고 활동했다.

2. 지역문화

1) 문화 개괄

이미 옛날부터 랴잔(Рязань) 지역에는 고고학자들에 의해 발견된 유물들이 존재했다. 고고학자들은 토기와 수렵, 어로, 천, 철기, 청동 등의 많은 유물들을 발굴해내었고 오까강 언덕에서 은화와 비잔틴 동전을 발굴해내었다. 특히 아라비아동전의 꾸러미가 보르끼(Борки) 마을의 뜨루베슈(Трубеж)와 오까(Ока) 사이의 섬에서 발견되었다. 이 모든 사실은 랴잔주가 러시아 중앙지역의 문화와 예술의 오래된 발생지 중의 하나라는 것을 말하고 있다. 주의 중심에서 30킬로미터 떨어져있는 오까강 언덕에서 발굴된 유물 중에는 옛날의 랴잔이 어떤 모습이었는지를 보여주는 유물이 있다. 1968년부터 이 지역은 고고유물 보존 구역이 되었고 매년 여기서 고고유물 발굴이 이루어지고 있다.

현재 랴잔 지역에는 고대 러시아 건축의 여러 가지 기념물들과 고전 양식의 건물이 있는데 이 건물들은 도시 건축예술의 측면에서 커다란 의미를 가지고 있다. 이 건물들은 도시 전체의 독특하고 잊을 수 없는 풍경을 만들어내고 있고 특별한 색조와 개성을 더하고 있다. 랴잔주에는 모두 1003개의 역사 건축 기념물이 보존되어 있다.

최근에 역사-문화 유물들이 주의 깊게 연구되고 있고 옛 랴잔의 모습을 되살리기 위해서 건물들이 재건되고 있다. 재건축된 건물에는 새로운 박물관과 콘서트홀, 극장, 도서관, 전통 민속 공예품 센터가 문을 열었다.

랴잔의 박물관에는 큰 문화적 가치가 있는 유물들이 보존되어 있어서 지역 주민의 정서에 큰 영향을 끼치고 있다. 랴잔의 건설에서부터 현재까지 이르는, 역사와 예술을 표현하고 있는 수 만 가지의 유물들은 주민들의 긍지가 되고 있다.

랴잔시의 주요 명성고적은 역사 건축 보존구역이다. 이곳은 학술 연구와 문화 교육의 기관으로 물질문화와 정신문화의 공식적 보존처 역할을 하고 있다. 이 지역에는 고대 도시의 중심역할을 하는 크렘린이 있는데 이 크렘린 내에는 15-19세기의 17개의 역사 건축 기념물이 놓여 있다. 물론 이 기념물 중에서 17세기 말에 농노 건축가인 야꼽 부흐보스또프(Яков Бухвостов)가 세운 유명한 랴잔 성당이 대표적 기념물이다. 이 성당의 위치는 고대 랴잔의 크렘린 장소였는데, 옛날 크렘린의 흔적은 토벽을 제외하고는 사라졌고 그 이름만 남아 있다. 크렘린에서 멀리 떨어진 곳에 랴잔의 대주교의 저택이 있었는데 크렘린의 이름은 이 장소를 위해 지금까지 그대로 남아있다.

크렘린의 아름다운 모습과 그 훌륭한 건축물들은 뜨루베쉬(Трубеж) 강 언덕에서부터 펼쳐지는데 그 건축물 중 몇몇은 오늘날까지 커다란 변화 없이 전해져 오고 있지만 많은 건축물들은 완전히 사라져버렸다.

랴잔 지역의 많은 건축 기념물은 역사학자들과 고고학자들의 관심의 대상이다. 크렘린의 가장 오래된 석조 건축물인 예수 탄생 성당에는 주 정부 고문서 박물관이 위치하고 있다. 이곳에는 15세기부터 시작하여 랴잔 지역에서 일어났던 사건들에 대한 증거들과 유물들이 거의 50만점 정도 보관되어 있다.

랴잔의 크렘린 옆에 매우 아름다운 건물이 위치하고 있는데 이 건물은 랴잔주 드라마 극장이다. 이 극장은 1787년 제르좌빈(Г. Державин)의 주창에 의해 세워졌다. 러시아에서 극장은 항상 예술의 단순한 장르 이상이었다. 극장은 항상 세계 극예술에서 특별한 위치를 점하고 있고 정신성과 삶의 질의 상징으로 모방과 감탄의 대상이 되고 있다.

1929년에 러시아 전체를 통틀어서 23개의 극장이 있었는데 그 중에 랴잔 드라마 극장이 있었다. 랴잔 극장의 배우진은 러시아에서도 가장 훌륭한 배우진의 하나라고 평가 받았다. 랴잔의 드라마 극장은 위대한 러시아 예술가들이 활동하던 곳인데 예를 들면, 사도프(А. Садов), 따르하노프(М. Тарханов), 러시아의 유명한 지휘자의 한 명인 에프로스(А. Эфрос), 작곡가 노비꼬프(А. Новиков) 등이 그들이다. 이 극단은 전 소연방과 전 러시아 극장 페스티벌에서 여러 번 상을 수상했다.

랴잔지역은 러시아 민중의 긍지와 명성을 높인 인물들과 관계가 깊다. 랴잔지역은 위대한 러시아 시인, 작가, 학자, 러시아와 세계의 과학과 문화에 봉사한 인물들의 고향이다. 랴잔지역은 다음의 훌륭한 작가들, 즉 살띠꼬프-쉐드린(М. Е. Салтыков-Щедрин), 예세닌(С.А. Есенин), 솔제니찐(А. И. Солженицын), 등과 역시 뛰어난 러시아의 학자인 빠블로프(И. П. Павлов), 치올꼬프스끼(К. Э. Циолковский), 미추린(И. В. Мичурин) 등과 인연이 깊은 곳이다.

위대한 인물과 인연이 있는 역사적인 장소는 소중하게 보존되어 있고 주주민의 문화 교류와 휴식을 위해 사랑받는 장소가 되었다. 그 중의 하나가 19세기 초에 세워진 크지 않은 목조 가옥인데 이 가옥의 정면에는 소박한 안내판이 서 있는데 그 안내판에는 "여기 아카데미 회원 빠블로프가 태어나고 1849년부터 1870년까지 살았다."라고 씌어 있다. 매년 이 박물관에서는 빠블로프의 학문적 전통을 기리는 학술회의가 열린다. 그리고 5년에 한 번 빠블로프 기념 주간이 열린다.

리브노프(Рыбнов)지역의 꼰스딴띠노보(Константиново) 마을에는 예세닌 국립 박물관-보호구역이 문을 열었다. 이 박물관은 위대한 러시아 시인인 예세닌의 이름과 그의 시대와 관계된 모든 것을 연구하고 보관하고 있다.

랴잔 지역은 문화적 전통으로 풍부한 곳인데 이러한 전통은 페스티벌, 콩쿠르, 전시회 등에서 잘 나타나고 있다. 랴잔 지역의 민속 작품 학술-교육 센터는 지역의 문화, 인류학, 구비문학, 민속 작품을 연구하고 있다.

19세기에 재건축된 건물에는 지역의 필하모니가 자리 잡고 있다. 여기에 어린이 필하모니도 속해 있고, 어린이 음악극장 스튜듀오도 여기에 자리 잡고 있다. 지금 랴잔지역에서는 장식 -실용 예술에 상당한 관심을 기울이고 있고 지역 공예 산업이 되살아나고 있다. 민속 작품 학술 -교육 센터에서는 '전통과 현대'라는 주제로 장식- 실용 예술 공예품, 천 공예품의 전시회가 열리고 있다.

랴잔의 예술가 조합은 60년도 더 되었다. 여기에는 장식 회화, 조각, 그래픽, 실용 예술에 종사하는 매우 높은 수준의 예술가, 전문인들이 활동하고 있다. 랴잔의 예술가들은 많은 세월 동안에 러시아와 국제적인 대회에 참가했고 드물지 않게 작품 콩쿠르에서 대상을 수상했다. 5명의 장식- 실용 예술가들은 러시아 연방 정부 상의 수상자들이다.

2) 문화시설

(1) 크렘린 건물

1095년에 당시에는 수상무역의 수로였던 오까강에서 가까운 높은 언덕에 크렘린이 세워졌다. 고대 목조 건물이 세워진 그 장소에 크렘린이 세워졌다. 이 건축의 특징은 17세기 복합석조 건물이라는 것이다. 1884년에 크렘린 지역에는 랴잔의 문서국 위원회들의 주창에 의해 러시아에서 가장 오래된 지지(地誌) 박물관 중의 하나가 세워졌다. 이 지지 박물관의 중심에는 역사 -건축 박물관 보호구역이 설립되었는데 이 박물관은 1995년부터 러시아 연방급 문화재에 속하게 되었다.

크렘린 건물

최근 15년 동안 크렘린의 건축 기념물들은 주의 깊게 연구되었고 계획적으로 재건축되었고 이들 중 많은 부분이 파손의 상태에서 구제되었고 본래의 모습을 되찾았다. 크렘린 건물은 18-19세기까지의 17개의 역사 건축 기념물을 포함하고 있고 그들 중 5개는 전시관으로 지역의 역사, 문화, 자연에 대해서 알려주고 있다.

(2) 랴잔 국립 드라마 극장

랴잔 국립 드라마 극장은 러시아에서 가장 오래된 극장 중의 하나로 시인 제르좌빈의 주창에 의해 1787년 세워졌다. 첫 번째 연극단은 지역의 농노출신의 소년과 소녀로 구성되었다. 랴잔의 드라마 극장은 유명한 러시아 배우, 지휘자, 작곡가, 작가, 언론인들의 삶과 인연이 있다. 이 극단은 여러 번 전소련과 전 러시아 극장 페스티벌에서 상을 수상했다. 극장의 레퍼토리는 9개의 어린이 연극을 포함하여 28개의 연극으로 구성되어 있는데 러시아와 세계 연극의 고전이 레퍼토리의 기본을 이루고 있다.

리빼쯔크주
Липецкая Область

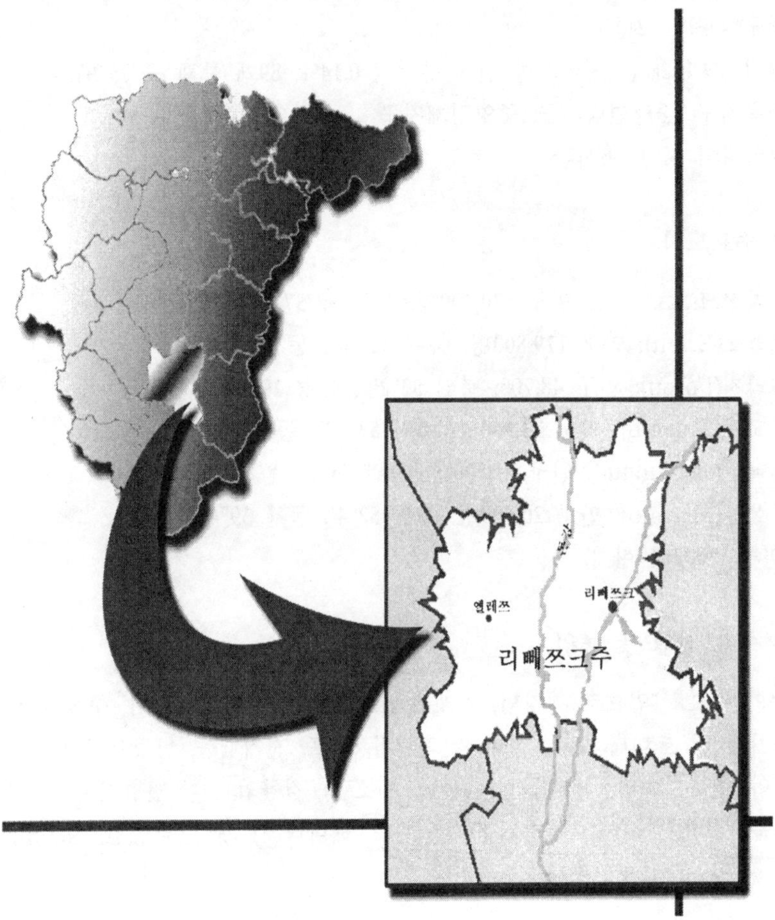

Ⅰ. 개황

1. 기초정보

주 성립일: 1954년 1월 6일.
주도: 리뻬쯔크(Липецк)
인구: 1,235,000명(2001년 현재: 러시아연방 전체의 0.85%; 89개 주체 중 46위)
인구밀도: 51.2명/㎢
면적: 24,100㎢(러시아연방 전체 면적의 0.14%; 89개 주체 중 75위)
소속지구: 중앙연방지구; 중앙경제지구
한국과의 시차: -6시간

2. 주요도시

리뻬쯔크(Липецк): 인구 530,400명; 북위 52°37′, 동경 39°37′
엘레쯔(Елец): 인구 119,800명; 북위 52°36′, 동경 38°31′
그랴지(Грязи): 인구 48,700; 북위 52°29′, 동경 39°56′
단꼬프(Данков): 인구 23,900명; 북위 53°17′, 동경 39°9′
레베잔(Лебедянь): 인구 21,500명; 북위 53°1′, 동경 39°8′
우쓰만(Усмань): 인구 20,600명; 북위 52°4′, 동경 39°43′
(인구: 2002년 현재)

3. 주요 산업 및 농업

주의 주요 산업으로 철강업, 기계제작(트랙터제작, 금속절단기, 주물설비, 공작기계 및 트랙터 부품, 설비, 건축설비, 펌프, 전기제품, 난방보일러), 화학공업, 건축자재업, 식료품 산업(설탕, 통조림), 경공업 등이 발달했으며, 농업부문은 다양한 곡물, 특용작물(사탕무우, 해바라기) 재배, 낙농업, 양돈업, 양금, 목양 등이 발달했다.

Ⅱ. 자연환경

1. 지리적 위치와 구성

리뻬쯔크주는 18개 행정구, 8개 시, 5개 도시형 마을, 299개의 농촌마을로 이루어져 있다. 1954년 일부 주의 재편으로 인해 형성된 리뻬쯔크주는 러시아 평원의 중심부 흑토대(중앙-흑토 경제 지구에 포함됨)에 위치하고 있으며, 러시아 주요 교통간선들이 이 곳에서 교차한다. 리뻬쯔크주는 또한 공업지역과 인접해 있고, 잘 발달된 교통시스템을 보유하고 있어 러시아 각 지역뿐 아니라 가까운 이웃 나라들과의 활발한 경제협력관계를 유지하고 있다.

땀보프주, 랴잔주, 꾸르스크주, 보로네슈주, 뚤라주 및 오룔주와 경계를 이룬다.

주요 하천은 돈(Дон)강이다. 대부분의 토양이 흑토대(약 85%)로 풍요로운 수확을 가능케 한다.

수도 리뻬쯔크와 모스크바 간의 거리는 508㎞이다.

2. 기후조건

북반구 온난기후대, 대륙성 온난기후

1월 평균 기온: -10℃. 1월 중 최저기온은 -40℃이며, 최고기온은 0℃이다. 동절기에는 많은 눈이 쌓이며, 평균 25 ~ 30㎝에 달한다. 지표는 85㎝ 깊이까지 결빙한다.

7월 평균기온: 19℃

연강수량: 500㎜. 지역에 따라 고르지 못하나, 주로 북서지역에는 많고 남쪽과 남동쪽에는 적다. 약 70%가 따뜻한 하절기에 집중된다.

식물 생장 기간: 140 ~ 150일

식생: 스텝과 삼림대의 중간 지대

토양: 흑토

삼림분포도: 8%

3. 주요 유용광물

리뻬쯔크주에는 많은 유용광물이 매장되어 있으며, 그 중 경제적 가치가 있는 광물은 백운석, 석회암, 점토, 모래, 이탄 등이 있다. 또 철광석, 갈철광(褐鐵鑛), 갈탄, 인회토 등 300여 광물자원 산지가 탐사되었으며 아직 개발되지 않은 채 남아 있다. 삼림이 20만ha 이상(주 면적의 7% 이상)을 차지하고 있으며, 치료 효과가 있는 광천수를 보유하고 있다.

주요산지:

건축자재: 단꼬프(Данков) 산지.

백운석: 스투제노프스크(Студеновск), 스꼴스꼬-씨또프(Скольско-Ситов), 씨비쏘프스크(Сивисовск), 베레조프(Березов) 산지.

Ⅲ. 정치시스템

1. 역사

고고학자 및 역사학자에 의하면, 현재의 리뻬쯔크주 영토에는 고대부터 사람이 살았던 것으로 추정된다. 이미 몽골-따따르족의 침입 이전에 도브린스크, 두복, 옐레쯔 같은 도시와 요새가 있었다. 몽골-따따르족의 리뻬쯔크 영토 침략으로 많은 주민들은 수난을 당했다. 도시와 마을들은 유목민에 의해 파괴되었고, 주민들은 노예로 끌려갔다. 죽임을 당하지 않고 노예로 끌려가지 않은 일부 주민들은 북부와 서부지역으로 피난갔다.

리뻬쯔크는 몽골-따따르의 지배가 끝난 후 재건이 시작되었다. 16세기 말부터 17세기 초반까지 매우 짧은 기간에 요새도시인 단꼬프, 탈리쯔끼와 옐레쯔, 레베잔 성이 복원되었다. 1635년부터 벨고로트와의 경계선 구축으로 인해 활발한 재건축이 시작되었으며, 현대 리뻬쯔끄의 경계선은 도브릐, 쏘꼴스크, 우쓰만 성에 의해 확정되었다.

17세기 말부터 18세기 초까지 거대 산업시설이 들어서기 시작했다. 1693년 벨릐이 꼴로쥐강에 세워진 수력금속공장, 립스끼 제철공장(1700-1712), 꾸즈민스키 닻공장(1703-1706) 등이 다. 당시 정규군대의 설립과 해군함대의 건설로 인해 아마, 삼, 양모의 수요가 급증했기 때문에 농작물 재배 및 가축 사육도 매우 발달했다.

공장주변에는 노동자 주거지가 들어서기 시작했다. 노동자 주거지 중의 하나인 '립스크' 마을은 1779년 9월 16일 예까쩨리나 2세의 칙령에 의해 리뻬쯔크 향으로 승격되었다. 1781년 8월 16일 리뻬쯔크는 밑 부분에 보리수가 그려진 문장을 획득했고, 땀보프현은 윗부분에 벌집과 3마리 벌이 그려진 문장을 가지게 되었다.

18세기 후반 대규모 농장의 조성으로 흑토지대는 러시아의 곡창지대가 되었다. 1778년과 1784년에 리뻬쯔크 도시건설을 위한 대규모 계획이 단행되었다. 1805년 알렉산드르 1세의 명령에 의해 리뻬쯔크 광천수 요양소가 설립되었다. 그러나 전해지는 바에 의하면, 이 광천수는 뾰뜨르 1세가 발견한 것으로 되어 있다.

러시아의 다른 지역처럼, 리뻬쯔크 영토에도 1917년의 혁명과 내전의 영향이 침투되었다. 이로 인해 많은 문화유산이 파괴되었다. 교회와 자본가에 대한 혁명적 탄압이 시작되었는데 귀족정원, 수도원, 교회가 파괴되고 많은 미술품, 문학작품이 사라졌다. 문화와 역사를 연구하는 적지 않은 학자, 부닌(И. А. Бунин), 스타호비치(Стаховичи) 등이 리뻬쯔크를 떠났다.

리뻬쯔크 주민들은 다방면에 걸쳐 러시아와 세계문화를 향유했다. 이미 내전 기간에 개인소장품에 의한 시민도서관, 박물관, 농촌도서실이 설립되었고, 극장, 노동자 클럽에서 활발한 문화 활동이 이루어졌다. 1918년 9월에 옐레쯔 박물관이 개관되었다. 옐레쯔 박물관 설립자 중의 한사람인 작가 쁘리쉬빈(Пришвин М.М.)은 당시 옐레쯔에서 교직에 종사했다. 그 후 우스만, 자돈스크에도 박물관이 설립되었다. 1920년에 자돈스크에 음악학교가 세워졌고, 1921년에 리뻬쯔크 극장이 설립되었다. 1925년에는 이미 옐레쯔에 3개의 박물관, 6개의 노동자 클럽, 9개의 도서관, 9개의 극장, 2개의 영화관이 있었다. 1938년에 자돈스크에는 최초의 예술학교가 개교되었는데, 이것이 오늘날의 리뻬쯔크주 예술학교의 전신이다.

1944년 2차 세계대전이 진행되는 중, 매우 짧은 기간에 리뻬쯔크 트랙터 공장이 세워졌다.

리뻬쯔크주의 주도는 리뻬쯔크시이다. 소련최고회의의 명령에 의해 1954년 러시아 소속으로 리뻬쯔크주가 형성되었으며, 리뻬쯔크시는 중심도시가 되었다. 리뻬쯔크는 미추린스크의 남서쪽 약 70Km, 돈강의 지류 보로네슈강 유역에 위치한다. 스웨덴과의 북방전쟁 중 나르바 전투에서 패배한 것을 계기로 군정개혁에 착수했던 뾰뜨르 1세에 의해 1707년 건설된 제철도시이다. 현재에도 제철, 기계, 파이프, 트랙터, 라디에이터, 화학약품, 시멘트 등의 공업이 성하다. 그리고 리뻬쯔크는 천연 광천수를 이용하는 요양도시로 발전했으며, 러시아에서 가장 오래된 요양도시이다.

2. 정치

1) 정치 일반

지방자치에 의하여 주 행정이 실시되고 있으나, 연방대통령 전권대표가 파견되면서 중앙정부의 통제 하에 놓여 있다. 러시아연방 대통령 전권대표부는 주 대의원 소비에트건물에 위치하고 있으며, 현재 연방대통령 전권대표는 라린(А. Н. Ларин)이다.

지방단위에서 국가권력의 집행기관은 주행정부이다. 주행정부는 주 행정수반의 지도하에 자신의 활동을 수행하며 법인의 권한을 갖는다. 리뻬쯔크주의 행정수반은 꼬롤료프(О. П. Королёв)이며, 행정수반을 보좌하는 분야별 수석부지사와 자문역들이 활동하고 있다. 주행정부의 구조 및 재정문제는 주 대의원 소비에트에서 승인된다.

리뻬쯔크주의 영토는 18개 지역으로 나누어져 있으며, 이들 각각은 지방자치기관을 두고 있다.

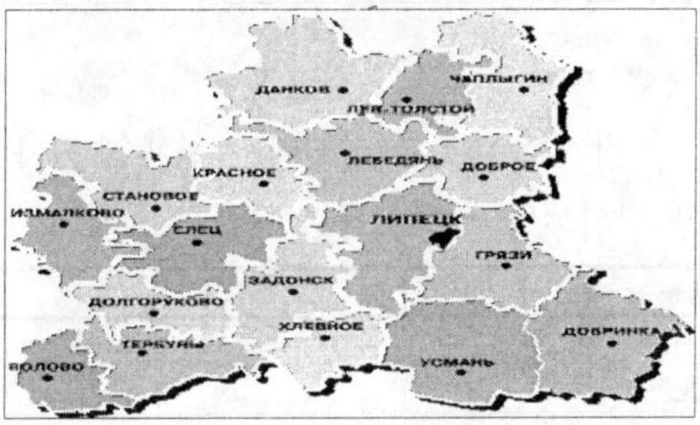

2) 선거

연방 차원과 지방 차원의 선거가 실시되고 있으며, 주의 선거관리위원회 위원장은 질랴꼬프(И. С. Жиляков)이다.

(1) 리뻬쯔끄주 지사 및 리뻬쯔끄 시장

1998년 4월 12일 리뻬쯔크주 지사 선거가 실시되었다. 선거에서 제2기 연방회의 의장 꼬롤료프가 79.38%를 획득하여 당선되었다.

1998년 10월 11일 실시된 리뻬쯔크 시장 선거에서는 꼬로베이니꼬프(А. С. Коробей ников)가 40.86%를 획득하여 시장이 되었다.

리뻬쯔크주에서는 지사 및 시장 선거와 함께 주의회 의원 및 리뻬쯔크시의회의원 선거가 직접선거에 의하여 실시된다.

(2) 러시아연방 국가두마의원 선거

1999년 12월 19일 실시된 제3기 러시아연방 국가두마의원 선거에서 옐레쯔 선거구에서는 10명의 후보가 난립했고 투표결과 러시아공산당 소속인 또뽀르꼬프(В. Ф. Топорков)가 당선되었다. 리뻬쯔끄 선거구에서는 7명의 후보가 경쟁했고 야르낀(Л. Н. Яркин)이 당선되었다.

정당별 투표에서 주요정당의 득표상황은 다음과 같다.

정당명	득표율(%)
단결(메드베드)	19.09
지리놉스끼 블록	5.65
조국-전러시아	7.47
러시아공산당	39.02
우파연합	5.61

(3) 러시아연방 내동령 선거

2000년 3월 26일 러시아연방 대통령 선거에서 전체 유권자 915,287명 가운데 61.33%가 투표에 참여했다. 투표결과는 다음과 같다.

후보명	득표율(%)
뿌친	40.86
쥬가노프	47.41
야블린스끼	3.09
지리놉스끼	2.27

Ⅳ. 경제 시스템

1. 경제개황

리뻬쯔크주는 7개의 연방지구 중 중앙연방지구에 속하고 12개의 러시아 경제지역 중 중앙흑토경제지역에 속한다. 러시아경제에서 차지하는 리뻬쯔크주의 경제비중은 중위권에 속한다. 리뻬쯔크주의 거시 경제지표들을 살펴보면 일정치는 않지만 대체로 러시아의 여타 주체 중 높은 비율을 차지하고 있다. 러시아경제에서 리뻬쯔크주의 비중을 파악하기 위해 몇 개의 주요 거시경제지표를 비교하면 다음과 같다.

2000년도 러시아 주요 경제지표에서 리뻬쯔크주의 비중

주요 항목	러시아전체 대비 리뻬쯔크주 비율
지역총생산	0.8%
공업생산량	1.5%
농업생산량	1.4%
소매유통	0.7%
자본투자	0.5%

http://www.infostat.ru/epub.htm (검색일: 2003.1.10)

리뻬쯔크주의 경제잠재력은 다양한 부문의 공업생산을 기초로 하고 있다. 공업생산이 지역총생산의 거의 60%에 이르고 있기 때문이다. 이 공업생산의 주요부문은 철강업, 기계제작, 전기전력, 식품공업, 건재공업, 화학공업, 경공업 부문 등이다. 기업수에 있어 대·중기업만 해도 총 247개가 활동하고 하고 있다.

1999년 통계로 기업 소유형태를 기준으로 각 공업생산량을 보면1) 관·민간의 합작기업은 총 리뻬쯔크주 공업생산량의 84.8%를 생산하고 있고 민간기업은 9.3%, 국영기업과 외국투자기업은 2.9%이다. 그리고 리뻬쯔크주의 소기업과 개인기업은 폭 넓은 부문에서 발전하고 있다. 개인기업의 비중은 전 기업 중 40.5%를 차지하고 있다.

리뻬쯔크주의 공업생산에서 단연 가장 큰 비중을 가지고 있는 공업은 철강업이다. 철강업부문 기업은 주철, 강철, 압연, 강철도관, 코크스2) 등을 생

1) 소기업은 제외됨

산하고 있다. 그런데 1999년에 많은 기업들은 철강업부문에서 생산 감소를 보이고 있다.

전기전력공업은 8개 대·중기업을 가지고 있으며 약 6,900 명이 일하고 있고 1999년에는 6%의 전기전력생산과 소비가 상승했다. 반면 목재가공·펄프공업부문의 생산은 줄고 있다.

건설업은 더욱 더 발전하고 있는데 이것은 리뻬쯔크주 내에 건설 산업에 종사하는 기업들이 많이 있기 때문이다. 이 부문의 자본은 민간투자가 대부분이다.

경공업은 2000년 생산량에 있어 전년대비 거의 두 배가 증가했다. 민간소비품에서 59%가 식료품이며 38%-비식료품[3], 3%-술이나 음료관련 제품이다.

리뻬쯔크주의 지역총생산은 완만한 증가추세에 있다가 1999년에 접어들어서는 큰 폭의 상승세를 기록했다. 즉 1996년, 1997년은 1998년과 비교해 큰 폭의 상승은 없으나 1998년의 168억 300만 루블은 1999년에 319억 2,400만 루블과 비교해 거의 1.9배에 육박하고 있다. 1인당 지역총생산도 1998년까지 완만한 상승에 그치고 있으나 1999년에는 2만 5,695 루블로 전년대비 거의 2배에 육박하고 있다. 그러나 지역총생산 지수를 보면 1997년 94.5, 1998년 95.7, 1999년 103.2로 큰 차이는 아니지만 상승하고 있는 것으로 나타나고 있다.

리뻬쯔크주 지역총생산[4]의 주요 구성과 비율을 보면 공업부문과 농업부문이 각각 54.0%와 12.0%로 단연 강세를 나타내고 있고 유통부문이 9.9%로 다음을 차지하고 있다. 여타 부문을 표로 보면 다음과 같다.

지역총생산의 주요 구성과 비율

주요 산업부문	지역총생산의 주요 구조의 비율
공업부문	54.0%
농업부문	12.0%
건설부문	3.8%
운송부문	3.7%
유통부문	9.9%

http://www.infostat.ru/epub.htm (검색일: 2003.1.10)

2) 해탄을 의미한다.

3) 민간소비재중 비식료품은 1999년 42억6,360만 루블 생산되었다.

4) 1999년 통계임.

2. 산업

1) 공업

리뻬쯔크주의 총 공업생산량은 1999년과 2000년에 각각 392억 700만 루블과 612억 4,500만 루블로 아주 가파른 상승세를 나타내고 있다.[5] 그러나 2000년에는 공업생산량의 상승폭이 소폭 줄고 있다. 리뻬쯔크주의 산업 중 공업(러시아 전체공업생산의 1.5%차지)의 부문별 구조를 살펴보면 철강업이 매우 강한 부문으로 나타나고 있다.

주요 공업생산부문별 생산비율

생산부문	리뻬쯔크주 총공업생산 비율
전기전력	6.7%
철강업	65.1%
화학·석유화학	0.8%
기계제작·금속가공	11.2%
목재가공, 종이·펄프	0.1%
건재공업	2.0%
경공업	0.5%
식품공업	11.6%
기타	2.0%

http://www.infostat.ru/epub.htm (검색일: 2003.1.10)

리뻬쯔크주의 연료-전력복합공단은 석유제품을 판매하는 기업들, 소비용 가스도관망 그리고 전기전력시스템에 의해 대표된다. 이 중 석유제품의 유통은 '리뻬쯔크 석유생산품'(Липецкнефтепродукт)에서 담당하고 있다.

리뻬쯔크주에서 가장 발전된 공업부문은 철강업이며 총 지역생산의 60% 이상을 차지하고 있다.[6] 여기서는 변압기용 강철, 자동차용 금속판, 경자동차용 연결고리 등을 생산하고 있다.

리뻬쯔크주에는 그 외 이탈리아와 합작기업인 'MERLONI', 비디오를 생산하는 하는 'GOLDSTAR'와 냉장고를 생산하는 'STINOL'가 공업생산에서 활동하고 있

5) 명목가격임

6) 철강업부문의 주요 기업은'Новолипецкий металлургический комбинат (НЛМК)'이다.

는 대표적 기업이다. 또한 도관을 생산하는 공장인 '쓰보보드니 쏘꼴'(Свободный Сокол)과 주조물을 전문으로 하는 공장인 '쩬뜨롤리뜨' (Центролит)는 이 부문에서 가장 큰 기업이다. 리뻬쯔크주에는 이 부문 생산과 관련해서 큰 공업단지가 있으며 그 곳에는 금속공작용 대형기기, 기구제작, 전기・전력공업, 의료공업, 경공업, 식품공업 등과 관련된 제품을 생산하는 기업들이 활동하고 있다.

리뻬쯔크주의 기업부문의 지표를 살펴보면 총 기업수는 점진적으로 증가하고 있는 것으로 나타나고 있다. 매년 약 1,000개 씩 증가하는 것으로 나타나고 있으나 상승속도가 매우 빠른 것은 아니다. 2000년 현재 총 기업수는 15,469개이다.[7] 소 기업수에 있어서도 큰 차이가 없이 점진적인 상승을 하다가 2000년에 4,271개로 하락하고 있다. 그리고 공업생산부문에서 현재 활동하고 있는 기업수는 상승률에 있어서는 등락을 거듭하고 있으며 2000년 현재 930개로, 매년 총 기업수의 약 10%에 훨씬 미치지 못하는 것으로 나타나고 있다.

리뻬쯔크주는 1946년 '레베쟌 기계 제작공장(Лебедянский машиностроительный завод)'[8]을 세워 성공적으로 운영하고 있다.[9] 이 공장의 주요 생산 분야는 펌프 장치를 생산하고 수리하는 것이다.

그리고 리뻬쯔크주에 있는 레베쟌(Лебедян)시는 '레베쟌 건설기계공장(Лебедянский завод строительно-отделочных машин)'[10]을 가지고 있다. 이 공장은 건설기계와 설비 및 장치 등에서 주도적 역할을 하고 있다. 50년 이상 이 공장은 러시아와 세계시장으로 생산된 제품을 판매하고 있다.

리뻬쯔크주는 1966년부터 과자류를 생산하는 공장인 '리꼰프(ЛИКОНФ)'가 250개 이상의 고유상표가 있는 제품을 생산하고 있다. 리뻬쯔크주의 거의 모든 주식용 빵은 '리뻬쯔크 빵·면산업(Липецкхлебмакаронпром)'이 생산해 내고 있으며 이 회사는 1954년에 세워져, 현재 곳곳에 지사를 가지고 있다. 여기서는 주식용 빵과 면류 그리고 식물성 기름, 아침식사거리를 생산하고 있다.

---

7) 연말 통계임

8) OAO ЛЕМАЗ

9) 정확히 25.8헥타르의 면적을 차지하고 있고 지붕이 있는 건평은 4만6천㎢이다.

10) OAO 'СТРОЙМАШ'

2) 농업

리뻬쯔크주의 농업은 러시아에서 주도적인 역할을 하고 있다. 기름진 토양이 작물재배와 가축사육을 성공적으로 가능하게 했다. 리뻬쯔크주의 농업수확량은 러시아의 우랄산맥 서쪽지역[11]에서 아주 높다. 이 지역은 토양이 흑토로 되어 있으며 이 흑토에서 리뻬쯔크주의 수확량의 약 85%를 생산해낸다.

리뻬쯔크주의 총 농업생산량은 크게 높아진 것으로 나타났다. 1998년에 34억 5,230만 루블에서 1999년 77억 4,050만 루블로 2배가 넘게 상승한 것으로 나타나고 있다. 2000년에도 78억 9,160만 루블로 상승속도가 줄었지만 약간의 성장을 기록하고 있다.

총 농업생산액 중 작물관련 생산액은 1999년과 2000년에 각각 82억 2,730만 루블과 106억 2,470만 루블로 큰 상승을 기록하고 있다.[12] 총 농업생산액 중 가축관련 생산액도 역시 1999년과 2000년에 각각 52억 6,400만 루블과 65억 6,330만 루블로 각각 진년대비 2배 이상의 상승을 기록하고 있다. 작물과 가축관련 생산액에서 모두 2000년에 상승속도의 둔화가 있지만 상승액은 적지 않은 증가가 있었다.

리뻬쯔크주에서 주요 기술재배를 통해서 수확되는 작물인 특용작물은 식용비트가 대표적이다. 이것의 파종은 경작지의 대부분을 차지하고 있다. 그 외 해바라기, 소맥, 정유[13], 감자, 메밀, 그 외 다수를 생산하고 있다.

리뻬쯔크주는 원예와 채소재배도 발전해 있고 1999년의 수확량을 보면 96만 1,000 톤의 밀, 95만 5,800 톤의 채소, 45만 7,200 톤의 식용비트, 그리고 49만 1,200 톤의 감자로 구성되어져 있다.

소의 두수는 34만 2,200 마리, 이 중 암소는 14만 6,600마리이며 돼지가 29만 1,000 마리, 양과 염소가 4만 3,400 마리이다. 최근에 암소의 생산량은 급증하고 있으며 한 암소당 한 해 1,965킬로그램의 우유를 얻는다. 이것은 전년대비 12%가 증가한 것이다.

리뻬쯔크주에는 13개의 양금공장이 있으며 이 중 7개가 전문관리 계획인 '졸라또이 뻬뚜쇽 인베스뜨(Золотой Петушок Инвест)'에 속해있다. 이

11) 러시아의 유럽지역
12) 이 수치는 명목가치임
13) 방향성 식물유의 총칭

계획은 주로 브로일러[14]의 다량생산을 위해서 기술적 발전을 목표로 하는 것으로 이것과 관련된 닭의 양은 약 280만 마리로 예상되어 진다.

3. 자원 등 기타

이 지역의 기후는 적당한 대륙성 기후이며 토양은 전체 영토의 85%이상이 흑토이다. 이 토양의 덕분으로 풍성한 수확을 거둘 수 있다.

리뻬쯔크주를 경유하여 흐르는 큰 강으로는 라노바, 돈, 보로네슈 강 등이 있다.

이 지역에서는 300여개의 광물자원 매장지가 탐사되는 등 리뻬쯔크주에는 전반적으로 유용광물단지가 개발되어 있다. 이 중 주요한 경제자원으로서 백운석과 석회암, 점토, 모래와 이탄이 있다.

백운석과 이탄은 리뻬쯔크주의 거의 전 지역에 분포되어 있고 백운석의 경우는 큰 매장지가 '단스꼬프'지역이다. 이 지역에는 7억 톤을 초과하는 백운석이 매장되어 있다.

이외 철광석, 가탄, 인회토 등의 유용 광물자원도 분포되어 있다. 그러나 여러 풍부한 지하자원에도 불구하고 리뻬쯔크주는 연료·에너지 자원부문에 있어서는 러시아에서 가장 부족한 지역으로 손꼽힌다.

리뻬쯔크주는 전체 영토(2만 4,100 헥타르)에서 7%정도만이 숲이 차지하고 있고 이 지역의 산림자원은 참나무, 소나무, 잎이 넓은 활엽수, 자작나무, 사시나무 등이다. 이곳의 숲에서는 여우, 늑대, 토끼 등 많은 동물들이 서생하고 있다.

리뻬쯔크주는 적당한 기후와 많은 저수지 및 강, 그리고 지역적 독특한 아름다움으로 인해서 많은 관광객들이 찾아드는 사랑받는 장소이다.

---

14) 불고기용 어린 닭

V. 문화시스템

1. 지역정체성

1) 인구

2001년 현재 리뻬쯔크주 인구는 1,235,000명이며, 인구밀도는 51.2명/㎢로 영토(24,100㎢: 러시아연방 전체 면적의 0.14%; 89개 주체 중 75위)에 비해 상대적으로 높은 밀도를 보인다.

1990년대 중반 이후 감소세를 보이고 있으며, 해가 갈수록 감소폭은 증가하고 있다. 인구 감소현상이 나타나는 대부분의 주에서는 그 현상이 90년대 초부터 나타나는 반면에, 리뻬쯔크주에서는 인구 감소현상이 90년대 중반 이후에 나타나고 있는 점이 특이하다. 하지만, 리뻬쯔크주 역시 러시아연방 유럽지역 대부분의 주에서 나타나는 인구 감소현상과 전혀 다를 바가 없다.

이러한 현상은 사회·경제 상황 및 주민들의 생활수준과 밀접한 관련이 있다. 특히 해가 갈수록 리뻬쯔크주 주민들 간의 빈부격차가 더욱 심화되고 있는데, 이는 리뻬쯔크주의 인구 감소현상을 더욱 부채질 하고 있다.

리뻬쯔크주 인구변동 추이

연도	1990	1992	1993	1994	1995	1996	1997	1998	1999	2000	2001
인구수 (1,000명)	1,231	1,234	1,241	1,246	1,250	1,250	1,249	1,248	1,245	1,240	1,235

Россий ский статистический ежегодник. Госкомстат России. М., 2001. С.82.

인구는 점차 감소하고 있으며, 자연 증가에 의한 인구보충은 전혀 이루어지지 않고 있다. 이는 근본적으로 사망률이 출생률을 능가하기 때문이며, 더욱이 적극적인 경제활동 연령층의 인구(30-45세)와 유아 사망률이 높다는 데 문제가 크다.

그나마 현 상태의 인구감소 추세를 유지할 수 있는 것은 따지끼스딴과 체첸 공화국으로부터 유입되는 전입인구가 늘고 있기 때문이다.

리뻬쯔크주 출생자수, 사망자수, 자연증가율

연도	출생자수(명)	사망자수(명)	자연증가율(명)
1990	14,932	15,835	-903
1992	12,045	16,813	-4,763
1993	10,783	19,325	-8,542
1994	11,001	21,012	-10,011
1995	10,468	20,150	-9,682
1996	9,885	19,036	-9,151
1997	9,510	18,803	-9,293
1998	9,669	18,591	-8,922
1999	9,061	19,737	-10,676
2000	9,602	20,352	-10,750

Россий ский статистический ежегодник. Госкомстат России. М., 2001. С. 107.

리뻬쯔크주의 실업률은 1990년대 초 개혁기에 들어서면서 차츰 증가하기 시작하여, 97년 러시아 전체의 경제위기를 계기로 급등하다가 2000년도에 이르러 하향세로 접어들기 시작했다.

리뻬쯔크주의 경제활동인구 및 취업률, 실업률은 다음과 같다.

리뻬쯔크주 경제활동인구(취업자, 실업자), 실업률

연도	경제활동인구 (1000명)	취업자수 (1,000명)	실업자수 (1,000명)	실업률(%)
1992	615	584	30	4.9
1993	609	577	32	5.2
1994	576	543	33	5.7
1995	594	556	38	6.3
1996	584	545	39	6.7
1997	580	523	57	9.8
1998	572	509	63	10.9
1999	616	552	64	10.4
2000	603	552	51	8.5

Россий ский статистический ежегодник. Госкомстат России. М., 2001. С. 135.

2) 민족

리뻬쯔크주의 인구 중 대부분의 민족은 러시아인으로 1970년 98.2%, 1979년 98%, 1989년 97.4%이며, 나머지 민족이 1970년 1.8%, 1989년 2.0%, 1989년 2.6%를 기록하고 있다. 따라서 민족문제는 거의 발생하지 않는다.

3) 교육

리뻬쯔크주는 국민교육의 경험이 매우 풍부하여 전국적으로 많은 관심과 연구 대상이 되어 왔다. 리뻬쯔크주의 교육제도는 독특한 방법론과 학생들의 훌륭한 교육성과를 얻기 위한 끊임없는 노력 등으로 러시아 전역에서 높은 평가를 받았다. 리뻬쯔크주는 이러한 좋은 교육제도를 통해서 교육인력을 양성하는 데 앞장서고 있다.

현재 리뻬쯔크주의 교사들과 학파는 러시아 연방 전역에서 독특한 실험과 다양한 교육방법으로 정평이 나 있다. 모스칼렌코(К.А. Москаленко)의 교육이론과 교사들의 방법론적 연구 및 실습이 바탕을 이루는 '리뻬쯔크 교육 경험'은 많은 관심을 끌고 있다.

주에서는 경제 및 부문별 중고등 전문교육 시스템이 완비되어 있으며, 주의 의무교육을 비롯한 전문교육 기관의 교육기자재를 새로이 도입하고 새로운 교육기관을 개설함으로써 교육제도 개선에 박차를 가하고 있다.

최근 주에서는 학술연구 작업의 높은 효율성과 성과를 보이고 있다. 고등교육 기관들은 차츰 국제적인 학술·교육사회에 통합되는 추세를 보이고 있다.

리뻬쯔크주에는 22개 자립형 중등전문학교를 포함한 총 1,060개의 교육기관이 있으며, 그 중에는 단과대학 9개, 초급전문학교 35개, 10개 국립대학 및 기타 사립학교가 망라되어 있다.

리뻬쯔크주에는 정신지체 및 장애아를 위한 특수학교 13개, 취학 전 아동교육기관 246개 등 다양한 특수학교가 운영 중에 있다.

리뻬쯔크주의 초등학교 교사들 중 약 90%가 고등교육을 이수했다(러시아 전체 평균은 74%).

중등전문학교에서는 총 1,200 명의 교원이 53개 분야의 전문가들을 양성하고 있다. 대학에는 유명 학자들이 이끄는 15개 과학센터가 설치되어 있으며, 대학교원 중 53% 이상이 박사학위 소지자이며, 러시아연방 과학아카데미 정회원 9명, 준회원 27명에 이른다.

리뻬쯔크주의 대학에서는 총 65개 전문분야의 전문가들을 양성하고 있다. 국립대학에 재학 중인 학생 총수는 16,890명이며, 교원은 1,204명이다.

2. 지역문화

1) 문화 개괄

리뻬쯔크(Липецк) 지역 문화의 형성은 수백 년에 걸쳐서 일어났다. 리뻬쯔크 문화의 특징 중 많은 부분은 오랜 과거부터 주위 민족으로부터 차용되어 온 것이다. 리뻬쯔크의 환경과 그 사회의 습관과 기질은 문화에 많은 영향을 주었다.

리뻬쯔크 문화 발전의 최초 단계의 주요한 증거는 자돈스끄(Задонск)지역 가가리노(Гагарино) 마을 부근에서 고고학자들에 의해 발견된 여인 소상(小像)이다. 학자들은 이 소상이 만 이천년 전의 석기 시대에 만들어졌다고 보고 있다. 단꼬프 지역에서는 기원전 4세기로 추정되는 신석기 시대의 장식품과 부적이 발견되었다. 고대 예술에서 현대 예술로 변해가는 수천 년의 기간 동안에, 이러한 유적들은 정신문화, 물질문화 발전의 분명한 증거가 되고 있다. 많은 민중들에게 정신문화 발전의 커다란 촉진제는 고대 루시에서 기독교를 받아들인 것이었다.

시간의 흐름과 역사적 사건은 고대 건축품, 예술가, 성상화가, 연대기 작가들의 작품을 파괴했지만 후손들은 이러한 작품들에 존경을 표하고 있다.

뾰뜨르 대제 동상

18세기는 전 러시아에서와 마찬가지로 리뻬쯔크 지역에서도 문화 발전을 위한 변혁의 시기였다. 유럽으로 문을 연 러시아의 개혁자 뾰뜨르 대제는 전 러시아의 모든 면에 걸쳐 새로운 것을 도입했다. 모든 지역에서 귀족교육 기관이 생겨났고 문학, 음악, 회화가 발달했다. 새롭고 이전에 알려지지 않은 것이 외국에서 도입되었고 러시아에 강력하고, 문화적이며 권위 있는 정부가 탄생했다.

오늘날까지 남아 있는 뾰뜨르 시대의 문화 기념물은 리뻬쯔크 지역의 베셀로프(Вещелов) 마을의 즈나메니에(Знамение) 교회와 단꼬프(Данков) 지역의 발로브네보(Баловнево) 마을에 있는 블라지미르(Владимир) 교회이다. 흘레벤스크(Хлевенск) 지역의 꼰-꼴로제즈(Конь-колодезь) 마을에 있는, 18세기 전반기의 무명의 장인에 의해 만들어진 말 조각품도 역시 이 시대 기념물이다.

1787년에 레베쟌(Лебедян), 1789년에 엘레츠(Елец)와 리빼쯔크에 최초의 귀족학교가 문을 열었는데 학교는 자금부족으로 오래가지 못하고 문을 닫았다. 이 지역 귀족의 영지들은 아름다운 건축물이며 근처에는 푸른 초원과 맑은 시내, 넓은 초원, 숲이 있다. 귀족 영지의 주요한 의미의 하나는 18세기말과 19세기 초의 귀족문화의 중심지였다는 사실이다. 귀족사회는 농노 배우로 부속극장을 창설할 수 있었고 재능 있는 화가, 조각가, 건축가들을 예속상태로 둘 수 있었다.

19세기에 요양소가 생긴 덕분에 리빼쯔크는 러시아의 문화의 중심지가 되었다. 건물의 건축과 동시에 니즈니(Нижний) 공원이 완성되었는데 이 공원은 치료 건물의 아름다운 주위 환경을 만들어내고 있다. 이 건물들의 공사에는 수도와 외국의 장인들만이 아니라 재능 있는 리빼쯔크 예술가도 참여했다. 그들 중의 한 명이 뜨로핌 두로프(Трофим Дуров)이며, 그는 보론초프(Воронцов) 백작의 농노였다. 백작은 두로프를 예술아카데미에 보냈고 그곳에서 두로프는 그림에서 재능을 나타내어 백작으로부터 자유를 얻었다. 이 재능 있는 화가는 궁정과 리빼쯔크 예수 탄생성당의 성상들과 실내 장식을 그렸고 유명한 귀족들의 가족 초상화도 그렸다.

10월 혁명전에 리빼쯔크 지역에는 모두 2개의 대중 도서관이 있었는데 그 중 하나는 1909년에 '뾰뜨르 지식사회(Петровскео общество знаний)'에 의해 만들어진 리빼쯔크 '민중의 집(Дом народа)'이다.

리빼쯔크는 민중의 재능이 풍부한 곳으로 리빼쯔크 지역의 도덕적, 정신적 잠재력은 19세기 러시아의 문학, 예술, 음악의 거장들을 배출했다. 예를 들면 골리친(Ю. Голицын) 백작은 지난 세기 중반에 살띠끼(Салтыки, 현재의 노보체르꾸찌노 Новочеркутино)마을과 뿌쉬끼노(Пушкино) 마을 출신의 농노들로 구성된 합창단을 만들었다. 당시 이 합창단은 출중한 능력으로 뻬쩨르부르크, 모스크바뿐만이 아니라 유럽과 아메리카의 대도시에까지 알려졌다.

혁명이후의 시기는 리빼쯔크 지역 문화 발전에 여러 가지 의미를 부여했다. 한 면에서는 혁명과 내전의 불꽃 속에서 많은 문화적 가치가 파괴되었는데 예를 들면 귀족 영지, 사원, 교회의 건축 앙상블과 그림의 개인 수집품들, 문학작품들이 소실되었다. 또 부닌과 스따호비취(Стахович)와 다른 예술 문화 활동가들이 조국을 떠났다. 다른 면에서는 국내문화가 세계문화와 긴밀하게 연관을 가질 수 있게 되었다는 것이다.

1918년에 옐레츠 박물관이 문을 열었는데 그 창립자 중에는 당시 옐레츠 지역에서 교원으로 일하고 있던 작가 미하일 쁘리쉬빈(M. M. Пришвин)도 포함되어 있었다. 현재 리뻬쯔크에는 3개의 러시아연방의 문화부 소속 극장이 활동하고 있다. 1997년에는 집중적인 홍보덕택에 극장 이용 인구가 급격히 늘어났다.

2) 문화시설

(1) 톨스토이 리뻬쯔크 국립 아카데미드라마 극장

무대 예술에 대한 리뻬쯔크 지방의 주민들의 관심은 대단하다. 이것은 아카데미 극장에서 있었던 14번의 문화행사가 증명하고 있다. 리뻬쯔크 조합은 모스크바 근교의 체홉(А. П. Чехов) 박물관에서 매년 오월에 열리는 '멜리호프스까야 베스나(Мелиховская весна)'의 조직자다.

이 지역의 문화 행사인 '멜리호프스까야 베스나'와 '리뻬쯔크 지역의 무대를 통한 만남'은 극장 행사로서 러시아뿐만 아니라 국제적인 사건이 되었다. 러시아 고전을 보존한 공로와 높은 기예를 기려 극장의 주요 감독 빠호모프(В. П. Пахомов)에게 러시아 인민 예술가라는 호칭이 주어졌다. 그리고 리뻬쯔크 지역 출신이며 극장의 배우인 소볼레프(М. Н. Соболев)와 뽀노마레프(В. В. Пономарев)는 러시아 공훈예술가와 러시아 국민 예술가라는 칭호를 각각 얻었다.

(2) 리뻬쯔크 국립 인형 극장

이 극장은 1965년에 설립되었으며 감독들로 유명하며, 예를 들면 레소프(В. Лесов), 러시아의 국민 배우인 주꼬프(В. Жуков)와 러시아의 공훈배우들인 쩨쁠랴꼬프(В. Тепляков), 자보루에프(А. Заворуев), 미로쉬니첸꼬(Н. Мирошниченко) 등이 그들이다. 극장은 전 폴란드 페스티벌에 참가하기도 하면서 국제적인 관계도 유지하고 있다. 극장은 모잠비크(Мозамбик)와 앙골라(Ангола)에 객연을 나가기도 했다. 이 인형극장의 창작진은 새롭고 풍부한 구상을 가지고 있는데 극장에 유일하게 부족한 점이 있다면 자신의 건물이 없다는 것이다. 극장은 공장과 필하모니에서 건물을 빌려 쓰고 있다.

(3) 레리흐 리빼쯔크 박물관

레리흐(Н. К. Рерих, 1874-1947)는 세계적 명성을 지닌 화가이며, 철학자, 정치가, 고고학자, 민속학자, 여행가, 재능있는 조직자였다. 레리흐는 역사화가, 풍경화가로서의 재능을 겸비하고 있었다. 그의 역사화는 슬라브인과 중세 러시아인을 주제로 하고 있으며 1897년까지 그린 연작「루시의 시초, 슬라브인」, 제1작「급사(急使), 씨족 투쟁」이후로 계속 많은 작품을 발표했었다.

이러한 작품들은 민간전승, 전설, 역사와 고고학의 자료들을 독자적인 방법으로 표현한 것으로써 관객을 러시아의 오랜 과거로 되돌리는 것들이다. 그의 작품은 당시 미술계의 조류(모더니즘)가 반영되어 있으며 그것은 시적 정취와 시대의 불안감, 때로는 신비주의적인 내용의 혼합물이었다. 레리흐는 여행가로 동양의 세계에 매료되어 수십 년 동안의 외지 생활 중에 중앙아시아, 특히 인도의 생활과 자연을 묘사한 많은 작품을 남겼다. 살아 생전에 이미 그의 이름은 그의 작품 전시 박물관에 새겨졌다. 박물관은 레리흐 가문의 그림들과 철학적 유산들을 소중하게 잘 보존하고 있다.

모스크바 연방특별시
Москва

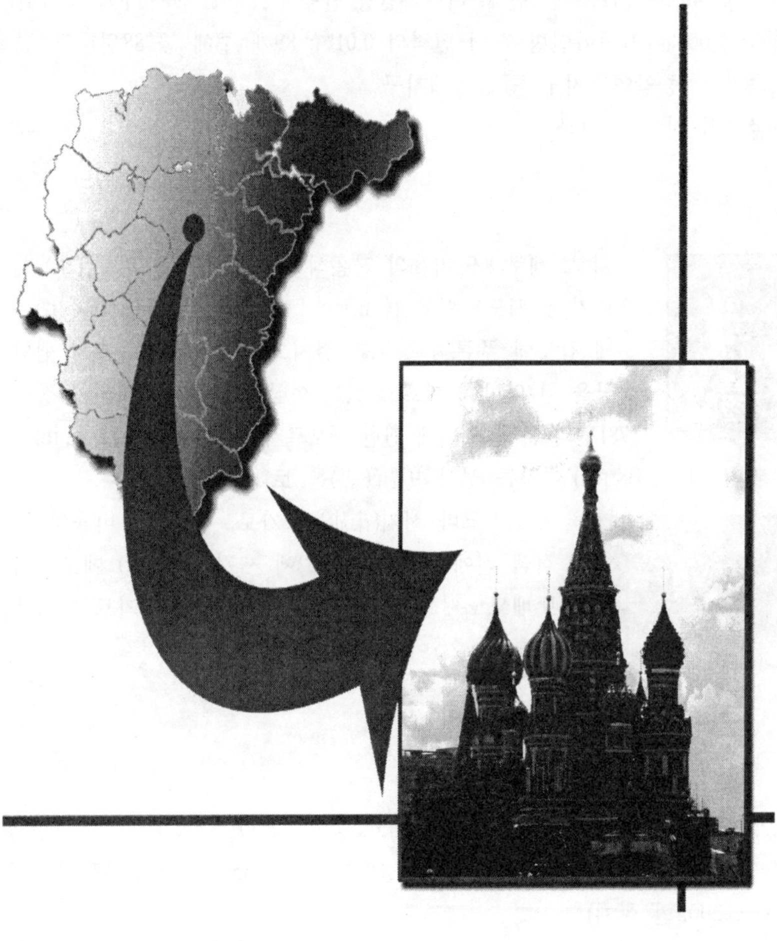

Ⅰ. 개황

1. 기초정보

시 성립일: 1147년.
인구: 8,546,000명(2001년 현재: 러시아연방 전체의 5.90%; 89개 주체 중 1위)
면적: 1,000㎢(러시아연방 전체 면적의 0.01%; 89개 주체 중 88위)
소속지구: 중앙연방지구; 중앙경제지구
한국과의 시차: -6시간

2. 상징

모스크바시 문장

가로, 세로 8:9 비율의 진홍색 방패에 은마를 탄 성(聖) 게오르기 뽀베도노쎄쯔 (Санкт Георгий Победоносец)가 은제 갑옷에 푸른색 망토를 걸치고 황금 창으로 흑색 뱀의 형상을 한 악마를 찌르고 있는 형상이다. 모스크바의 문장은 1781년의 문장 '악마에 관한 게오르기의 기적(Чудо Георгия о Змии)'이라는 성상화(聖像畵)를 토대로 제작되었다.

모스크바 시기

모스크바 시기(市旗)는 가로, 세로 3:2 비율의 농적색 천에 시 문장(紋章)에 새겨진 성(聖) 게오르기 뽀베도노쎄쯔를 묘사하고 있다. 문장의 가로는 기폭(旗幅)의 2/5이다.

3. 주요도시

모스크바: 인구 8,376,000명; 북위 55°45′, 동경 37°37′
젤레노그라트(Зеленоград): 인구 211,100명; 북위 55°56′, 동경 37°17′
(인구: 2002년 현재)

4. 주요 산업

모스크바시의 주요산업으로는 기계제작, 금속가공(공작기계제조업, 자동차공업, 전기공업, 무선공업, 농기계제작공업), 식료품산업, 경공업(면방적업, 모직물공업, 양잠업, 잡화업, 내의제작업, 봉제업, 신발업, 가죽산업), 화학공업, 석유화학(정유)공업, 비철금속 및 철강업, 임업, 목재가공업, 인쇄업, 건축자재업 등이 괄목할만한 성장을 이루었다.

Ⅱ. 자연환경

1. 지리적 위치와 구성

모스크바시는 행정구역 분류상 젤레노그라드시, 3개 도시형마을, 10개 행정 관구(젤레노그라드시를 포함하여)로 이루어지는데 전체적으로 보면 128개의 지방자치구로 구성되어 있는 형태이다. 러시아연방 유럽지역의 중심부, 오까(Ока)강과 볼가(Волга)강 사이에 위치하고 있으며, 모스크바주와 경계를 이룬다.

북위 55°에서 56°, 동경 37°에서 38° 사이에 위치한 모스크바는 지구상의 대도시 중 가장 북쪽에 위치하며, 1,000㎢ 면적에 2001년 현재 8,546,000명이 거주하고 있다. 모스크바에는 도처에 소나무 숲이 펼쳐져 있으며, 부분적으로 이탄성분의 상산성 습지대가 있다. 모스크바시는 해발 150m에 위치하며, 모스크바강에 비해 30~35m 높이 위치한다. 모스크바강 수역이 모스크바시 전체 면적의 약 30%를 차지한다. 모스크바시의 가장 낮은 저지대는 동부지역과 남동부 지역으로 메셰르스크(Мещерск) 평원의 주변지역에 해당한다.

주요 하천인 모스크바강은 시의 북서부에서 남동부를 관통한다. 도시 내부를 흐르는 하상의 길이는 약 80㎞이다.

2. 기후조건

온난기후대, 대륙성 온난기후
1월 평균기온: -10℃
7월 평균기온: 17℃
연강수량: 650~750㎜
식물 생장 기간: 135일
식생: 혼합수림 지역
삼림분포도: 36%

모스크바시는 대륙성 온난기후로, 혹한이나 폭염이 거의 없다. 12월 중 장기간의 해빙기가 나타나기도 하고, 여름에는 서늘한 날과 비 내리는 날이 종종 지속되기도 한다. 연중 영상기온은 평균 194일, 영하기온은 103일 정도.

연중 일조시간은 1,568시간이다.

최근 40년 간 모스크바시의 대기 투명도는 3% 감소했는데, 이는 모스크바시의 대기오염이 심화되고 있다는 것을 간접적으로 증명하고 있는 것이다. 1월부터 6월 사이에 지구온난화 효과가 나타나는데, 특히 한 겨울인 1월부터 3월 사이에 집중적으로 나타난다. 지난 12년 동안 1월~3월 사이의 평균기온은 그 이전 30년 동안의 평균기온에 비해 2~3℃ 상승했으며, 11~12월에는 반대로 0.5℃ 하강했다.

최근 5년간 연평균 강수량은 760㎜로 이전의 수십 년간의 평균 강수량(644㎜)에 비해 1.2배 증가한 것이다. 이 기간 중 최대 강수량은 8월과 10월, 최소 강수량은 4월에 각각 기록되었다. 눈과 비를 대상으로 함유성분을 측정한 결과 탄소 양이온, 유산염, 염소, 칼슘 음이온, 마그네슘, 나트륨, 칼륨, 암모니아 등이 함유된 것으로 나타났으며 산성도 또한 측정되었다. 최근 20년 동안 산성도는 크게 변화하여, 최저치는 3.2pH로 1997년 7월에, 최고치는 9.7pH로 1983년 11월에 각각 기록되었다. 연평균 산성도는 4.6pH에서 5.2pH로 상승했다. 연중 수시로 관측되는 안개는 특히, 6월, 9월, 10월에 집중된다.

Ⅲ. 정치시스템

1. 역사

11세기 말에 이미 상당한 규모의 취락이 존재했다는 주장이 제기되고 있으나, 모스크바가 처음으로 러시아의 연대기에 나타나는 것은 1147년이다. 그 이후부터 모스크바는 러시아 역사의 주요무대이자 러시아정교의 구심점이 되어왔다. 연대기에 따르면, 1147년 4월 4일 수즈달의 공후인 돌고루끼(Долгорукий Ю.В.)가 모스크바에서 동맹자인 노브고로트 세베르스키 공을 위해 대연회를 열었다는 사실이 기록되고 있다. 이 기록에 따라 1147년 4월 4일이 오래전부터 모스크바시의 전통적인 기원 날짜로 인식되고 있다. 모스크바의 창립자는 공식적으로 수즈달의 공후인 돌고루키로 인정되고 있다. 돌고루키 공은 1156년에 처음으로 참호를 두른 요새를 세우고 흙으로 방벽을 쌓은 후 그 위에 목재 벽을 쌓고 방책을 만들었다. 이것이 크레믈린의 기원이다. 크레믈린의 기원인 목조성채를 구축한 당시에, 이미 도시기능을 갖추고 있었던 랴잔, 노브고로드 두 도시를 잇는 주요통행로의 통과지점으로서의 구실을 했다. 이후 무역 중심지가 크레믈린 동쪽지역에 들어서면서 블라지미르 수즈달 공국의 주요도시로 성장했다.

1238년 몽고의 침입으로 거리가 불타버렸으나, 1271년 다닐 공이 이곳을 차지하여 모스크바 공국을 세웠다. 1147년경에 모스크바는 수즈달의 조그만 남부 경계요새에 불과했지만, 알렉산드르 넵스키가 외세의 침략을 저지하고 모스크바를 그의 아들 다닐에게 물려주면서 모스크바는 발전의 계기를 맞게 되었다. 특히 다닐이 1276년경 모스크바를 모스크바 공국의 수도로 지정하면서 모스크바의 발전은 본격화되었다. 무역, 수공업이 발달하고 도시규모가 커지면서 중요성이 부각되었다. 이반 1세 시대에 러시아정교의 총주교부가 모스크바로 옮겨오고 14세기 전반에 모스크바 공국이 대공국이 됨으로써 모스크바의 발전은 한층 촉진되었다. 1326년 러시아정교회의 대교정이 관구를 블라지미르에서 모스크바로 옮겼으며 그 뒤로 러시아 정교회의 중심지로서의 지위를 유지했다.

모스크바는 주위의 공국들을 흡수하여 크기나 중요도면에서 꾸준히 성장했다. 공후와 대귀족들의 저택, 수도원, 교회가 들어섰고, 성벽 밖의 크레믈린 동쪽지역에 형성된 상업, 수공업 구역은 점차 규모가 커지면서 끼따이고로트로 알려지기 시작했다. 14세기 후반 러시아가 모스크바 대공국을 중심으로 하여 킵차크한국과 싸움을 벌이면서부터 모스크바 대공국은 북동러시아 여러 나라들 사이에서 중심적인 지위를 인정받게 되었고 모스크바도 모습이 크게 바뀌어 갔다. 1367년 리투아니아의 침입군을 물리치기 위해 크레믈린에 석조성벽이 구축되고, 15세기에는 러시아 최대의 도시가 되었다.

15세기에 모스크바 대공국의 통일에 따라 모스크바는 전 러시아의 수도가 되었으며, 이반 3세가 크레믈린에 우스뻰스키 대성당을 짓고, 크레믈린 외곽에 석조성벽을 구축함으로써 콘스탄티노플 함락 후에는 제3의 로마로 여기게 되었다. 15세기 후반, 1478년 노브고로트를 합병한 후 모스크바는 통일된 러시아의 중심지로 자연스럽게 자리잡게 된다. 짜르시대에는 황실이 부유한 상인을 보호하여 대귀족들이 끼따이고로트를 장악하게 되었고, 수공업자 및 상인들은 외곽으로 밀려났다. 그 결과 크레믈린에서는 정치적, 종교적 기능만이 행해지고 상업활동은 크레믈린과 끼따이고로트 사이의 붉은 광장에 있는 시장을 중심으로 이루어졌다.

16세기에 들어와 모스크바는 3차례의 화재를 입고, 시민의 폭동, 따따르의 침입이 겹쳤다. 16세기 말에는 대규모 축성이 이루어졌으나, 동란시대(1604-12)에 주민의 폭동과 폴란드군, 까자크인의 점령으로 시가지는 또다시 파괴되었다. 1613년 외세를 몰아내고 미하일 로마노프가 왕위에 추대됨으로써 모스크바는 로마노프 왕조의 수도로 복귀된다. 로마노프 왕조시대가 시작되면서 평화가 다시 찾아왔고 경제도 한층 발전했다.

1703년 뾰뜨르 1세는 핀란드만 연안에 상뜨-뻬쩨르부르그를 건설하기 시작하여 1712년에 수도를 옮겼다. 그러나 모스크바는 여전히 국가경제활동에서 주도적인 역할을 담당했으며, 러시아 문화의 중심지로서 역할을 계속 수행했다. 1712년 러시아의 수도는 상뜨-뻬쩨르부르그로 옮겨졌으나, 국민경제의 중심지로서의 모스크바의 지위는 뾰뜨르 1세가 시 내외에 세운 공장의 발전과 더불어 18세기에는 더욱 확대되어 섬유공업의 발달과 외국무역의 확대를 가져왔다. 최초의 대중극장(1702), 신문(1703), 대학(55), 문예잡지(84)의 건설, 발간 등 러시아 문화의 중심지로서의 지위도 흔들리지 않았다.

1812년 나폴레옹의 침입때 모스크바의 3분의 2가 파괴되었으나, 대규모의 재건계획으로 빠른 속도로 회복되었으며, 1851년 상뜨-뻬쩨르부르그까지의 철도개통과 함께 철도시대가 시작되었고, 모스크바는 러시아 철도교통의 중추가 되었다. 1811년 28만 명이었던 인구는 나폴레옹의 모스크바 점령과 시가지의 소실로 감소되었으나, 시가지의 손실은 몇 해 사이에 복구되고 농노해방 후에 이루어진 자본주의의 발전과 더불어 모스크바는 철도교통의 요지가 되었다.

19세기 후반 공공단체나 부유한 개인들이 '옛 러시아' 양식과 현대양식을 골고루 흉내 내어 화려한 건축물들을 세웠는데, 시청(레닌 중앙박물관), 국립역사박물관, 국영백화점들이 대표적 건물이다. 19세기 후반 모스크바에는 2만개 이상의 무역-산업시설이 있었으며, 그 가운데 약 1만개는 12만 명이상의 노동자들이 근무하는 산업시설이었다. 그러나 평균 16명 이하의 노동자를 가진 소규모 형태의 산업이 절대 다수였으며, 50명 이상의 노동자를 가진 산업체는 약 2%에 불과했다.

모스크바는 13세기 말 모스크바 공국의 수도가 되었으며, 15세기 이 공국이 성장함에 따라 전 러시아의 수도로서 번창했다. 1713년 이후 수도는 뻬쩨르부르그로 옮겼으나, 여전히 경제, 문화의 중심지로 존재했다. 나폴레옹 1세의 모스크바 원정(1812)으로 불타버렸지만, 곧 복원되었다. 그리고 1918년 이후 소련의 수도가 되었다.

1900년의 10여 년 동안 모스크바의 산업은 높은 집중성을 보이고 있었다. 1910년에 6%의 모스크바 대규모 기업체에 노동자의 49%가 집중되고 있었다. 당시 이미 외국자본이 모스크바로 투자되고 있었으며, 모스크바에 있는 화학 및 에너지관련 기업체의 거의 전부가 독일을 중심으로 하는 외국기업체에 의해 운영되고 있었다.

1917년 볼셰비키가 뻬뜨로그라드에서 권력을 장악했으나, 1918년 3월 레닌이 모스크바를 수도로 정하고 정부청사를 옮김으로써 이 도시는 옛 지위를 다시 찾았다. 1917년 10월 혁명에서 8일간의 전투 끝에 승리를 거둔 볼셰비키는 1918년 3월 레닌의 제창에 따라 수도를 모스크바로 옮겼다. 당시의 모스크바는 기계제작 공업을 중심으로 성장했다. 혁명후의 경제위기, 내전 등으로 한때 감소를 보였던 인구는 내전이 종결되자 수도로서의 행정기능의 확대와 공업의 발달 등으로 다시 급격히 증가했다. 1926년 202만 6000명, 1939년 413만 7000명에 달하였다. 1918년 레닌에 의해 모스크바의 재건축 계획이 하달되었으며, 이때부터 모스크바는 대도시로의 재건축 역사가 시작되었다. 급격한 인구증가로 주택환경의 악화가 심화되자, 1935년부터 모스크바 개조 10개년 계획을 실시하여 도로, 공원의 확충, 신설과 주택건설 등을 추진함으로써 시가지의 면모를 일신했다. 그리고 1935년에는 지하철 건설이 시작되었다.

2차 대전 시기 모스크바도 폭격을 당하였으나, 종전 후 전쟁으로 입은 피해를 빠르게 복구했을 뿐 아니라 경제를 한층 더 발전시켰다. 당시 모스크바는 기계제작 및 금속가공 공업을 중심으로 성장하고 있었다. 전쟁 후에 이주해온 사람들이 많아져 주택부족현상이 나타나기 시작하여, 1939년에는 454만 명에 달했으며, 1950년에는 절정에 달했다. 1960년 시의 규모를 1919년 당시의 5배에 해당하는 879 평방킬로미터로 확대, 설정하고, 모스크바의 종합개발에 주력했다. 1960년에 실시한 개발계획에 따라 인접 위성도시들이 모스크바시에 합병되었으며, 시 외곽을 둘러싸고 있는 환상도로 안쪽은 주거지역, 공업지역, 녹지대 등으로 구분되었다. 그러나 오늘날 늘어나는 도시인구와 토지수요의 심화로 모스크바 시가지는 환상도로 바깥쪽까지 확대되었다. 이 과정에서 모스크바는 러시아의 정치, 경제, 학문, 문화의 중심지로 성장했다. 시 규모의 확대에 따라 행정구역도 1917년 러시아혁명 당시 11개 지역에서 1960년에는 17개, 1980년에는 32개로 늘었다. 각 행정구역의 대표들은 시의회를 구성하여 시 예산을 집행하게 된다.

1990년부터 모스크바는 러시아 경제개혁의 중심지로 자리 잡았다. 모스크바 정부는 자유경제 및 관세지대를 형성, 발전시키는 문제에 관심을 집중시켰다. 금융시장이 발전되었으며, 모스크바에는 전체 러시아의 40%에 해당되는 약 1000개의 은행이 있다. 그리고 모스크바의 금융이 전체 러시아 영토의 90%에 해당되는 지역에서 투자와 산업을 조직화하고 있다.

학문-기술 및 경제협력 협정에 기초하여, 모스크바 정부는 베를린, 헬싱키, 바르샤바, 북경, 서울, 동경 등을 비롯하여 세계의 대도시들과 관계를 유지하고 있다. 다양한 중장기 경제협력을 통해 모스크바는 러시아경제의 중심지로서 영향력을 행사하고 있다. 러시아에서 활동하는 외국자본 투자와 관련된 전체 기업체 및 기관의 50% 이상이 모스크바에 집중되고 있다.

모스크바는 세계적 의미의 문화 및 학문의 중심지이다. 모스크바에는 다양한 문화기관들이 집중되어 있다. 현재 모스크바에는 72개의 극장, 109개의 영화관, 31개의 음악광장, 78개의 박물관과 142개의 전람회장이 있다. 모스크바에는 1517개의 초-중등학교를 비롯하여 31개의 종합대학교, 19개의 과학아카데미를 비롯한 학술기관들이 집중되어 있다.

모스크바 주요 연대표

년도	내용
1147	모스크바가 연대기에 처음 등장, 모스크바 설립 - 수즈달 공후인 돌고루키
1276	독립적인 모스크바 공국의 형성
1328	모스크바 - 러시아족의 중심도시인 대공국 도시로 성장
1480	킵챠크 한국의 종속으로부터 해방
1485-1495	이반 3세 치하에서 새로운 벽돌 장벽 및 크레믈린 탑의 축조
1547	모스크바의 대공후인 이반 4세가 짜르 칭호를 부여받음
1564	표도로프(Федоров И.)가 모스크바에서 최초의 책 출간
1589	모스크바에서 총주교를 최고권력으로 하는 제도 설립
1686	슬라브-희랍-라틴계 학교 창설
1703	러시아 신문 <군사 및 기타 활동에 관한 통보> 제1호 출간
1713	뾰뜨르 1세 치하에서 러시아의 수도를 모스크바에서 뻬쩨르부르그로 이전
1755	러시아 최초의 대학 <모스크바대학교> 설립
1812	1812년 조국전쟁. 모스크바의 방화
1872	뜨베리 거리를 따라 최초의 궤도 마차선 <철도마차> 개통
1905	제1차 혁명. 끄라스나야 쁘레스나에서 12월 군사봉기
1918	3월 12일, 모스크바는 소비에트 러시아의 수도가 되면서, 레닌과 함께 행정부가 이전됨
1924	모스크바에 최초의 버스 출현
1933	최초의 무궤도 전차 운전
1935	모스크바 제1호 지하철 개통 및 모스크바 재건 총계획 채택
1939	텔레비전 정규방송 시작
1941	모스크바 근교에서 독일군 괴멸
1945	붉은 광장에서 2차 세계대전 승리 열병식
1957	모스크바 청년 및 학생축전
1980	제22차 올림픽경기 실시
1991	직접-비밀선거로 뽀뽀프(Попов Г.Х.)가 제1대 모스크바 시장에 당선
1996	직접-비밀선거로 루쉬코프(Лужков Ю.М.) 시장 및 샨쩨프(Шанцев В.П.) 부시장 당선
1997	제5차 국제 대도시 시장회의
1998	모스크바에서 전세계 자연환경의 날 행사

http://www.gov.ru/main/regions/region.html(검색일: 2003. 2. 10)

2. 정치

1) 정치 일반

모스크바시 두마는 모스크바시의 상시적으로 활동하는 대의 및 입법권력기관이다. 모스크바시 두마는 35명의 의원으로 구성되며 권한은 모스크바시 헌장에 의해 규정된다. 모스크바 시 두마의원들의 권한임기는 4년이다.

모스크바시의 집행권력은 모스크바시 행정부 혹은 시장이 실현한다. 모스크바시의 최고 지도자는 시장이다. 부시장은 시장이 위임한 권한영역에서만 모스크바시 집행권력기관의 업무지도를 실현한다. 시장과 부시장은 4년 임기로 모스크바시의 주민들이 선출한다. 모스크바 시장은 루쉬꼬프이고 부시장은 샨쩨프이다.

모스크바 시정부는 도시 행정부의 협의기관으로서 전반적 권한을 가지고 시의 집행권력기관의 협의활동을 지원한다. 모스크바 시정부의 활동은 '모스크바 정부에 관하여'에 따라 실현된다. 시 생활 및 도시경제의 운영의 가장 중요한 문제들은 시정부가 심의한다. 모스크바시 정부의 하위에 위치한 집행권력기관은 부서, 국, 위원회, 그리고 도시 집행권력기관의 지구별 기관들이다.

루쉬꼬프는 모스크바 시장이자 모스크바 시정부의 총리이다. 1936년 모스크바에서 태어나 구브낀 석유, 가스 연구소를 마친 후 화학산업 계통의 기업에서 지도적 역할을 했던 그는 1986년부터 시의 집행권력기관 체계에서 모스크바시 집행위원회의 수석 부위원장, 위원장, 모스크바 소비에트 집행위원회 위원장 등의 직위를 거쳤다. 1992년 6월부터 1996년 6월에 이르는 기간동안 뽀뽀프의 퇴직이후 모스크바 시장 권한대행으로 임명되었다. 1996년 6월부터는 모스크바시의 주민들에 의해 시장으로 선출되었다. 1999년 12월 19일 모스크바 시장으로 재선되었다.

러시아연방의 수도이자 연방주체로서 모스크바시의 지위는 러시아연방 헌법과 연방법률 <러시아연방 수도의 지위에 관하여>, 모스크바시 헌장에 의해 정해졌다.

모스크바시 헌장은 시의 기본법이다. 시 헌장은 모스크바의 전 지역에서 직접적인 효력을 가지고 적용된다. 시 헌장은 시의 다른 법률들, 시 및 라이온의 권력기관들의 규범적 법규와의 관계에서 법률적으로 상위에 속한다.

2) 선거

1999년 12월 19일 모스크바의 주민들은 시장과 부시장, 러시아연방 국가두마의원, 라이온 회의의 자문역을 선출했다.

모스크바에서는 시장과 부시장, 15명의 러시아연방 국가두마의원, 약 3000명의 라이온 회의 자문역들을 뽑는 데에 전체 유권자 6,936,912명 가운데 4,443,162명이 참여하여 66.13%의 투표율을 보였다.

모스크바 시장 선거에서는 3,174,658명의 모스크바 시민이 루쉬꼬프-샨쩨프에 지지를 표명했고 이는 69.89%의 득표율을 의미한다.

러시아연방 국가두마의원 선거에서는 41% 이상의 모스크바 시민이 조국-전 러시아에 지시를 보냈으며, 모스크바시의 선거구에서 선출된 러시아연방 국가두마의원들 역시 이 정당 소속이 압도적으로 많았다. 15명의 의원 가운데 10명이 조국-전 러시아 소속으로 나타났다.

조국-전러시아 소속 당선자

당선자	선거구
드라가노프(Драганов В.Г.)	191 선거구
시로꼬프(Широков С.В.)	192 선거구
그레벤니꼬프(Гребенников В.В.)	193 선거구
리넨꼬(Линенко И.В.)	195 선거구
보오스(Боос Г.В.)	196 선거구
랴잔스끼(Рязанский В.В.)	198 선거구
쇼힌(Шохин А.Н.)	200 선거구
메드베제프(Медведев П.А.)	203 선거구
쇼힌(Шохин С.О.)	204 선거구
꼬발료프(Ковалев Н.Д.)	205 선거구

다른 다섯 명의 의원은 이전 국가두마와 유권자들과의 업무에서 두각을 나타냈던 유명한 정치가들이다.

당선자	선거구
릐센꼬(Лысенко В.Н.)	194 선거구
니꼴라예프(Николаев А.И.)	197 선거구
쥬꼬프(Жуков А.Д.)	199 선거구
자도르노프(Задорнов М.М.)	201 선거구
곤차르(Гончар Н.Ню)	202 선거구

12월 19일에는 또한 라이온 회의 자문역, 즉 시의 125개의 각 지구에서 자신의 대표자를 선출했다. 이들에게는 라이온 운영책임자의 후보를 시장에게 제안하고 이후에는 함께 시의 과제들을 해결하는 역할이 주어진다.

Ⅳ. 경제 시스템

1. 경제개황

모스크바시는 7개의 연방지구 중 중앙연방지구에 속하고 12개의 러시아 경제지역 중 중앙경제지역에 속한다. 모스크바시는 러시아 수도이기도 하면서 규모면에서 세계적으로도 메가톤급 도시에 속한다. 모스크바시는 러시아의 공업과 무역, 금융의 중심지이다.

모스크바시에 러시아 은행의 40%가 등록되어 있고 외국은행의 지점수와 외국기업의 지사나 대표부도 계속해서 증가하고 있다. 러시아의 금융자원의 80%가 모스크바시에 집중되어 있고 지역총생산의 몫은 16%이상에 이르고 있다.

1990년대 초 러시아 경제위기시 모스크바시의 여러 공업기업들은 다른 지역에 비해 훨씬 안정적이었다. 그것은 공업생산의 하락을 서비스와 금융부문이 보정해 주었기 때문이다. 실질적으로 채굴업과 산림업을 제외하면 모스크바시에는 모든 공업부문이 활동하고 있다.

모스크바시의 규모를 대변해주는 한 예를 보면 러시아의 여타 연방주체들의 세금납부액 총 합계보다 모스크바의 세금납부액이 훨씬 더 높다는 것이다. 이와 같이 특권을 가진 수도는 효율적인 경제정책이 시행되어 투자자들에게 훌륭한 투자조건이 되고 있어 외국인 투자자들이 모스크바로 집중하고 있다. 러시아 외국인투자의 약 40%이상이며 계속해서 안정적으로 증가하고 있다.

모스크바시의 러시아에서 경제비중을 항목별로 살펴보면 지역총생산은 러시아대비 16.3%로 매우 높은 편이고 소매유통과 자본투자는 각각 29.6%와 12.9%로 두드러진 편이다. 다른 연방주체들과는 비교가 되지 않을 정도로 큰 비중을 가지고 있다.

2000년 러시아 주요경제지표에서의 모스크바시의 비중

주요 항목	러시아대비 모스크바시 비율
지역총생산	16.3%
공업생산량	5.5%
소매유통	29.64.3%
자본투자	12.9%

http://www.infostat.ru/epub.htm (검색일: 2003.1.10)

모스크바시의 지역총생산은 1999년에 6,773억 7,200만 루블로 전년대비 82.78%가 상승하였다. 1인당 지역총생산은 1999년에 7,848만 8,000 루블이며 이것은 1998년 대비 82.76% 증가한 것이다.

모스크바시의 지역총생산의 주요 구성과 비율을 보면 유통이 32.2%로 높은 비율을 차지하고 있고 다음은 공업부문이 11.6%로 강세를 나타내고 있다. 표를 통해보면 다음과 같다.

지역총생산의 주요 구성과 비율

주요 산업부문	지역총생산의 주요 구조의 비율
공업부문	11.6%
건설부문	6.0%
운송부문	4.7%
유통부문	32.2%

http://www.infostat.ru/epub.htm (검색일: 2003.1.10)

모스크바시의 총 기업수는 2000년에 758,699개이고 소 기업수는 2000년 180,001개이다. 이것은 1999년 대비 총 기업수는 10.33% 증가한 것이고 소기업은 2.23% 상승한 것이다.

공업부문에서 활동하고 있는 기업수는 2000년에 16,718개이고 이것은 1999년 대비 1.33% 상승한 것이다.[1] 그런데 모스크바시에서 공업부문에 활동하고 있는 기업수는 0.02%에 미치는 것으로 나타나 여타 지역에 비해 상당히 낮은 비율을 가지고 있다.

2. 산업

1) 공업

모스크바시의 공업은 러시아 산업에서 우월한 부문이며 모스크바시를 구성하는 가장 주요한 부문임에 틀림없다. 모스크바시에는 800개 이상의 대기업과 중기업이 활동하고 있고 소기업은 18만 개정도가 2000년 현재 활동하고 있다.

---

1) 년말 추계액임.

경제위기시 공업생산의 하락이 가장 컸던 부문은 기계제작·금속가공이었다. 이 부문 공업생산량은 무려 11배가 축소되었다. 이렇게 급속하게 하락을 했지만 모스크바시의 기계제작·금속가공부문은 여타 러시아 지역들의 그것보다 더 크다.

전기전력부문에서 생산을 증가시키기 위해 모스크바시는 전기전력전용 공업지역을 만들어 전기전력관련 기업이 입주하여 활동하게 하고 이 공업지역에 관한 법안도 내 놓았다. 즉, 소득세를 감면해주고 재정지원과 각종 사회적 지원을 포함한 특혜를 준 것이다.

모스크바시는 방위산업단지를 만들어 방산업체를 지원하고 특별추경 자금을 마련을 계획했다. 2000년에 이런 목적을 실현시키기 위해 5억 루블을 지출하기로 하고 방산업체의 개혁과 지원을 위한 위원회를 만들었다. 그리하여 실질적 개혁과 민영화 등 경쟁체제를 도입하여 효율제고의 긍정적 결과를 나타내고 있다.

모스크바시에는 자동화기술이나 장치, 기구제작, 전력장치 등의 부문에서 많은 중요한 기업들이 활동하고 있다.[2] 이 기업들은 항공우주와 관련된 제품을 생산도 하고 여러 형태의 민간 소비재도 생산해 내고 있다.

모스크바시의 총 공업생산량은 1998년 814억 3,500만 루블, 1999년 1,619억 6,100만 루블, 2000년에 2,247억 6,500만 루블[3]을 나타내고 있어 놀라운 성장을 거듭하고 있다. 모스크바시의 공업[4] 부문별 구조는 식품공업이 33.2%로 주도적 위치를 차지하고 있고 기계제작·금속가공부문이 30.6%로 높은 비중을 차지하고 있다. 여타 공업부문을 표로 보면 다음과 같다.

---

2) 'Авиаприбор', 'Фазотрон', завод им. В.А. Казакова, Московский радиотехнический завод, НПО 'Геофизика', 'Газавтоматика', завод 'Микрон', предприятия 'Плутон' и 'Электромаш' 등이 이 부문에서 활동

하고 있다.

3) 명목가치임

4) 러시아 전체공업생산의 0.7%차지하고 있다.

주요 공업생산부문별 생산비율

생산부문	스몰렌스크주 총공업생산 비율
전기전력	9.3%
연료공업	1.7%
철강업	1.2%
비철금속	1.0%
화학·석유화학	5.5%
기계제작·금속가공	30.6%
목재가공, 종이·펄프	3.4%
건재공업	4.1%
경공업	2.9%
식품공업	33.2%
기타	4.6%

http://www.infostat.ru/epub.htm (검색일: 2003.2.10)

모스크바시는 공업부문에서 우위를 점하고 있는 기계제작부문의 생산과 유통방향을 모스크바시 자체 생산과 생산물 수출에 초점을 맞추고 있다. 그런데 기계제작부문은 모스크바시 자체의 소비자의 수요를 충족시키는 것이 더 우선해야한다는 요구가 커지고 있다.

기계제작부문에서는 모스크바시의 생산자를 위한 원료와 연료를 공급하는 납품업자가 많기 때문에 이 부문에서 생산 하락 등의 문제를 가져온다면 파급효과는 대단할 것이다. 그러므로 이 부문의 대대적 구조조정 필요성이 대두되고 있다.

모스크바시 식품공업의 현황에서 모스크바시 기업이 생산한 식품들을 여타 지역으로 판매하는 일은 그리 많지 않다. 한 예로 인근에 있는 모스크바주와 랴잔주의 모스크바시와의 식료품교환은 적절히 이루어지고 있으며 이것은 여러 부문에서 다른 대다수의 지역과 모스크바시와의 경제관계를 위한 전형적 모델로 생각할 수 있다. 즉 모스크바시로는 주로 농업생산품의 원료 혹은 반가공식품이 들어오고 반면 모스크바시에서는 완제품으로 가공하여 다른 지역으로 역유통을 하는 것이다[5].

일반적으로 모스크바시의 공업생산부문에서 화학·석유화학부문, 경공업부문은 그렇게 큰 비중을 차지하고 있지 않다. 이 부문의 대기업들 중의 하나

---

5) 예를 들면 소시지, 과자, 면제품, 통조림 등

는 '모스크바 석유가공공장'이다. 이 공장은 역청, 디젤연료, 이량체필름 등을 주로 공급한다. 그런데 이 부문에서 모스크바시는 무엇보다 모스크바시 시민들의 소비수요를 충족시키는데 역점을 두고 있기 때문에 경공업부문과 화학·석유화학부문에서 활동하는 모스크바시 기업들은 여타 지역에서 들어오는 제품을 받아 중간적 역할 혹은 판매자의 역할을 하고 있다. 왜냐하면 이 부문의 기업들이 자체생산품을 판매하는 것은 전 러시아시장에서 생산효율이 낮기 때문이다.

2) 농업

모스크바시는 농업활동이 거의 없으며, 통계에 잡히지 않고 있다.

3. 자원 등 기타

모스크바시에는 그 지역에서만 볼 수 있는 특수한 형태의 자연단지가 보존되어있다. 이들은 과학적, 휴양적 및 문화적으로 큰 가치를 지닌 장소들이다. 이들 중 규모가 큰 것들은 시 경계에 인접하여 있다. 즉 이들은 산림공원보호구역으로 지정되어 있다. 이들 산림공원보호구역은 동쪽에서는 소나무 숲, 북쪽에서는 전나무 숲, 서쪽에서는 활엽수림 그리고 남쪽에서는 참나무와 피나무 숲 등으로 이루어져 있다. 이들 숲 지대에서 발견되는 새의 다수가 참새들이며 딱따구리가 자주 발견되는 것도 주목할 만하다.

모스크바시에는 1,000종 이상의 식물이 발견되고 있으며 그 중의 43종만이 순수한 이 지역의 식물이다. 최근에는 각 지역마다 고유한 순수한 종들이 타 지역의 식물과 자연적으로 혼합되는 경향이 많다. 그렇지만 모스크바에서 각 식물들은 그의 종류별로 특정지역에 자연적인 군집을 이루어 보존되고 있다.

모스크바강은 모스크바에 위치한 중요한 수자원으로 수상동맥이라 불린다. 모스크바강은 북서쪽에서 동남쪽으로 흐르고 있으며 시 경계에 이르기까지 그 길이는 80km에 육박한다. 모스크바강에 합류되는 지류들은 거의 50개에 달하고 있다.

이 외 수산자원으로서 다종의 잉어 및 농어들이 각 하천과 강에서 발견되고 있다.

V. 문화시스템

1. 지역정체성

1) 인구

모스크바시의 인구는 2001년 현재 8,546,000명으로 러시아연방 89개 주체 중 1위를 기록하고 있다. 그러나 모스크바의 인구도 러시아 전역에서와 마찬가지로 출생률이 급격하게 하락하는 가운데 사망률의 급등으로 인해서 인구수가 전반적으로 감소하고 있다. 모스크바를 비롯한 러시아 전역의 인구 감소추세에는 2차 대전의 후유증이 아직도 영향을 미치고 있는데, 당시 어린이들의 아이들이 출산적령기기에 들어선 것이다. 불안정한 국내 정치, 경제 상황 또한 출생률에 부정적인 요인으로 작용하고 있다.

모스크바시 인구변동 추이

연도	1990	1992	1993	1994	1995	1996	1997	1998	1999	2000	2001
인구수 (1,000명)	8,908	8,865	8,789	8,701	8,625	8,572	8,547	8,537	8,538	8,537	8,546

Россий ский статистический ежегодник. Госкомстат России. М., 2001. С. 82.

2001년 현재 모스크바시 인구수는 8,546,000명으로, 1990년 대비 36만여명 감소했다. 80년대 말에 시작된 인구 자연감소 현상 및 노령화가 지속되고 있다.

1993~1997년 동안 상주인구 중 어린이들이 차지하는 비율은 18.2%에서 16.8%로 감소한 반면, 연금 생활자들의 비율은 22.8%에서 23.9%로 증가했다.

뿐만 아니라 인구 자연증가율은 1990년도를 기점으로 마이너스로 전환되었다.

상당수의 모스크바 주민은 모스크바 원주민이 아니다. 농촌지역이나 소도시로부터 다양한 계층 및 인종의 주민들이 모스크바로 끊임없이 전입해 오고 있다. 이는 인구 자연감소율을 보충하는 역할을 하기도 하지만, 다양한 계층이 거주하게 됨으로써 사회적 긴장을 야기하기도 한다.

이와 같이 모스크바의 인구는 전반적인 감소추세에 있으며, 국가 통계청에 따르면, 2010년 경 모스크바시의 상주 인구수는 7,577,000 명으로 감소할 것으로 추산된다.

모스크바시 출생자수, 사망자수, 자연증가율

연도	출생자수(명)	사망자수(명)	자연증가율(명)
1990	94,467	114,957	-20,490
1992	82,207	115,815	-33,608
1993	68,567	121,956	-53,389
1994	62,322	145,600	-83,278
1995	66,769	153,681	-86,912
1996	69,168	146,666	-77,498
1997	68,549	129,906	-61,,357
1998	67,461	124,648	-57,187
1999	67,491	125,933	-58,442
2000	66,954	127,899	-60,945
2001	73,142	130,950	-57,808

Россий ский статистический ежегодник. Госкомстат России. М., 2001. С. 108.

모스크바시의 경제활동인구 및 취업률, 실업률은 다음과 같다.

1990년대 초반 경제개혁 초기에는 실업률이 매우 높았으나, 1997년 경제위기를 지나면서 최근에는 상당히 안정된 실업률을 보이고 있다.

모스크바시 경제활동인구(취업자, 실업자), 실업률

연도	경제활동인구 (1,000명)	취업자수 (1,000명)	실업자수 (1,000명)	실업률(%)
1992	4,693	4,404	289	6.2
1993	4,489	4,197	292	6.5
1994	4,243	3,914	329	7.7
1995	4,162	3,870	291	7.0
1996	4,167	3,903	264	6.3
1997	4,072	3,877	195	4.8
1998	4,036	3,841	196	4.8
1999	4,278	4,039	239	5.6
2000	4,276	4,114	162	3.8

Россий ский статистический ежегодник. Госкомстат России. М., 2001. С. 135.

2) 민족

2001년 현재 850여만 명에 이르는 모스크바 주민들 중에는 수많은 민족이 뒤섞여 있다. 모스크바는 성립 초기부터 정치, 경제, 문화 및 기타 많은 요인으로 다양한 민족을 끌어들였다. 그럼에도 불구하고 850여년의 오랜 역사를 가진 모스크바는, 비록 민족문제가 항상 통치자들의 주요 관심사이긴 했으나, 기록에 남을만한 심각한 민족분쟁은 거의 없었다.

1989년도에 실시된 전소련 인구조사에 따르면, 모스크바에는 122개 민족이 거주하고 있으며, 1970~1989년 사이 러시아인(89.2%에서 89.7%), 우끄라이나인(2.6%에서 2.8%), 따따르인(1.6%에서 1.8%), 벨라루스인, 까프까스인, 중앙아시아인, 모르도바인, 추바슈인 등의 비율이 각각 증가하고, 유태인(3.6%에서 2%)과 발틱해 연안 민족들은 각각 감소했다.

러시아인의 수가 증가한 이유는 러시아인들과 이민족들 간의 혼인을 통해 태어난 후손들이 '러시아인'으로 등록된 결과와 80년대 구소련 국가들(특히, 중앙아시아, 까자흐스딴, 아르메니아)로부터 많은 러시아인들이 귀환한 결과에 따른 것이다.

3) 교육

모스크바시에는 1999/2000학년도 현재 88개 국립대학에 607,800명의 대학생이 재학중이다. 국립대학 수는 전 러시아연방 대학의 15%, 대학생수의 19%를 각각 차지한다.

최근 주간 교육 학생수가 늘어나고 있으며, 1999/2000학년도 주간 학생수는 모스크바 전체 대학생수의 50.3%에 이른다. 입학생수는 144,100명으로 1992년 대비 69% 신장했다.

대학들의 재정악화로 인해 많은 학교가 유상교육으로 전환하고 있다. 1999/2000학년도 유상교육 학생수는 158,400명으로 모스크바 전체 국립대학 학생수의 26.1%에 달한다.

모스크바에서는 정부 공공부문 전문가를 양성하기 위한 계약제 교육이 이루어지고 있는데, 1999/2000학년도에 계약제 교육생은 21,800명으로 모스크바 전체 대학생수의 3.6%에 이른다.

중등 전문교육기관에도 많은 젊은이들이 수학하고 있다. 1999/2000학년도 초 모스크바에 등록된 중등교육기관의 수는 142개로 러시아 전체 중등교육기관의 5.5%에 이른다. 1992/1993학년도 대비 중등교육기관의 수는 4개, 학생수는 26.9% 감소했으며, 이 추세는 지속되고 있다. 1999/2000학년도 중등교육기관 학생수는 40,400명이며, 이 중 76.6%는 주간 교육생이다.

최근 국립 쩨흐니꿈(중등기술전문학교)의 유상교육이 증가하고 있는데, 1999/2000학년도에 18,200명(15.6%)의 학생이 전액 유상교육을 받았다.

1999/2000학년도 모스크바에는 1,547(전 러시아의 2.3%)개의 주간 중등교육기관이 운영되었으며, 학생수는 10,277,000(전 러시아의 5%)명에 이른다.

1999/2000학년도 야간 학생수는 88,000명으로 총 학생수의 8.7%이다.

모스크바에는 국립중등학교 외에 122개의 사립중등학교에서 10,900명의 학생이 교육을 받고 있으며, 이는 각각 전 러시아의 20.1%, 20.4%에 이른다.

1999년 초 모스크바에는 2,309개의 취학전아동교육기관이 운영되었으며, 232,800명의 어린이들이 수학했다.

최근에는 그 수가 점차 감소하고 있는데, 1999년도에는 1992년 대비 454(16.5%)개 취학전아동교육기관이 감소했으며, 아동들의 수도 25% 감소했다.

또한 최근에는 정부부처 소속 취학전아동교육기관이 시에 이양되고 있는데, 1992년도에 시 산하 취학전아동교육기관의 수가 63%인데 비해, 1999년도에는 83%로 증가했다.

2. 지역문화

1) 문화개괄

러시아 문단의 큰 별 푸쉬킨은 '예브게니 오네긴(Евгений Онегин)'에서 모스크바에 대한 추억을 다음과 같이 묘사하고 있다.

"흰 돌의 모스크바,/연륜을 쌓은 둥근 지붕이 금빛 십자가를 반짝이며, 숯불처럼 타고 있다./ 오 친구 여러분 내 눈앞에 불쑥/ 교회의 종루나, 정원, 궁전의 반원이 나타났을 때,/나는 얼마나 기뻤던가?/ 떠도는 운명이 되어, 슬픈 이별을 해야 할 때,/ 모스크바여, 얼마나 자주 너를 생각했던가!/ 모스크바!.. 이 한마디 소리는 러시아인들의 가슴에 얼마나 많은 것을 말해주는가!/ 얼마나 많은 것들이 그 속에 메아리치는가."

톨스토이는 「전쟁과 평화」에서 "러시아 사람이라면 누구나 모스크바를 어머니처럼 느낀다"라고 적고 있다. 러시아의 어머니와 같은 모스크바는 '축축한 강' 또는 '젖소의 강'이라는 의미를 지닌 도시로서, 이미 끼예프 루시 시대부터 존재하고 있던 농촌의 촌락이었다. 수즈달과 로스또프의 공후인 유리 돌고루끼(Юрий Долгорукий, 1149-1157)공에 의해 오늘날의 모스크바로 성장하는 터전을 닦게 된다. 모스크바라는 명칭은 1147년의 '이빠찌예프스키 연대기' 에 처음 등장하게 되는데, 이 연대기는 유리 돌고루끼가 노브고르트의 공후를 초대하여, 이곳에서 나무로 된 방벽을 쌓기 시작해서 1156년에 이를 완공했다고 적고 있다. 그것이 크렘린의 시초라고 볼 수 있다. 1147년은 유리 돌고루끼 이후, 알렉산드르 넵스끼의 아들 다닐 알렉산드로비치(Даниил Алексадрович, 1261-1303)공이 이곳에 상주하며 공후의 저택을 짓기 시작했으며, 1237년에는 몽고 따따르 족의 침입으로 도시 선체가 파괴되기도 했다. 또 1380년 드미뜨리 돈스꼬이는 몽고족의 마마이에게 꿀리꼬보(Куликово)에서 대승을 거두면서, 러시아인들의 독립심을 고취시켰고, 러시아인들로 하여금 모스크바라는 도시를 통해 민족적 자긍심을 불러일으키는 계기를 만들었다.

그 뒤, 1480년 정식으로 몽고족의 러시아 지배가 막을 내리고 금장한국의 위협과 압제가 사라지게 되자, 모스크바는 러시아 역사에서 가장 중요한 도시로 성장하는 발판을 마련하게 된다. 1462년부터 1505년까지 이반 3세의 통치 시대에 들어와 모스크바-루시의 새로운 시대를 맞이하면서 30-40만의 인구를 지닌 모스크바는 러시아의 정치, 경제, 문화 중심지가 되었다. 이반 3세는 모스크바의 대공에서 전체 러시아를 지배하는 군주로 자신의 지위를 격상시켰고, 또 그는 이탈리아에서 초빙한 마르고 루포, 안토니오 프랴진, 알레비즈, 삐에뜨로 안토니오 솔라리, 피오라반티와 같은 건축가들이 모스크바의 내성이었던 크렘린을 새롭게 증축하거나 재건하게 했다. 15세기의 모스크바에는 이러한 이탈리아 건축가들이 세운 하얀 돌의 석조 건물들이 점차 늘어나기 시작했다. 이반 3세 이후, 바실리 3세 시대에는 '모스크바 제3 로마설'이 대두되어 이제 모스크바는 예루살렘, 콘스탄티노플, 로마와 견주게 되는 역사적인 도시, 중앙집권화된 러시아의 상징으로 성장하는 계기를 마련한다.

한편 모스크바가 제국의 수도로서의 면모를 갖추기 시작하면서 러시아 문화에는 도시와 농촌 사이의 차이가 나타나기 시작한다. 수공업과 상업 중심의 도시 문화와 농경 사회를 보존하는 농촌 문화 사이의 대립구도가 형성되는 것이다. 17세기에 들어와서는 교회의 분열로 구교도가 등장함에 따라 '기독교 대 이단'의 대립이 '거짓 믿음 대 바른 믿음'의 대립으로 변했다. 이러한 대립의 양상은 뾰뜨르 대제의 뻬쩨르부르크 시대에 들어와서 '신(新) 대 구(舊)'의 분명한 대립의 통일로 나타난다.

모스크바와 뻬쩨르부르크의 문화적 특징을 비교해보면, 모스크바가 정교의 슬라브적인 전통을 간직한 비잔틴 문화 지향의 도시라면 뻬쩨르부르크는 서구의 모더니티를 통해 형성된 라틴 문화 지향의 도시이다.

2) 문화시설

(1) 크렘린(Кремль)

구소련 권력의 상징처럼 여겨졌던 크렘린은 원래 수비 목적의 목조 방벽으로 둘러쳐진 작은 내성이었다. 그러나 1327년 석조 건축물인 우스뻰스끼(Успенский) 사원이 이반 깔리따에 의해 크렘린 안에 세워지게 됨으로써 크렘린은 모스크바의 정치적, 종교적, 문화적 중심으로 자리를 잡아가게 된다. 드미뜨리 돈스꼬이의 시대인 1367년에 들어와 크렘린의 나무 방벽은 점차로 하얀 돌로 된 석조 방벽으로 대체되기 시작했다. 크렘린은 약 2킬로미터 길이의 삼각형 모양으로 축조되어 있으며, 그 방벽 위에는 통로와 포대가 설치되어 있는 포문이 있고, 벽 주위에는 높이가 8미터에서 18미터나 되는 탑이 배치되어 있다. 크렘린 안으로 들어가려면 여섯 개의 탑 밑에 나있는 출입문을 이용해야했는데, 황제는 스빠스까야 탑 밑의 구세주 문을, 총대주교는 뜨로이츠까야 탑 밑의 삼위일체 문을, 일반인들은 보로비츠끼예 문을 이용하였다. 이 크렘린 내부에 러시아의 역대 대공들과 황제들은 사원을 건축하고 재건하였으며, 궁정과 무기고, 종탑, 대포 등을 설비하여 마치 견고한 요새이자 모스크바 강을 바라보는 섬처럼 만들었다. 또한 구소련 시대에는 이곳에 최고 권력의 상징인 최고 회의 간부회 건물도 위치하고 있었다. 그러므로 오늘과 같은 크렘린의 모습은 모스크바 역사의 오랜 기간에 걸쳐 형성되는 역사적 박물관인 것이다.

(2) 우스뻰스키 사원(Успенский собор, 성모 승천 사원)

아르한겔스키 사원, 블라고베셴스키 사원과 더불어 크렘린 안의 '대성당 광장'에 위치하고 있는 이 사원은 성모 성천을 기념하여 블라지미르에 있는 우스뻰스끼 사원을 모방하여 건축한 사원으로 크렘린 안에 있는 다른 사원들 중에서 가장 오래되었으며 이후에는 이곳에서 황제의 대관식이 거행되는 러시아의 국가적인 사원이자 러시아 정교의 본산으로 성장하게 된다. 이반 깔리따는 자신과 교분이 있던 뾰뜨르 대주교에게 이 크렘린 안에 1326년 우스뻰스끼 석조 교회를 건축하도록 했고 1327년 축성식을 갖게 된다. 약 150여 년 뒤, 몽고의 압제가 끝난 뒤 이반 3세는 모스크바의 입지를 강화하기 위해 지진으로 붕괴된 우스뻰스끼 사원을 오늘날의 형태를 갖춘 모습으로 재건하기로 결정했다.

이반 3세는 1475년 볼로냐 출신의 이탈리아 건축가 알베르티 피오라반티를 초빙하여 사원을 건축하게 하는데 피오라반티는 블라지미르, 쁘스꼬프, 노브고로트 등지를 돌면서 러시아 정교 사원의 건축 양식에 대한 감각을 얻게 되고 이후 1479년 블라지미르의 우스뻰스끼 사원 양식과 황금 분할을 적용한 이탈리아 르네상스 건축 양식을 기초로 이 사원을 건축했다.

(3) 아르한겔스크 사원(Архангельский собор)

아르한겔스끼 사원은 13세기 경에 세워진 목조 교회 건축물의 자리에 이탈리아 건축가 알레비시오(혹은 알레비즈)에 의해 러시아양식보다는 이탈리아의 베네치아 풍으로 바실리 3세 시대인 1505~1508년의 기간 동안 새롭게 건축된 사원이다. 대천사 미카엘(아르한겔 미카엘)의 이름을 따고 있는 이 사원은 흰색 돌을 사용하여 정면에는 사각형 기둥을 두 개의 단으로 세우고, 상단부에는 아치형 창문과 그 위에 원형 탑을 세운 독특한 삼층 구조의 사원으로서 여기에 푸른 색 반원형 양파지붕을 세우면서, 비잔틴의 영향을 받은 고대 러시아 목조 건축 양식을 가미하였다. 사원보다는 오히려 세속적인 장식에 치중한 건물의 인상을 주고 있으며 이탈리아 르네상스 건축 양식의 영향이 짙게 배어 있다. 이반 깔리따, 드미뜨리 돈스꼬이, 이반 대제, 이반 뇌제 등과 같은 모스크바 대공들과 짜르들의 석관이 이 사원 안에 안치되어 있어서 이곳은 역대 대공과 황제들의 납골 사원으로 이용되었던 장소이다.

이곳에는 1399년 페오판 그렉(Феофан Грек)의 작품으로 알려진 프레스코화가 보관되어 있으며, 안드레이 루블료프(Андрей Рублёв)의 작품으로 알려진 '대천사 미하일' 이콘과 알렉산드르 넵스끼, 이반 깔리따, 바실리 3세 등의 초상화도 있다.

(4) 블라고베셴스크 사원 (Благовещенский собор)

이 사원은 천사 가브리엘이 성모 마리아에게 그리스도의 잉태를 고지한 성모 수태고지의 의미를 담고 있는 황제들의 가족 성당으로서 이미 13세기부터 존재해 왔던 목조 사원이었으나, 드미뜨리 돈스꼬이에 의해 하얀 돌로 만든 사원으로 13세기 중반에 들어와 변모하게 된다. 이 사원 내부에는 14세기 말과 15세기 초에 활동한 페오판 그렉과 안드레이 루블료프의 프레스코와 이콘이 있는 것으로도 널리 알려져 있다. 또한 1508년 페오도시가 그린 이콘은 그 위에 몇 차례 덧칠을 하여 알아볼 수가 없었으나 1947년에는 복원되어 원화를 볼 수 있게 되었다. 그러나 이 사원 역시 이반 3세 시대인 1484 -89년에 쁘스꼬프 출신의 러시아 건축 장인들에 의해 재건되었다. 9개의 황금빛 꾸뽈로 형성된 이 사원은 그 규모는 작지만 황실용 사원답게 그 내부는 화려한 장식들과 거대한 이콘으로 가득 차있다. 우스펜스끼 사원과 비슷한 시기에 건축된 이 사원은 피오라반티(П. Фиораванти)의 영향을 받아 블라지미르의 우스뻰스끼 성당과 르네상스 양식을 결합하고 있는데 이반 4세 시대에 들어와서는 다시 개축되기도 한다. 이때 새로 설치한 이반 대제의 현관에는 모스크바 대공들의 초상화가 걸려 있다.

(5) 붉은 광장

붉은 광장은 크렘린의 동쪽 성벽과 나란히 위치하고 있다. 붉은 광장이라는 명칭은 16세기 이후에 생긴 이름으로서 15세기 전까지만 해도 크렘린의 동쪽 담장 부근에는 나무로 만든 노점이 즐비하게 늘어서 있었으나 1493년 대화재로 인해 그 목조 건물들은 전소되었고 그 이후에 상업지구였던 끼따이-고로드지역과 함께 이곳을 정비하여 지금과 같은 붉은 광장을 형성하였다. 붉은 광장에서는 소련시대에 혁명 기념일 행사나 노동자의 날인 메이데이 축제 행사들이 열리곤 했다.

이 붉은 관장과 연이은 끼따이-고로트는 옛 모스크바의 가장 중요한 상업 지구이자 상인들의 거리로서 장인과 수공업자들이 모여 의상, 장신구, 잡화 등을 만들어 팔던 장소였으며 모스크바강의 수로를 이용해 러시아 각지의 상인들이 모여들어 이곳에서 상거래를 했다. 특히 바실리 3세의 미망인이자 이반 뇌제의 어머니였던 엘레나 글린스까야는 16세기 이후 늘어나는 상거래와 정치 경제적인 입지의 주요성을 자각하고 끼따이-고로트에 방벽을 쌓고 그것을 크렘린의 방벽에 접목시키기도 했다. 이 끼따이-고로트의 방벽의 일부분이 오늘날에도 보존되고 있다.

(6) 뜨레쨔꼬프(Третьяков) 미술관

러시아 미술의 수준을 한 눈에 알 수 있는 미술관이다. 모스크바의 상인 빠벨 미하일로비치 뜨레쨔꼬프(1832-1898)는 1856년부터 러시아 화가의 작품을 수집하기 시작하여 화가 뻬로프(Перов), 끄림스꼬이(Крамской), 스따소프, 레삔, 바스니쪼프(Васнипов), 베르샤긴(Верщагин) 등의 조언과 협력으로 수집품을 늘려 최대의 러시아 미술관을 만들었다. 그는 작품 구입으로 이동파를 원조하고 70년대부터 80년대 초까지의 수집품을 공개하였다. 1892년에 그는 이 수집품을 모스크바시에 기증하였다. 그 후 미술관은 20세기 초의 훌륭한 화가들에 의해 성장을 계속했다. 이후 소비에트 정부는 뜨레쨔꼬프의 지대한 공헌에 경의를 표하여 이 미술관을 국립 뜨레쨔꼬프 미술관이라고 불렀다.

이 미술관에는 11세기 이후 러시아 미술의 역작이라고 할 수 있는 것은 거의 다 수집 되어있다. 11세기부터 19세기까지의 미술품을 전시하고 있는 구관과 20세기 이후의 미술품을 전시하고 있는 신관으로 분리해서 운영하고 있다. 구관에는 안드레이 루블료프의 걸작 '삼위일체', 이바노프의 '민중에게 예수의 출현', 아이바조프스끼의 '흑해', 뻬로프의 '삼두마차', 끄람스꼬이의 '미지의 여인', 수리꼬프의 '귀부인 모로조바', 레삔의 '이반 뇌제와 그의 아들' 세로프의 '복숭아를 가진 소녀', 신관에는 뻬뜨로프-보드낀의 '붉은 말의 목욕' 말레비치의 '검은 사각형', 칸딘스키의 '구성 7'등이 전시되어 있다. 일반적으로 알고 있는 서구 미술과는 또 다른 폭과 깊이를 느낄 수 있을 것이다.

(7) 푸쉬킨 조형예술 박물관

이 미술관은 세계 예술의 역사와 흐름을 한 눈에 볼 수 있는 놀라운 곳이다. 세계 어느 곳을 가도 이렇게 세계 예술의 대표작들을 한 박물관에 모아 놓은 곳은 없을 것이다. 물론 많은 작품들이 교육용으로 만든 정교한 모조품이다. 작품들을 살펴보면, 고대이집트 예술에서 헬레니즘 예술의 대표작이라고 할 수 있는 밀로의 '비너스상', '라오쿤', '트로이 전쟁의 모습', '아우구스투스 상'을 비롯한 고대 로마의 예술품들, 중세 유럽의 예술품, 르네상스기의 이탈리아 예술품, 미켈란젤로의 작품들, 17-18세기의 이탈리아 예술품, 17세기의 스페인 예술품, 프랑수아 부셰와 그로즈를 포함하는 17-18세기 프랑스의 예술품, 프랑스 인상주의 작품들, 마네, 모네 르느와르의 '잔사마라의 초상' 고흐의 '아를레의 붉은 포도밭', 세잔과 고갱의 작품들, 칸딘스키, 샤갈의 작품들을 망라하고 있다.

3) 문학

모스크바 시는 정치 경제뿐만이 아니라 러시아의 문화의 중심지이기도 하다. 이 지역은 러시아의 문화를 이끌어온 걸출한 많은 인물들이 태어나고 활동한 곳이기도 하다. 먼저 아뽈론 그리고리예프가 "우리의 모든 것"이라고 칭송한 푸쉬킨(1799-1837)을 들 수 있겠다. 푸쉬킨은 러시아의 사실주의 문학을 확립한 작가인데 그의 천재성은 나폴레옹 전쟁에 수반된 민족적 자각과 민족적 기운이 고조되는 가운데 꽃피기 시작했다. 그는 이 역사적 시대에 러시아 국민의 사상과 감정을 탁월하게 표현한 국민문학의 창시자가 되었다. 국민생활과의 밀접한 유대, 시대의 진보적 사상의 반영, 그 내용의 풍부성, 주제 장악의 광범위성 등 여러 가지 면에서 푸쉬킨은 선구적 역할을 했다.

그는 과거 러시아 문학의 성과를 집대성하고 많은 분야에서 러시아문학의 기념비적 작품을 남겼다. 푸쉬킨은 국민적 입장에 입각한 러시아문학을 확립함과 동시에 로마노소프와 까람진의 언어 개혁 사업을 완성하여 국민의 언어가 될 러시아 문어를 확립시켰다. 투르게네프는 푸쉬킨 이후의 작가는 그가 개척한 길을 따라 갈 수밖에 없었다고 말했다.

푸쉬킨의 작품의 기조를 이루고 있는 것은 인간에 대한 사랑이며 국민과 미래에 대한 믿음이다. 그는 이러한 기반위에서 국민성, 사상성, 현실성을 꿰

뚫는 문학을 창조했다.

푸쉬킨의 수많은 작품 중에서도 가장 중요한 비중을 차지하는 것은 '예브게니 오네긴'(1823-31)이다

이 작품에는 결말이 없다. 따라서 독자들은 언제까지나 주인공들의 운명을 생각하게 된다. 작자는 오네긴을 교양 있는 상류계급의 모델로 묘사함으로써 시대의 가장 본질적인 문제를 넓은 사회적 배경 아래 제시하고 있다.

이 작품의 여주인공 따찌아나는 러시아문학 가운데 특히 매력 있는 여인의 한 명이다. 작가는 따찌아나를 당시 귀족사회의 전형적인 환경 속에 놓아두었다. 그리고 훌륭한 여성적인 감성과 지력이 귀족사회의 냉정하고 공허한 생활 속에 묻혀 있어야만 하는 생활을 보여주었다.

이 작품에는 특별한 사건도 줄거리도 없다. 이 작품 속에 있는 것은 작가의 높은 인간적인 감정에 지배되는 광범위한 생활의 온갖 현상에 대한 이해와 간결한 조화이며, 억제된 묘사, 인물의 성격창조와 인물 묘사이다. 이러한 경향은 푸쉬킨 이후 다른 러시아 작가들이 걸어간 길이기도 하다.

러시아의 또 한 명의 국민시인으로 칭송받는 작가는 레르몬또프(1814-1841)이다. 레르몬토프는 푸쉬킨의 직접적인 영향을 받은 후계자로 보기는 힘들다. 27세로 요절한 이 시인은 푸쉬킨과 같은 조화와 밝음을 갖지 못했다. 러시아의 작가 미리쉬꼬프스끼는 푸쉬킨이 러시아 문단의 낮의 큰 별이라면 레르몬또프는 밤의 큰 별이라고 말한 바 있다. 이러한 표현은 레르몬또프의 작품 세계를 비유적으로 잘 말하고 있다고 할 수 있다. 레르몬또프는 자신의 작품에서 주로 데까브리스트 봉기가 실패로 끝난 비굴과 위선이 판치는 현실에 대한 쓰디쓴 분노를 표현하고 있다. 그의 시에 나타난 기조는 니꼴라이 1세의 경찰통치에 대한 청년들의 항의와 부정으로 가득 찬 반역 정신이며 조국과 민중에 대한 애정이다. 레르몬또프는 100편 남짓한 서정시 외에 서사시, 산문소설과 극시 등을 남겼다. 서사시 '상인 깔라슈니꼬프의 노래'(1837)와 '견습수도사'(1840)에서는 자신의 존엄과 자유를 위한 불굴의 전사의 모습을 그렸고 서사시 '악마'(1829-41)와 장편 소설 '우리 시대의 영웅'에서는 영혼의 무한한 역량을 느끼면서도 이 힘의 출구를 발견하지 못한 채 홀로 죽어가는 고고한 인물을 묘사하고 있다. 리듬의 독특한 미를 가진 그의 서정시도 대부분 자유추구와 고독을 그 주제로 하고 있다.

모스크바와 밀접한 연관이 있는 또 한 명의 작가는 톨스토이이다. 그는 모스크바에서 그리 멀지 않은 영지 야스나야 빨랴나에서 태어났고 자랐고 또 그곳에 묻혔다. 톨스토이의 작품들은 러시아 비판적 사실주의의 정점을 이루며 인류 예술을 한 발 진전시킨 것으로 평가받고 있다. 장편소설「전쟁과 평화」,「안나 카레니나」,「부활」,「이반 일리치의 죽음」,「하지 므라트」 등은 세계문학의 걸작으로 꼽히고 있다. 톨스토이 작품 가운데 대표작의 하나인「전쟁과 평화」는 1805부터 데까브리스트 봉기 전야에 이르는 20년간의 러시아의 역사적, 사회적 제 사건과 귀족사회의 생활을 그리고 있다. 이 장편은 러시아의「일리아드」 또는「오디세이」라고 불릴 정도로 거대한 서사시적 작품으로 그 현실 묘사의 깊이에 있어서 소설이 도달 할 수 있는 최고봉을 보여 주고 있다. 여기에는 사상(事象)의 외면적 제 특징의 묘사를 통해 그 내면의 본질에 도달하는 톨스토이의 사실주의의 특징이 가장 잘 나타나 있다. 사건은 모두 자연스런 순서에 의해 움직여지고 한 가지도 예외로 전개되는 것을 볼 수 없다. 사상(事象)전개의 필연성도 인물의 심리묘사도 모두가 작가에 의해 완벽하게 간파되어 빈틈없이 정확하게 묘사되고 있다. 이러한 톨스토이의 심리묘사를 체르니세프스키는 '인간 정신의 변증법의 표현'이라고 말한 바 있다.

모스크바를 주 활동 무대로 한 또 한 명의 사실주의 작가는 체홉(1860-94)이다. 톨스토이는 체홉을 '산문에서의 푸쉬킨'이라고 말한 바 있다. 그리고 체홉 자신은 "간결함은 재능의 누이"라고 말한 적이 있다. 이처럼 체홉에게는 간결성은 예술성과 동의어가 되고 있다. 체홉 작품에는 사건다운 사건도 없고 모두 일상적이며 단순한 주인공도 어디서나 볼 수 있는 평범한 사람들이다.

그러나 체홉은 그러한 일상적이고도 평범한 현실 속에서 일어나는 생활의 비극성과 부조화를 그려내고 있다. 그는 절제된 묘사를 주로 사용했으며 판단을 독자의 몫으로 남겨놓았다. 또 극작가로서의 체홉은 자기 자신만의 새로운 언어를 만들었다고 할 수 있다. 그의 최초의 작품은 1887년에 상연된「이바노프」이다. 체홉은 주인공 이바노프에 대해 "그와 같은 인물은 문제를 해결하지 못하고 문제의 무게에 눌려버렸다"고 적었다. 90년대 중반에는「갈매기」, 그리고 20세기 초에는「세자매」,「벚꽃동산」을 썼다.「이바노프」 이후 체홉의 대작이 본격적으로 공연된 것은 90년대 말 이후 불과 몇 년 사이이다. 그의 희곡에는 1980년대부터 20세기 초에 걸친 러시아 인텔리겐치아의 일반적인 정신적 체험과 그를 통해 바라본 이 과도기의 전체적인 생활상태가 반영되어 있다. 체홉은 "무대에서의 모든 것은 생활에서처럼 복잡하게, 그리고 동시에 단순하게"라고 말하고 있다. 외면적인 효과의 배제, 강한 생명력, 섬세한 서정성, 내면적인 음악성, 깊은 내용, 비극적인 것과 희극적인 것의 복잡한 구성, 생활에 대한 맑고 풍성한 가능성, 소시민성, 속물근성 사이에서의 갈등을 거침없는 필치로 드러내는 비범한 능력, 이러한 것들이 세계 연극계에 지금까지 계속해서 영향을 주고 있는 체홉 극작술의 특징이다.

4) 미술

모스크바에 살면서 작품 활동을 했던 화가의 대표적인 사람은 바스네초프이다. 러시아의 회화, 특히 역사화 중에서 바스네쪼프(B. Васнецов 1848-1926)의 작품은 특색이 있다. 그는 처음에는 서민생활을 테마로 한 풍속화가였다가 70년대 말경부터는 그 자신의 말에 따르면 "어느 정도 공상적인 구석이 있는 역사화가가 되었다." 민중서사시, 영웅서사시, 민화를 주제로 하는 역사화를 잘 그려 '이고리 원정기'를 모티브로 하는 '이고리 스뱌또슬라비치와 뽈로베츠의 전쟁 후(После побоища Игоря Святославича с половцами)'(1878-1880)를 그렸다. 또 보는 이의 마음을 뒤흔드는 걸작 '알료누쉬까(Аленушка)'는 1881년 이동전에 출품되었다. 약 20년간의 작업을 통해 완성한 '영웅들'(1898년 완성)은 러시아의 자연과 인간의 아름다움, 강력함, 그 정신을 잘 표현하고 있는데 바로 이러한 특징들은 그가 자신의 예술의 과제로 삼고 있는 것들이다.

바스네초프는 1882년부터 1885년에 거쳐서 벽화의 걸작으로 알려진 모스크바 역사박물관 '석기시대'실의 벽화를 그렸다. 또한 이와 같은 시기에 마몬또프가에서 상연된 오스뜨로프스끼의 희곡 '눈 아가씨'와 마몬또프 오페라의 림스끼-꼬르사꼬프의 '눈 아가씨'의 무대 장치와 의상을 제작하여 무대 예술에 새로운 길을 열었다.

바실리 드미뜨리예비치 뽈리노프(1844-1927)는 역사화, 복음서에 의한 종교화, 풍속화, 초상화 장르에서 활약한 화가이다. 그는 바스네쪼프와 함께 무대 미술의 혁신자이기도하다. 뽈리노프는 일류의 풍경화가로 빛과 공기를 놀라운 수법으로 표현하여 밝고 따뜻한 작품을 남기고 있다.

5) 음악

모스크바와 관계 깊은 음악가로 차이꼬프스끼가 있다. 1866년에 뻬쩨르부르크 음악원에서 안톤 루빈슈떼인에게서 음악 수업을 받고 모스크바 음악원의 교수로 초빙되었다. 그는 국민음악파 중 발라키레프, 림스끼-꼬르사꼬프와 가까이 지냈으나, 음악에 대한 견해와 작곡기법에서는 이들과 분명한 차이를 보였다. 국민음악파 5인 그룹이 리스트나 베를리오즈를 숭배한데 반해 차아꼬프스끼는 이들이 백안시하던 모차르트를 열렬히 칭찬했고 비쩨, 구노 등의 프랑스 오페라 음악에도 심취했다.

차이꼬프스끼 음악은 민족적이고 민중적 소재를 취하고 있지만 기본적으로 서유럽 음악의 전통에 많이 기울어져 있다. 그러나 완벽한 음악적 기법과 아름다운 선율의 작품으로 그는 이미 생존시기에 세계적인 명성을 얻었다. 그의 오페라는 역사적, 민화적 테마를 소재로 한 작품이 많다. 대표작으로는 '지방장관'(1869), '대장장이 바쿠라'(1874), '예브게니 오네긴'(1878, 푸쉬킨 원작), '스페이드의 여왕'(1890, 푸쉬킨 원작) 등이 있다. 교향곡은 여섯 개를 작곡했으며 6번 교향곡 '비창'이 널리 알려져 있다. '백조의 호수'(1877), '잠자는 숲 속의 미녀'(1890), '호두까기 인형'(1892)은 러시아의 대표적인 발레 음악으로 남아 있다. 이러한 작품을 통해 차이꼬프스끼는 발레 음악과 교향곡을 성공적으로 접목시켰다. 서곡, 환상곡으로는 '로미오와 쥴리엣', '아지랑이' 등을 남겼고, 기악협주곡으로는 '피아노 협주고 1번'(1875)과 '바이올린 협주곡'(1878)이 특히 유명하다.

차이꼬프스끼의 맥을 이어 모스크바 음악계의 중진으로 활동한 음악가는 따네예프였다. 1895년에 그의 오페라 '오레스떼스'가 초연되었다. 90년대 말에는 세계의 명곡으로 알려진 제1교향곡 하단조가 작곡되어 연주되었다. 따네예프의 실내악의 대부분은 1890년대 말부터 1900년대에 걸쳐서 발표되었다. 보그다노프 벨료조프스끼의 표현대로 따네예프의 실내악은 '그 규모와 테마전개의 격렬함에 있어서 실내교향곡이라 부를 만한 것이다. 따네예프의 최후의 작품은 제2 칸타타 '성가를 읽고'는 그가 죽기 수개월 전인 1915년 3

월에 연주되었다. 따네예프는 뛰어난 음악가로 오랫동안 모스크바 음악계의 중진으로 활동하였다. 그의 제자인 라흐마니노프는 스승에게 바치는 추도문에서 다음과 같이 말하고 있다. "세르게이 이바노비치 따네예프는 대작곡가이자 당시의 가장 교양 있는 음악가이며 참으로 독특한 개성을 지닌 귀재, 모스크바 음악계의 최고봉이었다."

따네예프의 뒤를 이어 모스크바 음악계를 이끌어간 음악가는 라흐마니노프(С. Ф. Рахманинов 1873-1943)였다. 그는 러시아 음악의 민주적 민중적 전통을 계승하였다. 라흐마니노프의 작품 가운데 특히 중요한 것은 피아노 협주곡인데 제 1번은 작곡을 시작한 1891년에 씌어졌다 1901년과 1909년에 그는 피아노 협주곡 제2번과 제 3번을 썼다. 제2번 아다지오는 러시아적 서정으로 가득한 주옥같은 작품이다. 그는 이후 외국 생활동안 제 4번과 '파가니니의 주제에 의한 광시곡'을 발표하였다. 교향곡으로는 풍부한 내용과 아름다운 형식을 갖춘 제 2교향곡은 러시아 교향곡의 모범을 이루고 있다. 라흐마니노프의 작품에는 심오하면서 편안한 서정성이 낭만적인 기대, 고결하고 남성적인 정열과 융합되어 있다. 그는 선율에 뛰어난 대작곡가이다. 그 자신이 "선율이 곧 음악이자 음악전체의 토대이다. 완전한 선율이야말로 조화로운 형식을 암시하고 거기에 생명을 불어넣기 때문이다."라고 말하고 있다. 그는 당시에 유행하던 데카당적인 음악 사조와는 거리를 두었다.

라흐마니노프는 대작곡가였을 뿐만 아니라 위대한 피아니스트의 한사람이었다. 그의 강렬하고 정렬적인 연주는 청중을 매료시켰다. 그는 또한 뛰어난 오페라와 교향악 지휘자였다.

모스크바주
Московская Область

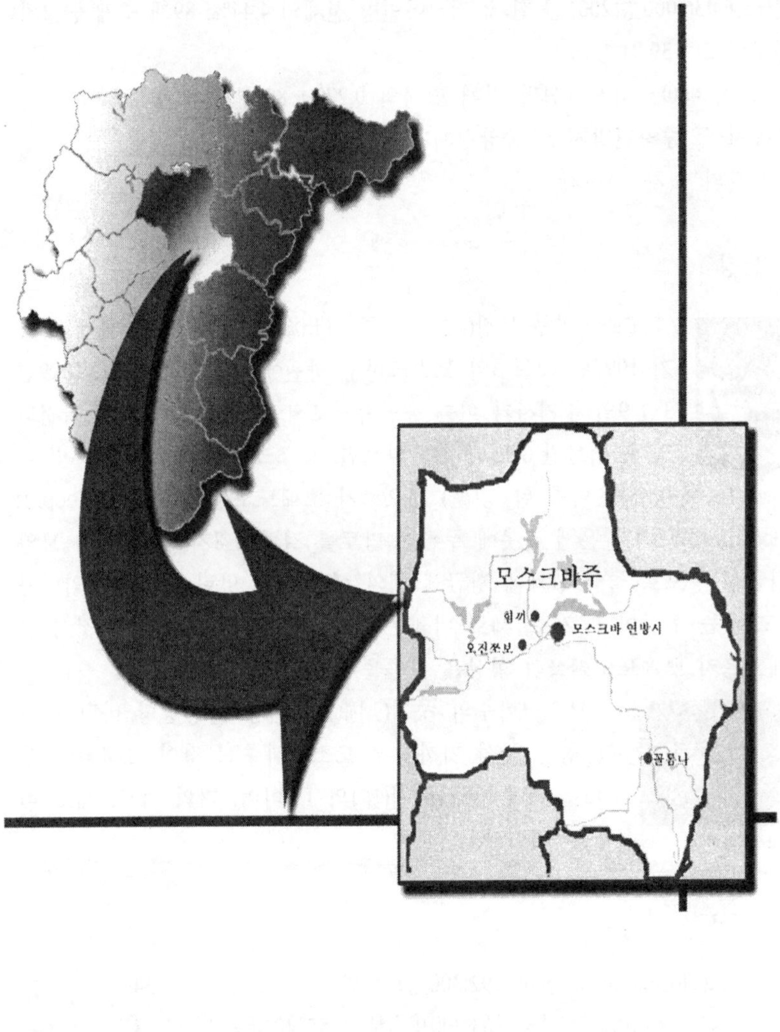

Ⅰ. 개황

1. 기초정보

주 성립일: 1929년 1월 14일.
주도: 모스크바(Москва) 연방시
인구: 6,436,000명(2001년 현재: 러시아연방 전체의 4.44%; 89개 주체 중 2위)
인구밀도: 139.91명/㎢
면적: 46,000㎢(러시아연방 전체 면적의 0.27%; 89개 주체 중 57위)
소속지구: 중앙연방지구; 중앙경제지구
한국과의 시차: -6시간

2. 상징

모스크바주 문장

모스크바주 문장(紋章)과 주기(州旗)에 관한 법률 제 5/155호가 1997년 12월 3일 모스크바주 하원에 의해 채택되고, 1999년 3월 9일 주지사가 이를 승인함으로써 주 문장과 주기가 확정되었다. 법률안 3조 규정에 따르면, 모스크바주 문장은 진홍빛 바탕에 은마를 탄 성(聖) 게오르기 뽀베도노쎄쯔(Санкт. Георгий Победоносец)가 은제 갑옷에 푸른색 망토를 걸치고 8지(指) 십자가 모양의 황금색 창으로 녹색 날개에 황금색 뱀의 형상(네발 달린 용)을 한 악마를 찌르고 있는 형상이다. 가로, 세로 비율은 8:9이다. 모스크바 시의 문장과 달리 게오르기 뽀베도노쎄쯔의 형상은 왼쪽을 향하고 있다.

모스크바 주기

모스크바주의 주기(州旗)는 진홍색 장방형 바탕에 좌측 상단 구석 가까이에 모스크바주 문장이 묘사되어 있다. 문장의 가로는 기(旗)의 1/5이며, 기의 가로, 세로 비율은 2:3이다.

3. 주요도시

뽀돌스크(Подольск): 인구 192,300명; 북위 55°26′, 동경 37°34′
류베르찌(Люберцы): 인구 163,200명; 북위 55°40′, 동경 37°57′

미찌시(Мытищи): 인구 155,900명; 북위 55°54′, 동경 37°45′

꼴롬나(Коломна): 인구 149,500명; 북위 55°5′, 동경 38°47′

엘렉뜨로스딸(Электросталь): 인구 145,900명; 북위 55°46′, 동경 38°28′

힘끼(Химки): 인구 132,900명; 북위 55°53′, 동경 37°26′

발라시하(Балащиха): 인구 132,200명; 북위 55°50′, 동경 37°57′

꼬롤료프(Королёв): 인구 131,500명; 북위 55°55′, 동경 37°49′

쎄르뿌호프(Серпухов): 인구 130,200명; 북위 55°55′, 동경 37°26′

오진쪼보(Одинцово): 인구 126,500명; 북위 55°40′, 동경 37°17′

오레호보-주예보(Орехово-Зуево): 인구 124,300명; 북위 55°48′, 동경 38°58′

노긴스크(Ногинск): 인구 116,400명; 북위 55°52′, 동경 38°29′

쎄르기예프 뽀싸트(Сергиев Посад): 인구 110,200명; 북위 56°19′, 동경 38°8′

숄꼬보(Щёлково): 인구 104,100명; 북위 55°54′, 동경 38°1′

젤레즈노도로주니(Железнодорожный): 인구 99,800명; 북위 55°45′, 동경 38°8′

4. 주요 산업 및 농업

모스크바주의 주요산업으로는 기계제작, 금속가공(전기공업, 공작기계제조업, 자동차공업, 기구/기기제작공업), 철강업, 화학공업, 석유화학(정유)공업, 경공업(면방적업, 모직물공업, 양잠업), 건축자재업(철골조립, 시멘트구조물, 벽재공업), 유리공업, 도자기산업, 전력산업, 임업, 목재가공업, 제지업 등이 발달했으며, 농업부문은 야채, 감자 등의 농식물 재배, 낙농업, 양돈, 양봉 등이 발달했다.

Ⅱ. 자연환경

1. 지리적 위치와 구성

모스크바주는 39개 행정구, 74개 시, 111개 도시형 마을, 473개의 농촌마을로 이루어져 있다. 동유럽 평원의 일부에 속해있으며, 주 동부에는 메세르스크 (Мещерск) 저지 늪지대가, 북부와 서부에는 스몰렌스크-모스크바 고지대가 위치하고 있다. 가장 높은 지대는 해발 285m다.

모스크바주는 야로슬라블주, 블라지미르주, 랴잔주, 뚤라주, 깔루가주, 스몰렌스크주, 뜨베리주와 경계를 이룬다.

모스크바주는 풍부한 수자원을 보유하고 있는데, 수자원의 중심지는 오까강과 모스크바강, 뜨로스쩬스크(Тростенск), 네르스크(Нерск), 체르노크(Чернок) 등의 호수이다. 모스크바주에는 끌랴지멘스크(Клязьменск), 모자이스크(Можай ск), 우친스크(Учинск), 이스뜨린스크(Истринск), 익신스크(Икшинск) 등의 저수지가 있다.

역내에는 주로 강산성 부식토가 깔려 있으며, 남부에는 밝은 회색토가 주를 이룬다. 역내에는 독특한 식물지대가 펼쳐져 있으며, 전나무, 소나무, 자작나무 등 50여 종의 나무가 숲을 이루고, 남부는 특히 참나무와 보리수나무 등이 혼합된 숲이 많다.

2. 기후조건

대륙성 온난기후
1월 평균기온: -10℃
7월 평균기온: 17℃
연강수량: 450 ~ 650㎜
식물 생장 기간: 130 ~ 140일
식생: 혼합수림 지대
삼림분포도: 40%

3. 주요 유용광물

이탄, 갈탄, 백색 및 적색 점토, 건축용 및 유리제작용 모래, 시멘트 원료, 석회석, 이회암 등의 다양한 원자재가 매우 풍부하다.

주요산지:

인회토: 예고르예프스크(Егорьевск) 산지.

Ⅲ. 정치시스템

1. 역사

모스크바주는 역사적, 문화적, 예술적 기념물이 간직되고 있는, 러시아족의 역사적 전통이 간직되고 있는 곳으로 유명하다. 모스크바 근교는 러시아의 역사적 사건들과 깊은 관계를 맺고 있다. 여기에는 1380년에 벌어진 꿀리꼬프 전투, 15세기 모스크바 공국의 봉건전쟁, 뾰뜨르 황제시대의 사건들, 1812년의 조국전쟁, 유명한 러시아의 전쟁들과, 또한 라도네쥐스끼(Радонежский С.), 미닌, 뽀좌르스끼, 쿠투조프 등 유명한 러시아족의 군사적, 정치적 활동가들과 관련된다. 모스크바 근교의 역사적 운명은 모스크바를 둘러싸고 있는 고대 도시들과 밀접한 관계를 맺고 있다. 이들 각각의 도시들은 그들 고유의 특성을 가진 평탄치 않는 운명을 가졌는데, 그들 모두 러시아 민족의 역사 및 문화에 선명한 흔적을 남겼다.

오늘날 모스크바 근교의 경계는 여러 세기에 걸쳐 러시아의 역사에서 변화되면서 계속적으로 유지되어왔다. 모스크바주 지역에 도시형 촌락이 나타난 것은 비슷한 시기로서, 12개의 도시는 12-15세기에 생겼다. 5개의 촌락은 18세기에, 1개의 촌락은 19세기에 도시로 발전했다. 이들 도시는 루시국가에서 넓은 들판과 숲 사이의 강변에 세워졌다. 이 도시들은 러시아의 농경, 교역, 수공업의 중심지가 되었고, 모스크바 지방을 장식한 훌륭한 사원과 기념비적인 건축물들 덕분에 '조국'의 경계에 있는 요새가 되었다.

모스크바주는 20세기 경계에 2만 9천 2백 평방 베르스타를 차지했으며, 13개의 향을 포함하고 있었다. 1897년 모스크바현에는 240만명의 주민이 살고 있었고, 이중 110만명이 도시에서 거주했다. 모스크바현에서는 섬유공업이 발달했으며, 1902년경 공장의 수는 2500개 이상을 헤아렸다. 이러한 이유로 모스크바현은 러시아제국의 중요한 주들 가운데 하나였다. 오늘날 모스크바 근교는 4만 6천 평방킬로미터 이상의 면적을 차지하며, 이는 벨기에, 스위스, 네덜란드 등의 유럽국가보다 넓은 것이다. 모스크바주의 인구는 6백 6십만 명이다. 모스크바주의 인구는 노르웨이, 핀란드, 덴마크의 인구보다 많다.

모스크바 근교에는 러시아족 문화의 저명한 활동가들에 대한 기념비가 보존하고 있다. 모스크바주에는 뿌쉬낀, 레르몬또프, 게르쩬, 체홉, 레프 똘스또이, 고리끼, 차이꼬프스끼, 뽈레노프, 바스네쪼프 등이 살면서 창조적 활동를 했으며 오늘날에도 여전히 작가, 예술가, 작곡가들이 선망하는 지역이다.

2. 정치

1) 정치 일반

모스크바주에서 집행권력은 라이온, 시, 그리고 주의 행정부가 실현한다. 최고 집행권력기관은 모스크바주 행정부이다. 2000년 1월 성립된 모스크바주 행정수반 선거에서는 그로모프(Б. В. Громов)가 승리했다. 부지사는 주지사가 위임한 권한영역에서 모스크바주 집행권력기관의 지도를 실현한다. 부지사의 직위에는 멘(М. А. Мень)이 선출되었다. 주지사와 부지사는 4년 임기로 모스크바주 주민들에 의해 선출된다.

그로모프는 1995년 12월 선거에서 제2기 러시아연방 국가두마의원으로 당선되었다. 2000년 1월에는 모스크바주 지사로 당선되었다. 주지사 선거 직전과 선거과정에서 월급 및 연금의 현실화, 건강, 교육, 여성 및 청소년 정책, 중소기업, 환경문제, 군무원 대우, 모스크바 및 모스크바 주변 공간의 연계 등을 비롯한 다양한 공약을 제시했다.

모스크바주의 입법권력을 실현하는 것은 주두마로서 최고 입법권력기관이다. 주두마는 50명의 의원으로 구성된다. 1997년 12월 14일 입법권력기관 선거가 성립되었다.

모스크바주에서 사법권력은 러시아연방의 단일한 사법체계에 들어가는 법원이 실현한다. 모스크바주 지역에서 사법기관의 형성과 활동절차는 연방법률로 조절된다.

2) 선거

(1) 모스크바주 지사 선거

2000년 1월 9일 모스크바주 지사 선거 결선투표가 성립되었다. 실레즈네프(Г. Н. Селезнев)와 그로모프를 대상으로 투표가 실시되었다. 1999년 12

월 19일 실시된 1차투표에서 실레즈네프는 27.52%를, 그로모프는 20.9%를 득표했었다. 2000년 1월 9일 결선투표에서는 실레즈네프가 46.39%, 그로모프가 48.09%를 득표했다. 모스크바주 지사로는 그로모프가 당선되었다.

(2) 러시아연방 국가두마의원 선거

1999년 12월 19일 러시아연방 국가두마의원 선거가 실시되었다. 모스크바주의 유권자수는 5,710,981명이고, 투표에는 3,295,580명이 참가하여 59.04%의 투표율을 보였다.

정당별 투표에서 주요정당이 얻은 득표율은 다음과 같다.

정당	득표율(%)
야블로꼬	8.27
단결(메드베드)	9.96
지리놉스끼 블록	4.78
조국-전러시아	27.55
러시아공산당	19.52
우파연합	8.21

Ⅳ. 경제 시스템

1. 경제개황

모스크바주는 7개의 연방지구 중 중앙연방지구에 속하고 12개의 러시아 경제지역 중 중앙경제지역에 속한다. 모스크바주는 러시아의 중심지인 모스크바시와 아주 밀접한 경제적 관계를 가지고 있다. 모스크바주는 러시아 연방의 재정과 예산의 확보에 막대한 공헌을 하는 지역이다. 물론 가장 큰 공헌자는 모스크바시이고 그 다음이 한띠만자치구이다. 즉 모스크바주는 러시아에서 3번째로 세금납부규모가 커서 러시아 연방의 재정과 예산에 공헌하고 있는 연방주체이다. 모스크바주의 수입예산은 7조 2,540억 4,960만 루블이었고 지출예산은 7조 5,720억 4,960만 루블이다.[1] 예산의 적자는 3,180억 루블이었다.

러시아 경제에서 차지하는 모스크바주의 경제비중은 농·공업생산을 포함한 전 분야에서 매우 높은 편이다. 모스크바주의 거시경제지표들을 살펴보면 대체로 러시아의 여타 주체 중에서 높은 비율을 전반적으로 차지하고 있다. 모스크바주는 자본투자가 러시아전체 대비 4.7%로 상대적으로 2000년에 강하게 나타났다. 그리고 소매유통의 비중도 4.3%로 현저히 두각을 나타내는 분야이다. 러시아경제에서 모스크바주의 비중을 파악하기 위해 몇 개의 주요 거시경제지표를 비교하면 다음과 같다.

2000년도 러시아 주요 경제지표에서 모스크바주의 비중

주요 항목	러시아전체 대비 모스크바주 비율
지역총생산[2]	3.9%[3]
공업생산량	3.3%
농업생산량	3.2%
소매유통	4.3%
자본투자	4.7%

http://www.infostat.ru/epub.htm (검색일: 2003.1.10)

1) 1997년 통계임

2) GRP(=Gross Regional Products)

3) 1999년 통계임.

모스크바주의 지역총생산은 1999년에 1,600억 3,500만 루블로 1998년 1,018억 7,600만 루블에 비해 대비 57.09%의 증가를 나타내고 있다. 1인당 지역총생산은 1999년 2,451만 루블을 기록하고 있으며 이것은 전년의 1,554만 루블에 비해 57.72% 상승한 것이다. 모스크바주의 지역총생산의 주요 구성과 비율을 보면 공업부문이 30.5%로 지역총생산을 상승시키는 효자노릇을 하는 부문이다. 유통도 11.5%로 지역총생산을 구성하는 중요한 부문으로 활동하고 있다. 여타 부문도 표를 통해 보면 다음과 같다.

지역총생산의 주요 구성과 비율

주요 산업부문	지역총생산의 주요 구조의 비율
공업부문	30.5%
농업부문	6.9%
건설부문	7.6%
운송부문	7.2%
유통부문	11.5%

http://www.infostat.ru/epub.htm (검색일: 2003.1.10)

모스크바주에는 여러 다양한 부문에서 활동하는 기업들이 있다. 모스크바주의 총 기업수는 1998년 10만 4,392개, 1999년 11만 4,551개와 2000년 12만 6,401개로 전년대비 매년 약 10,000개의 기업들이 꾸준히 생겨나고 있다. 소기업수에 있어서는 1998년과 1999년에는 다른 해에 비해(1997년과 1998년, 그리고 1999년과 2000년) 상승폭이 거의 2배 정도 상승하고 있지만 1999년의 4만 4,058개와 2000년의 4만 5,991개는 변화가 많지 않은 것으로 나타나고 있다.[4] 모스크바주에서 공업부문에서 활동하고 있는 기업들은 2000년 10,272개인데 이것은 1999년 대비 12.87%가 상승한 것이다. 공업부문에서 활동하는 기업수는 2000년에 총기업수 대비 약 8.12%에 이르는 것으로 나타나고 있다.

모스크바주는 1997년 말 36개의 대기업과 이들의 24개 지사들, 175개의 은행지점들[5], 45개의 저축은행(즈베르뱅크)[6]의 지소가 활동하고 있다. 모스

---

4) 년말 통계임

5) 주로 모스크바시에 본점을 가지고 있다.

6) Сберегательный банк

크바주에서 활동하고 있는 대규모 은행은 '우니꼼방크'와'보즈로쥐니예' (Уникомбанк и Возрождение)이다. 특히 '우니꼼방크'(Уникомбанк)는 주정부의 전권은행이다. 경제위기를 맞고 난 후 모스크바주의 은행들은 안정적인 경영과 사업에 주력하고 있다.[7]

2. 산업

1) 공업

모스크바주의 2000년 총 공업생산량은 1,375억 3,700만 루블이다.[8] 특히 1998년의 428억 1,200만 루블과 1999년의 964억 5,600만 루블에 비해 상승률이 현저하게 나타나고 있다. 1999년은 전년대비 125.30%가 증가하였고 2000년은 전년대비 42.59%가 상승한 것이다. 2000년은 상승폭이 줄기는 했지만 꾸준히 상승하고 있다. 공업생산지수에 있어서도 1999년과 2000년의 증가세가 두드러짐을 알 수 있으며 공업생산지수는 각각 126과 115를 나타나고 있다.[9]

모스크바주의 산업 중 공업(러시아 전체공업생산의 3.3%차지)의 부문별 구조를 살펴보면 기계제작·금속가공부문이 두드러지고 있으며 전체 생산의 30.4%를 차지하고 있다. 그 다음으로 식품공업이 19.1%로 모스크바주에서 큰 비중을 나타내고 있다. 여타 주요 공업생산부문별 비율을 보면 다음과 같다.

---

7) 대표적인 은행은 다음과 같다. Домодедовский региональный банк(Дом-банк), Социальный городской банк в Мытищах, Богородский городской банк(Ногинск), Пушкинский акционерный муниципальный банк, Сергиево-Пасадский коммерческий банк.

8) 명목가격임

9) 전년대비 %

주요 공업생산부문별 생산비율

생산부문	모스크바주 총공업생산 비율
전기전력	4.2%
연료공업	0.1%
철강업	4.1%
비철금속	6.3%
화학·석유화학	9.6%
기계제작·금속가공	30.4%
목재가공, 종이·펄프	6.4%
건재공업	8.1%
경공업	5.6%
식품공업	19.1%
기타	6.1%

http://www.infostat.ru/epub.htm (검색일: 2003.1.10)

모스크바주의 공업의 부문에서 주요 분야와 그 활동은 다음과 같다.

1. 기계제작·금속가공은 철강업이나 에너지, 건설, 운송, 농업, 경공업 등을 위한 기계장비나 설비를 생산한다.[10] 광학기계류 생산, 무선전자공학관련 기계, 기구제작, 로켓트우주관련 장비, 항공장비, 원자력장비, 철강연마장비 등이 중요한 분야로 자리잡고 있다.

2. 화학·석유화학부문에서는 광물성비료, 플라스틱제품, 화학섬유, 래커, 안료와 도료, 섬유 등이 모스크바주에서 생산되는 대표적인 것이다.

3. 모스크바주의 전통적 공업분야는 메리야스분야와 비단천, 신발, 재봉, 식품, 도자기 등의 분야, 그리고 건축재료, 유리분야 등 다양한 분야이며 오랫동안 이 분야들이 모스크바주의 공업을 떠받쳐왔다.

모스크바주에서 1998년 상반기에 대·중기업 그리고 합작기업의 공업생산량은 전년대비 97.3%에 이르렀다. 주요 공업생산부문의 생산량을 보면 전기전력은 시간당 220억 킬로볼트, 주 내연기관차는 5대, 엘리베이터는 440대, 지하철차량은 174대, 시멘트는 189만 2,000 톤, 조립 철근콘크리트는 43만 입방미터, 요업은 38만 2,000 개, 비단천은 1,570㎡, 부엌주방기계는 12만 6,000개, 광물비료는 34만 5,000 톤, 고기는 3만 3,600톤, 우유제품은 11만

10) 생산도시는 다음과 같다. Мытищи, Люберцы, Подольск, Коломна, Дмитров, Егорьевск

8,000 톤으로 품목이 다양할 뿐만 아니라 생산량에 있어서 엄청난 규모임을 알 수 있다.

2) 농업

모스크바주의 총 농업생산량은 명목가치로 2000년에 253억 2,550만 루블이고 1999년은 208억 9,440만 루블이다. 한 해 동안 21.20% 상승한 것이다.

총 농업생산액 중 식물관련 생산액은 1999년에는 114억 5,010만 루블로 전년의 51억 790만 루블보다 2배 이상의 성장을 보이고 있다. 그러나 2000년에는 114억8,560만 루블로 상승액은 거의 늘지 않고 있다.

총 농업생산액 중 가축관련 생산액도 역시 1999년과 2000년에 각각 94억 4,430만 루블과 108억 3,990만 루블로 전년대비 약 2배의 상승을 기록하고 있다.[11)]

모스크바주의 농업은 주로 도시주변에서 전문화되어 이루어지고 있다. 가축사육은 농업의 대표적 분야이며 우유와 우유제품, 낙농, 양돈, 양금 등이 주요 농업 분야이다. 모스크바주에는 대규모의 양계장이 있으며 무려 4천만 마리를 사육하고 있다. 그 곳에서 한 해 동안 45억 개의 달갈이 생산된다.

모스크바주의 농업생산품은 러시아 전체 농업생산품에서 비중이 2000년은 3.2%이고 우유의 생산량은 러시아대비 5%이상이고 고기는 약 3%에 이르고 있다.

모스크바주의 작물재배에 있어서 사료가 주요 생산품이다. 모스크바주의 영토 중 파종면적의 3/5에는 사료생산 목적으로 작물을 심는다. 작물재배에서 곡물생산 역시 안정적으로 발전하고 있으며 모스크바주 남부지역에서 파종면적의 1/4는 곡물생산을 위한 것이다. 감자재배도 모스크바주의 남동지역에 파종면적의 1/10의 농지를 할당하여 이루어지고 있다.

모스크바주는 농업생산에서 높은 토지대비 집중도, 수확률을 가지고 있다. 그 결과로서 매년 모스크바주의 작물재배뿐만 아니라 가축사육의 비중이 러시아 중앙경제지역의 여타 주체에 비해 가장 높은 것으로 나오고 있다.

---

11) 명목가격임

3. 자원 등 기타

우선 토지자원 면에서 보면 모스크바주의 거의 전 지역에는 염분을 포함한 무두질용 석회 토양이 널리 펴져있다. 이 토양은 타이거지대의 특성이며 남쪽지방에는 밝은 회색토양이 주를 이루고 있다. 이 지역은 특히 여름에 아름다운 환경을 자랑하고 있다.

많은, 크고 작은 강들이 모스크바주를 경유하여 흐르고 있다. 특히 오까강, 모스크바강과 이스뜨라, 글랴지마 등의 호수 및 기타 많은 저수지들은 주요한 수자원으로 들 수 있다.

이 강들 주위에는 소나무, 전나무, 자작나무, 보리수, 참나무 등이 자라고 있는 녹색들판과 초원이 펼쳐져 있다. 숲 지대는 모스크바주의 전체 토지의 1/3을 차지하는 중요 지대이다.

이들 숲 지대에는 주요 동물자원으로 담비, 살쾡이, 여우, 큰 사슴 등의 동물들과 많은 종류의 새들이 서식하고 있다.

모스크바주에는 이탄 및 인광, 흰 점토 및 붉은 점토, 건축용 모래, 시멘트 원료 등 풍부한 지하자원의 매장지가 있다.

종합적으로 모스크바주는 수자원, 지하자원, 토지자원, 동물자원과 더불어 주로 건축용 원료로 사용되는 지하자원이 많다는 특징을 가지고 있다.

V. 문화시스템

1. 지역정체성

1) 인구

모스크바주의 인구는 2001년 현재 6,436,000명으로 러시아연방 89개 주체 중 2위로 러시아 전체 인구의 4.44%를 차지한다. 그러나 아래 표에서 볼 수 있듯이 모스크바주의 인구도 러시아 전역에서 나타나고 있는 현상과 마찬가지로 출생률은 급락하고 있는 데 반해 사망률이 급등함으로써 인구수가 전반적으로 감소하고 있다. 이러한 인구감소 추세는 1990년도를 기점으로 나타나기 시작하여, 2001년에는 1990년 대비 229,000여 명이 감소했다. 이러한 감소추세는 앞으로도 지속될 것으로 전망된다. 그러나 타 지역으로부터의 전입인구가 꾸준히 증가함으로써 그나마 인구수를 유지하고 있는 실정이다.

모스크바주의 가장 큰 문제 중 하나는 인구의 노령화 현상에 있다. 65세 이상의 인구가 1994년도에는 14%였으나, 1997년도에는 23.6%, 1989년도에는 20%를 각각 기록했다.

모스크바주 인구변동 추이

연도	1990	1992	1993	1994	1995	1996	1997	1998	1999	2000	2001
인구수 (1,000명)	6,665	6,660	6,635	6,597	6,579	6,550	6,532	6,517	6,500	6,464	6,436

Россий ский статистический ежегодник. Госкомстат России. М., 2001. С. 82.

인구 자연증가율은 시기별 특성을 찾기는 어려우나 전반적으로 낮은 출생률에 비해 높은 사망률을 기록하고 있다. 이러한 추세는 궁극적으로 인구감소를 초래하고 있다.

모스크바주 출생자수, 사망자수, 자연증가율

연도	출생자수(명)	사망자수(명)	자연증가율(명)
1990	68,369	81,578	-13,209
1992	51,490	88,515	-37,025
1993	46,293	106,826	-60,533

1994	47,900	120,208	-72,308
1995	47,507	116,126	-68,619
1996	46,263	105,214	-58,951
1997	44,224	98,963	-54,793
1998	45,790	100,128	-54,338
1999	44,356	109,073	-64,717
2000	47,660	112,519	-64,859

Россий ский статистический ежегодник. Госкомстат России. М., 2001. С. 107.

그러나 모스크바주 경제상황의 개선으로 중소기업 및 대기업의 고용상태는 안정적인 추세를 띠고 있다. 아래 표에서 볼 수 있듯이 90년대 중반 이후 지속적으로 상승했던 실업률이 2000년도를 고비로 하락세를 띠고 있다.

모스크바주의 경제활동인구 및 취업률, 실업률은 다음과 같다.

모스크바주 경제활동인구(취업자, 실업자), 실업률

연도	경제활동인구 (1,000명)	취업자수 (1,000명)	실업자수 (1,000명)	실업률(%)
1992	3,688	3,513	175	4.7
1993	3,576	3,395	182	5.1
1994	3,451	3,210	241	7.0
1995	3,434	3,164	270	7.9
1996	3,374	3,117	258	7.6
1997	3,292	3,001	291	8.8
1998	3,226	2,960	321	9.9
1999	3,482	3,115	367	10.5
2000	3,531	3,270	261	7.4

Россий ский статистический ежегодник. Госкомстат России. М., 2001. С. 135.

2) 민족

2001년 현재 6,436,000명으로 집계된 모스크바주 민족분포는 러시아 전역에 나타나는 민족분포와 유사한 분포를 나타낸다. 주요 민족구성을 보면, 러시아인 93.5 %, 우끄라이나인 2.8 %, 벨라루스인, 따따르인 각각 0.8 %, 모르드바인, 유태인 각각 0.4%, 아르메니아인, 몰다비아인, 아제르바이잔인 각각 0.1% 및 기타 민족 0.8% 이다.

3) 교육

모스크바주는 러시아연방의 그 어느 곳보다 과학·기술 잠재력이 큰 지역이다. 러시아연방 전체 연방 학술기관의 20%가 집중되어 있으며, 주민 1,000명당 고등교육을 받은 전문가가 140명에 이른다. 역내에는 두브나(Дубна), 쁘로뜨비노(Протвино), 주꼬프스끼(Жуковский), 끄라스노아르메이스크(Красноармей ск), 드미뜨로프(Дмитров), 벨로제르스크(Белозерск), 쎄르기예프-뽀사트(Сергиев-Посад), 체르노골로프까(Черноголовка), 힘끼(Химки), 프랴지노(Фрязино), 깔리닌그라트(Калининград), 뿌시노(Пущино) 등 러시아연방 과학도시 중 반 이상이 위치하고 있다.

방위산업 관련 과학센터는 꼬롤료프(Королёв), 힘끼(Химки), 발라시하(Балашиха), 뜨로이쯔까(Троицка), 생명공학 연구단지는 뿌시노(Пущино), 화학연구단지는 체르노골로프까(Черноголовка), 핵물리학 연구단지는 두브나(Дубна)와 쁘로뜨비노(Протвино)에 주로 위치하고 있다.

러시아연방에서 수행되고 있는 여러 유형의 학술연구 및 발명건수 중 26%가 모스크바주에서 이루어지고 있다. 여기에는 214개의 학술기관과 97,536명의 전문가가 참여하고 있다. 아울러 모스크바주는 최고 수준의 전문인력 및 전문기술을 보유하고 있어, 세계적인 수준의 제품을 생산하는 데 기여하고 있다.

모스크바주에는 2,095개 취학전아동교육기관, 1,709개 중등학교, 105개 중등전문학교 및 27개 전문대학이 설치, 운영되고 있다.

2. 지역문화

1) 문화 개괄

모스크바주는 러시아의 유명한 예술가, 작곡가, 작가, 배우 등이 탄생했고 활동했으며 그들의 저작과 문화적 업적, 기념물이 풍부한 곳이다. 바로 여기서 많은 작가들과 음악가, 화가, 조각가들이 예술적 고양을 얻었다. 모스크바에서 푸쉬킨(Пушкин), 레르몬토프(Лермонтов), 게르쩬(Герцен), 체홉(Чехов), 톨스토이(Толстой), 뽈리노프(Поленов), 고리끼(Горький), 차이꼬프스끼(Чай ковский), 바스니초프(Васнецов) 등이 살았고 작품 활동을 했다.

모스크바 근교에는 역사를 간직한 장소들이 많이 남아 있다. 이것들은 궁전과 공원, 수도원, 구 시가지, 역사적 기념물들이다. 모스크바 주에는 세르기예프 빠사드(Сергиев Посад), 즈비니고로트(Звенигород), 볼로꼴람스크(Волоколамск), 깔로멘스크(Коломенск), 자라이스크(Зарай ск), 베레야(Верея) 등의 유명한 역사적 유적 도시들이 많이 있다. 그리고 19세기와 20세기 초에 러시아 문화의 중심지가 된 아브람체보(Абрамцево), 무라노보(Муранов), 아스타피에보(Астафьево), 아르 한겔스꼬에(Архангельское)같은 많은 박물관-영지가 있고 이오시포-볼로츠끼 (Иосифо-Волоцкий), 호찌꼬프스끼(Хотьковский) 등과 같은 수도원들이 있다. 특히 세르기예프 빠사드에는 러시아 정교회 중심지 중의 하나인 성 세르기예프 삼위 일체 수도원이 있다.

모스크바 근교에는 민속공예업과 루시땅에서 650년 이상 된 유명한 도자기업이 발달해 있다. 다른 유명한 민예품을 보면 페도스끼노(федоскино)의 옻칠 세공품, 조스또프(Жостов)의 금속판화, 보고로드스크(Богородск)와 호찌 꼬프(Хотьков)의 세공품, 빠블로프-빠사드(Павловск-Посад)의 숄 등이 러시아인들에게 유명하고 사랑받고 있다.

2) 문화시설

황금의 고리

황금 고리라는 이름은 모스크바를 중심으로 북동쪽으로 고리의 형태를 이루고 있는 중세 러시아의 도시들을 일컫는데서 유래한다. 중세 러시아의 모습을 아직도 간직하고 있는 이 지역은 러시아의 비잔틴이라고도 불리는, 12세기에서 17세기의 고도들로 이루어졌다. 이 황금 고리의 도시들은 러시아 역사의 박물관이라고도 불릴 만큼 오래된 사원이나 수도원, 기념비적인 건축물들로 유명하다. 특히 정교회의 사원들은 비잔틴의 석조 양식에 전통적으로 나타나는 러시아의 목조 양식을 가미시켜 독특한 러시아 스타일의 조화로운 앙상블을 만들어내고 있다.

(1)세르기예프 빠사드

모스크바에서 북동쪽으로 70킬로미터 거리에 위치한 도시로서 러시아 혁명가였던 자고르스끼의 이름을 따서 자고르스크로 불리다가 소련 해체 후

쎄르기예프 빠싸드의 모습

다시 세르기예프 빠사드로 불리게 되었다. 이곳에는 러시아 수도원에서 금욕적 이상을 실천하고자 했으며, 1380년 꿀리꼬보 전투에서 러시아가 따따르족에게 승리를 거둘 수 있도록 민족적인 단결심을 고취시키던 성자 세르기이 라도네슈끼(Сергий Радонежский)가 14세기에 세운 '성 세르기이 삼위일체 수도원'이 위치하고 있다. 러시아 수도원 운동의 근원지이자 러시아 정교의 본산이며 이콘 화가이자 수도승이었던 안드레이 루블료프가 소속되어 있던 이 수도원은 '삼위일체' 이콘으로 유명한 루블료프의 이콘들과 15-18세기 이콘 화가들의 작품들을 볼 수가 있다. 이 수도원은 16세기 따따르 한과의 싸움을 위해 돌로 쌓은 성벽으로 둘러싸여 있다. 수도원의 입구에는 성스러운 문이 있고 그 안에는 14-18세기에 세워진 사원도 여럿 있는데 그 장려한 건축의 조화가 매우 흥미롭다. 성 삼위일체 사원, 두호브스꼬이 사원, 스몰렌스끼 사원, 우스뻰스끼 사원들이 있다. 모스크바의 크렘린 안에 있는 우스뻰스끼 사원을 모방한 이 우스뻰스끼 사원은 따따르 한에 대한 승리를 기념하여 이반 4세에 의해 건축이 시작되어 완성하는데 30년이나 걸렸다. 이 우스뻰스끼 사원은 305명의 야로슬라블 화가들이 100일 동안 공을 들여 완성한 사원내부의 웅장함과 장엄함으로 유명하다. 이 쎄르기예프 빠싸드에는 러시아의 민속 목각 인형인 마뜨료쉬까 공방이 있어 러시아 민중 목각 예술의 발자취를 살필 수 있으며 이 부근에 위치한 아브람체보 마을은 19세기 말 러시아 회화의 한 유파인 아브람체보 화파의 근거지가 되기도 한다.

(2) 아브람체보

이곳은 독특한 모스크바 근교의 문학과 예술의 중심지다. 원래 이 영지는 작가인 악사꼬프의 소유지였는데 그가 죽은 후 1870년에 북부철도 건설업자인 마몬토프가 사들였다. 그는 당시의 모든 분야의 예술가들을 이곳으로 모아들여 아틀리에나 무대를 꾸미게 하고 1870 -90년대 러시아 예술가들의 중심지로 만들었다. 레삔은 이곳에서 '자뽀로쥐예의 까자크인들'을 구상하였고 바스네쪼프는 '영웅들'과 '알료누쉬까'를 그렸다. 상징주의 미술의 선구자인 브루벨(M. Брубель)은 예술 도자기를 만드는 작업실을 이곳에 꾸몄고 레삔의 제자이며 천재적 화가인 세로프는 그 유명한'복숭아를 가지고 있는 소녀'를 바로 이곳에서 그렸는데 그 모델은 마몬토프(А. Мамонтов)의 딸 베로츠까(Вероцка)였다. 또 조각가로 안뜨꼴스키(П. Антколький), 배우로는 스따니슬라프스끼(К. С. Станиславский), 에르몰로바(М. Н. Ермолова), 성악가 샬라삔(Ф. И. Шаляпин) 등이 자주 방문했다.

(3) 아르한겔스꼬에

아르한겔스꼬에는 모스크바에서 서북쪽으로 약 15킬로미터 거리에 있다. 19세기 초 에르미타주의 고위 관리였던 유스포프 공의 집을 국유화한 것이다. 모스크바 강에 접해있는 광대한 부지에는 조각과 줄을 이어선 기둥들이 산재해있다. 부지의 가장 높은 곳에는 고전적인 저택이 있는데 유럽의 그림이나 가구・샹들리에 등으로 화려하게 장식되어있다.

(4) 여가문화

모스크바주의 여가 문화는 지역의 주민과 이 지역을 찾는 손님들에게 커다란 역할을 하고 있다. 이 주에는 러시아에서 뿐만이 아니라 세계적으로도 의미가 있는 문화적, 역사적 기념물들이 집중되어 있다. 이 기념물들은 주로 러시아의 유명한 작가, 예술가, 시인, 배우, 정치인, 장군들과 인연이 있는 것들이다. 때문에 모스크바주는 관광 산업의 커다란 가능성을 가지고 있다. 이곳에는 여러 시대의 박물관, 전시관, 명성고적이 집중되어 있고, 이 지역만이 아니라 국제적으로도 유명한 치료 요양소, 휴양소, 숙박소, 센터 등이 있다. 또 오락 산업도 발달하고 있는데 레스토랑, 클럽, 카지노, 바 등이 많이 생겨나고 있다.

벨고로트주
Белгородская Область

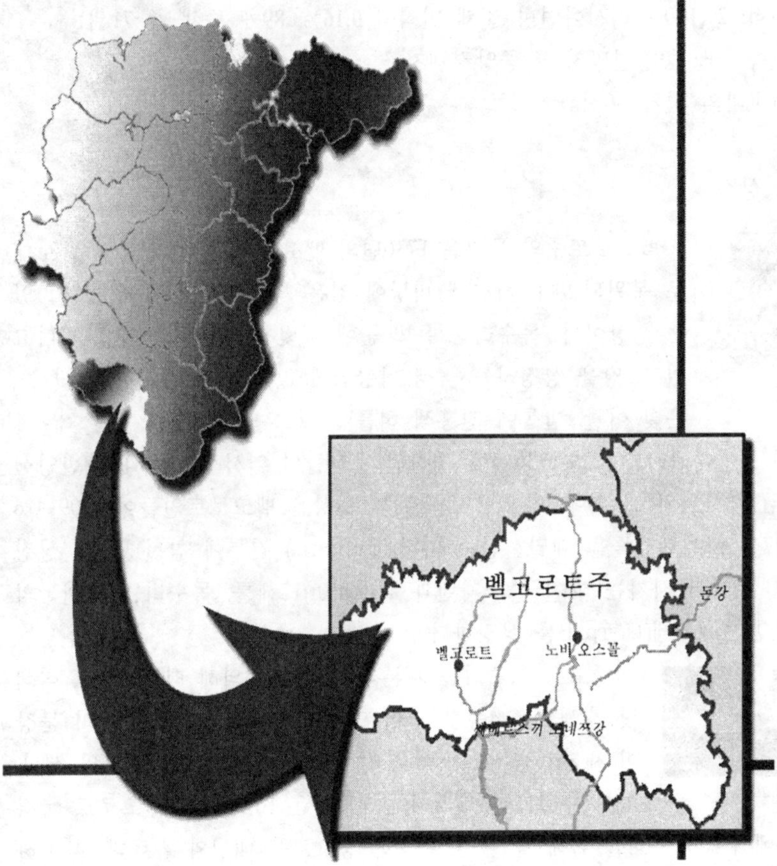

Ⅰ. 개황

1. 기초정보

주 성립일: 1954년 1월 6일.

주도: 벨고로트(Белгород)

인구: 1,499,000명(2001년 현재: 러시아연방 전체의 1.03%; 89개 주체 중 33위)

인구밀도: 55.3명/㎢

면적: 27,100㎢(러시아연방 전체 면적의 0.16%; 89개 주체 중 71위)

소속지구: 중앙연방지구; 중앙경제지구

한국과의 시차: -6시간

2. 상징

벨고로트주 문장

벨고로트주의 문장은 1730년의 벨고로트현(懸)의 문장을 토대로 복원되었다. 하늘색 바탕에 검은 독수리가 사자 위에 떠 있는 형상이다. 독수리는 은빛 눈에 금빛 부리, 혀, 발톱을 지니고 있고, 땅을 상징하는 녹색 바탕위에 앉아 있는 사자는 금빛 눈, 은빛 이빨, 발톱에 진홍색 혀를 가지고 있다.

이 문장은 1712, 1729-1730년에 제작된 문장들의 역사성을 최대한 반영했다. 금빛 사자와 그 위에 떠 있는 독수리의 형상은 벨고로트인들이 1709년 6월 27일 스웨덴인들을 궤멸시킨 뽈따바(Полтава) 전투에 참전했음을 상징한다. 여기서 사자는 패전국 스웨덴과 칼(Карл)12세를, 독수리는 승전국의 황제 뾰뜨르 I세(Пётр I)를 상징한다.

벨고로트 주기

벨고로트 주기는 푸른색 십자가에 의해 백색, 녹색, 적색 및 흑색으로 4등분 되어 있으며, 백색 부분에는 주의 문장이 새겨져 있다. 백색은 풍요로운 광층, 우유, 설탕의 생산, 녹색은 비옥한 토지와 숲, 적색은 16-20세기 벨고로트 국경지대에서 조국수호를 위해 흘린 피, 흑색은 풍요로운 대지와 흑토대 및 지하자원을 각각 상징한다. 벨고로트 주기는 2000년 5월 제정되었다.

3. 주요도시

벨고로트(Белгород): 인구 348,200명; 북위 50°37′, 동경 36°35′
스따리 오스꼴(Старый Оскол): 인구 218,500명; 북위 51°18′, 동경 37°50′
굽낀(Губкин): 인구 87,800명; 북위 51°17′, 동경 37°23′
셰베끼노(Шебекино): 인구 47,100명; 북위 50°25′, 동경 36°55′
알렉쎄예프까(Алексеевка): 인구 38,500명; 북위 50°38′, 동경 38°42′
발루이끼(Валуйки): 인구 36,300명; 북위 50°11′, 동경 38°7′
노비 오스꼴(Новый Оскол): 인구 21,000명; 북위 50°46′, 동경 37°52′
(인구: 2002년 현재)

4. 주요 산업 및 농업

벨고로트주의 주요산업으로는 기계제작(각종 보일러 제작, 자동차와 트랙터용 기구, 식료품 산업설비, 트랙터와 자동차 부품), 제철산업, 식료품 산업, 화학공업, 석유화학공업, 건축자재업, 경공업 등이 발달했으며, 농업부문은 낙농업, 양금, 양봉업, 농식물 재배업 등이 발달했다.

Ⅱ. 자연환경

1. 지리적 위치와 구성

벨고로트주는 21개 행정구, 9개 시, 21개 도시형마을, 331개의 농촌마을로 구성되어 있으며, 중부러시아 고지대의 남서부에 위치하고 있다.

꾸르스크주, 보로네슈주, 우끄라이나와 경계를 이룬다. 벨고로트주는 러시아연방 유럽지역의 중부 흑토대에 위치하고 있으며, 간선 철도 및 도로 교통망이 교차한다. 구소련 해체이후 벨고로트주의 경제 및 지정학적 위치가 변화하여, 국경 역할을 하게 되었다. 그러나 이는 벨고로트주의 대외무역을 활성화시키는 계기가 되어, 천연자원을 활용한 많은 합작회사가 설립되고, 벨고로트주와 우끄라이나, 폴란드, 독일, 이탈리아 등 여러 나라와의 무역이 강화되었다. 이러한 입지조건은 향후 벨고로트주의 경제발전에도 긍정적으로 작용할 것으로 기대된다.

중부 흑토대의 진주라 불리는 벨고로트주는 꾸르스크 이상자기지대(異常磁氣地帶)에 속함으로서 광물자원이 매우 풍부하며(전 자원의 4/5이상), 흑토대와 농경지로 유명하다. 지대가 고지 평원이며 최고의 고지대는 북부지역의 해발 276미터이다.

주요 하천으로는 쎄베르스끼 도네쯔(Северский Донец), 오스꼴(Оскол), 찌하야 쏘스나 (Тихая Сосна), 보르스끌라(Ворскла)강 등 비교적 유량이 적은 강이 흐르며, 수많은 소택지가 있다. 대부분 지역은 삼림스텝지역을 이루지만, 쎄베르스끼 도네쯔, 오스꼴, 찌하야 쏘스나강 좌측 강변에는 소나무 숲과 참나무 숲이 펼쳐져 있다.

수도 벨고로트와 모스크바 간의 거리는 695㎞이다.

2. 기후조건

온난기후대, 대륙성 온난기후

1월 평균기온: -8℃

7월 평균기온: 20℃

연강수량: 500㎜

식물 생장 기간: 160일

식생: 스텝과 삼림대의 중간 지대, 스텝지대. 주로 소나무 삼림이 넓게 분포하며 여러 종류의 풀이 자라는 개간된 초원 스텝지역이다.

토양: 흑토

삼림분포도: 10%

3. 주요 유용광물

철광석, 보크사이트, 백악(하얀 도시를 뜻하는 벨고로트의 명칭이 이와 관련이 있음), 시멘트용 이회암, 건축자재 등이 있다.

주요산지:

철광석: 야꼬블레프(Яковлев), 고스찌셰프(Гостищев), 꼬로프꼬프(Коробков), 쌀띠꼬프(Сальтыков), 스또일렌스크(Стой ленск), 뽀그로메쯔크(Погромецк) 산지.

보크사이트: 비슬로프스크(Висловск), 고스찌쉐프스크(Гостищевск) 산지.

인회석: 두브라빈스크(Дубравинск) 산지.

Ⅲ. 정치시스템

1. 역사

벨고로트는 러시아의 역사적 운명에서 수차례 중요한 역할을 해왔던 러시아 흑토의 중심이며, 벨고로트주의 중심지역이다. 도시형성에 대해서는 정확히 밝혀지지 않고 있으나, 사람들이 거주하는 공간으로 인식된 것은 1237년이다. 역사학자인 까람진(Н. М. Карамзин)에 따르면, 벨고로트는 표도르 이바노비치 황제의 명령에 따라 노즈드레바띄와 볼꼰스키 공후에 의해 1593년에 건설되었다. 1593년이 도시건설 년도로 인식되고 있다. 도시는 크림으로부터 모스크바에 이르는 가장 가까운 도로근처에 성립되었다. 크림-따따르의 침입으로부터 방어를 위하여, 도시에 제방이 구축되었으며 요새가 강화되었다.

1658년 폴란드와 터키군에 대항해서 활동하게 되는 벨고로트 군대가 형성되었다. 도시의 전략적 의미는 18세기 중엽까지 지속되었다. 1785년에 크림 러시아와 노보러시아 지역으로의 병합과 함께, 벨고로트는 요새에서 제외되었다. 1667-1833년에 벨고로트는 우크라이나 관구의 정신적 중심지가 되었다. 러시아가 8개 현(縣)으로 분리되고 있던 1708년에 벨고로트는 끼예프현으로 편입되었다. 1779년부터 벨고로트는 꾸르스크 관구 중심이 되었으며, 1796년부터는 꾸르스크현에 소속되었다. 이 지역은 18세기 전반에 이미 대규모 산업 및 문화의 중심지가 되었다. 1722에 학교가 설립되었다. 19세기에 접어들면서 차후에 시립학교로 성장하게 되는 소규모 인민학교가 개설되었다.

19세기 후반 벨고로트에서는 16개의 교회와 2개의 사원, 2개의 수도원, 12개의 학교가 있었다. 1882년 벨고로트에서, 지역주민뿐만 아니라 타도시로 생산물을 공급하는 26개의 공장이 있었다. 1869년에는 벨고로트와 우크라이나를 연결시키는, 도시를 통과하는 꾸르스코-하리꼬프 철도가 생겼다. 벨고로트는 주변도시와의 무역이 성행했다.

2차 세계대전기간, 1943년 7-8월에 벨고로트에는 독일-파시스트의 침략이 있었으며, 1943년 8월 5일 독일-파시스트군으로부터 해방되었다. 벨고로트주는 제2차 세계대전 당시 독일과 소련의 격전지였던 벨고로트시를 주도로 하고 있으며, 러시아 남서부에 위치하고 있다. 벨고로트시는 유럽 러시아의 중앙-흑토지대에 있으며, 철도교통의 요지이다. 또한 고고학상의 자료가 풍부하다.

2. 정치

1) 정치 일반

벨고로트주는 21개의 행정구획으로 나누어져 있으며, 주 산하에 6개의 도시가 있다. 최고 집행권력기관은 벨고로트주 행정부이다. 행정수반은 사브첸꼬(Е. С. Савченко)이다. 주지사와 주행정부는 벨고로트주에서의 정치적 합의문제에 관심을 집중시키며 지역 내 사회-경제 발전문제에 상당한 관심을 기울이고 있다. 연방대통령 전권대표부가 설치되어 있으며, 전권대표는 게라시멘꼬(В. Я. Герасименко)이다.

최고 입법권력기관은 벨고로트주 두마(Областная Дума)이다. 주 두마에서는 4년 임기를 가진 35명의 의원이 선출된다.

2) 선거

벨고로트주에는 선거관리위원회가 있으며 이 기관에서 선거를 관장한다.

(1) 벨고로트주 두마의원 선거

1997년 10월 주두마의원 선거가 실시되었고 4년 임기의 35명의 의원이 선출되었다. 주두마의장은 젤리꼬프(А. Я. Зеликов)이고 부의장은 소꼴로프(Н. О. Соколов)이다.

(2) 벨고로트주 행정수반 선거

1999년 12월 주의 행정수반 선거가 실시되었다. 이 선거에서 사브첸꼬가 당선되었다.

(3) 러시아연방 국가두마의원 선거

1999년 12월 19일 러시아연방 국가두마의원 선거가 실시되었다. 벨고로트주에서 유권자들이 보여준 투표결과는 선거구별로 살펴볼 수 있다.

정당별 투표에서 벨고로트 선거구와 노보오스꼴스끼 선거구의 결과는 다음과 같다.

벨고로트 선거구

정당명	득표율(%)
단결(메드베드)	25.95
지리놉스끼 블록	5.85
조국-전러시아	11.57
러시아공산당	27.46
우파연합	5.30

노보오스꼴스끼 선거구

정당명	득표율(%)
단결(메드베드)	27.55
지리놉스끼 블록	5.80
조국-전러시아	10.80
러시아공산당	28.01

후보별 투표를 보면, 벨고로트 선거구에서는 유권자의 66.66%가 투표에 참여했으며 6명의 후보 가운데 51.66%를 획득한 리시꼬프(Н. И. Рыжков)가 당선되었다. 노보오스꼴스끼 선거구에서는 66.96%의 유권자가 투표에 참여했으며 7명의 후보 가운데 53.24%를 획득한 스코치(А. В. Скоч)가 당선되었다.

(4) 러시아연방 대통령 선거

러시아연방 대통령 선거가 2000년 3월 26일 실시되었다. 벨고로트주 유권자의 64.42%가 투표에 참여했고 뿌친과 쥬가노프 양자의 대결구도로 나타났다. 모든 후보에 대한 반대에는 유권자의 1.54%가 투표했다.

후보	득표율(%)
뿌친	47.56
쥬가노프	39.75

IV. 경제 시스템

1. 경제개황

벨고로트주는 러시아의 연방지구 중 중앙연방지구에 속하고 12개의 러시아 경제지역 중 중앙흑토경제지역에 속한다. 벨고로트주의 경제비중은 러시아에서 농·공업생산은 상대적으로 큰 규모를 가지고 있다. 그러나 여타부문은 두드러진 규모를 나타내지 못하고 있다.

거시경제지표들을 살펴볼 때 벨고로트주는 대체로 러시아의 여타 주체 중에서 고르지 못한 분포를 가진 주체 중의 하나이다. 러시아경제에서 벨고로트주의 비중을 보면 농업생산량이 러시아전체에서 2.1%로 매우 높은 비율을 가지고 있고 공업생산량은 1.0%의 비중을 가지고 있어 공업부문도 대규모를 형성하고 있다. 그 외 지표를 표로 보면 다음과 같다.

2000년도 러시아 주요 경제지표에서 벨고로트주의 비중

주요 항목	러시아전체 대비 벨고로트주 비율
지역총생산	0.8%
공업생산량	1.0%
농업생산량	2.1%
소매유통	0.7%
자본투자	0.8%

http://www.infostat.ru/epub.htm (검색일: 2003.1.10)

벨고로트주의 지역총생산은 1999년에 345억 2,600만 루블로 1998년 192억 8,200만 루블에 비해 79.05% 상승한 것으로 나타나고 있다. 1인당 지역총생산은 1999년 230억 9,800만 루블로 1998년 129억 5,600만 루블 대비 78.28% 증가하였다. 벨고로트주는 지역총생산의 주요 구성과 비율에서 공업부문이 38.0%로 나타나 공업지역으로서 위상을 나타내고 있다. 그 외 부문의 비율을 표로 보면 다음과 같다.

지역총생산의 주요 구성과 비율

주요 산업부문	지역총생산의 주요 구조의 비율
공업부문	38.0%
농업부문	16.2%
건설부문	8.3%
운송부문	4.7%
유통부문	11.5%

http://www.infostat.ru/epub.htm (검색일: 2003.1.10)

2. 산업

1) 공업

벨고로트주의 기계제작·금속가공은 설비, 장비의 제작이나 수리, 용광로제작, 보일러제작 등이 주가 된다. 그리고 그 외에도 벨고로트주에는 기구제작, 의료장비, 경공업, 식품공업, 건재공업(시멘트 등)이 발달되어 있다.

벨고로트주는 자체생산품을 주로 해외수출을 하며 수출대상국은 세계 30개국 이상이 되고 있다. 벨고로트주에는 500개 이상의 합작기업이 있으며 대상국은 수십 개국에 이르고 있다. 합작기업들의 벨고로트주에서 역할은 매우 크다 할 수 있다.

공업생산지수는 1998년에 105, 1999년에 120, 2000년 109로 변화폭이 일정치 않고 변화가 심하다.[1] 벨고로트주의 공업[2]의 부문별 구조를 분석하면 철강업이 무엇보다 앞서 있다. 그래서 벨고로트주는 '철강업의 지역'이라 불린다. 공업생산부문별 생산비율에서 거의 반을 차지하는 46.0%를 기록하고 있다. 그리고 벨고로트주는 식품공업도 매우 발달되어 있으며 그 비율은 20.1%에 이르고 있다. 여타 공업부문을 표로 보면 다음과 같다.

주요 공업생산부문별 생산비율

생산부문	벨고로트주 총공업생산 비율
전기전력	8.8%
철강업	46.0%
화학·석유화학	2.3%

1) 전년대비 %
2) 러시아 전체공업생산의 0.7%차지하고 있다.

기계제작·금속가공	11.6%
목재가공, 종이·펄프	0.9%
건재공업	7.5%
경공업	0.3%
식품공업	20.1%
기타	2.5%

http://www.infostat.ru/epub.htm (검색일: 2003.1.10)

2) 농업

벨고로트주의 자연적인 조건은 매우 축복받은 것이라 할 수 있다. 농업발전도 이 좋은 자연적인 조건에 기해 벨고로트주의 전 면적의 80%이상을 농업을 위해 사용하고 있다. 농업면적은 214만 5,000 헥타르에 이르고 있다.

주로 곡물류, 콩류, 특용작물류, 사료용 식물, 채소, 감자 등이 생산되고 있다. 벨고로트주는 체르노제미야에서 가축사육이 대규모로 이루어져 가축관련 생산품의 비중이 매우 높다. 대규모의 가축사육단지는 곡물류와 식용비트의 가공 등이 행해지는 지역에 세워지며 그 이유는 이것들이 가축사료로 사용되기 때문이다.

벨고로트주의 농공단지에서 기업구조를 보면 고기, 우유, 설탕, 통조림 등을 생산하는 35개의 기업이 있고 100개 이상의 건설기업과 120개의 농업관계 기업들이 있다.

벨고로트주의 2000년 총 농업생산량은 167억 5,930만 루블이다. 이것은 1999년 114억 1,250만 루블에 비해 46.85%상승한 것이다. 농업생산액 중 작물관련 생산액은 1999년과 2000년에 각각 53억 6,730만 루블과 78억 8,520만 루블이고 농업생산액 중 가축관련 생산액은 1999년과 2000년에 각각 60억 4,520만 루블과 88억 7,410만 루블을 나타내고 있다.[3] 이것들은 2000년에 상승속도의 둔화가 있지만 상승액은 적지 않은 폭의 증가가 있었다. 농업생산지수추이는 일정하게 상승하고 있다. 1998년 92, 그리고 1999년에 96, 2000년에 122로 점진적으로 상승하고 있다.[4]

3) 명목가치임

4) 실질가격, 전년대비=100

3. 자원 등 기타

벨고로트주는 많은 호수와 못을 가지고 있다. 각 지방에 널리 분포되어 있는 못은 공업용수로 광범위하게 사용되고 있다. 식용수로는 주로 지하수가 많이 사용되고 있다.

벨고로트주에서 채굴되는 광물로는 백묵, 점토, 모래, 슬레이트 등이 있으며 아울러 철광석 및 기타 광물들에 대한 채굴 및 가공이 매우 활발하게 이루어지고 있다. 그러나 채굴되는 광물의 실제 이용률은 17.5%에 불과하여 무분별한 발굴에 대한 문제점이 제기되고 있다. 특히 수년에 걸친 광물자원의 채굴 및 가공은 환경파괴의 가장 큰 원인으로 지목되고 있다.

벨고로트주의 자연은 숲, 초원, 습지 등으로 이루어져 있다. 식물계를 구성하는 수목의 종류는 1,284종에 이르며 이 지역의 특성상 가장 많은 분포를 이루고 있는 것은 참나무 숲이다. 이 외 인공적 식림이 활발하며 주로 강 근처에서 이루어지고 있다.

벨고로트주는 활엽수림과 초원지대가 많으므로 동물들의 서식에 여러 가지 다양한 조건을 가지고 있다. 현재 이 지역에는 350여 종의 동물들이 살고 있다. 그러나 이는 전년대비 훨씬 감소한 수치이다. 지난 20년 동안 곰과 펠리칸, 여우 등 많은 포유동물과 새들의 10여종이 사라졌다.

전체적으로 벨고로트주의 자원들은 이 지역의 공업화가 진행됨에 따라 현저히 줄어들고 있으며 환경오염 역시 가속화되고 있다. 현재 주 정부차원에서 자원보호 및 환경보전을 위한 계획적 관리 안이 검토되고 있다.

V. 문화시스템

1. 지역정체성

1) 인구

벨고로트주에서도 결혼율에 비해 이혼율이 증가하고, 출생률에 비해 사망률이 상승하는 등 인구 자연증가율이 마이너스를 기록한 지 오래다. 그러나 다행스럽게도 우끄라이나와 까자흐스딴 등 외지로부터의 이민자들로 인해 전체적인 인구수는 증가세를 보이고 있다.

벨고로트주 정부는 일자리와 정착비, 정착지를 제공함으로써 타 지역으로부터의 이민자들을 환영하고 있다. 그 결과 벨고로트주의 이민자 수는 러시아연방 전체 평균의 약 4배 정도에 이른다.

벨고로트주 인구변동 추이

연도	1990	1992	1993	1994	1995	1996	1997	1998	1999	2000	2001
인구수 (1,000명)	1,388	1,406	1,420	1,435	1,456	1,456	1,476	1,482	1,490	1,495	1,499

Россий ский статистический ежегодник. Госкомстат России. М., 2001. С. 82.

2000년도 출생자 수가 12,101명인데 반해 사망자 수는 23,291명으로 11,190명의 자연손실이 발생했다. 그러나 같은 기간 동안 인구 총수는 1,495,000명에서 1,499,000명으로 증가하였는데, 이는 오로지 주정부의 이민자 우대정책으로 인한 외지로부터의 인구 전입에 의한 것으로 볼 수 있다.

벨고로트주 출생자수, 사망자수, 자연증가율

연도	출생자수(명)	사망자수(명)	자연증가율(명)
1990	18,035	17,910	125
1992	14,843	19,408	-4,565
1993	13,752	22,044	-8,292
1994	14,155	22,487	-8,332
1995	13,696	21,642	-7,946
1996	12,953	21,422	-8,469
1997	12,011	21,597	-9,586

1998	11,899	21,247	-9,348
1999	11,407	22,568	-1,1161
2000	12,101	23,291	-1,1190

Россий ский статистический ежегодник. Госкомстат России. М., 2001. С. 105.

벨고로트주의 실업률은 1997년 러시아 전체의 경제위기를 계기로 급등하기 시작하여 1999년 12.2%를 기록하는 등 위기상황에 도달했다. 그러나 2000년도부터 취업자 수의 급증으로 실업률은 급격히 하락하고 있다.

벨고로트주의 경제활동인구 및 취업률, 실업률은 다음과 같다.

벨고로트주 경제활동인구(취업자, 실업자), 실업률

연도	경제활동인구 (1,000명)	취업자수 (1,000명)	실업자수 (1,000명)	실업률(%)
1992	693	670	23	3.4
1993	679	649	30	4.4
1994	665	628	37	5.5
1995	676	634	41	6.1
1996	659	616	43	6.6
1997	644	576	69	10.7
1998	655	581	73	11.2
1999	720	632	88	12.2
2000	725	683	42	5.8

Россий ский статистический ежегодник. Госкомстат России. М., 2001. С. 134.

2) 민족

2001년 현재 1,499,000명으로 집계된 벨고로트주 인구는 러시아인 92.9%, 우끄라이나인 5.1, 벨라루스인 0.4%, 기타 1.6% 등으로 구성되어 러시아인이 절대다수를 차지하고 있다.

3) 교육

최근 벨고로트주의 교육제도는 과거와 달리 선택에 의한 교육이 이루어지고 있다. 과거와 달리 국립교육기관 뿐 아니라 각종 첨단 교육자재 및 전산실이 갖춰진 사립학교가 개설되어 운영 중에 있다. 학부모, 학생, 교사들은 비단 학교뿐 아니라 교육프로그램 및 교재까지도 선택할 수 있는 실질적인 기회를 갖게 되었다.

벨고로트주에는 6개 국립대학에서 28,800명의 학생이 수학하고 있으며, 주민 1만 명당 대학생 수는 180명이다(러시아연방 평균 208명). 최근 수년 동안 학생들의 전공구조가 바뀌어 기술, 공학 분야 전공학생들의 수가 감소한 반면, 인문학, 경제학 및 법학 등의 전공학생 수가 증가했다.

모스크바국립 경제, 통계 및 정보 대학교와 벨고로트 국립 건축자재 기술 아카데미 간 공동으로 통신교육센터를 설립하여 운영하고 있다.

벨고로트주에는 34개 초급전문학교(30개 주간교육기관 포함)에서 17,100명(주간, 16,200명)이 수학하고 있다. 이러한 초급전문학교에서는 실업자 재교육 및 전문가 양성, 성인들의 재교육 및 자질향상을 통해서 노동시장에 공급한다.

벨고로트주에는 또한 25개 중등전문학교에서 23,100명의 학생이 수학하고 있으며, 10개 단과대학에서 64개 직종에 대한 중등전문가를 양성하고 있다.

벨고로트주 교육제도가 가지는 특징 중 하나는 초등교육기관이 운영, 발전되고 있다는 데 있다. 1999년 1월 1일 현재 초등교육기관의 수는 830개교이다. 이들 중 70%는 농촌지역에 있다.

1999년 1월 1일 현재 벨고로트주의 취학전아동교육기관의 수는 650개로 1995년 대비 9% 감소했다. 이러한 감소추세는 지속될 전망인 바, 경제상황의 악화와 출생률 하락, 생활수준의 하락 및 교육비 인상으로 인해 부모들이 아이들의 유치원 교육을 기피하기 때문이다.

2. 지역문화

1) 문화개괄

벨고로트는 아름답고 당당한 모습을 하고 있다. 흰 석조 건물과 교회의 황금 첨탑, 정원과 공원의 강열한 녹색으로 뒤덮인 도시는 물결을 연상시킨다. 벨고르트주는 러시아 민족 문화, 역사와 문화 기념물을 보존하는 것에 커다란 의미를 부여하고 있다. 수백 년의 역사를 지닌 다른 도시와 마찬가지로 벨고르트는 건축 양식에 있어서 옛 건물의 아름다움을 현대적 환경속에 독특하게 잘 배합시키고 있다.

벨고로트는 많은 훌륭하고 유명한 인물들을 배출한 지역이다. 19세기 전반 황제의 전제에 저항한 시인이자 평론가이며 장교인 라예프스끼의 집은 벨고르트의 흐보로스짠까(Хворостянка) 마을(현재 라예프스끼마을)에 위치하고 있다. 1812년 조국전쟁에서 용감함으로 황금 장금을 하사 받은 라예프스끼는 1825년 12월 당 봉기에 참가하여 사형 선고를 받고 후에 시베리아로 유형 보내졌다. 1856년에 시인은 특사를 받았지만 자신의 자유이상을 간직하고 시베리아에 머물다가 죽었다. 또 벨고르트에는 스딴께비치(Станкевич)의 짧은 삶이 족적을 남기고 있다. 모스크바 대학에서 공부한 그는 철학동아리를 만들어 19세기 30년대의 사상적 삶에 커다란 영향을 끼쳤다. 스딴께비치의 이름은 벨고로트주의 알렉세에프 시와 보로네슈, 모스크바 시의 거리 이름 속에서 리시아인들에게 영원히 기억되고 있다.

러시아 연극의 자존심인 배우 쉐쁘낀(Щепкин)은 벨고로트의 붉은 마을(현재 야고블레프 지역에 있는)의 농노 가정에서 태어났다. 볼꼔쉬떼인(Волькенштеин) 백작의 농노로 머물면서 많은 세월을 쉐쁘낀은 시골의 무명의 배우들과 보내면서 배고픔과 방랑적 삶의 비애와 어려움을 겪었다. 1822년이 되어서야 진보적 인사들의 협회에 팔려서 1824년부터 모스크바의 '말리(Малый) 극장'에 초대되었다. 이 극장에서 그는 40년의 연극 인생을 보냈다. 벨고로트에는 쉐쁘낀의 이름을 딴 거리와 극장이 있고 극장의 입구에는 위대한 배우의 동상이 서있다. 그리고 '붉은 마을'에는 쉐쁘낀의 이름을 딴 박물관이 있다.

2) 문화시설

(1) 쉐쁘낀 국립 아카데미 벨고로트극장

1936년부터 벨고르트의 극장 시즌이 시작되었다. 이 때부터 극장은 확실한 배우단과 7개의 주요 연극으로 구성된 레퍼토리를 가지게 되었다. 이 레퍼토리에는 레프 톨스토이의 「어둠의 힘」 막심 고리키의 「밑바닥에서」, 브루쉬떼인(А. Бруштей н)의 「계속 이어지다」가 포함되어 있었다. 극장의 최초의 배우진은 모스크바, 세바스토폴, 카잔 출신의 권위있는 배우들로 구성되었는데 바질레프스끼(Базилевский), 삐코프스끼(Пиковский), 안드리아노프(Андрианов), 지스낀(Зискин), 오브샤니꼬프(Овсяников), 노지꼬프(Ножиков) 등이 그들이었다. 30년 동안 극장은 현재의 예술 박물관의 건물에 위치했었다. 극장은 극장 소유의 오케스트라 악단을 가지고 있다. 연극은 몇 개의 장으로 구성되었는데 자주 한 밤중까지 계속되었다. 2차 대전 시기에 극장은 휴가를 제안 받았지만 거절하고 붉은 군대와 환자들을 위해 전쟁에 더 가까운 지역인 꾸르스크주에까지 가서 연극을 했다. 이 때문에 전쟁이 끝나서 벨고로트로 돌아왔을 때 극장은 '꾸르스크주 극장'이라는 별명을 얻었다. 벨고르트가 해방된 후 극장은 고향으로 돌아왔고 1944년에 활동을 재계했다. 1956년에 극장은 주 극장으로 격상되었고 러시아 연극의 고양자이며, 위대한 배우인 쉐쁘낀의 이름을 따서 쉐쁘낀극장으로 불리게 되었다.

1962년 극장은 혁명 광장에 있는 새로운 건물로 이사했고 1988년에는 전통이 된 쉐쁘낀 페스티벌이 열리게 되었다. 20세기의 마지막 10년은 극장에게 상당한 의미가 있는 세월이었는데 1993년에 극장은 '국립'급으로 격상되었고 1998년에는 극장에 '아카데미'라는 명칭이 붙여졌다.

보로네슈주

Воронежская Область

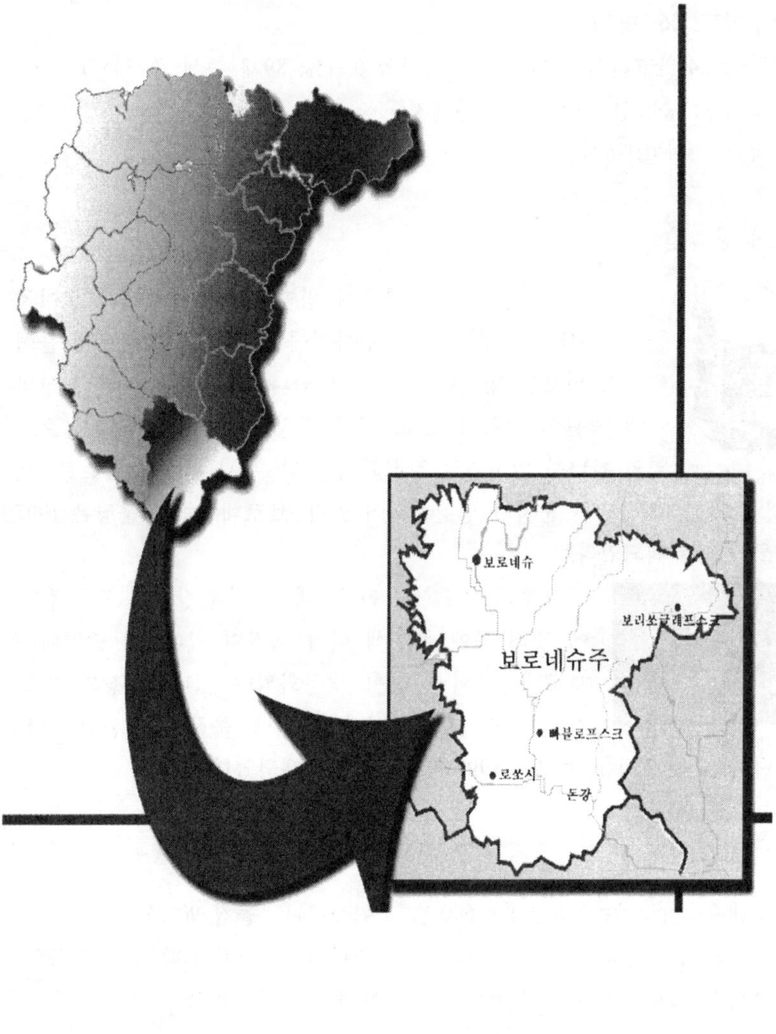

Ⅰ. 개황

1. 기초정보

주 성립일: 1934년 6월 13일.
주도: 보로네슈(Воронеж)
인구: 2,437,000명(2001년 현재: 러시아연방 전체의 1.68%; 89개 주체 중 21위)
인구밀도: 46.5명/㎢
면적: 52,400㎢(러시아연방 전체 면적의 0.31%; 89개 주체 중 54위)
소속지구: 중앙연방지구; 중앙경제지구
한국과의 시차: -6시간

2. 상징

보로네슈주 문장

보로네슈주의 문장은 붉은색 방패에 왼편으로부터 굽이치는 산을 묘사한 것이다. 산 경사면에는 은제 병에서 은빛 물이 쏟아져 나오는 형상이 묘사되어 있다. 방패에는 성벽 형상의 금제 왕관이 씌워져 있고, 방패 가장자리는 푸른색 리본으로 엮인 참나무 잎사귀로 장식되어 있다. 왕관 위에는 표트르 I세의 첫 글자를 따서 만든 문자가 형상화되어 있다. 보로네슈주의 문장은 1997년 7월 7일 채택되었다.

보로네슈 주기

보로네슈 주기는 가로, 세로 3:2의 장방형 붉은색 천에 깃대 쪽에 푸른색 띠가 새겨져 있다. 기 중앙에는 보로네슈주의 문장이 형상화되어 있다. 문장의 가로 길이는 주기의 2/5이다. 주기에 문장이 보완된 것은 1998년이다. 보로네슈 주기는 1997년 7월 7일 채택되었다.

3. 주요도시

보로네슈(Воронеж): 인구 905,600명; 북위 51°43′, 동경 90°16′
보리쏘글레프스크(Борисоглебск): 인구 64,400명; 북위 51°22′, 동경 42°5′
로쏘시(Россошь): 인구 63,600명; 북위 50°13′, 동경 39°35′

리스끼(Лиски): 인구 55,100명; 북위 50°59′, 동경 39°34′
노보보로네슈(Нововоронеж): 인구 39,500명; 북위 51°19′, 동경 39°13′
오스뜨로고슈스크(Острогожск): 인구 33,200명; 북위 50°52′, 동경 30°5′
빠블로프스크(Павловск): 인구 26,500명; 북위 50°28′, 동경 40°5′
부뚜르리노프까(Бутурлиновка): 인구 26,300명; 북위 50°51′, 동경 40°35′
깔라치(Калач): 22,600명; 북위 50°25′, 동경 41°0′
쎄미루끼(Семилуки): 22,400명; 북위 51°41′, 동경 39°2′
보브로프(Бобров): 21,500명; 북위 51°6′, 동경 40°2′
(인구: 2002년 현재)

4. 주요 산업 및 농업

보로네슈주의 주요 산업으로는 기계제작공업(선광설비, 화학, 경공업, 식료품 산업설비, 금속절단 선반, 압연기, 굴착기, 정미기 및 기타 농기계, 전자무선기기), 화학공업(인조고무, 타이어, 약재), 건축자재업, 식료품 산업 등이 발달했으며, 농업부문은 곡물재배, 사탕무우, 해바라기, 삼, 대마, 감자, 야채 등을 재배하고, 낙농업, 양금, 양봉, 목양, 염소사육, 양마(養馬) 등이 발달했다.

II. 자연환경

1. 지리적 위치와 구성

보로네슈주는 32개 행정구, 15개 시, 22개 도시형마을, 491개의 농촌마을로 구성되어 있으며, 동유럽평원의 중앙, 돈강 중앙 유역에 위치하고 있다. 벨고로트주, 로스또프주, 꾸르스크주, 리뻬쯔크주, 땀보프주, 싸라또프주, 볼고그라트주, 우크라이나와 경계를 이룬다. 보로네슈주는 중부러시아 고지대 내에 위치하며, 동쪽에는 오까-돈(Ока-Дон)평원이 있다.

주요 하천으로는 돈(Дон), 호뻬르(Хопер), 비쭈크(Битюг)강이 있다.

수도 보로네슈와 모스크바 간의 거리는 587㎞이다.

2. 기후조건

온난기후대, 대륙성 온난기후

1월 평균기온: -9℃

7월 평균기온: 20℃

연강수량: 500㎜

식물 생장 기간: 150 ~ 160일

식생: 원시적 스텝 지대

토양: 흑토

삼림분포도: 8%

보로네슈주의 기후는 대륙성 온난기후로 연중 사계절이 뚜렷하게 나타난다. 겨울은 상당히 추우며 봄과 가을 사이가 매우 짧다. 러시아평원의 중부에 위치한 지리적 위치로 인해서 주 대지에 많은 양의 태양열 에너지가 방사된다. 주의 기후를 결정하는 또 다른 요인으로 대기 순환을 들 수 있는데 이는 연중 항시적으로 나타나는 현상은 아니며, 계절에 따른 일시적 현상으로 바람의 향방을 바꿔 놓는다. 서풍, 북서풍 및 남동풍이 주를 이룬다. 이는 결국 대륙성 온난기후를 결정하는 요인이 된다. 풍속은 주로 1~3m/sec이다. 대지의 기복형태 또한 주의 기후를 결정하는 요인으로 작용하는데, 심한 기복현상은 지역에 따라 기온과 강수량에 많은 편차를 가져온다.

3. 주요 유용광물

시멘트 원료, 내화점토, 모래, 건축용 모래, 보오크사이트, 인회석 등이 있다. 티탄과 지르코늄 퇴적층을 보유하고 있으며 백악, 점토석회, 석영암의 주산지이다. 러시아연방에서 시굴된 철광석의 40.5%를 매장하고 있다. 또한 꾸르스크 이상자기지대(異常磁氣地帶(KMA))의 철광석 매장량의 80%를 차지하고 있다.

Ⅲ. 정치시스템

1. 역사

현재의 보로네슈주 영토에는 약 3만 년 전부터 인간이 거주할 수 있었다. 9세기까지 알란족, 훈족, 스키파인, 그 다음에는 하자르족, 9-11세기에 남러시아를 침범한 터키민족, 뽈로베쯔인 등이 이 지역으로 모여들었다.

13세기에 보로네슈 도시지역으로의 이주현상이 나타난다. 15세기 말 몽골-따따르 압제의 타도와 러시아 중앙집중적 국가의 형성은 보로네슈 지역의 형성을 위한 객관적 전제가 되었다. 16세기에 이르러 보로네슈는 러시아국가의 소속이 되었으며, 유목민족의 급습으로부터 러시아 남부국경을 방어하기 위해 목조요새가 세워졌다. 보로네슈 지역으로의 이주현상이 나타났으나, 현재의 도시와 같은 외형을 갖추지는 못했다. 16세기 후반에 따따르의 침입으로부터 루시국가의 방어를 위해 이 지역의 남부변경에 크지 않은 도시-요새가 생겼다. 이 과정을 거치면서 1585년에 보로네슈가 형성되었다.

보로네슈의 인구는 17세기 초반 6천명에 달했다. 17세기 중반 이 지역의 북서쪽에 찌하야 소스나, 돈, 보로네슈, 우스만 강을 따라 도시-요새의 완전한 체제가 만들어지게 되었다. 17세기 말 따따르 침입의 위험은 실질적으로 제거되었다. 이 지역 역사에서 중요한 시기는 뾰뜨르 1세 통치기이다. 1696년 뾰뜨르 1세의 명령에 의해 조선소가 건설되었다. 이 조선소에서 최초의 러시아함대가 건조되었다. 이 함대는 7월에 돈강 하구에서 최초의 승리를 거두었고 이때부터 이 함대는 아조프라는 이름으로 불리게 되었다.

1700년 뾰뜨르 1세의 제안으로 보로네슈 조선소에서 보다 정교화된 대포주력함대가 건조되었다. 뾰뜨르 1세는 군함에 매우 만족했다. 뾰뜨르 1세 치하에서 다수의 군함을 갖게 되면서 보로네슈는 가장 대규모로 조선사업이 이루어지는 도시로 자리잡게 되었다. 이곳에서 69척의 대형 군함, 7척의 구포(臼砲)함, 9척의 화선(火船)이 건조되었다. 보로네슈는 산업도시로 성장했으며, 이 지역에는 전문화된 여러 산업체가 설립되었다. 전문화된 도시로의 성장과 동시에 인구수도 급속도로 증대되어 4만 명(다른 자료에 의하면, 6만 명)에 이르렀다.

보로네슈현은 1725년에 형성되었다. 그 영토는 북동쪽으로는 볼가 및 니즈니 노브고로트까지, 남쪽으로는 아조프해까지 뻗치고 있었다. 1767년에 뷰르쩸베르그에서 약 3천명의 독일인들이 보로네슈현으로 이주했다.

1779년에 예까쩨리나 2세의 행정개혁으로 인해 현의 범위가 현저하게 축소되었다. 보로네슈현은 관구제도로 개조되었다. 그러나 1796년부터는 다시 보로네슈현으로 개조되었다. 현구획 제도는 1824년에 최종적으로 확립되었다.

1928년에 종전 4개의 현(보로네슈, 땀보프, 꾸르스크, 오룔)이 통합되어 중앙-흑토주가 형성되었다. 통합된 새로운 대규모의 영토-행정구역의 중심도시는 보로네슈가 되었다. 보로네슈는 1928년부터 1934년까지 중앙-흑토주의 행정중심지가 되었다. 이 시기에 보로네슈시에서 대규모 산업이 형성되었으며, 1934년 이후부터 이 지역이 보로네슈주의 행정중심지로 자리잡아가게 된다.

2차 세계대전기간에 보로네슈 지역에서 소련군과 독일군 간에 212일(1942년 6월 28일 - 1943년 1월 25일) 동안 치열한 유혈전투가 있었다. 전투과정에서 도시는 완전히 붕괴되었다.

전쟁의 종식과 동시에 도시 복구사업이 실시되었으며, 50년대 말까지 완료되었다. 1960-70년대에 도시의 성장은 계속되었다. 1972년에는 보로네슈 저수지가 완성되었다. 1975년에 독일에 대항한 2차 세계대전 전승기념 30주년 기념식에서, 보로네슈시는 2차 세계대전기간에 보여준 전투상황에 따라 제1등급 용맹훈장을 수여받았다. 또한 농촌경제의 성공적 발전에 대한 공로 역시 인정받았다. 1996년에는 보로네슈에서 아조프함대 건조 300주년 기념행사가 거행되기도 했다.

2. 정치

1) 정치 일반

보로네슈주는 중심지인 보로네슈시를 중심으로 6개 지구로 나누어지며, 개별 라이온들이 존재한다. 행정단위들은 각각 자체내에 행정기관을 두고 있다.

주행정부와 주의회가 상호견제 및 균형관계를 유지하고 있다. 주의회 의장은 1947년생인 낙바신(A. M. Наквасин)이다. 그는 1997년 주의회 의원으로 당선되었으며, 2001년 4월 보로네슈주 의회 의장이 되었다. 부의장으로는 찌또프(Ю. Т. Титов), 스크리니꼬프(Б. М. Скрынников), 끄루세르(В. И. Круссер)등 3인이다.

2) 선거

(1) 보로네슈주 지사 선거

2000년 12월 24일 보로네슈주 지사 선거가 실시되었다. 6명이 입후보했고 투표는 한번 실시되었다. 주요후보들의 득표율은 다음과 같다.

후보	득표율(%)
꿀라꼬프(Кулаков В.Г.)	59.98
샤바노프(Шабанов И М)	15.21
구세프(Гусев А.Н.)	12.17
모든 후보에 대한 반대	8.11

투표에는 등록된 유권자의 47.57%가 참여했다.

꿀라꼬프가 과반수를 넘는 득표율로 보로네슈주 지사로 당선되었다.

(2) 보로네슈 시장 선거

보로네슈주의 중심지인 보로네슈 시장 선거가 실시되었다. 유권자의 45.10%가 참여한 시장 선거에서 꼬발료프(А. Я. Ковалев)가 당선되었다.

후보	득표율(%)
꼬발료프(Ковалев А.Я.)	42.58
짜삔(Цапин А. Н.)	21.47
루다꼬프(Рудаков С.И.)	18.54
모든 후보에 대한 반대	10.25

(3) 러시아연방 국가두마의원 선거

1999년 12월 19일 러시아연방 국가두마의원 선거가 실시되었다. 니쉐고로트주의 유권자수는 1,952,223명이고, 투표에는 1,239,066명이 참가하여 63.47%의 투표율을 보였다.

정당별 투표에서 주요정당이 얻은 득표율은 다음과 같다.

정당	득표율(%)
야블로꼬	2.96
단결(메드베드)	32.66
지리놉스끼 블록	7.35
조국-전러시아	5.44
러시아공산당	29.96
우파연합	4.99

Ⅳ. 경제 시스템

1. 경제개황

보로네슈주는 7개의 연방지구 중 중앙연방지구에 속하고 12개의 러시아 경제지역 중 중앙흑토경제지역에 속한다. 중앙흑토 경제지역 중 영토 면에서 규모가 가장 크다. 보로네슈주는 농업을 삶의 밑천으로 삼는 지역으로 농업비중이 2000년 러시아 농업생산량 대비 2.4%이다. 이것은 여타 지역보다 최소한 2배 이상은 넘는 규모이다.

공업은 2000년 러시아 여타 지역의 공업생산량 대비 0.8%이다. 보로네슈주의 공업생산량은 대단히 큰 규모이며 보로네슈에서 가장 경쟁력이 있는 분야로는 기계제작·금속가공, 식품공업, 전기전력분야 등이다.

보로네슈주는 러시아경제에서 차지하는 경제비중이 매우 크다. 러시아경제에서 보로네슈주의 비중을 파악하기위해 몇 개의 주요 거시 경제지표를 표로 보면 다음과 같다.

2000년도 러시아 주요 경제지표에서 보로네슈주의 비중

주요 항목	러시아전체 대비 보로네슈주 비율
지역총생산	1.0%
공업생산량	0.8%
농업생산량	2.4%
소매유통	1.0%
자본투자	0.7%

http://www.infostat.ru/epub.htm (검색일: 2003.1.10)

보로네슈주의 지역총생산은 러시아 전체대비 2000년 1.0%이며 생산액에 있어서는 1999년에 407억 1,000만 루블로 전년대비 69.09%이상 상승하였다. 보로네슈주의 지역총생산의 주요 구성과 비율에 있어서는 공업부문이 24.9%를 차지하고 있어 보로네슈주의 지역총생산을 지탱하는 대들보 역할을 하고 있다. 여타 부문을 표로 보면 다음과 같다.

지역총생산의 주요 구성과 비율

주요 산업부문	지역총생산의 주요 구조의 비율
공업부문	24.9%
농업부문	18.7%
건설부문	5.2%
운송부문	7.5%
유통부문	14.4%

http://www.infostat.ru/epub.htm (검색일: 2003.1.10)

보로네슈주의 총 기업수는 2000년 36,637개이고 소 기업수는 2000년 10,995개이다. 공업부문에서 활동 중인 기업수는 2000년에 2,533개이며 이것은 전년대비 93.57%를 기록, 하락세가 다소 나타나고 있다. 공업기업들은 2000년 총 기업수 대비 6.91%에 이르고 있어 여타 지역의 총 기업수 대비 공업기업수에 비해 매우 높은 비율을 나타내고 있어 공업기업들이 활발히 활동하고 있음을 알 수 있다.[1]

2. 산업

1) 공업

보로네슈주는 공업이 전통적으로 강한 지역이다. 공업관련 지표를 보면 총 공업생산량은 1998년 150만 7,200만 루블, 1999년 242만 3,700만 루블, 2000년에 331억 3,100만 루블로 증가폭이 매우 크다. 매년 보로네슈주는 100억 루블 정도씩 공업생산량이 증가하고 있다. 그러나 2000년에는 공업생산량의 상승폭은 약간 줄고 있다.[2]

공업생산지수는 1998년에 90으로 전년대비 큰 폭의 하락을 가져온 이후에 1999년에 120으로 큰 증가세를 나타내었다.[3] 그러나 2000년은 105로 전년대비 0.875포인트를 기록하고 있어 다소 공업의 사정이 어려움을 나타내고 있다.

보로네슈주 공업[4]의 부문별 구조에서는 전통적으로 세 개의 분야가 강세를 나타내고 있다. 그 세 분야는 전기전력부문이 18.0%, 기계제작·금속가공

1) 년말 통계임
2) 명목가격 기준
3) 전년대비 %
4) 러시아 전체공업생산의 0.7%차지하고 있다.

22.9%, 식품공업 26.7%로 보로네슈주의 공업발전에 큰 기여를 하고 있다. 여타 공업부문을 표로 보면 다음과 같다.

주요 공업생산부문별 생산비율

생산부문	보로네슈주 총공업생산 비율
전기전력	18.0%
철강업	3.7%
비철금속	0.2%
화학·석유화학	14.2%
기계제작·금속가공	22.9%
목재가공, 종이·펄프	2.2%
건재공업	6.9%
경공업	1.1%
식품공업	26.7%
기타	4.1%

http://www.infostat.ru/epub.htm (검색일: 2003.1.10)

보로네슈주의 식품공업은 대규모로 이루어지고 있고 생산량에 있어 전 공업 분야 중 가장 높은 생산가액을 기록하고 있다. 주요 생산품은 주로 식료품 가공이며 여기에는 12개의 설탕가공공장, 15개의 고기가공공장, 6개의 제분공장, 2개의 탈곡공장과 7개의 동물성 기름생산 공장, 8개의 알콜공장, 5개의 통조림공장, 34개의 우유제품공장, 120개 이상의 주식용 빵공장 등이 있다.

보로네슈주의 식료품공업은 최근 전반적으로 생산량이 향상되었다. 과일쥬스는 9배가 상승했고 면제품과 채소, 과일 통조림은 1.5-3배 정도, 아이스크림, 밀가루, 껍질 벗긴 곡물이나 쌀겨, 고기와 우유 통조림, 과자제품은 5-34%가 증가하였다. 그러나 미네랄수는 3배가 감소했고, 식물성 기름과 마요네즈는 18-20%, 고기는 8%가 감소하였다.

보로네슈주의 기계제작·금속가공분야에서 주로 생산되는 제품은 비행기, 공작기계, 농업기계, 무선기계장치, 굴착기나 굴토기 등이다. 이 분야는 2000년 생산량에 있어 하락하고 있으며 전년대비 37.3%가 감소하였다.

보로네슈주의 기업들은 다음과 같은 부문에서는 그 생산량이 크게 증가하였다. 2000년에 목재가공은 2배, 건재공업과 경공업, 밀가루와 사료분야는 17-27%, 화학·석유화학은 14%, 그리고 식료품부문은 11% 상승하였다.

2) 농업

보로네슈주는 천혜의 자연적인 조건을 가지고 있어 농업경제의 성장에 매우 유리하다. 보로네슈주의 경제구조에서 농업은 중요한 자리를 차지하고 있다. 따라서 보로네슈주는 '농업 지역'이라 불린다.

보로네슈주는 곡물과 가축사육을 주로 하고 있고 중앙흑토경제지역에서 가장 높은 생산량을 가지고 있는 지역 중의 하나이다. 보로네슈주에서 생산되는 농업생산품들은 주로 다음과 같다. 곡물, 식용비트, 원예, 고기와 우유를 얻을 수 있는 가축, 양돈, 목양, 양금, 양마, 염소사육, 모피종류 등이다.

보로네슈주의 2000년 총 농업생산량은 191억 3,440만 루블이며 1999년의 154억 9,990만 루블에 비해 23.45% 상승하였다.

1999년 보로네슈주 농업의 총 파종면적은 236만 3,000 헥타르이다. 1998년의 246만 1,500 헥타르 대비 4%가 하락한 것이다. 그러나 2000년에는 파종면적이 증가했으며 특히 특용작물의 파종면적은 큰 폭으로 증가하였다. 그러나 반대로 곡물의 파종면적은 현저히 저하되었다.

보로네슈주의 파종면적의 구조를 순위대로 보면 곡물재배가 106만 7,000 헥타르로 46%를 차지하고 있고 특용작물이 50만 헥타르로 21%, 사료재배가 63만 5,000 헥타르로 27%, 감자와 채소가 13만 1,000 헥타르로 6%를 차지하고 있다.

3. 자원 등 기타

수자원은 무분별한 폐수 및 오염물질의 방출로 인하여 많은 부분이 손상된 상태이다. 현재 34개 시와 기타 중앙지구들 중에서 22개의 지역만이 정수시스템을 갖추고 있어서 심각한 수질오염의 문제를 안고 있다.

보로네슈주는 거대한 숲 지대로 알려져 있다. 그러나 상대적으로 산림밀도는 10.4%에 불과하여 매우 낮은 편이다. 따라서 시급히 보호조림을 실시해야 할 필요성에 직면해 있지만 최근 5년 동안 방호림 건설작업이 현저하게 줄어들었다.

이 지역에는 70여종의 포유류, 290종의 조류, 56종의 어류와 10여종의 양서류, 9종의 파충류가 서생하고 있다. 이 지역에는 동물자원을 보호하기 위하여 금렵지구가 설정되어 있으며 이 지역은 총 3만 1,000 헥타르로 풍부하고 다양한 식물과 동물로 이루어진 자연단지를 이루고 있다.

이 금렵지구에는 1,000종이 넘는 약용 등 고등식물을 비롯하여 50여종의 포유류, 200여 종의 조류, 8종의 양서류와 1만종 이상의 곤충들이 보호되어 서식하고 있다.

V. 문화시스템

1. 지역정체성

1) 인구

보로네슈주의 인구는 2001년 현재 2,437,000명으로 러시아연방 전체의 1.68%, 연방 89개 주체 중 21위를 차지하고 있으며, 인구밀도는 46.5명/㎢이다.

그런데 보로네슈주의 인구 또한 1995년도까지는 꾸준한 증가추세를 보이지만, 그 이후부터는 점차 감소추세를 보인다.

문제는 출생률에 비해 사망률이 매우 높아 자연감소율의 폭은 해가 갈수록 증폭된다는 데 있다(2002년 사망률 전년 동기대비 3.5% 상승). 그러나 다행인 것은 보로네슈주로 전입자가 꾸준히 증가함으로써 자연감소율을 상쇄하고 있다(2002년 1~9월 간 전입자 수 3,000명, 전년 동기대비 2배 증가).

보로네슈주로의 유입인구가 가장 많은 나라는 까자흐스딴(37.6%), 우끄라이나(25.0%), 우즈베끼스딴(15.4%) 순이다.

보로네슈주 인구변동 추이

연도	1990	1992	1993	1994	1995	1996	1997	1998	1999	2000	2001
인구수 (1,000명)	2,472	2,471	2,485	2,495	2,504	2,501	2,496	2,482	2,472	2,456	2,437

Российский статистический ежегодник. Госкомстат России. М., 2001. С. 82.

、아래 표에서 볼 수 있는 것처럼, 해가 갈수록 자연감소율은 더욱 상승하고 있다. 이는 출생률에 비해 사망률이 높은데서 비롯되는 현상인데, 보로네슈주 주민들의 주요 사망원인은 혈관계통의 질환(총 사망자 중 52.0%), 암질환(10.9%), 사고 및 중독(7.6%), 호흡기질환(4.0%) 등의 순이다.

보로네슈주 출생자수, 사망자수, 자연증가율

연도	출생자수(명)	사망자수(명)	자연증가율(명)
1990	28,517	34,418	-5,901
1992	23,518	35,747	-12,229
1993	21,238	41,400	-20,162

1994	21,624	42,780	-21,156
1995	20,704	41,585	-20,881
1996	19,773	40,751	-20,978
1997	18,407	40,564	-22,157
1998	18,441	39,744	-21,303
1999	17,463	42,583	-25,120
2000	18,519	43,639	-25,120

Россий ский статистический ежегодник. Госкомстат России. М., 2001. С. 106.

보로네슈주의 인구 중 경제활동인구 보다 나이가 많은 인구수는 26%, 16~29세까지의 인구수는 18%이다. 또한 경제활동인구 보다 나이가 적은 인구수의 비중은 지난 5년 동안 20.5%에서 18.1%로 하락했다.

보로네슈주의 실업률은 1990년대 초 개혁기에 들어서면서 차츰 상승하기 시작하여, 90년대 후빈 경제위기를 전후해 최고소에 달한 후 2000년도에 이르러 하향세로 접어들기 시작했다. 하지만 주의 경제회복 속도에 비춰볼 때 높은 실업률은 당분간 지속될 전망이다.

보로네슈주의 경제활동인구 및 취업률, 실업률은 다음과 같다.

보로네슈주 경제활동인구(취업자, 실업자), 실업률

연도	경제활동인구 (1,000명)	취업자수 (1,000명)	실업자수 (1,000명)	실업률(%)
1992	1,206	1,148	57	4.7
1993	1,175	1,123	52	4.4
1994	1,121	1,058	63	5.6
1995	1,104	1,014	90	8.2
1996	1,097	996	101	9.2
1997	1,035	951	84	8.1
1998	1,020	921	99	9.7
1999	1,164	1,031	133	11.4
2000	1,179	1,061	118	10.0

Россий ский статистический ежегодник. Госкомстат России. М., 2001. С. 134.

2) 민족

보로네슈주의 민족 구성원 중 대다수는 러시아인(93.4%)과 우끄라이나인(5.0%)이며 기타 소수민족은 1.6%를 차지한다. 따라서 보로네슈주에도 제 민족 간의 갈등은 거의 없는 편이다.

3) 교육

2001년 1월 1일 현재 보로네슈주에는 1,141개 중등학교가 있다. 그 중 54개교는 부서지거나 노후한 상태이다. 1994년 대비 기존의 전통적인 학교의 수는 6.2% 증가하고, 급수나 하수도 등 위생설비를 갖춘 학교는 5.6% 증가했다.

학교의 시설상태는 지난 5년간 재정미비로 인해 수리가 이루어지지 않아 매우 열악하다. 이는 1997년 이후 연방정부로부터의 예산지원이 중단되었기 때문이다.

보로네슈시에는 15개 국립대학과 2개 군사 교육기관, 내무부소속 전문교육기관 및 64개 과학기술연구소가 있다.

대학에 근무하는 교수는 4,727명이며, 그 중에는 100여명의 러시아연방 및 기타 과학아카데미 회원이 포함되어 있다.

시에는 또한 10개 기술전문학교, 51개 직업기술학교 및 10개 특수학교, 91개 중등학교, 8개 직업청소년학교, 7개 보충학교 및 16개 예술학교가 있다.

2. 지역문화

1) 문화개괄

보로네슈는 재능이 있는 예술가들과 인연이 깊은 곳이다. 여기에서 러시아 민중 시인인 꼴초프(А. В. Колцов)가 태어나고 살았다. 화가 게(Н.Н. Ге), 이반 부닌(И. А. Бунин), 쁠라또노프(А. П. Платонов)가 이 고장 출신이다. 오늘날 보로네슈 지역에는 흥미 있는 창작가들이 살고 있는데 지역 전통예술의 계승자들이 그들이다. 발렌찌나 졸로따야(Валентина Золотая) 의 작품들은 독특한데 그녀는 서른 살에 그림을 시작했다. 그녀의 작품에는 인물, 농촌, 풍경, 교회, 작은 예배당 등이 등장한다. 이고리 이즈베꼬프(Игорь Извеков)

이즈베꼬프의 정물화

의 작품 또한 흥미가 있으며 그것들 중 몇 개는 러시아와, 독일, 슬로바키아의 개인 소장가들이 소유하고 있다.

러시아 회화 학파의 전통을 이어 받고 있는 독자적인 화가는 드미뜨리 피수노프(Дмитрий Фисунов)이다. 그는 오늘날 많은 전시회의 참가하며 활동하고 있다. 그 작품들의 주제는 주로 영원성의 문제, 민족정신의 문제, 자연의 신성함에 관한 것이다. 그의 작품들은 러시아와 캐나다, 독일, 영국의 개인 컬렉션에 소장되어 있다.

금속 예술가인 알렉산드르 뽀뽀프(Александр Попов)는 1945년에 태어났으며 23년 동안 금속 공예 예술가로 활동하고 있다. 그는 1969년에서 1975년까지 뜨빌리시의 예술 아카데미에서 수학했고 1978년부터는 보로네슈주에서 활동하고 있다. 또 보로네슈에서는 훌륭한 조각가인 올렉 사조노프(Олег Сазонов)의 작품을 만날 수 있고 로만 끼따예프(Роман Китаев)의 그림과 세르게이 옐낀(Сергей Елкин)의 캐리커처와 그림을 볼 수 있다.

매년 보로네슈에는 '올해의 최우수 사진 콩쿨'이 열린다. 이 대회는 1995년에 처음으로 열렸다. 오늘날 콩쿨 전은 사진작가들이 자신들의 동료 중에서 가장 훌륭한 작가를 자체적으로 결정하는 장이 되면서 도시 전체의 사건이 되었다. 이곳에서는 직업작가나 아마추어 작가들의 사진이 사람들의 주의를 끌고 있다.

이곳에서는 '천년 중의 하루'라는 제목으로 인간 삶 중의 하루를 주제로 하는 사진 전시회를 볼 수 있고 알렉산드르 뜨까체브(Александр Ткачев)가 여러 시기에 걸쳐 촬영한 훌륭한 작품들을 보고 평가할 수 있다. 이 작품들은 보로네슈시의 시민들의 삶을 보여주고 있다. 여기서는 사진작가인 세르게이 즈다노프(Сергей Жданов)의 눈으로 보는 흑토의 자연을 보게 되고, 사진작가인 비딸리이 그라스(Виталий Грасс)와 함께 보로네슈를 따라 산책을 하는 것으로 작품들은 끝나게 될 것이다.

한편 현대 문학에 관심이 있는 사람들을 위해서는 작가 세르게이 뻬레베젠체프(Сергей Перевезенцев)와 뱌체슬라프 제쩨프(Вячеслав Дегтев)와 시인 세르게이 까르가쉰(Сергей Каргашин)의 작품들이 있다.

2) 문화시설

꼴초프 국립 아카데미 극장

이 극장은 1802년에 세워졌는데 175주년 되는 기념일에 아카데미라는 명칭이 붙여졌다. 이 훌륭한 극장의 역사에는 러시아의 위대한 배우 쉐쁘낀(M. C. Щепкин)과 모스크바 말리이 극장의 유명한 희극배우 지보낀의 순회 공연이 큰 역할을 했다. 이 극장에는 뾜랴꼬프(A. Поляков), 체르노프(A. Чернов), 비쉬냐꼬프(П. Вишняков), 브로네보이(Л. Броневой), 일린(A. Ильин)이 활동했고, 유형당시 오시프 만델쉬땀(П.С. Мандельштам)이 이곳에서 일했다.

꼴초프와의 따뜻한 우정 때문에 모찰로프(П.С. Мочалов)는 보로네슈를 3번 방문했다.

사도프스끼(П.М. Садовский)와 리바꼬프(Н.Х. Рыбаков)는 자신들의 배우 활동을 보로네슈에서 시작했다. 1860년에 보로네슈 연극 애호가들은 유명한 러시아배우 마르띠노프와 그와 함께 온 위대한 희곡작가 오스뜨로프스끼(A. Н. Островский , 러시아 국민 연극의 창시자, 1823-1886)를 볼 수 있는 기회를 얻었다. 보로네슈 극장은 오스뜨로프스끼의 두 번째 고향으로 여겨지고 있다. 왜냐하면 여기에서 모스크바의 말리 극장의 뒤를 이어 오스뜨로프스끼의 거의 모든 연극이 상연되었기 때문이다,

보로네슈 극장의 연기는 유명한 배우인 페도또프(Г.Н. Федотов)가 맡았다. 보로네슈 극장에서 스따니슬라프스끼(К. Станиславский) 학파의 감독과 배우들이 일했는데 까닌(A. Канин), 보로노프(С. Воронов), 엔겔끄론 (В. Энгелькрон), 바실리에프(Г. Васильев), 뾜랴꼬프(A. Поляков), 플로린스끼 (В. Флоринский), 뽀뽀프(С. Попов)가 그들이다. 여기에서 배우 오스뚜제프 (A. Остужев)와 예술가 리진(В. Рыдин)이 작품 활동을 시작했다.

1880년에 보로네슈 사람들은 예르몰로바(М. Н. Ермолова)를 환영했고, 유진(A. И. Южин)과 오를레노프(П. Н. Орленов), 꼬미사르제프스까야(В. Ф. Комисаржевская) 등이 보로네슈주에 왔었다. 1945년에 극장은 국립 드라마 극장으로 이름을 바꾸었다.

1959년 러시아의 훌륭한 시인 꼴초프의 탄생 150주년을 기념하여 이 극장에는 그의 이름이 붙여졌다. 극장은 외국과의 관계를 적극적으로 유지하고

있다. 배우진들은 국제페스티발(폴란드, 1990)에 적극적으로 참가하고 있고 이 극장의 이바노프 감독은 헝가리에서도 연극을 상연했다. 고골(Н. Гоголь)의 「약혼녀」, 에르드만(Н. Эрдман)의, 올비(Э. Олби)의 「모든 것이 정원에」, 체홉(А. Чехов)의 「나를 용서해주세요, 나의 천사」, 보이노비취(В. Вой нович)의 「서신 교환 속의 사랑」 등이 이 극장에서 주로 상연되는 레퍼토리였다.

이 극장의 유명한 감독으로는 이바노프(А. Иванов)가 있고 러시아의 국민 배우로는 마누꼬프스까야(Р. Мануковская), 끄라프초바(Л. Кравцова)가 있고, 공훈 배우로는 꼬체로프(Ю. Кочеров), 끄라취꼬프스끼(Б. Крачковский), 끄라스노뽈스까야(Т. Краснопольская), 뜨라뻬즈니꼬바(К. Трапезникова), 쎄메노바(Т. Семенова), 까르뽀프(С. Карпов)가 있다. 보르네슈의 꼴초프 극장은 오늘날 러시아의 가장 훌륭한 극장 중 하나이다.

3) 여가문화

보로네슈시는 러시아의 가장 오래된 도시 중의 하나이며 러시아 중앙의 숲과 강, 계곡 사이의 아름다운 장소에 위치하고 있다. 그 성립 년도에 대해서는 지지학자 사이에서도 아직 의견이 분분하다. 보로네슈시의 문화와 역사는 매우 풍부하다. 보로네슈에서는 관광객들과 도시민들이 여가를 잘 보낼 수 있도록 여러 가지 준비를 하고 있다. 찾아오는 관광객들을 위해 박물관과 극장, 문화 궁전의 문이 활짝 열려있다. 게다가 보로네슈시의 동물원에서는 흥미 있는 물고기와 파충류, 양서류, 포유류와 조류가 어린이들과 동물 애호가들을 기다리고 있고 나비들과 딱정벌레, 앵무새와 다른 열대 식물들을 볼 수 있다.

브랸스크주
Брянская Область

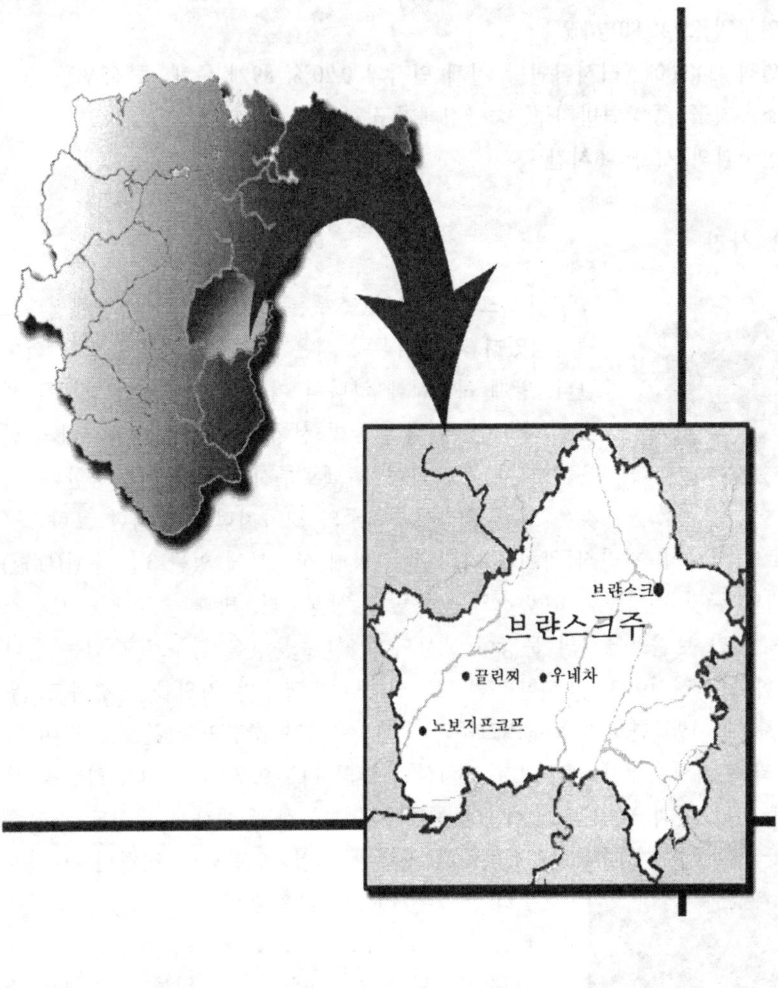

Ⅰ. 개황

1. 기초정보

주 성립일: 1944년 7월 5일.
주도: 브랸스크(Брянск)
인구: 1,424,000명(2001년 현재: 러시아연방 전체의 0.98%; 89개 주체 중 36위)
인구밀도: 40.80명/㎢
면적: 34,900㎢(러시아연방 전체 면적의 0.20%; 89개 주체 중 65위)
소속지구: 중앙연방지구; 중앙경제지구
한국과의 시차: -6시간

2. 상징

브랸스크주 문장

브랸스크주의 문장은 푸른색의 프랑스식 방패형태로 제작되었다. 방패의 푸른색은 슬라브인들의 통합을 의미한다. 방패 하단부에 하나의 기점을 중심으로 방패를 셋으로 나누는 세 개의 금빛 선이 나 있는데, 이 각각의 선은 러시아, 우크라이나, 벨로루시의 통합을 상징한다. 이것은 또한 슬라브족 3국의 교차지점에 위치한 브랸스크 영토의 역사적, 지리적 위치를 나타낸다. 방패 상단부에 있는 3층 수관(樹冠) 형태의 금빛 전나무는 브랸스크주의 숲을 상징한다. 방패 중앙에는 브랸스크 주도인 브랸스크시의 문장이 묘사되어 있다. 문장을 휘두르고 있는 참나무 화환은 러시아연방의 한 주체로서의 브랸스크주의 지위를 상징하고, 우측 화환은 1967년도에 브랸스크주가 수여받은 레닌훈장의 리본으로 엮여 있고, 좌측 화환은 2차 세계대전 빨치산 메달의 리본으로 엮여있다. 화환들 사이에 있는 낫과 망치는 노동자와 농민들의 확고한 유대관계 및 브랸스크주가 소비에트 시대에 성립되었음을 상징한다. 브랸스크주의 문장은 1998년 11월 20일 채택되었다.

브랸스크 주기

브랸스크주의 주기는 암홍색 바탕의 직사각형으로, 비율은 가로, 세로 비율은 1.5:1이다. 중앙에는 주의 문장이 묘사되어 있다. 브랸스크 주기는 1998년 11월 20일 채택되었다.

3. 주요도시

브랸스크(Брянск): 인구 455,700명; 북위 53°16′, 동경 34°25′
끌린찌(Клинцы): 인구 67,200명; 북위 52°46′, 동경 32°14′
노보지프코프(Новозыбков): 인구 43,100명; 북위 52°32′, 동경 31°56′
자찌꼬보(Дятьково): 인구 34,100명; 북위 53°36′, 동경 34°20′
우네차(Унеча): 인구 30,400명; 북위 52°51′, 동경 32°41′
까라체프(Карачев): 인구 21,500; 북위 53°7′, 동경 34°59′
(인구: 2002년 현재)

4. 주요 산업 및 농업

브랸스크주의 주요 산업으로는 기계제작, 금속가공, 식료품산업, 경공업, 화학공업, 석유화학공업(합성수지, 플라스틱, 광물성 비료 생산), 임업, 목재가공업, 제지업 등이 발달했으며, 농업부문은 낙농업, 양돈업, 양금 등이 발달하고, 다양한 곡물, 아마, 감자, 사탕수수 등이 재배된다.

Ⅱ. 자연환경

1. 지리적 위치와 구성

브랸스크주는 27개 행정구, 주도 브랸스크시를 포함한 16개 시, 31개 도시형마을, 408개의 농촌마을로 구성되어 있으며 동유럽 평원 중부에 위치한다.

스몰렌스끄주, 깔루가주, 오룔주, 꾸르스크주와 우끄라이나, 벨라루시와 경계를 이룬다.

주요 하천은 제스나(Десна)강이다. 오래전부터 유리한 입지조건을 바탕으로 러시아 영토와 국가를 수호하는 데 중요한 역할을 수행했다. 두 개의 큰 하천(볼가강과 드네쁘르강)의 분기점에 위치하여 인구정착과 경제발전에 유리한 입지를 가지고 있다. 제스나(Десна) 강물이 유입되는 드네쁘르강은 예로부터 러시아평원 서부의 주 동맥을 이루면서 브랸스크 지방과 볼가강, 돈(Дон)강, 서 드비나(Западная Двина)강을 연결해주는 역할을 담당했으며, 이들 강을 통해서 카스피해, 아조프해, 흑해 및 발틱해 등과 연결된다. 주의 최북단은 북위 54°, 최남단은 북위 52°10'이다.

브랸스크주는 적도지역의 열대 국가들과는 6,000㎞이상, 북극해의 설원지역과는 1,500㎞ 이상 떨어져 있다. 때로 북빙양에서 불어오는 건조한 바람은 차가운 날씨를 동반하기도 한다. 대서양의 습한 바람이 작용하여 여름에는 기온을 하락시키고, 겨울에는 기온을 상승시키는 역할을 한다.

수도 브랸스크와 모스크바 간의 거리는 379㎞이다.

2. 기후조건

온난기후대, 대륙성 온난기후

1월 평균기온: -7℃

7월 평균기온: 18 ~ 19℃

연강수량: 600㎜

식물 생장 기간: 140 ~ 150일

식생: 혼합림 지대

토양: 염분회색토, 부식성 염분회색토, 염분성 흑토(남부 지역)

삼림분포도: 31%

브랸스크주는 러시아연방 유럽지역의 선풍(旋風: циклон)과 역선풍이 이동하는 주요 통로에 위치하고 있다. 특히 5월에 자주 발생하는 냉온기류의 교차로 인해서 전선이 불안정하여, 여름에는 소나기가, 겨울에는 단기간의 해빙이 잦다. 대서양으로부터 불어오는 온난성 기류로 구름이 많이 낀 동절기 기온을 상승하게 하며, 봄에는 늦추위를 야기하기도 한다. 여름에는 건조한 대륙성 기류가 가뭄을 초래한다. 가을에도 건조한 대륙성 기류가 불어와 9 ~ 10월에 늦더위를 야기한다. 강수량이 가장 많은 지역은 자찌꼬보(Дятьково)와 브랸스크구(區) 등 북부지역이며, 가장 적은 지역은 뽀첼(Почел), 끌리모베(Климове), 노보지프코프(Новозыбков) 등이다. 연중 최대 강수량은 7월에 80 ~ 100㎜가 내리고, 12 ~ 2월 간 강수량은 매월 25 ~ 35㎜ 정도로 그 양이 매우 적다.

3. 주요 유용광물

이탄, 인회석, 인회토, 석회암, 점토, 모래 등이 있다.

주요 산지:

인회토: 브랸스크시 부근 뽈삐노(Полпино).

Ⅲ. 정치시스템

1. 역사

브랸스크의 역사는 10세기 말로 거슬러 올라간다. 그러나 최초의 브랸스크 설립장소에 대해서는 오랫동안 알려지지 않았다. 고고학자의 발굴에 의하면, 드네쁘르강의 험한 지류에 위치하고 있는 지역에 자연적 요새의 자취가 보여졌을 뿐이다. 요새의 모든 측면은 깊은 협곡과 산림에 의해 보호되는 지리적 위치를 가지고 있었다.

기독교는 985년에 전파되었다. 그리스 정교의 주교가 이주된 이후에, 브랸스크는 남-서부 지역 루시의 종교적 중심지로 자리 잡았다.

11세기 말 브랸스크는 체르니고프 공국의 영지로 넘어갔다. 1147년에 스뱌토슬라프 올리고비치 공후가 브랸스크를 침략하기도 했다. 따따르-몽골의 침입시기에 이 도시는 피해를 입지 않은 상태로 남아있었다. 이후 이 도시에서 미하일 공후의 아들인 로만 브랸스끼가 공후로 군림하게 되었다. 그는 용감한 군인이었으며, 정치인이자 외교가였다. 그는 따따르와 리투아니아인의 침입으로부터 자신의 영지를 방어했을 뿐만 아니라 국경을 확장시켰다.

13세기 말에 브랸스크의 공후는 루시에서 가장 힘있는 공후들 중에서 하나로 성장했다. 그리고 수공업과 무역이 번창했다. 공후는 국방 및 대외무역 그리고 국가치안 문제를 담당하게 되었으며, 교회의 강화에 도움을 주었다. 공후 중심의 사회가 정착되는 시기인 13세기 말 90년에 로만 공후는 죽게 된다. 공후의 후계자들은 내분에 휩싸여 있었고, 14세기 초에 브랸스크는 따따르에 의해 파괴되었다. 이러한 과정에서 드미뜨리 돈스끼 공후는 대립적인 여러 공국을 통일시킬 수 있었다.

브랸스크는 16세기에 리투아니아로부터 러시아령이 되었고, 16세기와 17세기 초반에 전쟁과 내분이 도처에서 나타나고 있었다.

그러나 1635년부터 무역이 부흥되었다. 그리고 무역을 위한 각종 건물이 건축되었으며, 외국 무역업자를 위해서 세금이 감면되기도 했다. 뿐만 아니라, 노천시장이 형성되기도 했다.

17세기 말에 뾰뜨르 1세의 명령에 따라 재판소의 설립이 시작되었다.

1737년에 조선소 계획안이 구상되었다. 이 시기를 전후하여 군인들을 위한 무기공장이 건설되었으며, 1785년 3월 23일에는 최초의 24푼뜨 대포 2대가 주조되었다. 조선소와 화약공장을 중심으로 하여 1869년 철도차량공장이 건설되는 등 러시아 서부의 중공업 중심지를 이루었다. 1886년에는 낮은 생활수준과 노동환경 개선을 요구하는 노동자의 욕구가 기업체에서의 노동자 봉기로 표출되기도 했다. 다음해에는 노동자들의 요구에 의해 최초의 정치조직이 형성되기도 했다.

19세기 후반 산업생산성이 증대되었으며 대규모의 금속, 기계제작 공업이 형성되었다. 이와 동시에 시멘트산업이 시작되었으며, 러시아에서 슬레이트 생산이 최초로 시작되었다. 1912년에는 스포츠가 넓게 확산되었으며, 1914년에는 결핵요양소가 문을 열기도 했다.

1917년 혁명과정에 브랸스크에서는 완전히 무혈의 정치변동을 겪었다. 10월 25일 저녁 브랸스크 혁명위원회는 전보, 우편, 은행, 철도역에 대한 통제를 확립했다. 6일 후에는 도시와 그 부근의 모든 대규모 회사에 대한 통제를 강화했다.

내전시기에 브랸스크는 오스트리아-독일군에 의하여 점령당했다. 수만 명이 노역상태로 독일로 강제 이송되었다. 그러나 12월 25일 노보지프코프(Новозыбков)가 점령에서 해방되었다. 소련군은 브랸스크주의 서쪽지역을 해방시켰다.

1939년에 새로운 공장 및 회사의 설립이 기념되었다. 세계 최초로 실내 연소로 인한 연료로 작동되는 발전소가 브랸스크에 건설되었다. 그리고 주민, 산업, 공공건물에 대해 전력 및 난방용 온수-증기를 공급하는 발전소가 건설되었다. 1941년에는 30개의 라디오 중계 유선 방송국과 3만 1천개 이상의 유선방송의 수신 설비-수신소가 있었다. 20세기 중반에 이르러서는 혁명이후의 시기보다 8배 이상의 생산력 발전수준을 보였다.

1941년 6월 22일 2차 세계대전이 시작되었고, 24일에는 브랸스크를 비롯한 몇개의 다른 도시에서 전쟁상황이 나타났다. 독일에 대항하는 조직들이 형성되어 활동하기 시작했으며, 1943년 가을에 브랸스크는 독일군으로부터 해방되었다. 전쟁기간에 많은 기업들이 붕괴되는 상황을 맞이하였다. 그러나 독일로부터 해방과 동시에 신속하게 도로 복구사업이 실시되었다. 새로운 건물과 공장들이 재건되기 시작했다.

1955-1965년에는 제2의 기술혁명이 시작되었으며, 이 기간 동안에 자동차 산업 및 무선전자공학산업이 발전되었다. 그리고 1975년부터 1990년의 시기에 대규모 교육, 사회-문화센터가 건축되었다.

도시, 주의 발전의 역사는 계속되고 있으며, 현재 러시아연방의 주체들 가운데 발전잠재력이 높은 지역들 중 하나로 인식되고 있다. 창조와 건설의 발전도상에 있는 지역으로 성장하려는 움직임이 보여 지고 있다.

2. 정치

1) 정치 일반

브랸스크주의 최고 집행권력기관은 주행정부이다. 행정부에는 행정수반을 비롯하여 행정수반을 보좌하는 기관들과 인물이 포함된다. 집행권력의 수반은 2000년 12월 10일 재선된 로드낀(Ю. Е. Лодкин)이다. 주요도시의 시장을 보면, 브랸스크시의 사르비로(Н. К. Сарвиро), 클린찌시의 돌고프(А. В. Долгов)가 있다.

입법권력의 최고기관은 27명의 의원으로 구성되는 브랸스크주 의회이다. 주의회는 연방헌법과 법률, 주헌장과 법률에서 규정하는 모든 권한을 갖는다. 브랸스크주 의회의 의장은 뽀나소프(С. Н. Понасов)이다.

브랸스크주 영토내에서의 재판권은 연방헌법과 법률에 따르는 기능을 수행하는 연방재판소(일반 사법, 군사, 중재재판소)에 의해 실행된다. 특별 재판소의 설립은 인정되지 않는다. 브랸스크주에서는 주, 라이온, 시 재판소, 주의 중재재판소가 기능을 수행한다. 주영토에서 중재재판 활동은 가능하다. 주에서의 재판은 민법, 행정법, 형법에 입각한다. 재판부의 지위, 활동, 기관의 조직과 구성 등은 연방법률에 기초한다. 판사의 독립은 보장된다.

2) 선거

(1) 브랸스크주의 수장 선거

집행권력의 수장 선거가 2000년 12월 10일 치러졌다. 전체 유권자의 53.6%인 559,599명이 투표에 참여했다. 후보들의 득표율은 다음과 같다.

후보	득표수	득표율(%)
바라바노프(Барабанов В.А.)	16811	2.90
제모치낀(Демочкин Ю.А.)	91720	15.82
제닌(Денин А.В.)	31277	5.40
제닌(Денин Н.В.)	122622	21.15
로드낀(Лодкин Ю.Д.)	37375	6.45
로드낀(Локин Ю.Е.)	169354	29.21
말라셴코(Малашенко В.А.)	42296	7.30
뻬뜨루힌(Петрухин Ю.П.)	5568	0.96
시무찐(Симутин С.А.)	2581	0.45
모든 후보에 대한 반대	39995	6.90

4년 임기의 브랸스크주 행정수반으로는 29.21%를 획득한 로드낀이 당선되었다.

(2) 브랸스크주 의회의원 선거

4년 임기를 가진 브랸스크주 의회의원을 선출하는 선거가 2000년 12월 10일 실시되었다. 2001년 3월 25일 제28선거구에서 추가선거 및 제1, 2, 4, 10, 11, 12선거구에서 재선거가 실시되었다. 2001년 4월 22일 므글린스크 제38 선거구에서 추가 선거가 실시되었다.

(3) 러시아연방 국가두마의원 선거

1999년 12월 19일 러시아연방 국가두마의원 선거가 실시되었다. 브랸스크 선거구에서는 러시아공산당 소속인 샨디빈(В. И. Шандыбин)이 당선되었으며, 뽀체프 선거구에서도 역시 러시아공산당 소속인 로고노프(П. П. Рогонов)가 당선되었다.

소선거구제에 의한 후보별 투표와 동시에 정당별 투표가 실시되었다. 정당별 투표결과에 따라 러시아공산당 소속의 슐가(А. В. Шульга), 우파연합 소속의 찌모페예비치(И. Тимофеевич)가 국가두마로 진출했다.

(4) 러시아연방 대통령 선거

2000년 3월 26일 러시아연방 대통령 선거가 실시되었으며, 브랸스크주에서는 유권자의 70.4%가 참여했다. 주요후보들의 득표율은 다음과 같다.

후보	득표율(%)
뿌친	43.0
쥬가노프	45.9
야블린스끼	2.2
지리놉스끼	3.2
뚤레예프	1.5
찌또프	0.8
기타	1.3
모든 후보에 대한 반대	1.2

IV. 경제 시스템

1. 경제개황

브랸스크주는 7개의 연방지구 중 중앙연방지구에 속하고 12개의 러시아 경제지역 중 중앙경제지역에 속한다. 브랸스크주는 러시아 연방에서 경제적으로 가장 앞서있는 지역 중의 하나이다. 브랸스크는 현재 상승의 시기를 맞고 있다. 이것은 일정 부문에서 나타나는 것이 아니라 거의 모든 부문에서 고루 나타나고 있다. 브랸스크주는 주요 경제지표에서 중앙연방지구의 여러 지역들 사이에서 긍정적 성과를 거두는 것으로 나타나고 있다.

브랸스크주의 국가통계위원회가 내놓은 자료에 따르면 2001년 1-2월에 대기업과 중기업이 생산한 재화와 용역을 포함한 생산물은 명목가격으로 23억 9,980만 루블이었다. 이것은 전년대비 생산량이 15.9%가 상승한 것이다. 이 기간 중 생산량의 상승에 가장 큰 공헌을 한 부문은 경공업이며 193.2%의 증가를 기록하였다. 그 외 인쇄업은 162.4%, 목재가공·펄프부문은 141.5%, 식료품은 128.6%, 유리분문이 126.8% 상승하였다.

브랸스크주의 이러한 긍정적 결과는 브랸스크 지역 내에서 활동하는 비즈니스맨과 기업가들에게 필요한 조건들을 형성하는 정책에 그 공로를 돌릴 수 있다. 브랸스크주의 예산과 재정지표는 중앙연방지구에서 상위에 들어 있다.

러시아경제에서 차지하는 브랸스크주의 경제비중은 농업부문을 제외하고는 작은 편이다. 1.3%를 차지하는 농업부문은 브랸스크주를 지탱해주는 주요한 부문으로 브랸스크주는 농업에 기반한 지역이다. 브랸스크주의 거시경제지표들을 살펴보면 대체로 러시아의 여타 주체 중에서 낮은 비율을 전반적으로 차지하고 있으며 러시아경제에서 브랸스크주의 비중을 파악하기 위해 몇 개의 주요 거시경제지표를 비교하면 다음과 같다.

2000년도 러시아 주요 경제지표에서 브랸스크주의 비중

주요 항목	러시아전체 대비 브랸스크주 비율
지역총생산	0.4%
공업생산량	0.4%

농업생산량	1.3%
소매유통	0.5%
자본투자	0.3%

http://www.infostat.ru/epub.htm (검색일: 2003.1.10)

브랸스크주의 지역총생산은 1999년에 185억 5,400만 루블로 전년대비 56.69%이상 상승하였다. 1인당 지역총생산은 1999년 190억 5,700만 루블로 1998년 대비 57.87%이상 증가하였다.

브랸스크주의 지역총생산의 주요 구성과 비율을 보면 공업부문이 19.7%로 현저한 강세를 나타내고 있고 농업부문도 19.4%로 지역총생산에 큰 기여를 하는 것으로 나타나고 있다. 여타 부문을 표로 보면 다음과 같다.

지역총생산의 주요 구성과 비율

주요 산업부문	지역총생산의 주요 구조의 비율
공업부문	19.7%
농업부문	19.4%
건설부문	3.8%
운송부문	16.1%
유통부문	9.1%

http://www.infostat.ru/epub.htm (검색일: 2003.1.10)

브랸스크주의 총 기업수는 2000년 17,715개이고 소 기업수는 2000년 3,833개이다. 이것은 1999년에 비해 총 기업수는 7.30% 증가, 소 기업수는 4.41% 증가 한 것이다. 공업부문에서 활동 중인 기업수는 2000년에 1,117개이며 이것은 전년의 1,059개에 비해 5.47%상승한 것으로 나타나고 있다.

2. 산업

1) 공업

브랸스크주는 러시아에서 가장 발전된 지역 중의 하나이다. 주요 공업중심지는 브랸스크와 끌린찌이다. 브랸스크주의 생산품은 다른 러시아 지역과 외국으로 수출되고 있다.

브랸스크주의 공업에서 가장 발달된 부문은 목재가공, 종이·펄프, 건재공업, 기계제작·금속가공, 전기전력, 화학부문, 경공업과 섬유공업 그리고 식품공업이다. 특히 브랸스크주는 기계제작·금속가공부문의 발전이 두드러지고 있다.

기계제작부문에서는 구체적으로 자동차, 디젤, 내연기관차나 디젤기관차, 공작기계, 아스팔트 베톤포장차, 노면삭반기, 목재가공장비농업기계 등을 생산해 내고 있다.

금속가공부문은 강철과 주철의 주조나 주물을 생산해 내고 있다.

브랸스크주의 화학공업은 광물비료생산과 일반 화학용품의 생산에 주력하고 있다.

목재가공·종이펄프부문은 가구와 목재, 종이를 주로 생산하고 있다.

건재공업은 시멘트, 유리제품, 유리섬유 등을 생산하고 있다.

경공업은 가죽신발, 메리야스제품, 재봉제품 등을 생산해 내고 있다.

브랸스크주에서 식료품공업을 가공해내는 기업들은 우유제품, 동물기름, 치즈, 밀가루, 보리쌀, 고기와 채소의 통조림, 주식용 빵과 과자제품, 그리고 소세지제품, 감자와 채소, 알콜, 향이 있는 알콜제품 등을 생산해 내고 있다.

브랸스크주의 총 공업생산량은 1998년 58억 9,600만 루블, 1999년 97억 500만 루블, 2000년에 145억 900만 루블로 증가속도가 매우 빠른 것으로 나타나고 있다. 그러나 2000년에는 공업생산량의 상승폭은 약간 줄고 있다.[1)]

공업생산지수는 1998년에 97로 전년대비 하락을 가져온 이후에 1999년에 113으로 큰 증가세를 나타내었다.[2)] 그러나 2000년은 119로 전년대비 5.31%가 상승하고 있는 것으로 나타나고 있다. 브랸스크주의 공업[3)]의 부문별 구조는 기계제작·금속가공부문이 33.4%로 주도적 부문으로 나타나고 있다. 그 외 24.2%의 비중을 가지고 있는 식품공업도 비중 있는 부문이다. 여타 공업부문을 표로 보면 다음과 같다.

---

1) 명목가격 기준

2) 전년대비 %

3) 러시아 전체공업생산의 0.7%차지하고 있다.

주요 공업생산부문별 생산비율

생산부문	브랸스크주 총공업생산 비율
전기전력	7.9%
철강업	0.1%
비철금속	1.0%
화학·석유화학	0.9%
기계제작·금속가공	33.4%
목재가공,종이·펄프	6.8%
건재공업	9.9%
경공업	2.3%
식품공업	24.2%
기타	13.7%

http://www.infostat.ru/epub.htm (검색일: 2003.1.10)

2) 농업

브랸스크주는 러시아 연방에서 농업생산에 있어 가장 주도적인 역할을 하는 지역 중의 하나이다. 브랸스크주에는 농공단지가 잘 발달해 있으며 이것은 기름진 토양과 계속되는 따뜻한 날씨에 기인하고 있다. 브랸스크주는 토지의 반 이상이 농업경제에 사용되고 이 토지의 72%가 경작된다. 브랸스크주의 농업은 많은 품목을 생산하며 가축사육과 곡물재배 그리고 원예재배 등이 고루 발달되어 있다.

브랸스크주에서 가장 앞서있는 농업분야는 가축사육이다. 가축사육의 효율적 생산덕분으로 주민들의 소비만족과 기업의 수익성 향상을 가져오고 있으며 농민들의 생활수준도 향상되었다. 낙농, 양금, 양마, 모피용 짐승사육, 양봉 등이 브랸스크주의 주가 되는 가축사육이다.

브랸스크주의 거의 모든 지역에서는 우유와 고기를 얻기 위한 낙농이 주로 행해지기 때문에 파종구조에 있어 사료용 작물재배 파종이 가장 많은 비율을 차지하고 있다. 이 사료용 작물재배가 효과적인 여물로서의 역할을 하기 위해서 서로 다른 시기에 여러 종의 곡물이 수확되고 있다. 그래서 파종도 이것을 고려하여 행해지게 된다.

브랸스크주에서는 사료용 작물이 전 파종면적의 반 이상이고 주로 브랸스크주의 남부나 중앙지역에서 생산되고 있다. 이곳은 작물생산에 기후조건이 매우 적합하다.

곡물재배 외에 주요한 것은 감자재배이다. 러시아는 감자를 뾰뜨르 1세가 '제2의 빵이다'라고 하면서 18세기 초에 들여왔다. 식료품용 · 사료용 · 가공용으로 소비하는 감자는 러시아에서 아주 유용한 작물이다. 브랸스크주에는 러시아에서 가장 큰 감자공장이 있으며 이 공장은 현대적 장비와 설비를 갖추고 있다. 감자와 여타 채소의 재배는 브랸스크주로서는 매우 채산이 맞고 수익이 있는 농업작물이다.

브랸스크주 1999년과 2000년 총 농업생산량은 각각 89억 2,380만 루블과 102억 5,600만 루블로 증가율은 14.82%이다. 농업생산액 중 작물관련 생산액은 1999년과 2000년에 각각 49억 7,380만 루블과 61억 6,520만 루블을 나타내고 있으며 농업생산액 중 가축관련 생산액도 역시 1999년과 2000년에 각각 39억 5,000만 루블과 40억 9,080만 루블을 기록, 상승하고 있다.[4] 2000년에 상승속도의 둔화가 있지만 상승액은 적지 않은 폭으로 증가하였다.

농업생산 지수추이는 일정치 않다. 1998년에는 103 그리고 1999년에 86 2000년에 113으로 큰 변화폭으로 등락을 거듭하고 있다.[5]

3. 자원 등 기타

브랸스크주의 복잡한 수상체계로 인하여 흑토질의 토양에서 시작하여 사질에 이르기까지 지역의 토양이 매우 다양하다. 브랸스크주의 북서부지역은 무두질토양이며 남동쪽은 회색산림토양이다. 회색산림토양은 활엽수림과 풍부한 풀의 영향으로 형성된 것으로 광비료 및 유기비료를 공급하는 등 중요한 자원이 된다.

브랸스크주는 매우 광범위한 수상체계를 가지고 있다. 이 지역에는 총 125개의 강이 있으며 전체 강의 길이는 9,000km이다. 대규모 강 중의 하나로 제스나강을 들 수 있으며 이 강의 총 길이 1,187km중에서 브랸스크를 흐르는 강의 길이는 그 절반을 넘는 500km에 이른다.

20세기 후반에 이르러 브랸스크주의 강들의 수위는 점점 낮아졌다. 이것은 기후와 무작위적인 벌목에 그 원인이 있다.

수백만 년 전 브랸스크주를 범람했던 바다는 이 지역에 많은 유용광물을

4) 명목가치임
5) 실질가격,전년대비=100

남겼다. 인광, 점토석회—해록석, 유공성 규탄토 등의 오래된 광물들은 경제적으로 많은 가치를 가지며 그 용도 또한 매우 다양하다. 다소 형성된 시기가 짧은 광물로는 유색점토와 석영모래가 있다.

이탄은 브랸스크주의 가장 주요한 광물중의 하나이다. 이 지역에는 러시아에서 처음으로 1875년 이탄 가공공장이 세워졌을 정도로 이탄의 매장량도 풍부하다. 오룔주, 깔루가주나 뚤라주 등 다른 주들에 비해 그 매장량은 1.4배나 많다. 이 외 인광은 비료로써 유용하게 사용되고 있고 해록석은 화학공업분야에서 녹색색소로 사용되며 동시에 칼리비료를 만드는 원료로 쓰이기도 한다.

건축분야에 널리 사용되는 백묵, 점토와 혼합하여 만들어진 새로운 광물인 점토석회가 채굴되었고 여러 광물들의 특성을 향상시키기 위해서 쓰이는 점토와 사점도 등은 전 지역에 널리 분포되어 있다.

브랸스크주의 숲은 공업생산에 적극적으로 이용되고 있으며 경제의 다른 분야에 지대한 이익을 가져다주고 있다. 또한 브랸스크주 전체 영토의 18%에 해당하는 초원은 농업에 큰 영향을 주고 있다. 브랸스크주의 동물세계는 매우 다양하며 풍요하며 멧돼지, 갈색 곰 등 많은 포유동물들과 새들이 살고 있다.

V. 문화시스템

1. 지역정체성

1) 인구

2001년 현재 브랸스크주 인구는 1,424,000명으로, 최근 10여 년 동안 지속적으로 그 수가 감소하고 있다. 특히 1990년도를 기점으로 인구 자연증가율이 마이너스로 돌아서고, 전출자의 급증으로 인해, 2001년 현재 인구는 1990년 대비 47,000명, 2000년 대비 14,000여 명이 감소했다.

브랸스크주 인구변동 추이

연도	1990	1992	1993	1994	1995	1996	1997	1998	1999	2000	2001
인구수 (1,000명)	1,471	1,459	1,464	1,467	1,475	1,475	1,469	1,460	1,451	1,438	1,424

Россий ский статистический ежегодник. Госкомстат России. М. 2001. С. 82.

2001년도 결혼자 수가 1,000명당 5.7명인데 반해 이혼자 수는 1,000명당 4.3명으로 거의 비슷한 수준에 육박하고 있다(1990년도 결혼자 수는 이혼자 수에 비해 3배 이상이었다). 또한 사망자 수가 출생자 수에 비해 점차 증가 추세를 보임으로써 인구의 자연감소율도 증가하고 있다. 여기에 인접해 있는 우크라이나의 체르노빌 원전사태는 브랸스크주의 인구상황을 더욱 악화시키고 있다. 오염지역을 피해 타 지역으로의 전출자가 급증하고 있고, 오염으로 인한 출생률 감소와 사망률 증가는 인구상황을 더욱 악화시키고 있다. 2003년도 예상 출생률은 인구 1,000명당 6.7명인데 반해 사망률은 20.1명에 달한다.

브랸스크주 출생자수, 사망자수, 자연증가율

연도	출생자수(명)	사망자수(명)	자연증가율(명)
1990	19,102	18,837	265
1992	16,388	19,966	-3,608
1993	14,969	23,352	-8,383
1994	14,434	24,913	-10,479

1995	13,613	23,481	-9,868
1996	12,810	22,865	-10,055
1997	11,725	23,877	-12,152
1998	11,795	23,784	-11,989
1999	11,116	25,093	-13,977
2000	11,111	25,699	-14,588

Российский статистический ежегодник. Госкомстат России. М. 2001. С. 105.

브랸스크주의 실업률은 1997년 러시아 전체의 경제위기를 계기로 급등하기 시작하여 1998~1999년도에 이르러 15%를 상회하는 등 정점에 도달한 후 2000년도부터 차츰 하락세를 보이고 있다.

브랸스크주의 경제활동인구 및 취업률, 실업률은 다음과 같다.

브랸스크주 경제활동인구(취업자, 실업자), 실업률

연도	경제활동인구 (1,000명)	취업자수 (1,000명)	실업자 수 (1,000명)	실업률(%)
1992	729	697	32	4.3
1993	691	659	32	4.7
1994	679	619	60	8.8
1995	684	620	64	9.4
1996	677	621	55	8.2
1997	646	562	83	12.9
1998	633	534	98	15.6
1999	698	589	108	15.5
2000	664	577	87	13.1

Российский статистический ежегодник. Госкомстат России. М. 2001. С. 134.

2) 민족

브랸스크주의 인구 1,424,000명 중에는 러시아인 96.0%, 우크라이나인 1.8%(약 30,000명), 벨라루스인 0.8%, 유태인 0.4%, 집시 0.2%, 아제르바이잔인 0.1%, 몰디브인 0,1% 및 기타 민족 0.6%가 거주하고 있다. 구성원 중 러시아인이 절대다수를 차지하고 있다.

3) 교육

현재 브랸스크주에는 855개 초등학교가 있으며, 어린이들의 창의력 개발을 위한 보충 교육기관이 설립되어 운영 중에 있다. 학생들은 이러한 교육기관을 통해서 교과과정에 포함된 교과목 뿐 아니라 기타 다양한 분야에 대한 지식을 습득할 수 있다.

25개 고아원에서는 1,100여 명의 어린이들이 보육되고 있다. 1997~1998년 브랸스크주에서는 연방 '교육법'을 위반한 채 부유층 아이들에 대해서만 교육이 실행되었다.

현재 주 행정부에서는 이러한 사태를 바로잡기 위한 다양한 노력을 펴고 있다. 이에 따라 점차 많은 학교가 개설되어 보다 많은 학생들이 교육을 받게 되었다.

취학전이동교육기관의 수는 총 235개로 벨고로트주, 보로네쥬(Боронеж)주, 칼루가(Калуга)주, 코스트로마(Кострома)주를 앞지르고 있다.

주 정부는 또한 영재교육에 많은 노력을 경주하고 있다. 주에서는 유명 예술가들의 이름을 딴 7개 장학재단을 설립하여, 우수 학생 및 대학원생들의 학업을 장려하고 있다. 특수 전문교육을 받기 위해서 굳이 브랸스크를 떠나 타 지역으로 유학할 필요가 없을 정도의 훌륭한 교육여건이 구비돼 있다. 브랸스크주에는 21개 고등교육기관 및 27개 기술전문학교 및 중등전문교육기관이 운영되고 있다.

가장 유명한 교육기관으로 2000년 개교 70주년을 맞이한 국립 브랸스크공과대학교가 있다. 이 학교는 브랸스크주 최초의 고등교육기관이다.

브랸스크주에도 국립교육기관뿐 아니라 외국어, 운전, 회계, 컴퓨터, 비서, 사진모델 등 다양한 사립 단기속성 교육기관도 운영되고 있으며, 유상교육제도가 점차 도입되고 있다.

2. 지역문화

1) 문화개괄

"언젠가 당신이 아름답고, 향기롭고, 편안하고, 빛나는 오브스뚜그에 대해서 말할 때, 고향에 대한 말할 수 없는 그리움이 나를 사로잡는구나... 아아, 어떻게 그 천국에 갈 수 있을까?"

위의 구절은 오브스뚜그(Овстуг) 출신인 시인 표드르 이바노비취 쭈쳅(Ф.

И. Тютчев) 의 말이다.

쭈쳅의 이 말이 아니라 해도 브랸스크의 아름다움은 많은 예술가들을 고양시켰고 이곳에서 러시아 예술의 명작들이 많이 나왔다. 중세에 브랸스크는 러시아의 문화 중심지 중의 한 곳이었다. 매세기 마다 화가, 건축가, 조각가, 세공사, 대장장이, 자수가들은 교회와 집과 거리를 장식했다. 그들 대부분의 이름은 알려져 있지 않지만 그들 손에서 만들어진 작품들은 유명하다. 브랸스크는 러시아 민족문화의 개화기와 밀접한 연관이 있는 곳이다. 고대 브랸스크 예술가들의 작품은 민중의 철학과 문화를 담고 있으며 선명하고 표현의 힘이 있다. 이 작품들은 러시아의 정신과 자연의 아름다움을 표현하고 있다.

세속문학의 출현, 순례자들을 통해서 전달된 비잔틴 작가의 작품들과 그리스-로마 철학의 유입은 브랸스크 예술 작품에 영향을 주었다. 문화 전반에서는 두 가지 흐름 즉, 섬세하고 세련되고 귀족적인 면과 단순하고 민주적인 면을 결합하는 방향으로 흐른다 해도, 아마도 위에서 언급한 비잔틴 작가의 작품들과 그리스-로마 철학의 영향 때문에 브랸스크의 예술 양식은 다양한 모습을 지닐지도 모르겠다.

14세기의 후반부에는 성상화가나 다른 장인들의 많은 동업조합이 브랸스크에 있었다. 수세기에 걸쳐서 브랸스크에는 수도원 근처나 동업조합, 지주의 저택에 장인들이 살면서 일했다. 그들에 대한 명성은 타 지역에까지 알려졌고 많은 도시와 수도원에서 그들이 일하도록 초청했다.

오늘날 브랸스크에는 화가, 조각가, 장식예술가, 기념조각가 등 여러 분야의 예술가들이 활동하고 있다. 브랸스크 지역은 독특하며 고대의 유물이 풍부한 곳이다. 브랸스크에는 약 20개의 박물관이 있다. 그 중 가장 큰 것은 브랸스크 역사 지리 박물관인데 그 건물은 브랸스크의 파르티잔 광장의 건축 앙상블을 구성하고 있는 건물의 하나이다. 이 박물관은 다른 도시와 지역에 14개의 지부를 가지고 있다.

브랸스크는 역시 극장 예술의 중심지이다. 이 곳에는 전문적이고 대중적인 극장의 출현 이전에 원무 놀이에서 온 구전 민속 드라마, 유랑 배우들의 작품, 기적극, 18세기 초에 나타난 쉬꼴라(쉬꼴라는 우리나라의 초・중・고를 통합한 교육기관이며 보통 11년이다) 극장과 최초의 대중연기 등이 있었다. 현재 브랸스크에는 3개의 극장이 활동하고 있으며 예술과 연기 관련 76명을 포함한 260명의 사람들이 활동하고 있다.

브랸스크주민들은 음악을 좋아한다. 이것은 이 지역에서 악기를 흔히 볼 수 있는 것에서 알 수 있다. 가장 흔히 볼 수 있는 것은 우리나라의 거문고 같은 악기(이 악기는 주로 5현, 6현, 10현으로 되어 있다)이다. 이외에도 구뜨까(피리), 소벨리(우크라이나의 피리), 바르간(口琴)이 흔하다. 고대 루시의 다른 지역처럼 브랸스크에서도 유랑 배우들의 공연이 흔했다. 고대인들은 음악을 가장 상위의 예술로 생각했다. 고대 러시아의 '일곱 개의 자유로운 지혜에 관한 책'에는 음악이 자유 학문에 속해 있는데 이 자유 학문에는 변증법, 문법, 수사학, 산술학, 지리학, 천문학이 있었다. 음악은 4번째의 자유 학문으로 취급되고 있다. 세월이 흐름에 따라 중세 러시아의 전문적 음악은 특히 교회나, 정교 수도원에서 발달했다. 태고부터 브랸스크는 교회 음악으로 유명했다.

브랸스크에서의 교회음악은 다른 러시아 중세 도시와 마찬가지로 특히 성악적이었다. 당시의 교회 현실에서는 다른 악기가 없었다. 다만 종만은 예외였다. 종소리는 교회 음악의 다채로운 요소로 인식되었다. 민속음악은 러시아 정교회에서 전문음악이 생기기 오래 전에 탄생했다. 연구가들은 국가 성립 이전에(끼예프 루시가 생기기 이전에) 동 슬라브인들은 상당히 발달된 제식(祭式) 노래와 세시풍속, 일상생활과 관련된 구비 문학, 아름답고 영웅적인 서사시와 기악음악을 가지고 있었다고 한다.

당시 루시는 음악의 세 가지면(교회음악, 세속음악, 구비전승 음악)이 아니라 오직 두 가지 면만(교회 성악, 구비전승음악)을 가지고 있었다. 때문에 세속 민속 음악은 낮은 계층과 귀족공후들의 집단에서만 존재했다. 음악에서도 예술의 다른 형태처럼 자유롭게 창작하고자 하는 생각들이 탄생했다. 바로 이러한 생각들이 러시아 세속 음악 -오페라, 심포니, 로망스-이 발달하는 길을 열었다. 브랸스크는 농노 가정 출신의 훌륭한 성악가 뱔체보이(A. Вялчебой)와 작가 레스꼬프(M. Лесков)의 고향이다.

브랸스크의 구비문학은 오랫동안 전통민간유산 연구가들의 관심을 끌었다. 13-14세기의 따따르-몽골의 침략과 17-19세기의 농노제의 잔인한 지주 형태가 없었던 브랸스크 지역은 러시아에서 민간전통과 민간 예술문화의 실제적인 보존자로 남아 있다.

민간 건축과 탑과 나무조각, 유리 조각품들도 이 지역의 유명한 예술품이다. 이곳에서 전 세계적으로 유명한 러시아 서사 가요(영웅담)가 탄생했고, 오래된 민요나, 만가, 이야기들은 독창성과 높은 예술적 성취가 돋보인다.

브랸스크의 전통 무용

오늘날의 구전문학 연구가들은 민간 예술 작품의 유형만이 아니라 노래와 춤과 연극과 악기의 실제 실기의 특수성을 연구하고 있다. 독창적인 기술의 많은 부분이 현대인들에 의해 밝혀지고 전수되었다고 하지만 진짜 솜씨의 비밀은 감추어져 있다. 이것에 대한 분명한 예는 지난 2001년 6월 3일 브랸꾸스찌치 (брянкустичи)지역에서 열린 지방간 민속 예술 페스티벌이었다. 여기에 17개 이상의 민속 예술 팀이 참가했다. 브랸스크 사람들은 정교 크리스마스와 크리스마스주간, 마슬렌니짜, 부활절, 삼위일체 의식을 이어오고 있다. 브랸스크는 역사와 수세기의 전통적 정신문화가 풍부한 곳이다.

2) 문화시설

(1) 알렉세이 톨스토이 브랸스크 드라마 극장

알렉세이 톨스토이 드라마 극장

브랸스크 지역은 극장으로도 유명하다. 이 지역의 무대 예술의 상징인 브랸스크 드라마 극장은 1996년에 70주년 기념식을 가졌다. 2차 세계 대전 때는 파시스트들이 소비에트 건물 옆에 있던 이 극장을 폭파시켜 버렸다. 그러나 1944년에 다시 연극이 상연되었고 1949년에는 극장 건물이 의고주의적 스타일로 신축되었다. 모든 지역이 폐허로 남아 있을 때 극장의 신축은 사람들에게 정신적 재생의 상징적 역할을 했으며 그 신축 사진들은 전후에 처음으로 발간된 우표에 나와 있고, 전후 처음으로 출판된 책들에는 그림으로 극장 신축 장면이 나와 있다.

그 때문에 1996년에 있었던 대수리 기간에 건물의 건축양식은 이전 모습을 완전하게 유지할 수 있었다. 이 극장에서 최초로 상연된 연극은 고전극이었는데 그 후로 오늘날까지 고전극은 레퍼토리의 주요한 부분이 되고 있다.

극장에는 10명의 국민 배우와 공훈 배우들이 일하고 있다.

(2) 쭈첼 박물관-영지

브랸스크에서 35㎞ 떨어진 곳에 쭈첼의 고향인 오브스뚜그가 위치하고 있다. 매년 수천 명의 여행객이 오브스뚜그에 와서 이곳을 둘러보고 박물관을 방문하고 공원의 길을 따라 걷고, 호수의 언덕에 서있어 보고 수백 년 된 나무들의 속삭임을 듣고, 쭈첼의 샘물에 고개를 숙여본다.

오브스뚜그에 있는 쭈첼의 집은 1914년에 헐리고 1986년에 새로 세워졌는데 그곳에는 문학 기념실이 새롭게 열렸다. 박물관의 방문객들은 시인의 친척과 부모, 그의 어린 시절, 유년시절, 모스크바 대학시절에 대해서 알 수 있다. 이곳에는 쭈첼의 외국생활과 뻬쩨르부르크에서의 생활, 시인의 가족, 친구에 대한 풍부한 자료가 전시되어 있다. 쭈첼이 러시아 시인에 미친 영향에 대한 이야기가 전시실의 마지막을 장식하고 있다. 박물관의 스뱌뜨나야실(святная)은 기념관이며 이곳에는 시인의 서재, 응접실, 홀이 있다. 훌륭한 전시품들은 시인의 삶과 작품을 깊이 있게 드러내 보이고 있는데, 서류, 필사본, 그림들, 초상화, 옛 서적, 일상생활 용품들이 바로 그러한 역할을 하고 있다. 쭈첼의 딸이 세웠고, 시인의 박물관이 있던 옛 건물에는 화랑이 들어섰는데 국민 예술가인 뜨까체프 형제의 작품들이 주로 전시되어 있다. 1961년 이후 매년 오브스뚜그에는 시인의 기념제가 열리고 있다.

블라지미르주

Владимировская Область

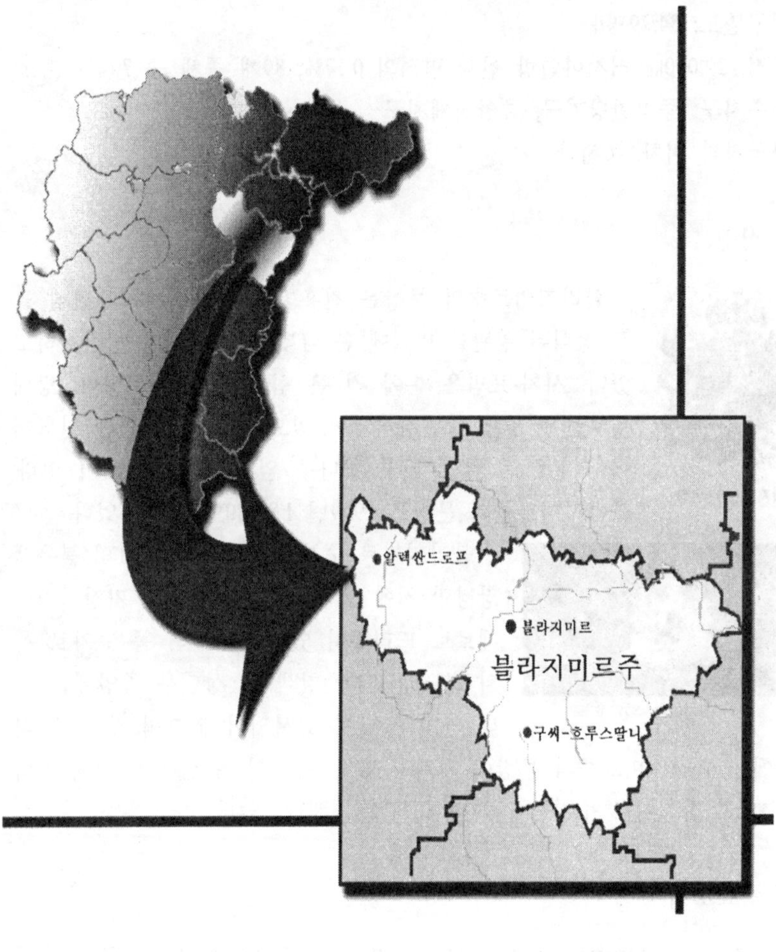

Ⅰ. 개황

1. 기초정보

주 성립일: 1944년 8월 19일.
주도: 블라지미르(Владимир)
인구: 1,589,000명(2001년 현재: 러시아연방 전체의 1.09%; 89개 주체 중 29위)
인구밀도: 54.79명/㎢
면적: 29,000㎢(러시아연방 전체 면적의 0.17%; 89개 주체 중 70위)
소속지구: 중앙연방지구; 중앙경제지구
한국과의 시차: -6시간

2. 상징

블라지미르주 문장

블라지미르주의 문장은 진홍빛 바탕에 금과 천연색 돌로 장식된 왕관을 머리에 쓴 금빛 사자-표범을 형상화하고 있다. 사자-표범은 손에 긴 은 십자가를 쥐고 있다. 방패 윗부분은 왕관으로 장식되어 있으며, 방패 외곽은 안드레이 리본으로 엮인 금빛 참나무 잎사귀로 장식되어 있다. 블라지미르주의 문장은 1999년 1월 20일 채택되었다.

블라지미르 주기

블라지미르 주기는 가로, 세로 2:1의 붉은색 장방형 천에 밝은 청색 띠가 왼편 가장자리에 세로로 드리워져 있다. 이 띠의 폭은 가로 폭의 1/8크기이다. 청색 띠 상단부 중앙에는 금빛 망치와 낫이 묘사되어 있으며, 붉은색 천 중앙에는 블라지미르주의 문장이 새겨져 있다. 문장의 폭은 깃발 전체 폭의 1/3이다. 블라지미르 주기는 1999년 4월 28일 채택되었다.

3. 주요도시

블라지미르(Владимир): 인구 336,100명; 북위 56°9′, 동경 40°25′
꼬브로프(Ковров): 인구 158,700명; 북위 56°22′, 경도 41°20′

무롬(Муром): 인구 140,800명; 북위 55°34′, 경도 42°2′

구씨-흐루스딸니(Гусь-Хрустальный): 인구 72,600명; 북위 55°37′, 경도 40°39′

알렉싼드로프(Александров): 인구 66,800명; 북위 56°24′, 경도 38°43′

꼴추기노(Кольчугино): 인구 45,700명; 북위 56°19′, 경도 39°21′

뱌즈니끼(Вязники): 인구 41,700명; 북위 56°16′, 경도 42°8′

끼르자츠(Киржач): 인구 24,400명; 북위 56°10′, 경도 38°52′

쏘빈까(Собинка): 22,200명; 북위 55°59′, 경도 40°0′

유리예프-뽈스끼(Юрьев-Польский): 20,600명; 북위 56°30′, 경도 39°30′

(인구: 2002년 현재)

4. 주요 산업 및 농업

블라지미르주의 주요 산업으로는 기계제작, 금속가공(전기공업, 트랙터·자동차공업, 기구/기기제작공업), 경공업(,섬유, 아마, 메리야스산업, 면방적업, 봉재산업), 유리공업, 도자기산업, 전력산업, 비철금속산업, 화학공업, 석유화학(정유)공업, 건축자재산업, 임업, 목재가공업, 제지업, 식료품산업, 예술수공업(자수, 기념품, 미니어쳐 등)이 발달했으며, 농업부문은 낙농업, 양금, 농식물 재배업 등이 발달했다.

Ⅱ. 자연환경

1. 지리적 위치와 구성

블라지미르주는 16개 행정구, 22개 시, 37개 도시형마을, 223개의 농촌마을로 구성되어 있으며, 동유럽평원의 중앙에 위치하고 있다.

랴잔주, 모스크바주, 야로슬라블주, 니제고로트주, 이바노보주 등과 경계를 이룬다. 남북 간의 거리는 170㎞, 동서 간의 거리는 280㎞이다. 블라지미르주는 교통여건이 매우 좋다. 주에는 '모스크바 - 니주니 노브고로트', '모스크바 - 야로슬라블', '모스크바 - 까잔' 선 등 3개의 간선철도가 통과한다.

주요 하천은 오까(Ока), 끌랴지마(Клязьма) 등이 있으며 수백 개의 크고 작은 강이 블라지미르주를 흐른다.

수도 블라지미르와 모스크바 간의 거리는 190㎞이다.

2. 기후조건

온난기후대, 대륙성 온난기후

1월 평균기온: -11℃

7월 평균기온: 17℃

연 강수량: 500㎜

식물 생장 기간: 130 ~ 135일

식생: 혼합림지대

토양: 회색토, 부식성 염분회색토

삼림분포도: 52%

3. 주요 유용광물

이탄, 석회암, 내화벽돌용 점토, 건축용 모래와 돌, 석영모래, 철광석, 석고 등이 있다. 그중에서도 이탄의 매장량은 러시아에서 최고로 5,900만 톤에 달한다. 석회암 층은 오끄스꼬-쯔닌 구릉 지역에 분포해 있으며 3,000만 톤 정도를 매장하고 있는 것으로 평가된다. 석회암은 건축용 석재와 건축용 석회로 사용된다. 순수한 석영모래는 구시-흐루스딸과 멜렌꼬프 지역에 매장되어 있으며 이것들은 유리와 크리스탈 생산에 사용된다. 블라지미르주는 또한 소규모의 인회토 층과 광천수 원천을 지니고 있다.

Ⅲ. 정치시스템

1. 역사

블라지미르주는 루시 영토의 역사, 문화의 중심지 가운데 하나로 꼽힌다. 블라지미르주는 18세기 후반에 블라지미르현으로 성립되었던 블라지미르-수즈달 공국의 중심지인 영토가 포함된다.

블라지미르 대공국(1157-1362년)은 안드레이 보골류프스키 내공이 로스또보-수즈달 공국의 수도를 끌랴짐에 있는 블라지미르시로 이전한 결과 형성되었다. 물론, 도시형성 시기에 대해서는 몇가지 주장이 있다. 990년에 블라지미르 스뱌토슬라비치 공후에 의해 성립되었다는 주장과, 1108년 블라지미르 모노마흐 공후에 의하여 성립되었다는 주장이 그것이다. 그러나 도시의 정치, 경제적 위상강화는 보골류프스키 공후와 후계자들에 의해 이루어졌다.

12세기 말-13세기 초 블라지미르 대공국은 정치, 경제, 문화적 중심지 가운데 하나로 성장했다. 1238년에 블라지미르-수즈달 공국의 정치, 경제적 영향력은 몽골-따따르 군대의 침입으로 훼손되었다.

모든 북동 루시의 역사에 있어서 블라지미르 대공국의 문화적 흔적이 깊게 남아있다. 블라지미르 건축학교는 모스크바와 기타 역사적인 루시 도시들의 석조 건축술에 깊은 영향을 미쳤다. 12-13세기 블라지미르-수즈달 건축술의 가장 유명한 기념비는 '황금 문(Золотые ворота)', 하얀 돌벽의 우스뻰스키 및 드미뜨리엡스크 성당, 네를리의 성모제(聖母祭) 교회이다.

러시아의 중앙집권적 국가형성 시기에 블라지미르 대공국의 정치, 문화적 전통은 모스크바 대공국에 의해 파악되었다. 블라지미르현은 1778년에 형성됨과 동시에 관구로 개조되었으며 그 구성에는 14개의 향이 포함되었다.

블라지미르현은 산업영역에서 러시아의 유럽지역에서 가장 발전된 현 가운데 하나였다. 17세기부터 직물을 비롯한 섬유생산이 발전되기 시작했다. 특히, 멜렌꼬프향에서는 제철소가 가동되었다. 18세기 말에는 수도고드향에서 섬유공장이 가동되기 시작했다. 19세기에 블라지미르현은 섬유산업의 중심지로 자리 잡았다. 방직산업이 중요한 위치를 차지하는 이 지역은 러시아에서 생산되는 면직물의 31%를 생산했다. 19세기 후반에 이 지역으로 1백 57만 명이 이주되었으며, 약 15만 명이 노동하는 1,350개의 공장이 가동되었다.

1917년의 혁명과 내전은 블라지미르주를 거의 건드리지 않았다. 이 지역의 급격한 변화는 산업화시기에 나타났다. 기계제작, 섬유, 유리, 기구제조 분야의 기업들이 건설되었다. 1929년 블라지미르현이 해체되고, 이 공간은 3개의 주로 나뉘어지게 되었다. 1944년 8월 14일 소연방 최고회의 간부회의 명령에 따라 블라지미르시를 중심으로 하는 블라지미르주가 형성되었다. 1945년 최초의 블라지미르 트랙터 공장의 가동이 시작되었다. 1950-70년에 대규모 기업체들이 세워지면서 활동을 시작했다. 현재 블라지미르주는 러시아의 대규모 산업지역들 가운데 하나로 꼽힌다.

2. 정치

1) 정치 일반

블라지미르주에서는 주지사를 중심으로 하는 행정부와 주의회가 행정권력과 입법권력을 실현한다. 주 산하에 있는 시와 라이온에도 지방자치기관들이 구성되어 활동하고 있다.

집행권력의 중심기관은 블라지미르주 행정부이다. 주행정부는 주에 의해 조직, 실행된다. 주의 주민들에게 이익을 제시할 수 있는 지방의 발전계획 및 예산을 형성하고 활용한다. 지역의 각종 문제를 해결하며, 지역발전에 필요한 청사진을 제시한다.

주행정부의 최고책임자인 주지사 선거는 1996년 12월 8일 실시되었으며, 비노그라도프(Н. В. Виноградов)가 당선되었다. 최고 입법권력기관은 블라지미르주 의회(Законодательное Собрание)이며, 의장은 꼬또프(В. Я. Котов)이다.

블라지미르주에 속한 주요도시 및 시장은 다음과 같다. 블라지미르 시장은 샤모프(И. В. Шамов)이며 1995년에 선출되었다. 무롬 시장은 까우로프(П. А. Кауров)이며 1995년 선거에서 당선되었다.

2) 선거

(1) 블라지미르주 의회의원 선거

1996년 12월 8일 실시된 블라지미르주 의회의원 선거에서 당선된 의원은 다음과 같다.

선거구	당선자	득표수	득표율(%)
1	체르노프(Чернов Ю.В.)	3250	27.5
2	빅또로프(Викторов А.И.)	3211	24.4
3	말리닌(Малинин А.А.)	4100	24.6
4	꼬롤료바(Королева Н.А.)	6345	43.2
5	추낀(Чукин Н.И.)	6889	53.7
6	끼셀료프(Киселев В.Н.)	4326	36.8
7	솔로비예프(Соловьев М.Ю.) .	6260	48.7
8	뜨루필로프(Труфилов А.С.)	3179	24.4
9	시냐긴(Синягин А.М.)	6676	44.1
10	블라소프(Власов В.П.)	9228	55.2
11	이바노프(Иванов М.Н.)	4961	24.2
12	보프로프(Бобров А.В.)	3455	19.9
13	안드리아노프(Андрианов А.В.)	2915	17.3
14	리모노프(Лимонов Е.Б.)	3999	24.5
15	표도로프(Федоров Н.В.)	3111	19.1
16	꼬또프(Котов В.Я.)	3491	20.8
17	끼류힌(Кирюхин А.В.)	3555	21.5
18	안뜨로뽀프(Антропов В.И.)	2952	20.1
19	까자꼬프(Казаков С.В.)	3705	23.2
20	볼로소프(Волосов М.В.)	4319	31.2
21	부가이(Бугай И.Г.)	5841	34.1
22	미로노프(Миронов В.Н.)	11827	62.1
23	끌레그(Клегг Ю.Д.)	3032	24.8
24	모레프(Морев В.В.)	2499	21.8
25	울리야노프(Ульянов В.М.)	7693	39.2
26	꾸따로프(Кутаров А.В.)	7499	43.4
27	라르낀(Ларкин А.В.)	4412	35.5
28	호흐랴꼬프(Хохряков В.Я.)	5002	36.6
29	차이꼽스까야(Чай ковская Н.В.)	5049	35.1
30	보로노프(Воронов А.М.)	8589	53.9
31	모호프(Мохов В.А.)	4234	37.6
32	옐리세예프(Елисеев В.А.)	3124	27.7
33	그로모프(Громов С.А.)	3458	31.8
34	아브라모프(Абрамов Л.М.)	5231	43.1
35	마메예프(Мамеев С.С.)	3302	28.2
36	리삔(Липин А.В.)	4157	30.6
37	시니찐(Синицин И.Н.)	6716	46.7

http://www.panorama.ru:8101/works/zs/sovld.html 참조(검색일: 2003.11.12)

(2) 블라지미르주 행정수반 선거

2000년 12월 10일 블라지미르주 행정수반 선거가 성립되었다. 이 직위에는 3명이 입후보했고 투표는 한번 실시되었다.

후보명	득표율(%)
비노그라도프(Виноградов Н.В.)	65.58
블라소프(Власов Ю.В.)	15.98
시냐긴(Синягин А.М.)	3.78

선거관리위원회의 집계에 따르면, 등록된 유권자의 34.00%가 투표에 참여했다. 모든 후보에 대한 반대에는 투표참여 유권자의 11.20%가 투표했다.

블라지미르주 행정수반으로는 비노그라도프가 당선되었다.

(3) 러시아연방 국가두마의원 선거

1999년 12월 19일 러시아연방 국가두마의원 선거가 실시되었다. 블라지미르주의 유권자수는 1,235,007명이고, 투표에는 726,726명이 참가하여 58.84%의 투표율을 보였다.

정당별 투표에서 주요정당이 얻은 득표율은 다음과 같다.

정당	득표율(%)
야블로꼬	5.85
단결(메드베드)	25.05
지리놉스끼 블록	6.82
조국-전러시아	9.48
러시아공산당	23.54
우파연합	8.67

Ⅳ. 경제 시스템

1. 경제개황

블라지미르주는 7개의 연방지구 중 중앙연방지구에 속하고 12개의 러시아 경제지역 중 중앙경제지역에 속한다. 블라지미르주는 경제지리적인 조건이 매우 유리해서 운송 인프라가 발달되어 있다. 교통인프라의 발달덕분에 블라지미르주는 중앙경제지역의 대내외 경제관계에서 중심이 되고 있는 지역 중의 하나이다.

블라지미르주의 러시아경제에서 공업생산의 비중은 0.9%이다. 블라지미르주의 공업잠재력은 여러 부문에서 다양하게 나타나고 있으며 각 생산품들은 러시아시장내에서뿐만 아니라 외국에서도 대단한 수요를 가지고 있다.

블라지미르주의 경제에는 몇 가지 특징이 있다. 다른 중앙경제지역에 있는 주체들과는 달리 대기업이 집중되어 있는 공업단지가 거의 없다. 그리고 블라지미르주 내부에서는 실제로 어떤 연료에너지자원도 생산되지 않아 주로 원료를 수입해서 생산을 하고 있다.

러시아경제에서 차지하는 블라지미르주의 경제비중은 농업과 공업이 평균수준 정도를 차지하고 있다. 러시아경제에서 블라지미르주의 비중을 보면 농업생산량이 1.0%로 비중이 큰 편이고 공업생산량도 0.9%로 대규모로 이루어지고 있다. 그 외 지표를 표로 보면 다음과 같다.

2000년도 러시아 주요 경제지표에서 블라지미르주의 비중

주요 항목	러시아전체 대비 블라지미르주 비율
지역총생산	0.6%
공업생산량	0.9%
농업생산량	1.0%
소매유통	0.5%
자본투자	0.4%

http://www.infostat.ru/epub.htm (검색일: 2003.1.10)

블라지미르주의 지역총생산은 1999년에 255억 7,700만 루블로 전년대비 62.00%이상 상승하였다. 블라지미르주의 지역총생산의 주요 구성과 비율을

보면 공업부문이 39.4%로 지역총생산에서 비중이 가장 높으며 이는 블라지미르주의 공업의 발달을 대변해주고 있다. 여타 부문을 표로 보면 다음과 같다.

지역총생산의 주요 구성과 비율

주요 산업부문	지역총생산의 주요 구조의 비율
공업부문	39.4%
농업부문	17.5%
건설부문	3.4%
운송부문	2.1%
유통부문	10.6%

http://www.infostat.ru/epub.htm (검색일: 2003.12.16)

블라지미르주의 총 기업수는 2000년 22,849개이고 소 기업수는 2000년 6,926개이다. 이것은 1999년에 비헤 총 기업수는 5.87% 증가, 소 기업수는 13.50% 증가한 것이다.

공업부문에서 활동 중인 기업수는 2000년에 2,021개이며 이것은 전년대비 12.52% 상승한 것으로 나타나고 있다. 이 공업기업들은 2000년 현재 총 기업수의 8.8%에 이르고 있다.[1] 이것은 여타 연방주체들과 비교해서 매우 높은 수치이다.

2. 산업

1) 공업

블라지미르주의 발전에 주도적 역할을 하는 부문이 공업이다. 공업생산의 잠재력 중 블라지미르주에서 두드러지는 분야를 들면 기계제작, 경공업, 화학공업, 건재공업이고 인쇄업과 섬유공업도 빼놓을 수 없다. 이것들은 거의 기술집약적이면서 노동집약적 성향을 가진 분야들이다. 그 외 도자기분야, 과자제조 등도 중요한 비중을 차지하고 있다.

블라지미르주에서 현저히 앞서 있는 공업부문은 기계제작·금속가공분야이며 비중이 41.6%에 달하고 있다. 이 부문기업들은 러시아 시장뿐만 아니라 세계시장으로 자신의 생산품들을 수출하고 있다. 높은 과학기술적 잠재력과

1) 년말 통계임

경험적이고 실험적인 토대, 그리고 높은 기술수준 등을 토대로 블라지미르주의 기업들은 복잡하고 정밀을 요하는 기계와 장비 그리고 설비를 생산해내고 있다. 이 부문의 주요 생산물들은 전기발전기, 자동차 엔진장비, 가스분석기, 기계제작용 삭구나 강구, 기관이나 보일러, 의료장비 등이다.

공업생산지수는 1998년에 95로 전년대비 하락을 가져온 이후에 1999년에 120, 2000년에 122로 증가세를 나타내었다.[2] 블라지미르주의 공업[3]의 부문별 구조는 기계제작·금속가공이 41.6%로 압도적인 비중을 차지하고 있다. 블라디미르는 기계제작·금속가공이 매우 발달된 지역인 것이다. 그 외 17.4%의 비중을 가지고 있는 식품공업도 규모가 있는 부문이다. 여타 공업부문을 표로 보면 다음과 같다.

주요 공업생산부문별 생산비율

생산부문	블라지미르주 총공업생산 비율
전기전력	9.7%
연료공업	0.1%
철강업	0.6%
비철금속	3.6%
화학·석유화학	6.1%
기계제작·금속가공	41.6%
목재가공,종이·펄프	2.5%
건재공업	3.2%
경공업	6.1%
식품공업	17.4%
기타	9.1%

http://www.infostat.ru/epub.htm (검색일: 2003.10.10)

2) 농업

블라지미르주는 아주 훌륭한 자연적인 조건을 가지고 있다. 이것은 농업경제의 발전에 긍정적 영향을 미치고 있다. 블라지미르주의 경제에서 농업 또한 공업 못지않게 중요한 자리를 차지하고 있다. 블라지미르주의 농업에서 가장 생산이 높은 것은 우유와 고기를 주는 가축사육이다. 예를 들어 소,

2) 전년대비 %

3) 러시아 전체공업생산의 0.9%를 차지하고 있다.

돼지, 양, 염소 등을 사육하여 블라지미르주는 농업을 부유하게 만들고 있다.

블라지미르주의 농업은 생산 집중도 즉, 생산성이 매우 높다. 1헥타르의 토지 당 생산량은 여타 연방주체들에 비해 거의 2배에 달하고 있다. 이에 힘입어 우유, 고기, 감자, 아마 등의 생산에서는 중앙경제지역이 러시아에서 최고의 지역으로서 인근의 식량창고 역할을 하고 있다.

농업은 주로 블라지미르주의 근교에서 이루어지고 있고 주요 생산분야는 낙농, 양금, 양돈, 그리고 감자와 채소재배 등이다.

3. 자원 등 기타

블라지미르주는 동유럽 평지의 가장 중앙에 위치하고 있어 지리적으로 매우 유리한 여건을 가지고 있다. 토양은 남북타이가지역의 전형적인 성질을 갖고 있어서 무두질토양이 주를 이루고 있다.

블라지미르주는 수자원이 풍족하지 못하다. 물이 차지하는 면적은 전체 영토의 9%에 불과하다. 블라지미르주를 경유하는 강은 약 746개이며 이것들은 볼가강의 지류들이다. 주요한 수상동맥으로는 오까강과 끌랴지마강 지류가 있다.

이 지역의 강과 호수에는 30여종의 어류가 있으며 가장 일반적으로 발견되는 어류로는 숭어, 붕어, 농어와 또 잉어 등이 있다.

블라지미르주에서 발견되는 지하자원은 이탄, 석회암, 내화성점토, 벽돌점토, 건축용 유리 및 철광석, 석고 등이 있다. 이 중 이탄의 보유량은 러시아에서 가장 많은 곳 중의 하나이며 그 매장량은 5,900만 톤에 달한다. 오끄스크-쯔닌스키 지역에 분포되어 있는 석회암은 그 매장량이 3,000만 톤으로 알려져 있다.

블라지미르주가 보유한 주요 자원 중의 하나는 산림자원이다. 숲지대는 전체 주 면적의 절반을 차지하는 152만 900헥타르에 달한다. 이 숲지대는 크게 세 지역으로 나뉜다. 첫 번째는 참나무림이 주종을 이루는 잎이 넓은 활엽수림지역이며 나머지는 잎이 좁은 활엽수림지역과 침엽수림이 포함된 혼합림지역이다.

블라지미르주에는 늑대, 여우, 흰 토끼를 포함하여 약 60여종의 동물들이 있으며 가끔 갈색고미가 발견되기도 한다. 이 지역에는 계절별로 멧돼지, 사슴 등에 대한 수렵이 행해지고 있다. 이 외 177종의 조류가 서식하고 있다.

V. 문화시스템

1. 지역정체성

1) 인구

블라지미르주의 영토는 상대적으로 작지만(29,000㎢:러시아연방 전체 면적의 0.17%; 89개 주체 중 70위), 2001년 현재의 인구 총수는 1,589,000명으로 러시아연방 전체의 1.09%를 차지하며, 연방 89개 주체 중 29위를 기록하고 있고, 인구밀도 또한 54.79명/㎢로 상대적으로 높다.

그러나 블라지미르주의 전반적인 인구는 러시아연방의 전반적인 인구상황과 마찬가지로 감소추세에 있다. 이러한 추세는 사망률이 출생률을 훨씬 능가하는 데서 주로 비롯된다.

블라지미르주 인구변동 추이

연도	1990	1992	1993	1994	1995	1996	1997	1998	1999	2000	2001
인구수 (1,000명)	1,653	1,651	1,649	1,643	1,642	1,639	1,632	1,626	1,618	1,604	1,589

Россий ский статистический ежегодник. Госкомстат России. М., 2001. С. 82.

러시아연방 국가통계위원회에 따르면, 1999년 한 해 동안 인구 자연감소율이 26% 증가했는데, 이는 사망률이 출생률에 비해 2.5배 높은 데서 기인한다. 이러한 추세가 지속된다면, 2015년에 이르면 블라지미르주의 인구는 1,400,000명으로 감소하고, 노령인구는 더욱 증가할 것이다.

블라지미르주 출생자수, 사망자수, 자연증가율

연도	출생자수(명)	사망자수(명)	자연증가율(명)
1990	20,065	20,674	-609
1992	14,966	22,110	-7,144
1993	13,029	25,948	-12,919
1994	13,272	28,429	-15,157
1995	12,539	27,033	-14,494
1996	12,230	26,127	-13,897
1997	11,711	25,686	-13,979

1998	11,933	25,789	-13,856
1999	11,393	28,904	-17,511
2000	11,918	29,974	-18,056

Россий ский статистический ежегодник. Госкомстат России. М., 2001. С. 105.

블라지미르주의 실업률은 러시아의 개혁초기부터 상승하기 시작하여 경제위기를 전후하여 2000년도에 이르기까지 폭등세를 보이고 있다. 이러한 상황은 특별한 조치가 없는 한 당분간 이어질 전망이다.

블라지미르주의 경제활동인구 및 취업률, 실업률은 다음과 같다.

블라지미르주 경제활동인구(취업자, 실업자), 실업률

연도	경제활동인구 (1,000명)	취업자수 (1,000명)	실업자수 (1,000명)	실업률(%)
1992	896	854	42	4.6
1993	870	818	52	5.9
1994	827	744	83	10.0
1995	806	700	105	13.1
1996	790	699	91	11.5
1997	791	699	92	11.6
1998	771	678	93	12.1
1999	810	707	103	12.7
2000	810	711	99	12.2

Россий ский статистический ежегодник. Госкомстат России. М., 2001. С. 134.

2) 민족

블라지미르주에는 90여 이상의 민족이 거주하고 있으며, 러시아인 95.8%, 우끄라이나인 1.3%, 따따르인 0.6%, 벨라루스인 0.4%, 모르도바인 0.3%, 추바슈인 0.2%, 몰다비아인 0.2%, 집시 0.1%, 아제르바이잔인 0.1%, 유태인 0.1% 기타 0.9% 등으로 구성되어 있다. 블라지미르주에도 러시아인이 절대다수를 차지하고 있어, 민족 간의 갈등은 거의 없는 편이다.

3) 교육

블라지미르주는 러시아의 중앙에 위치하고 있으며, 교육은 모스크바시와 모스크바주 수준으로 이루어지고 있다.

1999년 자료에 따르면, 블라지미르시에는 54개 취학전 아동교육기관, 54개 초중등학교, 11개 기술전문학교 및 단과대학, 2개 국립대학이 운영되고 있으며, 이 외에도 다양한 중고등 상업전문교육기관이 개설되어 있다. 블라지미르시는 교수 및 박사 등 전문가들로 유명하다. 특히 수많은 교육자들이 '공훈 문화인' 칭호를 부여받았다.

블라지미르시에는 러시아연방 국제관광아카데미 지부가 개설되어, 관광, 호텔 및 레스토랑 운영 매니저를 양성하고 있다.

특히 블라지미르시의 국립사범대학교에서는 영어, 불어, 독어 등의 통역사를 양성하고 있으며, 블라지미르 국립공과대학에는 다양한 과학-기술연구소가 개설, 운영되고 있다.

주 당국에서는 교육의 질을 높이기 위해서 많은 예산을 투입하고 있으며, 교과과정개혁 및 단점을 보완하기 위해서 다양한 조치를 취하고 있다. 블라지미르주는 청소년들의 교육에도 많은 관심을 할애하고 있다. 주는 또한 교육개혁과 관련하여 국제적인 경험을 도입하여 교육전통의 유지와 발전에 힘쓰고 있다.

2. 지역문화

1) 문화개괄

블라지미르주의 문화는 다양한 면을 지니고 있다. 이곳에 온 사람들은 여러 가지 대중문화 시설을 방문하고 극장, 박물관, 도서관에 가게 된다. 또 일요일에는 영화관과 스포츠경기장이 기다리고 있다. 블라지미르에는 '예술', '세계', '루시', '시야'라는 4개의 영화관이 있다. 이 극장들은 훌륭한 설비와 장치를 갖추고 있다. 이 영화관들에는 많은 관객을 수용할 수 있는 2개 이상의 객실이 있다. 블라지미르주의 모든 도시의 영화관에는 국내외 영화의 시사회가 주기적으로 열리고 방학 때는 어린이를 위해서 만화나 영화를 할인해주거나 공짜로 보여준다.

따네에프(A. Танееф)의 이름을 딴 콘서트홀은 1967년에 세워졌는데 700개의 객석이 있다. 국내외에서 폭넓은 활동을 하고 있는 블라지미르주의 필하모니 덕분에 지역주민들은 러시아와 외국의 유명음악가들의 연주회를 감상할 기회를 가질 수 있다.

블라지미르 필하모니 건물에는 지역과 국제적 심포지엄, 공식사절단의 만남, 비즈니스포름과 전시회, 설명회가 매우 자주 열린다. 1999년에 블라지미르주에는 542개의 클럽 기관이 있고 문화 휴식 공원은 18개 정도 있다. 도시의 중심에 위치한 '또르쩨도(Торпедо)'라는 운동장에는 계단식 관람석이 있다. 이 운동장은 1949년에 공사를 시작해서 1953년에 개장했다. 1980년 운동장은 수리를 위해 닫혔고 대 보수 공사 이후에 운동장은 다시 스포츠 애호가들을 맞이했다. 운동장의 주 계단은 분수로 장식되어 있고, 관객들과 스포츠 애호가들을 위한 2만 3천개의 객석이 있다. 운동장에는 자주 대중적인 축제와 음악회, 운동경기가 열리고 있다. 블라지미르 지역은 고대 기념물과, 역사적인 러시아 건축의 여러 가지 기념물이 풍부한 곳이다. 그러나 유감스럽게도 그들 중의 많은 부분이 매우 위험한 상태에 놓여있기 때문에 재건과 회복의 급진적 방법이 강구되고 있다.

2) 문화시설

(1) 블라지미르-수즈달 박물관

블라지미르-수즈달 박물관은 1958년에 완성되었다. 박물관에는 37개의 설명실과 3개의 전시홀이 있다. 당시 대통령이었던 옐친의 명령에 따라 1998년 박물관은 러시아 연방 문화유산 국보로 인정되었다. 이것은 독특한 건축 기념물과 오랜 세월에 걸쳐 완성된 블라지미르-수즈달 박물관의 전시관에 대한 공식적 인정이었다. 56개의 여러 가지 건축 기념물이 박물관에 속해있고 이들은 블라지미르, 수즈달, 구스-흐루스딸(Гус-Хрустал), 보고류보프(Богорюбов), 끼제그샤(Кижегша)같은 지역에 나누어 분포되어 있다.

블라지미르시

1108년 블라지미르 모노마흐공에 의해 세워진 이 도시는 유리 돌고루끼 아들인 안드레이 보고룝스끼(1111-1174)공이 1157년 블라지미르-수즈달 공국의 수도를 이곳으로 옮기면서 성장하기 시작했다. 모스크바의 남동쪽에 위치한 이곳은 콘스탄티노플에서 가져온 '블라지미르의 성모'가 있었던 곳으

네를리의 뽀끄로프 교회

로도 잘 알려진 도시인데 13세기까지는 러시아에서 중요한 도시 중의 하나였지만 '따따르 몽고족의 멍에'가 사라지고 모스크바가 러시아의 중심지로 대두되면서 정치 경제적 입지가 약화되기 시작했다.

블라지미르는 정교 사원 건축물로도 유명한 곳인데 특히 안드레이 보고류프스끼 공에 의해 1158-1160년 건축된 우스뻰스끼 성당이 잘 알려져 있다. 이 성당의 내부에는 1408년 안드레이 루블료프가 그린 프레스코화가 남아 있다. 또한 1191년 프세볼로드 3세에 의해 세워진 '그리스도 탄생' 수도원에는 1263년 알렉산드르 넵스끼가 묻히기도 했다. 이 블라지미르에는 오늘날까지도 양질의 목재를 바탕으로 하는 목각 인형과 이콘 공방들이 남아 있는데 17세기 이후에는 구교도들이 이곳에 정착하게 되면서 외국의 영향을 받지 않은 러시아의 전통적인 목공예 기술이 전수될 수 있었다.

수즈달

수즈달 전경

블라지미르와 마찬가지로 수즈달은 끼예프 루시 시대의 주요 도시였다. 9-10세기 경 핀과 위그르족들의 거주지에 처음으로 마을이 형성되면서 수즈달이라는 명칭이 '원초 연대기'에도 언급되기 시작한다. 1125년부터 1157년 까지 수즈달은 로스또프-수즈달 지역의 중심지로서 모스크바의 설립자인 유리 돌고루끼 공이 지배하고 있었으며 그의 명령으로 1152년에는 보리스와 글렙 사원이 세워졌다. 13세기 몽고-따따르족의 침입 시에 수즈달은 따따르에 대항하는 러시아인들의 거점 도시였으며 1380년 드미뜨리 돈스꼬이가 꿀리꼬프 전투에서 결정적인 승리를 거둘 때 그의 부대에 수즈달의 병력이 참가했다. 14세기경부터 수즈달은 독자적인 세력을 상실하고 점차 모스크바 공국의 통치하에 들어가게 되어 정치적 의미를 상실했지만 종교적 의미는 계속 유지하여 주교관, 16세기에서 19세기까지는 대주교관이 있었다.

이콘을 포함한 러시아 중세 미술에서 블라지미르-수즈달화파는 비잔틴의 영향을 짙게 받았음에도 불구하고 러시아 전통을 고수하는 가장 보수적인 면모를 보임과 동시에 추상적 상징적 기법을 창안한 것으로도 잘 알려져 있다. 예를 들면 이콘의 표현에서도 사건의 구체적인 내용보다는 추상적인 상징을 원용하여 작품의 의미를 살렸고 개별적인 내용보다는 전체적인 구도의 조화를 추구하였다. 비잔틴 이콘의 표현주의적이고 고정적인 인물의 모습과 그 비율을 보다 완화시키고 인간적인 면모를 가미하여 러시아적인 모델을 만들기도 하였다. 동시에 얼굴의 표현에 있어서도 보다 밝고 정감 있는 색상을 사용하고 러시아적인 인상을 담아 러시아인들이 이콘에 친밀감을 느끼도록 했다.

그러나 블라지미르-수즈달의 이러한 예술전통은 13-15세기 몽고 따따르족의 지배로 인해 많은 부분을 상실할 수밖에 없었다. 교회 건축에 있어서도 블라지미르-수즈달의 사원들은 비잔틴의 석조 건축양식에서 벗어난 러시아적인 양식을 새롭게 만들고 있었는데 특히 러시아의 전형이 되고 있는 양파 머리형 지붕 형상이 특징이라고 할 수 있다. 1594년에 세워진 '구세주 변형 사원'이 잘 알려져 있다.

수즈달과 그 주변의 예술 활동은 먼저 11세기 후반의 성당건물에서 비롯된다. 그러나 현존하는 건물로는 끼제크샤(Кидекша)마을의 '보리스와 그렙(Борис и Глев)'성당 (1152)이 가장 오래되었다. 1233년에는 크렘린 한 쪽에 로제스트벤스키 대성당이 창건되었다. 다듬은 돌로 쌓아올린 이 중후한 건축은 블라지미르의 선례를 따라 외벽의 부조장식이나 호화로운 금색상감을 넣은 장식으로 뒤덮인 큰 문짝 등으로 유명하다. 성당내부 벽화는 17세기에 만들어졌지만 한 성인을 그린 창건 당시의 벽화가 남아 있다. 16, 17세기에 수즈달은 수와 규모에서 종교건축의 전성기를 맞았다. 이 시기에 주요부분의 완성을 본 많은 장대한 건축 집합체의 대표적 예로 포크로프스키 수도원(14-18세기)이나 스빠스-예프피미예프스키 수도원(14-17세기)이 있다. 그리고 그 밖의 역사를 반영하는 갖가지 이콘이나 장식사본, 러시아 공예의 정수를 모은 예배도구 등이 역사박물관에 수집되어 있다. 현재 도시는 박물관도시로서 고대러시아를 방불케 하는 건축기념물이 다수 보존되어있으며 모스크바 주변의 고도(古都)군 일명 '황금의 고리'의 하나이다.

3) 미술(건축)

블라지미르 · 수즈달 지역에서의 석조 건축은 11-12세기에 블라지미르 모노마흐에 의해 수즈달에 있는 성당이 건축됨으로써 시작되었다. 그러나 최고의 번영기는 12-13세기 초에 이르러서였다. 엄격한 노브고로트의 건축양식과는 다르게 블라지미르 · 수즈달의 건축양식은 화려한 성격을 띠고 있었으며, 균형 잡힌 세련미와 선의 우아함에서 뛰어났다.

특히 그리스-로마 건축양식의 영향이 블라지미르·수즈달 건축양식에 반영되었다. 연대기에 의하면, 안드레이 보고류프스끼는 도시를 건설하면서, 전국에서 기술자들을 소집했는데 그 가운데 라틴인들도 포함되었다고 한다. 그리고 견고한 유대관계를 맺고 있던 갈리쯔-볼르인스크 공국에서 건축기법을 도입했다. 이는 부드럽고 윤택이 나는 같은 크기의 흰 돌로 된 블록으로 벽의 내 외부 표면을 깔고, 그 중간을 돌로 채우고 석회용액을 붓는 기법으로 전형적인 그리스-로마 기법과 유사했다. 이러한 그리스-로마에 기원을 둔 많은 장식 요소들이 있었으며, 특히 돌로 장식된 조각들은 더욱 그러했다.

이러한 유형으로 된 최초의 건축물은 뻬레야슬라블-잘레스끄에 있는 스빠소·쁘레오브라젠스끄 성당과 1152년에 건설된 끼제크샤에 있는 보리스와 글렙 교회이다. 이 성당들은 하나의 둥근 지붕과 네 개의 기둥으로 된 성당이며, 안정된 균형과 단순한 장식이 특징이다.

안드레이 보고류프스끼 시대의 건축은 블라지미르에서 크게 발전했다. 도시에 요새들이 건축되었으며, 흰 돌로 된 황금 문들이 보존되어 있다. 도시 외곽에 위치한 보고류프스끼 공후 거주지에는 흰 돌로 된 탑이 있는 성벽들로 둘러싸인 복합 건물로 구성된 성이 건축되었다. 모든 조화의 중심지였던 성모 마리아 탄생 성당은 2층으로 된 석조궁정의 회랑과 연결되었다. 지금은 이 건물의 흔적만이 전해지고 있다. 1158-61년 사이에 조각난 돌로 화려하게 장식된 우스뻰스끼 성당이 건축되었다. 네를리(Нерли)에 있는 뽀끄로프(Покров) 교회(1165)는 고대 러시아 건축양식의 걸작으로 인정받고 있으며 완전한 균형미와 밝은 분위기, 상부의 조화미 등이 특징이었다.

12세기 후반에는 블라지미르 건축양식의 구조가 완성되었다. 1148년 블라지미르 건축양식의 최종형태인 우스뻰스끼 성당이 화재 이후에 재건되었고 로제스뜨벤스끼 수도원의 조화로운 건축물들이 발전했다. 이 당시 블라지미르 건축양식에서 특별한 위치를 차지한 것은 1194-97년 사이 블라지미르 공후 궁전 중앙에 건축된 드미뜨리예프 성당이다. 이 성당의 특색은 무수히 많은 흰 돌로 된 조각들과 건축양식, 흰 돌로 된 조형미술과 회화 등의 뛰어난 합작품이라는 것이다. 러시아 예술양식은 이전 시대의 조각술과 비교해 볼 때 드미뜨리예프 성당의 조형미술에서 더 명료하게 나타났다. 석조로 된 조각들은 반복되지 않는 독창성을 지니고 있다. 이 조각들은 원형으로 된 그리스·로마 조각들과는 달리 러시아의 전통적인 목조 세공기술의 영향력으로 인해 좀 더 평면적이고 화려한 모습을 하고 있다. 서유럽의 로마식 조형미술에서는 주로 어둡고 무거운 주제들이 사용된 반면에 러시아 석조 조각들은 더 생동감 있고 밝은 주제들을 선택했다. 드미드리예프 성당의 조각장식은 '돌 속에 있는 시'라고 불리며 성서적, 묵시록적, 이교적 주제들이 혼합되어 있다. 블라지미르 학파의 장인 등에 의해 사용된 기법과 전통은 수즈달, 유리예프 · 뽈스끄, 니쥐니 · 노브고르드에서 지속적으로 발전했다.

유리예프 · 뽈스끄의 게오르기예프 성당(1230-34)은 상층부터 하단까지 장식용 조각품들로 뒤덮여 있다. 연속적인 융단무늬 모양의 배경 속의 화려한 모습들은 완성된 주제를 가진 구도를 이루고 있다. 유감스럽게도 성당의 본래 모습은 남아있지 않다. 성당 천장과 벽의 상층부분이 붕괴된 1471년 다시 복구되었지만 흰 돌로 된 조각들은 부분적으로 손상되었다. 게오르기 성당은 블라지미르 · 수즈달 건축양식의 마지막 기념물이다. 이것을 가리켜 몽고통치 이전기의 러시아 건축양식에서 '백조의 노래'라고 부른다. 몽고통치 이전 시기인 블라지미르 · 수즈달 루시의 회화부터 끼제끄쉬에 있는 보리스와 글렙 교회, 블라지미르에 있는 드미드리예프 성당과 우스뻰스끼 성당의 프레스코 단편들과 더불어 몇몇 이콘들이 우리에게 전해지고 있다. 이러한 자료에 근거하여 연구자들은 블라지미르 · 수즈달 회화학파가 점차적으로 형성되었다고 보고 있다.

'최후의 심판'에 나타난 형상과 더불어 드미뜨리예프 성당벽화는 손상을 입지 않은 채 매우 훌륭하게 보존되었다. 이것은 그리스와 러시아의 두 장인들에 의해 만들어졌다. 러시아 장인의 필치로 그려진 사도들과 천사들의 얼굴은 한결 단순하며, 마음에서 우러나오는 선함과 부드러움을 나타내고 있다. 그 안에는 그리스 장인들의 표현양식과 같은 긴장된 심리적 특징들은 찾아볼 수 없다.

12-13세기 초 몇몇의 큰 성상들은 블라지미르·수즈달 학파에 속한 것들이

다. 그 가운데 가장 초기의 것이 '보고류프스끼의 성모'이며 이것은 비잔틴에서 온 유명한 '블라지미르의 성모' 이콘과 양식상 유사하다. '드미뜨리 솔룬스끼' 이콘은 매우 흥미롭게 묘사되어 있다. 드미뜨리는 손에는 반쯤 드러난 칼을 쥐고, 값비싼 옷을 입고 왕관을 쓴 채 옥좌에 앉아 있는 모습으로 그려져 있다. 이 초상화의 원형은 '큰 둥지'라는 별명의 브세볼로드 공후로 추정된다.

스몰렌스크주
Смоленская Область

Ⅰ. 개황

1. 기초정보

주 성립일: 1937년 9월 27일.
주도: 스몰렌스크(Смоленск)
인구: 1,114,000명(2001년 현재: 러시아연방 전체의 0.76%; 89개 주체 중 50위)
인구밀도: 22.36명/㎢
면적: 49,800㎢(러시아연방 전체 면적의 0.14%; 89개 주체 중 75위)
소속지구: 중앙연방지구; 중앙경제지구
한국과의 시차: -6시간

2. 상징

스몰렌스크주 문장

스몰렌스크주의 문장은 은제 방패 및 금제 포가에 검정색 대포가 거치되어 있는 형상이다. 대포 위에는 날개와 꼬리가 진홍색과 녹색으로 장식된 황금 새(鳥) 가마윤(Гамаюн)이 앉아 있다. 방패에는 (1730년도 대공의 왕관 형상을 한)역사적인 왕관이 씌워져 있으며, 방패 주위에는 레닌 훈장의 리본이 드리워져 있다. "불굴의 정신은 모든 것을 극복 한다"는 제명(題銘)이 은빛 리본에 검정색 글씨로 새겨져 있다. 왼쪽 리본에는 금빛 열매가 달린 참나무 잎사귀가 엮여 있고, 오른쪽 리본에는 노란 수술을 감싸는 푸른 꽃잎의 아마가 엮여 있다. 스몰렌스크주 문장의 작가는 겐나지 블라지미로비치 라주네프(Геннадий Владимирович Ражнев)이다. 스몰렌스크주의 문장은 1998년 12월 10일 채택되었다.

스몰렌스크 주기의 붉은색 바탕 하단부에는 두 개의 노란색 선이 그어져 있다. 노란색 선의 폭은 주기 세로 폭의 5%에 해당하며, 이 선에 의해서 주기의 세로 폭이 6:2:1로 3분된다. 상단부 왼편에 약식 형태의 스몰렌스크주 문장이 묘사되어 있다. 약식문장의 세로는 주기의 45%, 가로는 20%이다. 그

스몰렌스크 주기

리고 약식문장의 세로축은 기를 1:4로 구분하는 기점이 된다. 천의 가장자리에는 금술을 달 수 있다. 기의 가로, 세로 비율은 3:2이다. 스몰렌스크 주기의 작가는 겐나지 블라지미로비치 라주네프이다. 스몰렌스크 주기는 1998년 12월 10일 채택되었다.

3. 주요도시

스몰렌스크(Смоленск): 인구 351,900명; 북위 54°47′, 동경 32°3′
뱌지마(Вязьма): 인구 58,200명; 북위 55°13′, 동경 34°17′
로슬라블(Рославль): 인구 57,500명; 북위 53°58′, 동경 32°52′
야르쩨보(Ярцево): 인구 55,300명; 북위 55°4′, 동경 32°41′
싸포노보(Сафоново): 인구 51,700명; 북위 55°7′, 동경 33°14′
제스노고르스크(Десногорск): 인구 36,700명; 북위 54°9′, 동경 33°17′
가가린(Гагарин): 인구 30,200명; 북위 55°33′, 동경 34°59′
(인구: 2002년 현재)

4. 주요 산업 및 농업

스몰렌스크주의 주요 산업으로는 기계제작, 금속가공(에너지 기계제작, 자동차공업, 기기제작공업), 화학공업, 석유화학공업(광물성 비료, 플라스틱 제품 생산), 전력산업, 식료품산업(우유, 치즈, 육류, 건조야채), 경공업(아마, 면화, 메리야스산업, 봉재, 신발산업), 이탄, 석탄산업, 임업, 목재가공업, 제지업 등이 발달했으며, 농업부문은 낙농업, 양돈업, 양마, 양금, 양봉, 곡물재배, 아마, 감자, 야채, 과실수, 사료작물 재배 등이 발달했다.

Ⅱ. 자연환경

1. 지리적 위치와 구성

스몰렌스크주는 25개 행정구, 15개 시 및 16개 도시형마을, 413개의 농촌마을로 구성되어 있으며, 동유럽 평원, 드네쁘르강, 서 드비나강 상류와 볼가강 유역에 위치하고 있다.

뜨베리주, 모스크바주, 깔루가주, 브랸스크주, 벨라루시 공화국과 경계를 이룬다. 스몰렌스크주의 지리적 위치는 이미 수백 년 전에 역사적 운명과 경제발전을 운명지었다. 폴란드와 프랑스 나폴레옹의 침공 및 2차대전 당시 독일인들의 침공이 모두 스몰렌스크주를 통해서 이루어졌다. 그때마다 영토는 유린되었지만, 다시금 복구되었다. 소위 '유럽의 동-서축'이라 일컫는 '모스크바-브레스트-민스크-바르샤바-베를린'을 잇는 자동차 도로와 간선 철도가 스몰렌스크주를 통과하고 있다. 이를 통해서 러시아와 유럽 간 무역이 활성화되고 있다. 주의 동-서 간 거리는 길이는 280㎞, 남북 간 거리는 250㎞이다. 주의 거의 전역이 스몰렌스크-모스크바 고지대 및 동유럽 평원 서부에 위치하고 있으며, 주의 중부 및 동부의 지표는 깊은 하상계곡에 의해 분리된 고지대가 주를 이룬다. 평균 표고는 해발 220m이다.

주 영토의 60%는 드네쁘르 수계(드네쁘르, 소슈, 제스나강), 25%는 볼가강 유역(우그라(Угра), 바주자(Вазуза)강), 15%는 서 드비나강에 의해 둘러 싸여 있다. 한때 주의 거의 모든 영토가 숲으로 둘러 싸여 있었으나, 현재는 숲의 면적이 영토의 1/5 정도에 해당한다.

수도 스몰렌스크와 모스크바 간의 거리는 419㎞이다.

2. 기후조건

온난기후대, 대륙성 온난기후

1월 평균기온: -9℃

7월 평균기온: 17℃

연강수량: 600㎜

식물 생장 기간: 130 ~ 145일

식생: 혼합림 지대

토양: 부식성 염분회색토

삼림분포도: 41%

스몰렌스크주의 기후는 대서양의 습한 대기의 영향을 많이 받으며, 연중 무시로 극지방으로부터 바람이 불어오기도 한다. 그러나 서풍, 남서풍 및 남풍이 주를 이루며, 상대습도는 81%이다.

3. 주요 유용광물

갈탄, 이탄, 석회암, 인회토, 이회암, 건축자재(모래, 점토) 등의 유용광물들이 풍부한 것으로 유명하다. 시굴된 광물 원료 자원은 주 경제의 중요한 부분을 차지한다. 잠재된 광물 원료는 120억 달러의 가치가 있다고 하는데, 현재 이들 산지의 단지 1.5%만이 개발되어 있다.

Ⅲ. 정치시스템

1. 역사

스몰렌스크주의 역사는 스몰렌스크 지역에서 출발된다. 스몰렌스크 도시의 역사는 우스뜌쥐스크 연대기 전집 863년 항목에 최초로 보여진다. 9세기에 스몰렌스크는 북쪽의 노브고로트에서 남쪽의 끼예프까지, 서쪽의 뽈로쯔크에서 동쪽의 수즈달까지 펼쳐진 지역의 중심지였다. 9-13세기에는 내분과 몽골-따따르와의 전쟁이 있었고, 수공업의 발전과 스몰렌스크 공국 공후들의 민첩한 외교가 있었다. 그밖에 이 시기에 스몰렌스크인들은 광폭한 원주민에서 그리스도인으로 바뀌었고, 최초의 러시아정교 사원이 건설되었다.

882년에 이고르 류리꼬비치 공후가 스몰렌스크의 지배자가 되었다. 이 시기에 스몰렌스크는 끼예프 국가에 병합되었다. 최초의 스몰렌스크 공후는 블라지미르 스뱌토슬라보비치의 10번째 아들인 스따니슬라프였다. 그는 스몰렌스크에 살지 않았으며, 단지 세금을 징수하여 끼예프 공후에 전달하기만 했다. 1054년 야로슬라프 무드릐가 죽은 후 스몰렌스크 공후 자리에 5번째 아들인 뱌체슬라프가 올랐다. 그는 소보르늬 고르에 있는 성채에서 살았다. 그는 대리인이 아닌 실제적인 공후였다. 따라서 1054년을 스몰렌스크 공국(公國)의 형성년도로 삼고 있다.

12세기는 스몰렌스크 공국의 번성기였다. 이 시기에 러시아 건축술에 기초하여 성당들이 건축되었다. 스몰렌스크 공국은 46개의 도시를 포함했으며, 이 가운데 39개는 요새를 가지고 있었다.

16 세기 초에 역사적인 사건이 발발했다. 폴란드, 리투아니아 봉건군주와의 참혹한 전쟁과 리투아니아인, 독일인, 폴란드인에 대한 자유획득을 위한 봉기, 그룬발드스크 전투에의 참가 등이다. 이 시기에 유행병이 돌았으며, 기근사태가 발생했다. 그러나 이 시기에 커다란 문화발전이 있었다. 1501년에 스몰렌스크는 이반 3세의 점령목표가 되었지만, 그의 원정은 성공을 거두지 못했다. 1512년에 스몰렌스크 점령을 위한 전쟁이 시작되어, 8년간 지속되었다. 새로운 모스크바 공후 바실리 3세는 대규모 원정을 3차례 단행했다. 그리고 1522년의 협정으로 인해 스몰렌스크 영토는 모스크바 국가에 소속되었다.

16-17세기 스몰렌스크는 모스크바 대공후의 가장 중요한 경제적, 군사적 중심지 가운데 하나가 되었다. 스몰렌스크는 대규모 산업중심지로 성장했으며, 수공업 제품들은 높은 수준에 도달했다. 스몰렌스크에서의 성곽건설은 루시의 역사에서 중요한 사건으로 기록되었다. 18세기에 학문, 문화, 계몽사상이 발전했다. 또한 우스뻰스키 사원의 건설이 완료되었다.

1708년 뾰뜨르 1세의 명령으로 러시아는 20개의 현으로 나누어졌다. 1713년에 리쥐스크 현이 구성되고, 5개의 향(스몰렌스크, 벨스크, 뱌젬스크, 도로고부쥐스크, 로슬라블스크)으로 구성된 스몰렌스크 지방이 만들어져 리쥐스크현에 소속되었다. 1726년 지방은 현으로 재구성되었다.

18세기에 스몰렌스크는 현청소재 도시의 지위를 획득했다. 적극적인 건축이 시작되었으며, 무역이 증가되었다. 그러나 1812년에 나폴레옹 대군의 간섭에 휩싸이게 되었다. 1812년의 전쟁은 스몰렌스크 역사에서 뚜렷한 사건이었다. 전쟁동안 도시는 파괴되었지만, 프랑스인과의 전쟁에서 러시아인의 영광스러운 승리는 오늘날까지 각종 기념물과 거리의 이름에 의해 기억되고 있다.

1861년 알렉산드르 2세에 의해 농노해방령이 공포되었다. 이것은 농민들의 저항을 불러일으켰다. 농민은 농노제하에서 소유했던 땅보다 더 작은 농지를 받았기 때문이다. 결국, 도시 및 농촌에서 그리고 군대 및 사법분야에서 개혁이 실시되었다.

19세기 후반 스몰렌스크는 철도의 분기점으로 자리잡았으며, 이는 무역과 산업발전을 촉진시켰다. 19세기 후반은 급속한 문화발전의 시기로 지적될 수 있다. 스몰렌스크에는 중학교와 실업학교가 설립되었다. 1866년 일반인의 출입이 자유로운 도시극장이, 1888년에는 최초의 박물관이 문을 열었다. 19세기 후반 스몰렌스크 여행가 쁘르줴발스키와 꼬즐로프는 중앙아시아 연구를 목적으로 몇년의 탐험을 시도했다.

20세기에는 전쟁, 혁명, 경제적 손실이 있었다. 스몰렌스크 땅에는 1905년 혁명, 1917년 2월 혁명과 10월 혁명 등 3번의 혁명이 있었고, 1차 세계대전, 내전, 2차 세계대전 등 3차례의 전쟁을 경험했다. 20세기 초, 스몰렌스크 지역은 전형적인 농업을 주로 하는 현이었다. 1917년 10월 혁명이후 소비에트 정권이 들어섰다. 1937년 9월 중앙과 서쪽의 라이온으로부터 서부의 주들이 재구성되면서 스몰렌스크주가 탄생하게 되었다. 스몰렌스크주는 인구나 영토 면에서 완전한 주형태의 규모를 갖게 되었다.

2차 세계대전의 중요한 전투 중의 하나가 스몰렌스크 땅에서 발발했다. 이 전쟁의 결과로 히틀러의 '번개전쟁' 계획이 좌절되었다. 스몰렌스크 전투는 2개월(7월10일-9월 10일)동안 계속되었다. 스몰렌스크 전투는 모스크바로 하여금 히틀러의 공격을 격퇴시킬 수 있는 준비기간을 주는 결과를 낳았다. 스몰렌스크는 영웅도시라는 칭호를 얻었다. 1941년의 전쟁은 적지 않은 피해를 가져왔지만, 스몰렌스크 주민의 노력으로 인해 폐허가 된 스몰렌스크는 다시금 부활되었다.

오늘날 스몰렌스크시는 스몰렌스크주 산업의 중심지이다. 스몰렌스크에는 산업-생산 잠재력의 절반이 집중되어 있다. 스몰렌스크는 기계제작 및 금속가공의 중심지로 유명하다. 또한 식품공업, 경공업, 건축자재 생산 등이 매우 발달되어 있다. 스몰렌스크시는 서부 러시아의 교통중심지이며, 주요화물과 승객운송 흐름이 서부유럽과 발틱해로부터 스몰렌스크를 통해 연결되고 있다. 스몰렌스크는 대규모 산업뿐만 아니라 학문, 문화의 중심지다. 스몰렌스크에는 박물관, 도서관, 교육 및 학문시설, 성장기업, 훌륭한 역사적 건축기념물이 있다. 동시에 좋은 기후조건으로 인해 스몰렌스크에는 많은 식물이 자라고 있다. 스몰렌스크에는 40개의 공원, 6개의 가로수길, 12개의 숲, 12개의 공공정원 및 공원이 있다.

2. 정치

1) 정치 일반

스몰렌스크주의 집행권력기관은 주행정부이다. 주행정부의 구성은 행정수반, 행정수반에 부속된 권력기관 및 인물로 이루어진다. 주단위에서 최고책임자는 러시아연방 헌법에 따라 주헌장 준수의 보호자로서 역할을 수행하는 행정부의 수반이다. 주행정부 구성에는 영토상의 산업별 그리고 기능별 기관과 스몰렌스크주 행정부가 포함된다.

스몰렌스크주의 행정수반은 쁘로호로프(А. Д. Прохоров)이며, 스몰렌스크주의 행정수반은 스몰렌스크주의 통치모델을 개발하고, 결정을 채택하여

주의회에서의 승인을 위해 제출한다. 스몰렌스크주 헌장에 기초해서 그는 세부분야별 책임자를 임면할 수 있는 권한을 가진다. 주행정부는 법인의 자격을 갖고 있다.

스몰렌스크시 행정수반은 이 직위의 후보 경쟁에서 승리한 후보자와 체결된, 도시 소비에트의 권한이 효력을 발하는 기간 동안에, 계약에 기초하여 시 소비에트에 의해 임명된다. 현재 스몰렌스크시의 행정수반은 아베르첸꼬(И. А. Аверченко)이다.

입법권력의 최고기관은 스몰렌스크주 의회이다. 의장은 아니시모프(В. И. Анисимов)이다. 주의회는 4년 임기로 선출되는 30명의 의원들로 구성된다.

스몰렌스크주에서의 사법권력은 연방헌법과 법률에 준하여 형성, 기능하는 연방법원체계에 의해 실행된다. 비상법원의 설립은 불허한다. 주와 라이온, 시의 재판소가 있다. 스몰렌스크주 영토 내에서 중재재판소의 활동은 가능하다.

2) 선거

(1) 스몰렌스크주 지사 선거

스몰렌스크주 집행권력의 최고지도자는 주행정수반이다. 행정수반은 유권자들의 보통, 평등, 직접, 비밀투표에 의해 4년 임기로 선출된다. 1998년 5월 17일 실시된 행정수반 선거에서 67.39%를 획득한 쁘로호로프가 당선되었다.

4년 임기를 만료하면서 2002년 5월 19일 스몰렌스크주 행정수반 선거가 실시되었다. 이 선거에서는 현 행정수반을 제치고, 마슬로프(В. Н. Маслов)가 새로운 행정수반으로 당선되었다. 스몰렌스크주 선거관리위원회의 공식발표에 따른 선거결과는 다음과 같다.

후보자	득표수
아베르첸꼬프(Аверченков И.А.)	29620
아뜨로호프(Атрохов А.М.)	1805
마슬로프(Маслов В.Н.)	140059
파블로프(Павлов Д.В.)	3860
쁘로호로프(Прохоров А.Д.)	118929
파쩨예프(Ффтеев В.П.)	10536
모든 후보에 대한 반대	32091

(2) 스몰렌스크 시장 선거

지방자치조직의 수반은 지방자치조직의 영토 내에 거주하는 유권자 또는 직접적으로 지방자치 대표기관에 의해 선출된다. 1998년 5월 29일 스몰렌스크시 행정수반 선거가 실시되어, 아베르첸꼬가 당선되었다.

(3) 스몰렌스크주 의회의원 선거

4년 임기를 가진 스몰렌스크주 의회의원 선거가 1997년 12월 21일 실시되었다.

(4) 러시아연방 국가두마의원 선거

1999년 12월 19일 스몰렌스크주에서 러시아연방 국가두마의원 선거가 실시되었다.

유권자수가 421,143명인 뱌젬스크 선거구에서는 414,950명이 투표에 참여했다. 59728표를 획득한 아브라멘꼬(Д. Н. Абраменко)가 53,278표를 획득한 제렌꼽스끼(В. Я. Деренковски)를 제치고 당선되었다. 모든 후보에 대한 반대에는 28,692명이 투표했다.

451,035명의 유권자를 가진 스몰렌스크 선거구에서는 445,991명이 투표에 참여했다. 85,178표를 획득한 루끼야노프(А. И. Лукьянов)가 59,264표를 획득한 까마닌(Е. И. Каманин)을 제치고 당선되었다. 27,576명의 유권자가 모든 후보에 대한 반대에 투표했다.

(5) 러시아연방 대통령 선거

2000년 3월 26일 대통령 선거가 실시되었다. 스몰렌스크주에서 투표에 참여한 유권자는 875,668명이다. 주요후보들의 득표상황은 다음과 같다. 모든 후보에 대한 반대에는 8,297명이 투표했고 이는 1.40%에 해당된다.

후보	득표수	득표율(%)
뿌친	311012	52.48
쥬가노프	206120	34.78
야블린스끼	19396	3.27
지리놉스끼	17989	3.04
뚤레예프	10856	1.83
찌또프	5629	0.95
빰필로바	5141	0.87

Ⅳ. 경제 시스템

1. 경제개황

스몰렌스크주는 7개의 연방지구 중 중앙연방지구에 속하고 12개의 러시아 경제지역 중 중앙경제지역에 속한다. 러시아경제에서 차지하는 스몰렌스크주의 경제비중은 크지는 않다. 스몰렌스크주의 거시 경제지표들에 따르면 대체로 러시아의 여타 주체 중에서 낮은 비율을 전반적으로 차지하고 있다. 지역총생산은 러시아전체 대비 스몰렌스크주의 비중이 0.5%로 좀 낮은 편이고 공업생산량도 0.7%로 높지 않으며 농업생산량은 0.8%로 보통수준이다. 그 왜 지표를 표로 보면 다음과 같다.

2000년도 러시아 주요 경제지표에서 스몰렌스크주의 비중

주요 항목	러시아전체 대비 스몰렌스크주 비율
지역총생산	0.5%
공업생산량	0.7%
농업생산량	0.8%
소매유통	0.6%
자본투자	0.6%

http://www.infostat.ru/epub.htm (검색일: 2003.1.10)

스몰렌스크주의 지역총생산은 1999년에 217억 2,900만 루블로 전년대비 80.54%이상 상승하였다. 스몰렌스크주의 지역총생산의 주요 구성과 비율을 보면 공업부문이 30.1%로 단연 강세를 나타내고 있고 유통부문이 10.6%, 농업부문 15.2%를 차지하고 있다. 여타 부문을 표로 보면 다음과 같다.

지역총생산의 주요 구성과 비율

주요 산업부문	지역총생산의 주요 구조의 비율
공업부문	30.1%
농업부문	15.2%
건설부문	9.7%
운송부문	7.4%
유통부문	16.0%

http://www.infostat.ru/epub.htm (검색일: 2003.1.10)

스몰렌스크주의 공업은 여러 부문에서 생산이 이루어지고 있으며 기계제작·금속가공, 화학부문, 경공업, 식품공업이 대표적이다. 또 이탄(泥炭)과 갈탄(褐炭)의 채굴도 빼놓을 수 없다.

공업의 중심지는 스몰렌스크, 로슬라블, 싸포노보, 가가린, 야르쩨보 등이다. 이 도시에는 대기업들이 많이 있으며 대표적으로 비행기 공장, 자동기계 공장 등이 있다.

스몰렌스크주의 공업부문에서 중요한 비중을 차지하는 것 중의 하나는 전기전력부문이다. 전기전력부문에서는 두 개의 발전소가 큰 규모로 가동되고 있는데 그것은 국가지역발전소 2곳(도로고부쉬시와 스몰렌스크시) 과 원자력발전소 1곳(제스노고르스크시) 이다.

스몰렌스크주에는 운송 망도 발전되어 있으며 자동차도로, 철도, 수로 등이 발달되어 있다.

스몰렌스크주의 농업부문은 수확량에 있어서 러시아 전 지역평균보다 높은 성적의 지표를 보여주고 있다. 농업부문은 특히 다른 지역과 비교해 시장경제를 적극적으로 수용하고 있는 것으로 파악되고 있다.

스몰렌스크주의 총 기업수는 2000년 18,260개이고 소 기업수는 2000년 2,540개이다. 이것은 1999년에 비해 총 기업수는 4.81% 증가, 소 기업수는 12.24% 증가한 것이다. 공업부문에서 현재 활동 중인 기업들의 수는 2000년에 821개이다. 이것은 전년대비 16.78% 상승한 것으로 나타나고 있다.

2. 산업

1) 공업

스몰렌스크주의 경제활동에 있어 주도적 역할을 하는 부문이 공업이다. 공업생산의 잠재력 중 약 40%가 스몰렌스크주의 중심도시들에 몰려있다. 총 공업생산에서 비중을 따진다면 탁마(琢磨)와 연마(鍊磨)분야가 가장 우위에 있다. 이 분야에서 가장 큰 기업은 국가독점기업인 '끄리스딸(Кристалл)'이다.

스몰렌스크는 기계제작·금속가공의 중심도시이다. 기업들이 특화하여 생산하는 것은 가스분석기, 냉장고와 냉동고, 기계제작용 삭구(索具)나 강구(綱具), 기관(汽罐)이나 보일러, 자동차엔진, 의료장비 등이다.

스몰렌스크주의 총 공업생산량은 1998년 99억 6,200만 루블, 1999년 191억 3,500만 루블, 2000년에 270억 3,700만 루블로 증가속도가 매우 높으나 2000년은 공업생산량의 상승폭은 약간 줄고 있다.[1)]

공업생산지수는 1998년에 94로 전년대비 하락을 가져온 이후에 1999년에 119로 큰 증가세를 나타내었다.[2)] 그러나 2000년은 전년대비 8%가 하락하고 있는 것으로 나타나고 있다.

스몰렌스크주의 공업[3)]의 부문별 구조는 전기전력부문이 16.8% 기계제작·금속가공 16.3%로 주도적 부문으로 나타나고 있다. 그 외에도 10.2%의 비중을 가지고 있는 식품공업도 비중있는 부문이다. 스몰렌스크주는 기타 생산부문이 35.9%로 상대적으로 매우 크게 나타나 다양한 산업생산으로 자원이 분산되는 것을 알 수 있다. 여타 공업부문을 표로 보면 다음과 같다.

주요 공업생산부문별 생산비율

생산부문	스몰렌스크주 총공업생산 비율
전기전력	16.8%
철강업	0.4%
비철금속	1.7%
화학·석유화학	9.6%
기계제작·금속가공	16.3%
목재가공, 종이·펄프	1.4%
건재공업	4.7%
경공업	3.0%
식품공업	10.2%
기타	35.9%

http://www.infostat.ru/epub.htm (검색일: 2003.1.10)

2) 농업

스몰렌스크주의 자연 조건은 농업경제의 성장에 매우 유리하다. 평평한 토지, 토지가 얼지 않는 긴 기간, 작물재배를 위한 적정한 온도와 습도의 양이 농업경제 성장의 훌륭한 조건이다. 스몰렌스크주의 경제구조에서 농업은

1) 명목가격 기준
2) 전년대비 %
3) 러시아 전체공업생산의 0.7%차지하고 있다.

중요한 자리를 차지하고 있다.

농지면적은 스몰렌스크주 전 면적의 43.3%에 해당할 만큼 엄청난 규모이다. 주로 생산되는 것은 곡물류, 특수작물, 사료식물 등이다. 특히 곡물류의 재배는 스몰렌스크 전 지역에서 행해지고 있다.

스몰렌스크주는 여러 지역에서 호밀, 보리, 밀, 메밀을 경작하고 있다. 또한 감자재배도 빼놓을 수 없다. 아마수확은 중앙경제지역의 40%, 전 러시아에서의 비중은 28% 정도로 높은 수확량을 기록하고 있다. 그리고 파종면적의 40%가 사료용 작물재배를 위해 사용된다.

스몰렌스크주에서는 농업생산물의 가공을 위한 모든 조건이 갖추어져 있다. 여러 도시와 농촌에 원료를 가공하는 아마가공공장, 식물성 기름공장, 우유제품공장이 있다. 이 제품들은 스몰렌스크주의 주민이 소비하기도 하고 여타 지역으로 수출하기도 한다. 농산물 중 우유의 생산이 가장 두드리지며 2000년 9월에 우유생산은 904톤이었고 이것은 전년대비 7%상승한 것이다.

스몰렌스크주의 주정부 앞에는 다음과 같은 농업발전과제가 있다. 가축두수를 늘려야 하고 기름진 토양을 늘려야 하고, 현존하는 농업기업을 현대화하고 새로운 경쟁력있는 농업기업을 창출해야 한다. 그와 함께 높은 효율성을 지닌 농장경제로 발전시켜야 한다.

이 지역의 농업생산 지수추이는 일정치 않다. 1998년에는 78 그리고 1999년에 109, 2000년에 93으로 큰 변화폭으로 등락을 거듭하고 있어 농업경제가 안정적이지 못함을 나타내고 있다.4)

3. 자원 등 기타

스몰렌스크주에는 많은 강과 호수, 못, 늪지, 지하수 등이 있다. 특히 북부지역의 호수는 그 경관이 매우 아름답다. 이 호수들은 마지막 빙하기 후에 생겨난 것으로 대표적 호수는 '싸쁘쇼(Сапшо)'이며 그 길이가 6km에 달한다. 또한 스몰렌스크주의 영토를 경유하는 드네쁘르, 우스뜨롬, 볼로스치와 같은 강 등 풍부한 수자원이 있다

스몰렌스크주에는 200여종의 풍부한 유용광물자원이 있다. 대표적인 유용

---

4) 실질가격, 전년대비=100

광물인 갈탄, 이탄, 인광, 내화성점토, 시멘트원료, 화산석회 등 다양한 건축 재료들의 매장지가 있다. 스몰렌스크주의 광물 및 원료 자원은 이 지역의 경제에 있어서 매우 중요한 위치를 차지하고 있다. 담수와 광천수를 제외하고 이 지역의 지하자원의 가치는 미화 120억 달러에 이른다. 그러나 현재 이 탐사된 자원의 1.5%만이 채굴되어 졌다.

스몰렌스크주는 영토의 많은 부분이 산림지대이다. 숲 지대는 스몰렌스크주의 공기 중 수분을 증가시켜 기후에 큰 영향을 미친다. 이 공기 중의 수분은 공기를 정화하는 역할도 하고 있다. 이 숲 지대에는 침엽수와 활엽수림이 불규칙적으로 분포되어있다.

스몰렌스크주의 북부지역에는 잎이 넓은 활엽수림과 침엽수림이 혼합되어 전개되어 있고 총 면적은 15만 6,600헥타르에 이르며 산림의 밀도는 60.3%에 이른다. 남부지역은 주로 침엽수림이 분포되어 있다.

이와 같이 스몰렌스크주의 산림은 주요한 자원이며 이들 자원의 현대적, 효율적인 이용은 스몰렌스크주의 경제발전에 막대한 기여를 할 수 있다. 그러나 이러한 자원을 조직적으로 보호할 재원이 부족한 것이 현실적으로 큰 문제이다.

혼합수림에서 흔히 볼 수 있는 특성상 스몰렌스크주의 동물자원은 매우 풍부하고 다양하다. 이 지역에서는 멧돼지, 큰 사슴, 곰, 여우, 늑대 등의 많은 동물들을 만나 볼 수 있다. 그러나 최근 10년 동안 산림지역이 많이 감소하였고 이로 인하여 희귀한 동물들의 종류 역시 현저히 감소하였다.

스몰렌스크주의 식물자원은 지리학적 특성상 매우 다양하고 풍부하다. 특히 활엽수림지대에는 자작나무, 사시나무, 참나무 보리수 등이 많이 분포되어 있고 침엽수림지대에는 소나무와 전나무가 생장하고 있다. 또한 많은 약초와 열매, 버섯 등이 발견되고 있다.

스몰렌스크주는 위와 같이 풍부한 자원들을 보유하고 있지만 현재 산업화와 더불어 환경오염의 문제가 심각히 대두되고 있으며 그 중에서 가장 큰 과제는 방사능 폐기물 처리를 위한 환경보호단지의 건설이다.

V. 문화시스템

1. 지역정체성

1) 인구

스몰렌스크주에는 100여 민족이 살고 있다. 지난 200년간의 스몰렌스크주의 인구는 30배 이상 증가했으나, 최근 10여 년간의 인구수는 표에서 볼 수 있듯이 90년대 중반까지는 꾸준한 증가세를 보이지만, 96년도를 기점으로 감소추세에 있으며, 해가 갈수록 감소폭은 심화되고 있다.

스몰렌스크주 인구변동 추이

연도	1990	1992	1993	1994	1995	1996	1997	1998	1999	2000	2001
인구수 (1,000명)	1,159	1,158	1,160	1,162	1,168	1,168	1,162	1,153	1,143	1,128	1,114

Российский статистический ежегодник. Госкомстат России. М., 2001. С. 82.

스몰렌스크주의 인구감소에 결정적인 영향을 미치는 것은 자연감소율에 따른 것이다. 예를 들면, 2000년 인구수는 1,128,000명으로 1999년 대비 15,000명이 감소했다. 2000년 출생자수가 7,651명, 사망자수는 21,784명으로 자연 감소한 인구수는 14,133명으로, 나머지 약 900여명의 감소분은 인구 전출로 인한 결과라고 볼 수 있다.

스몰렌스크주 출생자수, 사망자수, 자연증가율

연도	출생자수(명)	사망자수(명)	자연증가율(명)
1990	13,741	15,326	-1,621
1992	10,733	16,208	-5,475
1993	9,547	19,275	-9,728
1994	9,940	21,040	-11,100
1995	9,378	19,875	-10,497
1996	8,876	19,506	-10,630
1997	8,179	20,026	-11,847
1998	8,084	19,556	-11,472
1999	7,408	21,504	-14,096
2000	7,651	21,784	-14,133

Российский статистический ежегодник. Госкомстат России. М., 2001. С. 105.

스몰렌스크주의 경제활동인구 역시 자체 인구의 감소로 인해 점차 줄어들고 있다. 반면에 실업률은 90년대 초반까지는 어느 정도 안정세를 유지했지만, 연방차원의 경제개혁이 시작된 이후 점증하기 시작하여, 경제활동인구가 감소하는데도 불구하고, 97년 경제위기를 기점으로 폭등하기 시작했다. 최근 들어 실업률은 하락세를 보이고 있으나, 당분간 고실업률은 지속될 전망이다.

스몰렌스크주의 경제활동인구 및 취업률, 실업률은 다음과 같다.

스몰렌스크주 경제활동인구(취업자, 실업자), 실업률

연도	경제활동인구 (1,000명)	취업자수 (1,000명)	실업자수 (1,000명)	실업률(%)
1992	586	560	27	4.5
1993	572	535	37	6.5
1994	536	494	42	7.8
1995	563	506	57	10.2
1996	549	487	62	11.3
1997	521	454	67	12.9
1998	526	441	85	16.1
1999	567	490	77	13.6
2000	565	496	69	12.2

Россий ский статистический ежегодник. Госкомстат России. М., 2001. С. 135.

2) 민족

스몰렌스크주에는 약 100여 민족이 살고 있다. 그 중 러시아인 94%, 벨라루스인 1.9%, 우크라이나인 1.9%, 유태인 0.3%, 집시 0.3%, 따따르인 0.2%, 기타 민족 1.4% 등으로 구성되어 있다. 스몰렌스크주의 인구도 러시아인이 절대적인 비중을 차지하고 있다.

3) 교육

스몰렌스크주에는 교육망이 매우 발달해 있다. 2000년 현재 주에는 674개의 중등학교가 있으며, 총 143,700명의 학생이 수학 중에 있다. 이 중 상당수의 학교에서는 과목별 심화학습, 직업교육, 체조교육, 교정(矯正)교육 등 다양한 형태의 교육을 실시하고 있다.

주의 교육프로그램에 따라 영재 및 고아들은 과목별 올림피아드, 문학축제, 스포츠대회 등에 참가한다. 교사들 중에는 소로스 재단 기금 수혜자들이 많다.

스몰렌스크주에는 일반교육을 실시하는 중등학교 외에 38개 고등교육기관이 있으며 42개 중등 기술전문학교 및 36개 직업기술학교가 있다. 고등교육기관은 군사학교, 의학아카데미, 내무부산하 법률학교, 농업전문대학 및 유수 모스크바 고등교육기관들의 분교가 운영 중에 있다.

각종 교육기관에서는 경제전문가, 프로그래머, 에너지전문가, 교통 및 기기제작전문가, 의료기기 전문가, 교사 및 기타 많은 전문가들을 양성하고 있다. 스몰렌스크주는 고도로 발전한 고등교육 및 중등전문교육 제도로 인해서 노동자원의 교육수준이 매우 높다. 인구 1000명당 117명이 고등교육을 이수했다.

새로운 교육제도의 도입 필요성이 제기되고 있는 요즘에는 사립교육이 실시되고 있으며, 특히 스몰렌스크주에는 5개 대학이 사립으로 운영되고 있다.

2. 지역문화

1) 문화개괄

스몰렌스크주는 산업적으로 큰 도시일 뿐만 아니라 학문과 문화의 중심지이며 박물관, 도서관, 학문 교육 기관, 훌륭한 건축 기념물의 도시이다. 스몰렌스크주 명성고적에 대해서 많은 것을 말할 수 있지만 이 도시에서 역사적으로 가장 중요한 장소는 1812년 조국전쟁의 주인공을 기리는 기념비가 서 있는 곳이다.

주에는 러시아의 유명한 사원과 스몰렌스크 우스뻰스키의 본산이 위치하고 있다. 그리고 사방이 아름다운 자연 환경으로 둘러싸여 있는 스몰렌스크 성에 대해 말하지 않을 수 없다. 스몰렌스크에는 오래된 역사 도서관이 있는데 예를 들면 '도로고부쉬스까야(Дорогобужская)'와 '스몰렌스크' 등이 있고 그 중 가장 큰 레닌 도서관은 스몰렌스크에서 가장 많은 책을 보관하고 있다. 그리고 많은 명성고적이 있을 뿐만 아니라 많은 유명인사들이 이곳에 살고 있는데 예를 들면, 재능 있는 테너이며 예술가인 세닌 예쁘게니(Сенин Евгений)가 있다.

지역에는 젊은이들을 위한 많은 클럽이 있고 이곳에는 음악, 춤 등 젊은 이들이 놀만한 많은 것이 있다. 더 어린 세대를 위해서는 여러 가지 콩쿠르가 열리며 어린이들은 커다란 흥미를 가지고 이 콩쿠르에 참가하고 있다. 그 중 한 콩쿠르는 파시스트로부터 스몰렌스크가 해방된 55주년을 기념하는 것이다. 또 이 주에는 훌륭한 어린이 무용 앙상블 '손니쉬끄(Солнышко)'가 활동하고 있으며 매년 새로운 그룹에 의해 보충되고 있고 이 앙상블과 함께 작업을 하며 격려와 지도를 아끼지 않고 있는 안무가들도 기억해야 할 것이다.

2) 문화시설

스몰렌스크 박물관 보호구역

스몰렌스크 박물관 보호구역은 1888년에 세워졌고 오늘날 러시아에서도 가장 큰 박물관 중의 하나이다. 12개의 전시관과 4개의 지부 박물관이 이 박물관이 속해있다. 박물관의 전시실에는 45만 점의 유물이 보관되어 있다. 이 유물 중에서 가장 독특한 것은 박물관 창립자들의 수집품이다.

박물관의 전시실에는 스몰렌스크 주민들에 관한 수세기 동안의 역사와 문화의 자취를 볼 수 있다. 이들은 러시아 서쪽 변경의 수호자였으며 오랫동안 아마 재배 기술과 전통을 가지고 있었다. 스몰렌스크는 작곡가이며 위대한 고전 음악가인 글린까, 탁월한 조각가 또넨꼬프(А. Тоненков), 여행가이며 학자인 쁘르지발스크, 시인 뜨바르도프스끼의 고향이다. 이 지역의 딸라쉬끼노는 러시아의 19세기 말과 20세기 초에 러시아의 전통적인 실용예술을 재현하고 연구하는 유명한 중심지였다.

이 스몰렌스크 박물관에는 전시관, 예술 갤러리, 또넨꼬프 조각박물관, 역사 박물관, 1941-1945년 조국전쟁 박물관, 자연학 박물관, 뜨바르도프스끼 박물관, '쩨레모크'역사 -건축 복합체 등이 속해있다. 전통적인 박물관의 활동 이외에 스몰렌스크 박물관-보호구역은 활동의 새로운 영역을 찾고 있으며 민족간, 지역간의 활동에도 적극적으로 참가하고 있다.

야로슬라블주
Ярославская Облсть

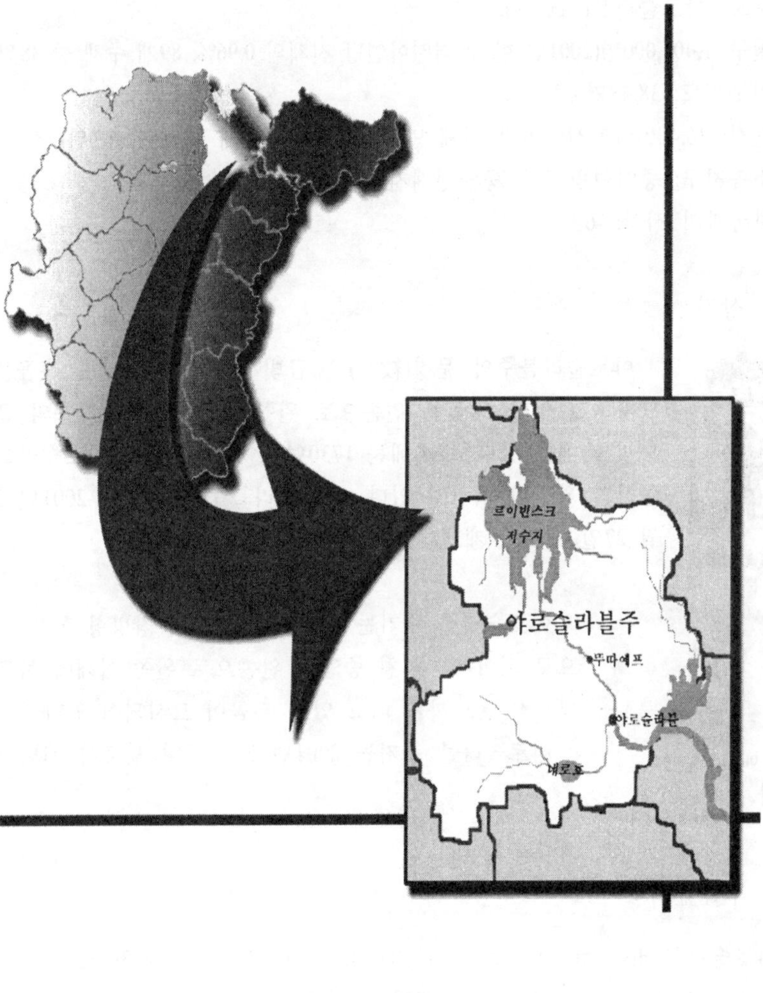

Ⅰ. 개황

1. 기초정보

주 성립일: 1936년 3월 11일.
주도: 야로슬라블(Ярославль)
인구: 1,401,000명(2001년 현재: 러시아연방 전체의 0.96%; 89개 주체 중 38위)
인구밀도: 38.48명/㎢
면적: 36,400㎢(러시아연방 전체 면적의 0.21%; 89개 주체 중 63위)
소속지구: 중앙연방지구; 중앙경제지구
한국과의 시차: -6시간

2. 상징

야로슬라블주 문장

야로슬라블주의 문장(紋章)은 금빛 방패에 서 있는 흑곰을 묘사하고 있다. 흑곰은 왼손으로 왼쪽 어깨에 붉은 자루의 은도끼를 메고 있다. 방패에는 1730년도 법령에 따른 야로슬라블 공작의 왕관이 씌워져 있다. 야로슬라블주의 문장은 2001년 2월 27일 새로이 채택되었다.

야로슬라블 주기

야로슬라블 주기는 가로, 세로 3:2의 장방형 황색 천으로 되어 있다. 천 중앙에 왼손으로 왼쪽 어깨에 붉은 자루의 은도끼를 메고 있는 흑곰이 묘사되어 있다.

야로슬라블 주기는 2001년 2월 27일 새로이 채택되었다.

3. 주요도시

야로슬라블(Ярославль): 인구 611,300명; 북위 57°37′, 동경 39°51′
리빈스크(Рыбинск): 인구 236,100명; 북위 58°3′, 동경 38°50′
뚜따예프(Тутаев): 인구 44,500명; 북위 57°53′, 동경 39°33′

빼레슬라블-잘레스끼(Переславль-Залесский): 인구 44,200명; 북위 56°45′, 동경 38°50′

우글리치(Углич): 인구 36,900명; 북위 57°32′, 동경 38°19′

로스또프(Ростов): 인구 35,100명; 북위 57°11′, 동경 39°20′

(인구: 2002년 기준)

4. 주요 산업 및 농업

야로슬라블주의 주요 신업으로는 기계제작, 금속가공(전기공업, 케이블, 자동차공업, 기기제작공업), 임업, 목재가공업, 제지업, 건축자재업(철골조립, 시멘트구조물, 벽재공업), 유리공업, 도자기산업, 경공업(면방적업, 모직물공업, 아마, 봉재, 가죽), 연료산업, 화학공업, 석유화학(정유)공업, 전력산업 등이 발달했으며, 농업부문은 낙농업, 양금. 곡물재배, 아마, 감자, 야채, 유실수재배 등이 발달했다.

Ⅱ. 자연환경

1. 지리적 위치와 구성

야로슬라블주는 17개 행정구, 11개 시 및 16개 도시형마을, 227개의 농촌마을로 구성되어 있으며, 동유럽 평원의 중심부에 위치하고 있다.

뜨베리주, 볼로그다주, 꼬스뜨로마주, 이바노보주, 블라지미르주, 모스크바주와 경계를 이룬다.

주요 하천은 볼가(Волга)강이다. 교통의 중심지로서 주의 내부를 통과하는 철도의 길이가 700㎞ 이상이며 볼가와 르이빈스크 저수지를 통해 가는 통과 수로의 총 연장이 251㎞, 내부 수로의 길이가 789㎞이고 3개의 현대적 설비를 갖춘 항구와 두 개의 공항이 있다. 이 지역의 가장 중요한 자연 자원은 물과 숲이다. 4327개를 헤아리는 강이 산재해 있는데 그 총 연장은 약 20,000㎞에 달한다. 또한 면적이 거의 5,000㎢나 되는 283개의 호수가 있는데 그중 가장 큰 호수들이 로스또프 지역에 있는 네로(Неро)호와 뻬레슬라프 지역에 있는 쁠레세예보(Плещеево)호이다. 주의 40% 이상이 숲으로 덮여 있는데 이는 약 18,703,000 헥타르에 해당한다. 숲에는 약 1,130종의 식물이 자라며 그중 많은 수가 희귀식물이며 약 230종에 달하는 약용식물이 있다.

수도 야로슬라블과 모스크바 간의 거리는 282㎞이다.

2. 기후조건

온난기후대, 대륙성 온난기후

1월 평균기온: -10℃

7월 평균기온: 18℃

연 강수량: 600㎜

식물 생장 기간: 165 ~ 170일

식생: 혼합림 지대. 나무가 많은 숲을 비롯해서 딸기, 포도 등의 장과류(漿果類) 관목 숲이 주의 2,500개의 크고 작은 강들을 따라 펼쳐져 있다.

토양: 부식성 염분회색토, 목초지 토양

3. 주요 유용광물

야로슬라블주는 광천수가 풍부한 곳으로 이와 밀접히 관련된 자원들이 주종을 이루고 있는데 벽돌 원료, 석영모래, 자갈, 이탄, 광천수, 화산석회, 미네랄 염료 등이 있다. 자갈과 자갈 모래 혼합물은 주로 로스또프, 야로슬라블, 리빈스크(Рыбинск)에 집중되어 있다. 이들 지역에는 238,553,000㎥의 총 저장량을 지닌 28개의 자갈-모래 혼합물 산지가 펼쳐져 있다. 19개의 건축자재 산지가 채굴 중에 있는데, 모래 산지 13개가 등록되었으며 그중 2개는 국가 예비자원에 소속되어 있다. 이들 산지의 총 원자재 매장량은 55,598,000㎥에 이른다. 또한 2억 5,000 ~ 2억 7,000 톤의 막대한 양의 부니탄(腐泥炭)이 매장되어 있다. 이것은 주로 네로호에 집중된다. 그밖에도 가스 발굴 전망이 있는 석유층도 발견되었다.

Ⅲ. 정치시스템

1. 역사

야로슬라블은 러시아에서 가장 아름다운 도시중의 하나다. 야로슬라블은 모스크바에서 북동쪽에 위치한 고대도시인 "황금의 고리"에서 진주로 여겨지고 있다. 도시는 꼬로스뗄강이 볼가강과 합류하는 고대 촌락인 "메드베즈우골" 마을이 있던 자리에 1010년 야로슬라프 무드리(Ярослав Мудры) 공후에 의해 요새로 세워졌다. 연대기에는 최초로 1071년에 기록되어 있다.

야로슬라블은 지리적으로 전쟁과 관련해서는 약간 유리한 지역에 자리잡고 있다. 험하고 높은 볼가강 및 꼬로스뗄 강변과 깊은 메드베디쯔끼 협곡 그리고 이를 둘러싸고 흐르는 강은 자연적인 방어막을 제공했다. 여기에서 수킬로 미터내의, 교역물자를 실은 배들의 접근과 적들의 군집 상황을 볼 수 있었다. 12세기 고대 러시아국가의 붕괴기간에 야로슬라블은 로스또프-수즈달 공국에 의해 고립되고 분쟁이 잦은 지역에 대한 전초기지 역할을 했다.

1218년부터 야로슬라블은 야로슬라프 공국의 수도가 되었으며 공후의 저택과 목조관청, 교회, 주거용 주택이 건설되었다. 최초의 석조건물이 세워지기 시작했다. 아름답고 웅장한 사원이 성벽 안에 세워졌고, 외곽도시에 구원 예수재현 수도원이 세워졌다. 야로슬라블은 볼가강변에 있는 주요한 교역도시로서 12-13세기 초에는 급속한 발전을 이루었다. 13세기 중반에 들어서 오랫동안 몽골-따따르의 침입이 없었고 야로슬라블은 볼가강변에 위치한 부유한 도시로 발전하기 시작했다. 다른 도시들처럼 야로슬라블은 1238년에 모두 불타버렸으나, 식민지가 되지는 않았다.

1463년에 야로슬라프 공국은 통일된 모스크바 국가에 병합되었다. 폴란드군과의 전쟁동안, 1612년에 야로슬라블에는 국민군이 미닌(К. М. Минин) 및 뽀좌르스크(Д. М. Пожарск)의 지휘 하에 있었다. 야로슬라블에는 전 러시아 정부기관인 '전 지역의 소비에트(Совет всей земли)'가 조직되었다. 러시아의 '혼란시대'동안 결집된 러시아인의 힘을 적극 활용하기 위해 야로슬라블은 석재와 건설용 목재의 가공과 운반에 대한 면세권리를 얻게 되었다.

16세기 초 야로슬라블에는 많은 건축이 이루어졌다. 도시성곽에는 파괴된

13세기 공국교회를 대신하여 새로운 우스뻰스키 성당이 건축되었고, 구원예수재현 수도원에 벽화로 장식된 아름다운 석재 건조물이 건축되었다. 16세기 중반 상공업지대가 확산되었다. 야로슬라블에는 교역-수공업 마을이 생겨나고 여기에는 외양간, 고물시장, 친위병 거소, 마부촌이 있었다. 17세기에 야로슬라블은 거대 물품교역(빵, 아마, 물고기, 상품 등) 및 수공업 중심지가 되었다. 야로슬라블은 모스크바에 이어 두번째로 큰 도시가 되었다. 야로슬라블의 석공, 목수, 가죽 기술자, 대장장이 등이 유명했다. 1658년의 화재로 거의 모든 목재 건축물이 불타 없어졌으며, 그 후 석재 건조물의 건축시대가 도래했다. 17세기 중반까지 야로슬라블에는 독특한 석재 건축술학교 및 벽화학교가 생겨났다. 이 당시 유명한 사원이 건설되었다. 여기에는 똘취꼬프 지방의 일리야 쁘로로크, 요안 쁘레드쩨치 사원이 있다. 꼬로브니크에는 독특한 벽화가 그려져 있는 통일되고 조화로운 집단 건축물이 만들어졌다. 17세기는 정말로 야로슬라블 예술발전의 황금기였다. 이 시기 야로슬라블은 고대 러시아 문화역사에서 가장 빛나는 도시 가운데 하나로 기록되어 있다.

16-17세기 야로슬라블은 러시아 중앙이 동쪽 및 유럽과의 교역에서 중심지가 되었다. 유럽과의 교역은 당시 러시아의 유일한 해상출구인 아르한겔스크를 통해 이루어졌다. 외국의 상인들은 도시에 자신들의 거점을 마련하여 상품을 모스크바, 꼬스뜨로마, 니즈니 노브고로트, 이란으로 보냈다. 1722년부터, 뾰뜨르 1세의 명령에 의해 야로슬라블 거대 아마포 공장 건설이 시작되었다. 이는 당시 가장 큰 공장 가운데 하나였다.

18세기에 야로슬라블은 거대 산업중심지가 되었다. 1708년부터 야로슬라블은 뻬쩨르부르그현에 병합되었고, 1719년부터 야로슬라블은 지역과 현의 중심지가 되었다. 1727년부터는 모스크바현에 속하게 되었다. 1777년에는 야로슬라블 관구의 중심지가 되었고, 1796년부터는 현의 중심지가 된다. 1788년에 발간된 구원수도원의 필사문서 모음집에는 독특한 고대러시아 문학 「이고르 원정기」가 발견되었다.

18세기 후반 러시아 도시들은 행정지위가 현으로 바뀌었으며, 이들 도시들의 변모를 바꾸게 하는 계획들이 진행되었다. 1778년에 야로슬라블은 자신의 규칙적인 계획을 수립했다. 새로운 중심지가 건설되고, 일린스크, 쁠라쯔빠라트, 쏘보르 광장이 건설되었다. 새로운 거주용 건물과 공공건물이 고전양식으로 지어졌고, 볼가강변이 정비되었다(1825-1835). 1805년 제미도프(Демидов П.Г.)의 제안과 후원으로 인해 제미도프 고등학교가 세워졌다. 남자귀족학교로 재조직되고, 1918-1924년에는 대학으로 바뀌었다. 1870-1898년에 야로슬라블은 모스크바, 볼로그다, 꼬스뜨로마, 뻬쩨르부르그와 철도로 연결되었다. 1903년 볼가강에 철도다리가 놓여졌다. 1897년까지 야로슬라블은 볼가강 상류에 있는 가장 아름다운 도시들 가운데 하나였으며, 2755개의 목조주택과 1099개의 석조주택이 있었다. 77개의 교회, 5개의 선박조합이 가입한 도시 협동은행, 농민경작은행, 모스크바 국제은행, 국립은행 지점이 있었다. 이외에도 도시극장, 병원, 교육기관이 문을 열었다. 야로슬라블에는 매년 시장이 열렸다. 주요 교역물건으로 유리그릇, 도자기, 도기그릇이 있었다. 총 57개의 제작소와 종이공장, 아마방적 직물공장, 담배공장, 화학공장, 성냥공장, 목재소가 있었다.

오늘날의 야로슬라블은 다양한 구조를 이루고, 여러 종류의 산업이 있는 대규모의 산업중심지이다. 그리고 오래된 극장전통이 간직되어온 도시이다. 1750년에 볼꼬프(Ф. Г. Волков)는 야로슬라블 최초의 러시아인 전문극장을 세웠다. 1786년에 러시아 최초로 지역잡지인 '고독한 촌인(Уединенный Пошехонец)'이 발행되었으며, 19세기 말에는 최초로 거대지역신문인 '북부지역(Северный край)'이 발행되었다. 이 신문은 야로슬라블현 뿐만 아니라 타지역에서도 인기가 높았다.

1936-37년 및 1965년에 도시의 역사성을 간직하기 위해 동부와 남부지역을 중심으로 도시 재건축이 이루어졌다. 새로운 거리와 공원, 소공원이 생겨나고 기념물 복원과 정비가 이루어졌다.

야로슬라블의 옛 영토는 볼가 강과 꼬로스뜰 강이 합류한 고지대에 위치했다. 도시의 중심지역은 개발이 없어 옛 모습을 간직했으나, 17세기에 들어와 방사선 형태의 구조를 갖게 되었다. 1778년에는 정기적인 보완건축에 의해 주요거리가 중앙광장으로부터 예전의 도시성곽의 통로용 탑까지 방사선으로 건축되어졌다. 러시아의 어떤 도시도 야로슬라블처럼 아름다운 중세벽화가 많은 도시는 없다. 야로슬라블 예술가들은 전통적인 그리스도를 주제로 하여 친근한 민족적 요소와 새로운 세계감각으로 예술을 더욱 살찌웠다.

2. 정치

1) 정치 일반

야로슬라블주의 입법권력기관은 주 의회이다. 의회의원은 야로슬라블주 통치행위에 관련된 일반 법률을 준비한다.

야로슬라블주의 집행권력기관은 주지사가 지휘하는 주행정부이다. 주지사는 야로슬라블 주민들에 의해 1999년 12월 19일 선출되었다. 주지사는 리시찐(А. И. Лисицын)이다. 주지사는 야로슬라블주의 행정수반이며 주행정부를 관장한다. 주지사는 주 법률의 실행을 보장한다. 야로슬라블주 행정기관은 주정부와 이에 소속된 기관으로 구성된다.

야로슬라블주에서 대통령 전권대표는 비꼬프(Г. С. Быков)이며, 전권대표부의 기관장은 보리소프(В. А. Борисов)이다.

2)선거

야로슬라블주에서 실시되는 선거는 보통, 평등, 직접, 비밀투표로 실행된다. 1995년 6월부터 활동을 하고 있는 주선거관리위원회가 선거의 공정성을 관리하고 있다.

(1) 야로슬라블주 지사 선거

야로슬라블주 지사 선거가 1999년 12월 19일 실시되었다. 리시찐이 63.88%를 획득하여 주지사로 당선되었다.

(2) 야로슬라블주 의회

야로슬라블주 의회의장은 끄루찌꼬프(А. Г. Крутиков)이다. 그는 2000년 3월 야로슬라블주 의회의원으로 당선되었으며, 같은 해 5월 30일 제3기 주의회의장으로 피선되었다.

(3) 러시아연방 국가두마의원 선거

러시아연방 국가두마의원 선거가 1999년 12월 19일 실시되었다. 끼로프 선거구에서는 자기둘린(С. И. Загидуллин)이 23.56%를 획득하여 당선되었다. 정당별 투표에서 주요정당들의 득표상황은 다음과 같다.

정당명	득표율(%)
야블로꼬	7.60
단결(메드베드)	26.74
지리놉스끼 블록	6.51
조국-전러시아	8.39
러시아공산당	14.80
우파연합	13.68

리빈스끼 선거구에서는 그레시네비꼬프(А. Н. Грешневиков)가 34.38%를 획득하여 당선되었다. 정당별 득표에서 주요정당들의 득표상황은 다음과 같다.

정당명	득표율(%)
단결(메드베드)	34.85
지리놉스끼 블록	8.00
조국-전러시아	6.67
러시아공산당	17.21
우파연합	6.87

(4) 러시아연방 대통령 선거

2000년 3월 26일 실시된 러시아연방 대통령 선거에서 야로슬라블주의 선거 결과는 다음과 같다. 야로슬라블주의 유권자수는 1,089,247명이며, 62%의 유권자가 투표에 참여했다.

후보명	득표율(%)
뿌친	63.72
쥬가노프	20.38
야블린스끼	4.77
지리놉스끼	2.93.

Ⅳ. 경제 시스템

1. 경제개황

야로슬라블주는 7개의 연방지구 중 중앙연방지구에 속하고 12개의 러시아 경제지역 중 중앙경제지역에 속한다. 경제지리적으로 매우 적합한 조건들로 인해서 수로나 육로를 통해 대내뿐만 아니라 대외경제관계에서도 많은 발전을 가져오고 있다. 야로슬라블주는 각 분아의 지표에서 즉 지역총생산, 주요 공업생산액과 양, 그리고 공업생산에서 활동하는 기업 수, 과학기술 등과 관련된 잠재력 등에서 높은 수치를 나타내고 있다.

야로슬라블주의 경제단체 중 상공회의소는 독립적이고 비정부기관이며 또 비상업적인 기관으로 기업이 공업생산을 포함한 경제활동을 잘 수행할 수 있도록 긍정적 조건을 형성하는 데에 큰 기여를 하고 있다. 그리고 외국의 기업이나 여타 기관과의 경제관계나 과학기술협력을 촉진하고 있다. 야로슬라블주는 러시아투자가뿐만 아니라 외국투자가에게 충분히 매력적인 지역이므로 상공회의소나 주정부는 투자계획이 수행되고 현실화되는 것에 대해 아낌없는 지원과 기대를 하고 있다.

러시아경제에서 차지하는 야로슬라블주의 경제비중은 공업부문을 제외하고 작지 않다. 러시아경제에서 야로슬라블주의 비중을 파악하기위해 몇 개의 주요 거시경제지표를 비교하면 다음과 같다.

2000년도 러시아 주요 경제지표에서 야로슬라블주의 비중

주요 항목	러시아전체 대비 야로슬라블주 비율
지역총생산	0.9%
공업생산량	1.1%
농업생산량	0.9%
소매유통	0.6%
자본투자	0.7%

http://www.infostat.ru/epub.htm (검색일: 2003.1.10)

야로슬라블주의 지역총생산은 1999년에 377억 4,900만 루블이다. 이것은 전년대비 67.49%이상 상승한 것이다. 야로슬라블주의 지역총생산의 주요 구성과 비율을 살펴보면 공업부문이 각각 42.1%로 절대적 비율을 나타내고 있다.

지역총생산의 주요 구성과 비율

주요 산업부문	지역총생산의 주요 구조의 비율
공업부문	42.1%
농업부문	11.9%
건설부문	4.4%
운송부문	6.3%
유통부문	9.3%

http://www.infostat.ru/epub.htm (검색일: 2003.1.10)

야로슬라블주에서 이렇게 긍정적 지표를 얻을 수 있었던 것은 시장경제의 토대형성이 성공적이고 효과적으로 이루어진 데에서 요인을 찾을 수 있다. 금융시스템이 발전되었고 시장인프라가 발전적으로 뿌리를 내리고 있다. 그리고 러시아 타 지역이나 외국으로부터 투자를 흡수할 수 있었고 외국기업과의 합자으로 공업생산을 하는 기업을 다수 생성하게 되었다. 이것으로 인해 일자리창출이 늘어나 실업자는 노동가능인구 중 1.6%에도 못 미치고 있다.

야로슬라블주는 많은 부문에서 산업발전을 이룩하고 있으며 공업부문에서는 기계제작과 금속가공부문이 가장 강한 부문이고 연료공업과 화학·석유화학, 목재가공과 경공업, 식품공업, 건설업 등에서 큰 성장을 거두고 있다.

야로슬라블주의 기업부문의 지표를 살펴보면 총 기업수는 2000년 29,216개이고 소 기업수는 2000년에 7,331개이다.[1] 공업부문에서 활동하고 있는 기업수는 2000년에 1,341이다.

야로슬라블주의 2000년의 총 기업수는 전년대비 9.99% 증가한 것이고 소 기업수는 91.40%를 기록, 하락한 것이다. 공업기업도 전년대비 92.61%를 기록, 하락한 것으로 나타나고 있다.

2. 산업

1) 공업

야로슬라블주의 총 공업생산량은 2000년에 455억 3,400만 루블을 기록하고 있다. 이것은 1999년 대비 36.46% 상승한 것이다. 야로슬라블주 공업[2]의

1) 년말 통계임
2) 러시아 전체공업생산의 1.1%차지

부문별 구조를 살펴보면 기계제작·금속가공이 매우 강한 부문으로 나타나고 있다. 야로슬라블주의 공업생산의 31.7%를 기계제작·금속가공부문이 차지하고 있다. 그 외 20.8%의 비중을 가지고 있는 식품공업도 중요한 부문이다. 야로슬라블주의 공업생산의 각 부문의 비중을 표로 보면 다음과 같다.

주요 공업생산부문별 생산비율

생산부문	야로슬라블주 총공업생산 비율
전기전력	7.8%
연료공업	10.9%
철강업	0.3%
화학·석유화학	20.8%
기계제작·금속가공	31.7%
목재가공,종이·펄프	1.7%
건재공업	2.0%
경공업	3.8%
식품공업	14.8%
기타	6.2%

http://www.infostat.ru/epub.htm (검색일: 2003.1.10)

야로슬라블주에서 기계제작·금속가공은 공업부문에서 가장 핵심적인 부문이며 특히 금속과 에너지가 집적되는 분야, 생산품의 유통분야, 그리고 완제품생산을 하는 기업이 중요한 역할을 하고 있다. 이 부문에서는 약 17만 5천명이 일하고 있고 현재 568개의 기업이 활동하고 있다. 이 부문에서 야로슬라블의 여러 기업들은 러시아의 여타 지역과 외국기업들과의 무역이나 투자협력을 밀접하게 갖고 있다.

야로슬라블주에서 석유화학공업은 가장 전통이 있고 중요한 공업중의 하나이다. 현재 이 부문에서 활동하고 있는 기업은 17개의 대기업이 공단을 형성하고 있다. 여기서 생산하는 것은 여러 형태의 화학제품이다. 즉 플라스틱제품, 플라스틱과 합성수지, 합성탄성고무, 고무타이어, 래커와 염료 등이다. 현재 야로슬라블주의 화학단지는 제품의 19%를 생산하고 있다. 특히 이 화학단지에서 고무타이어는 73% 이상, 합성탄성고무 50% 이상, 래커와 염료는 38% 이상 생산을 하고 있다.

2) 농업

야로슬라블주 농업은 가축사육, 양돈, 목양, 작물재배 등이 대표적이다. 작물재배는 감자, 채소, 아마 등을 전문적으로 특화하여 재배하고 있다.

야로슬라블주의 어업경제는 저수지인 '리빈 저수지(Рыбинское водохранилище)'에서 발전되었다.

농경 토지[3]는 야로슬라블주의 면적 중에 아주 큰 부분을 차지한다. 야로슬라블주에서 생산되는 고기, 우유, 감자, 채소, 아마 등의 총 생산량을 보면 러시아의 농업부문에서 가장 많은 양을 생산하는 주체 중의 하나로 중요한 위치를 차지하고 있다.

야로슬라블주에서 가축사육은 농업의 중요한 분야이다. 가축사육의 비중은 약 60% 정도에 이르고 있다. 야로슬라블주의는 품종개량[4]을 해서 고유의 가축이종(家畜異種)을 가지고 있다. 그것은 '황소 야로슬라블 종', '돼지 브레이또쁘스까야 종', '양 로마노쁘스까야 종'이다.

2000년 1월 현재 야로슬라블주의 농업기업은 암소 9만 3,600 두, 돼지 4만 5,400 마리, 닭 292만 4,500 마리를 사육하고 있다. 한달 기준으로 우유는 만 2,500 톤을 생산하고, 고기는 2,400톤, 달걀은 3,260만개를 생산하고 있다. 한 암소당 한달에 대략 133kg의 우유를 짜낸다.

야로슬라블주의 북부지역은 아마를 파종하고 남부지역은 주로 감자를 생산해낸다. 여타 지역에서는 마늘, 오이, 양파, 치커리, 양배추 등의 야채를 생산하고 있다. 이것을 가공하기 위해 야로슬라블주에는 대형 통조림공장이 있다.

야로슬라블주의 총 농업생산량은 2000년에 73억 6,080만 루블이다.[5] 총 농업생산액 중 작물재배관련 생산액은 2000년에 38억 3,290만 루블이고 총 농업생산액 중 가축사육관련 생산액은 2000년에 각각 35억 2,790만 루블이었다.

농업생산 지수추이는 일정치 않다. 1998년에는 73 그리고 1999년에 122 2000년에 106으로 변화가 심하게 나타나고 있어 농업이 불안정하게 변화하고 있다.[6]

---

3) 삼림, 밭, 목초지, 목장, 하천, 호수 등을 포함한다.
4) 인공 토태에 의한 품종개량을 의미한다.
5) 명목가치임
6) 실질가격, 전년대비=100

3. 자원 등 기타

야로슬라블주는 러시아의 중앙지역에 속하며 영토는 3만 6,400 평방미터이다. 이 지역은 무두질토양으로 기후는 적당한 대륙성 기후에 속한다.

야로슬라블주의 대표적인 자원은 수자원이다. 이 지역은 막대한 양의 수자원을 보유하고 있어 '물로 채워진 지역'이라고 알려져 있다. 이 지역의 강의 수는 4,327개이며 전체적인 길이는 2만㎞에 달한다. 뿐만 아니라 야로슬라블주는 5,000㎢의 면직을 차지하는 83개의 호수도 포함하고 있다.

야로슬라블주를 경유하는 주요 강으로는 볼가 강이 있다. 총 340km의 거리를 경유하고 있으며 볼가 강의 주위에는 많은 인공 댐들이 건설되어있다. 전 러시아에서 가장 큰 인공 저수지들 중의 하나인 리빈 저수지가 야로슬라블주에 있으며 총 면적은 4,500㎢이다. 이 저수지는 이 지역주민들의 주요 식수가 될 뿐만 아니라 주변의 다른 주에서도 즐겨 찾는 주요 휴양 및 관광지가 되고 있다. 야로슬라블주는 이 지역의 주요자원인 수자원의 보호를 위해 많은 관심을 두고 있다.

야로슬라블주의 지하자원 중 대표적인 것은 벽돌, 도자기원료, 자갈, 모래자갈, 이탄, 호소침전물, 자갈-모래 혼합물 등이 있다. 자갈모래의 매장지는 28개가 탐사되었고 그 보유량은 23억 8,555만 3,000㎥에 달한다. 또한 19개의 매장지에서 건축자재가 발굴되고 있으며 모래의 매장지는 13개가 등록이 되어 있다. 이 중 2개는 국가의 소유이다. 이들 모래 매장지에서 보유된 전체량은 5,559만 8,000㎥에 달한다.

야로슬라블주에는 호소침전물의 보유량이 많으며 대략 2억5천만에서 2억 7천만 정도로 추정하고 있다. 이 호소침전물은 주로 '네로'호수에 집중되어 있다. 이 호소침전물은 가공되지 않은 상태로 비료로 쓰이며 가공을 거치면 탄성고무나 염료, 석유가공 산업에 이용된다.

야로슬라블 주에는 973개의 이탄매장지가 발견되었고 가스 매장지를 예측하게 하는 유층이 발견되기도 했다. 이 외 기타 광물에 대한 탐사는 계속 진행 중에 있다.

야로슬라블주는 전체 영토의 40%인 180만 7,300 헥타르가 숲으로 덮여 있다. 산림의 평균 밀도는 47%이며 주로 침엽수림과 혼합수림이 분포되어있다.

이 숲에는 30여 종의 식물이 서식하고 있으며 이들의 많은 종류는 희귀한 것으로 9종은 보호대상 식물로 지정되어있다.

230여종의 약용식물들이 분포되어 있으며 이들 중 20여종은 거의 약용으로 사용가능한 단계에 있다.

V. 문화시스템

1. 지역정체성

1)인구

2001년 현재 야로슬라블주의 인구는 1,401,000명으로 러시아연방 대부분의 주체와 마찬가지로 1990년도 이래 꾸준히 감소하여 2001년 현재 1990년 대비 인구 감소폭은 71,000명, 4.82%에 이른다. 이러한 인구 감소는 낮은 출생률에 비해 사망률이 지나치게 높은 데 따른 인구의 자연감소율이 높은 데서 기인한다고 볼 수 있다.

야로슬라블주 인구변동 추이

연도	1990	1992	1993	1994	1995	1996	1997	1998	1999	2000	2001
인구수 (1,000명)	1,472	1,470	1,466	1,459	1,455	1,450	1,442	1,434	1,425	1,412	1,401

Российский статистический ежегодник. Госкомстат России. М., 2001. С. 82.

야로슬라블주의 인구 자연감소율은 1990년도 이후 급격히 증가하고 있다. 이는 출생률은 감소하는데 비해 사망률이 급증함으로써 야기된 결과이다. 특히 1993년부터는 자연감소 인구수가 출생자 수를 훨씬 초과하는 위험수위에 도달함으로써 주의 전반적인 인구감소에 절대적인 영향을 초래하고 있다. 이는 전반적인 경제상황의 악화에 기인한 것으로 이러한 추세는 당분간 지속될 전망이다.

야로슬라블주 출생자수, 사망자수, 자연증가율

연도	출생자수(명)	사망자수(명)	자연증가율(명)
1990	16,599	19,482	-2,883
1992	12,232	21,564	-9,332
1993	10,565	24,975	-14,410
1994	11,343	27,534	-16,191
1995	10,998	25,221	-14,223
1996	10,504	24,661	-14,157
1997	10,223	23,529	-13,300

1998	10,463	32,786	-12,815
1999	9,668	25,952	-16,284
2000	10,171	25,254	-15,083

Россий ский статистический ежегодник. Госкомстат России. М., 2001. С. 108.

러시아 전 지역은 시장경제 성립 초기부터 심각한 실업위기를 맞고 있다. 야로슬라블주 또한 예외는 아니어서, 그 심각성은 러시아연방 다른 주체들과 마찬가지이다. 이와 관련하여, 야로슬라블주에서는 실업자들에게 일자리를 주선하고, 기타 다양한 사회문제를 해결하기 위해 다양한 기관이 활동하고 있다.

야로슬라블주의 실업률은 1990년대 중반부터 급등한 후 1999년부터 하향곡선을 그리고 있다. 하지만 주의 경제상황이 크게 개선되지 않는 한 높은 실업률은 당분간 지속될 전망이다.

야로슬라블주의 경제활동인구 및 취업률, 실업률은 다음과 같다.

야로슬라블주 경제활동인구(취업자, 실업자), 실업률

연도	경제활동인구 (1,000명)	취업자수 (1,000명)	실업자수 (1,000명)	실업률(%)
1992	774	733	41	5.3
1993	758	715	43	5.6
1994	734	672	62	8.5
1995	724	637	87	12.1
1996	697	621	75	10.8
1997	679	620	59	8.8
1998	676	600	76	11.2
1999	732	669	63	8.7
2000	747	692	559	7.3

Россий ский статистический ежегодник. Госкомстат России. М., 2001. С.135.

2) 민족

2001년 현재 야로슬라블주의 인구 1,401,000명 중에는 러시아인의 점유율이 1970년 97.6%, 1979년 97.2%, 1989년 96.2%, 기타민족이 각각 2.4%, 2.8%, 3.6%로 러시아인이 절대 다수를 차지하며, 이민족의 수는 상대적으로 매우 미미하다. 그러나 시간이 흐를수록 러시아인의 비율은 차츰 감소하는 반면, 경제상황 악화 및 민족 갈등으로 인한 외부로부터의 이민족 전입 등으로 이민족의 비율이 점차 증가하고 있는 양상이다.

3. 교육

야로슬라블주의 교육제도는 주의 교육발전에 기여할 수 있는 다양한 요소와 여건이 구비됨으로써 전반적으로 주민들의 교육 욕구를 충족시키고 있다. 이와 관련하여, 야로슬라블주에는 각 단계별 교육 전통이 확립되어 있으며, 주민들이 교육열이 매우 높고, 풍부한 문화, 역사 및 교육이 계승되고 있으며, 교육혁신에 대한 주민들의 긍정적인 태도와 공식적, 사회적 지원이 확립되어 있고, 지역에 대한 주민들의 사랑과 과학·기술 잠재력과 교육인력의 잠재력이 매우 높은 수준이다. 야로슬라블주는 이러한 풍부한 여건 하에 교육발전 프로그램을 성공적으로 추진하고 있다.

야로슬라블주에는 7개 고등교육기관에서 22,900명의 대학생, 30개 중급전문학교에서 23,000명의 학생, 48개 직업기술학교에서 18,000명의 학생이 수학하고 있으며, 또한 주에는 다양한 형태의 597개 중등학교, 112개 보충교육기관, 801개의 취학전아동교육기관이 운영되고 있다. 주민 중 중·고등교육 이수자는 30만 명을 상회한다. 주에서는 또한 전자기술, 자동화기술·장치 및 운영, 무선기술 및 통신, 항공기술 등 전도유망한 직업인력 양성에 힘쓰고 있다. 인문과학 및 자연과학 전문가들은 주로 국립대학 및 사범대학에서 양성하고 있다. 야로슬라블주에는 또한 사립교육제도도 성공적으로 발전하고 있다.

야로슬라블주에는 변화하는 여건 및 교육에 대한 개인의 관심과 기회에 부응하여 다양한 정보·통신장비를 통한 사이버 교육이 도입되고 있다.

2. 지역문화

1) 문화개괄

야로슬라블(Ярославль)은 러시아의 가장 아름다운 고대 도시 중의 하나이다. 시의 성벽은 야로슬라블 무드리이(Ярославль Мудрый)에 의해 기초가 놓였는데, 그는 11세기 전반기에 야로슬라블 지역의 역사적 문화적 토대를 닦았다. 야로슬라블 무드리이는 분열된 공국을 통합하고 강화시키면서 수도를 아름답게 장식하고 훌륭하게 만드는데 힘을 기울였다. 공후의 거주지에 집과 조각 레이스와 건축 세공품에 의해 장식된 목조 건물이 세워졌고 높은 종루와 여러 가지 갤러리와 통로가 있는 교회가 세워졌다.

17세기는 야로슬라블 지역문화와 러시아 고대문화의 역사 중에 가장 중요한 한 페이지를 장식한 야로슬라블 예술의 황금의 시기였다. 이 시기에 유명한 사원들인 똘취꼬프(Толчков) 지역의 예언자인 일인(Ильин) 사원, 세례 요한 사원과 놀라운 프레스코 벽화가 있는 꼬로브니끄(Коровник)의 앙상블이 세워졌다.

아마도 야로슬로블만큼 중세 벽화가 아름다운 곳은 없을 것이다. 야로슬라블의 예술가들은 작품에 민족 풍습을 묘사함으로써 전통적인 예술의 테마인 교회 테마를 풍부하게 만들었으며, 이러한 테마 속에 일반 민중에게 가깝고도 쉽게 이해되는 자신들의 가치관을 불어넣었다.

18세기 후반에는 다른 주의 도시들처럼 야로슬라블에서도 도시를 재정비하는 계획이 나와서 다시 3차 교차로의 광장이 있는 새로운 도시중심이 재건축되었다. 이러한 새로운 것들과 함께 도시의 가장 오래된 광장의 하나인 보고야블렌스크(Богоявленск)가 보존되었다. 이곳에는 17세기 야로슬라블 건축의 독특한 작품이 세워져있는데 이것은 5개의 지붕으로 높이 솟아 있는 보고야블레니에(Богоявление) 교회이다. 이 교회에는 방패모양의 장식과 조각 벽돌 장식과 선명한 타일 장식대가 있다. 또 새로운 주거 건물, 공공 건물이 고전양식으로 세워졌다.

스뜨렐까(Стрелка)의 건축은 볼가 강을 향해있는 돌 성벽(건축년도, 1658-68년)과 오래된 도시 장식품들과 탑과 이층의 주교 건물(1680년)로 구성되어 있다. 그리고 이 건물에 찌혼(Тихон)교회 (1821-31년)와 5개의 지붕이 있는 도시 구세교회(1672년), 꼬로스쩰(Коростель) 강을 향해있는 니꼴라(Никола) 교회, 식당과 천막형 종이 있는 '루블렌니이 고로트(Рубленный город)'가 속해 있다.

도시의 유적 관광은 이전의 구세주 변형 사원(보고야블레니에 광장 옆에 위치하고 있다)에서 시작하는데, 이곳에는 현재 야로슬라블 역사 건축 박물관-보호구역이 위치하고 있다. 구세주 변형 사원에서는 러시아 고대 문학의 기념비로 간주되는 「이고리 원정기」사본이 발견되었다. 그리고 성벽, 탑, 사

구세주 변형사원

원, 교회, 수도원 건물, 종탑 건물을 볼 수 있다.

이 건물들은 16-19세기의 훌륭한 건축 기념물이다. 구세변형 사원은 모스크바의 장인들에 의해 1506년에서 1516년까지 13세기의 교회가 타버린 장소에 세워졌다. 구세주 변형 사원으로 가는 길인 뻬르보마이스끼(Первомайский)거리에는 아름다움과 완성도에서 놀랄만한, 고전주의 양식의 '고스찌니이 드보르(Гостиный двор)'가 서있다. 이 건물은 1813-1818년에 무너진 축대가 있던 장소에 세워졌다.

전의 빠스뚜호프 호텔은 후기 고전주의 양식의 건물로 보고야블레스크 광장의 북쪽에 위치하고 있다. 이 건물의 1층은 섬세한 고풍 장식이 되어 있는 아치형 창문으로 되어 있고 2층의 창문 위에는 조각이 장식되어 있다. 전 거주지 지역에는 니꼴라 나제이의 교회, 화려한 윗문이 있는 예수 부활교회, '예언자 일리야'교회가 있다.

보고야블렌스크 교회에서 멀지 않은 야로슬라블의 중심부에는 다섯 개 지붕의 니꼴라이 모끄로이 교회가 솟아 있다. 꼬로브니츠까 지역의 앙상블에는 두 개의 교회가 속해 있는데 큰 다섯 개의 지붕과 갤러리가 있는 요한 즐라또우스트(Златоуст) 교회와 블라지미르의 성모 교회가 그것인데 이 블라지미르 교회는 '성스러운 문'과 도시를 연결하는 구실을 하고 있다. 많은 교회와 오래된 기념물들은 볼가 강변과 도시의 경계에 보존되어 있으며 지금 건축 기념물 보수와 수리 작업이 행해지고 있다.

야로슬라블의 공원과 광장을 기념비들이 장식하고 있는데, 볼꼬프(Волков), 시인 네끄라소프(Некрасов), 뜨레폴레프(Трефолев), 소련의 원수인 똘부힌(Толбухин)의 기념비들과 2차 대전 때 야로슬라블 주민의 공적을 기리는 기념비가 서 있다.

야로슬라블에서 15킬로미터 떨어진 곳에 네끄라소프의 박물관이 있다. 볼쇼이 니꼴스끄(Большой Николск) 마을에는 야로슬라블 역사 건축 박물관 보호구역이 있다.

2) 문화시설

역사 건축 박물관-보호구역

이 박물관-보호구역은 1864년에 문을 열었다. 이곳에는 선사시대부터 오늘날까지 야로슬라블 지역 주민들의 물질문화, 정신문화의 유물들이 잘 보존되어있다. 이 지역의 성상화들이나, 필사서적과 고(古)인쇄서적, 은장식품, 천 공예품, 민속예술작품들은 러시아 전체의 예술적 수준에 필적하는 것들이다. 박물관의 전시실에는 타일과 건축 장식품(4,000점 정도)의 커다란 컬렉션이 있다. 금속과 돌 세공품은 모스크바와 쌍뜨-뻬쩨르부르크, 꼬스뜨로마, 야로슬라블 출신의 장인들이 만들었다.

또 하나의 중요한 고대 문화의 기념비는 「이고리 원정담」인데 이것은 수도원의 박물관에 보관되어 있다. 「이고리 원정담」역사 건축 박물관의 전시실은 세계에서 유일하게 오직 하나의 작품에만 봉사하는 전시실이다(이고리 원정담은 구세주 변형사원의 벽 속에서 발견되었다). 박물관은 문화-계몽과 학문기관의 역할을 하고 있다.

오룔주

Орловская Область

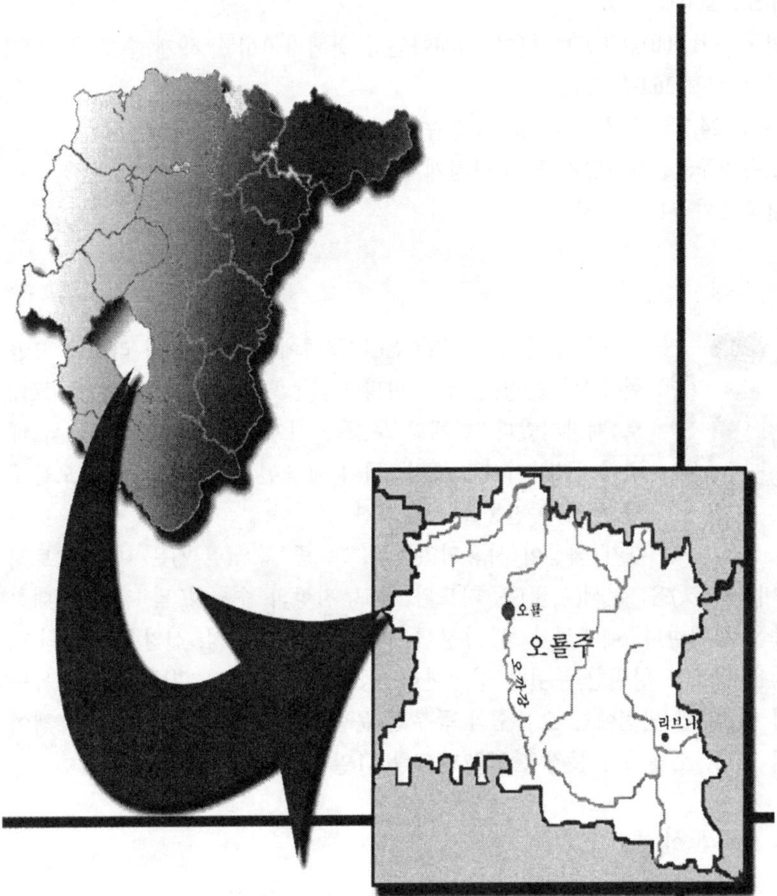

Ⅰ. 개황

1. 기초정보

주 성립일: 1937년 9월 27일.
주도: 오룔(Орёл)
인구: 891,000명(2001년 현재: 러시아연방 전체의 0.61%; 89개 주체 중 61위)
인구밀도: 36.07명/㎢
면적: 24,700㎢(러시아연방 전체 면적의 0.14%; 89개 주체 중 74위)
소속지구: 중앙연방지구; 중앙경제지구
한국과의 시차: -6시간

2. 상징

오룔주 문장

오룔주의 문장(紋章)은 1878년에 채택된 제정 러시아 오룔현(懸)의 문장(감청색 바탕에 성(城)과 쌍두 독수리)을 토대로 제작되었다. 현재의 문장은 과거의 문장의 밑에 녹색 배경의 금빛 이삭과 은빛 책이 보충된 형태이다. 책은 오룔주의 문학적 전통을 상징화한 것이다.

문장에는 두 가지 색상이 사용되었는데, 그 중 황색(금빛)은 태양과 토지의 비옥(肥沃)을, 흰색(은빛)은 기도와 종교 지향의 순수성 및 전통에 대한 신봉을 상징한다. 배경색상 중 감청색은 항구성과 고결성, 신앙을 상징하고, 녹색은 창조와 영원한 부활을 상징한다. 성(城)의 중앙 탑 위에는 쌍두 독수리가 있고, 탑 받침에는 오룔주의 풍부한 문학적 전통을 상징하는 은빛 책이 놓여 있다. 오룔주의 문장은 2002년 7월 31일 채택되었다.

3. 주요도시

오룔(Орёл): 인구 343,700명; 북위 52°58′, 동경 36°4′
리브니(Ливны): 인구 53,300명; 북위 52°25′, 동경 37°35′
므쪤스크(Мценск): 인구 49,900명; 북위 53°16′, 동경 36°34′
가이(Гай): 인구 44,200명; 북위 51°28′, 동경 58°27′
(인구: 2002년 현재)

4. 주요 산업 및 농업

오룔주 주요 산업으로는 기계제작, 금속가공(기기제작, 화학/석유화학기계제작, 농기계제작, 경공업/식료품산업 기계제작), 철강업, 비철금속업, 식료품산업(식료품 제조, 육류가공, 우유가공) 경공업(섬유, 봉재, 신발산업) 등이 발달했으며, 농업부문은 낙농업, 양돈업, 양금, 양마 등이 발달했다.

Ⅱ. 자연환경

1. 지리적 위치와 구성

오룔주는 24개 행정구, 7개 시 및 14개 도시형마을, 222개의 농촌마을로 구성되어 있으며, 중부 러시아 고지대 중심부에 위치하고 있다.

브란스크주, 뚤라주, 깔루가주, 리뻬쯔크주, 꾸르스크주와 경계를 이룬다. 동서 간의 거리는 150㎞ 이상, 남북 간의 거리는 200㎞ 이상이다.

주요 하천은 오까(Ока)강이다. 2,000여개의 하천이 있지만 수로로 쓰이는 하천은 없다.

수도 오룔과 모스크바 간의 거리는 382㎞이다.

2. 기후조건

온난기후대, 대륙성 온난기후

눈으로 덮여 있는 연평균 일수가 126일이다.

1월 평균기온: -8℃

7월 평균기온: 18℃

연 강수량: 500㎜

식물 생장 기간: 135 ~ 145일

식생: 스텝과 삼림대의 중간 지대. 산림이 있는 지역에는 침엽수림과 혼합수림 지대가 함께 분포한다.

토양: 흑토, 회색삼림토, 부식성 회색염분토

삼림분포도: 7%

3. 주요 유용광물

오룔주에는 다양한 유용광물이 있지만 그것들 가운데 많은 부분은 예비적인 것에 속한다. 드미뜨로프 지역의 철광석은 180~260m 깊이에 위치하고 있으며 지층의 두께는 2.5~19m 정도이고 철의 함량은 평균 58%이다. 이 산지는 산업적 가치가 있지만 지금도 개발되지 않고 있다. 부르호프 지역의 갈철광은 지질학적 구조와 철의 함량으로 볼 때 리뻬쯔크 철광석과 유사하다.

매장된 곳의 깊이는 8~40m이며 지층의 두께는 0.5~7m이고 철의 함량은 42%이다. 모래, 점토, 석회암 등은 건축 재료 생산에 다양하게 쓰인다. 석회암과 백운석 산지는 실제로 주의 모든 지역에 분포하고 있다. 백색의 순수 백악과 백색 도토(陶土, 카오린)는 돌잔 지역에 분포하고 있다. 그밖에도 볼호프 지역의 갈석탄, 드미뜨로프, 볼호프, 글라주노프 지역의 인회토, 호뜨이네쯔크와 샤블르이낀스크 지역의 이탄 등이 알려져 있다.

Ⅲ. 정치시스템

1. 역사

오룔을 주도로 하는 오룔주는 러시아의 정신 및 문화발전에 큰 역할을 담당해왔다. 이미 8-9세기에 걸쳐 슬라브족 가운데 하나인 뱌트족이 오카강 상류 강변과 발원지에 이주하여 살기 시작했다. 연대기에는, 12세기에 모스크바의 동년배로 현재 오룔주에 포함되는 므쩬스크, 노보씰, 끄롬 등의 도시가 기록된다.

오룔은 1564년에 이반 4세가 건설한 요새로 발족되었다. 오룔시의 역사는 1566년 9월 8일 이반뇌제의 명령에 의해 모스크바 국가의 남부국경에 오룔 요새을 구축함으로써 시작되었다. 오룔 요새는 오룔향의 중심지로 성장했다. 역사가들에 의하면, 오룔이란 명칭은 오룔 강에서 유래되었는데 오룔 요새는 오룔강변에 세워졌다.

1611년에 오룔은 폴란드 군대에 의해 파괴되었으며, 4년 뒤 오룔은 도시 기반까지 파괴되는 운명을 맞이했다. 1663년에 들어서 겨우 오룔 요새는 재건되었고 주민이 거주하게 되었다. 오룔성은 그 역사에서 파괴와 재건을 반복했다.

도시로서의 오룔 요새는 1702년까지 존재했으며, 오룔은 점차 군사도시로서의 의미를 상실하게 된다. 오룔은 1719년에 주도가 되고, 상업도시로 번영했다. 기름진 토지와 농민들의 노력에 의해 재배된 밀과 호밀 등 풍부한 곡물로 인해 빵의 도시로 이름이 거듭나기 시작했다. 오룔은 급속히 '빵 시장'의 중심지로 자리잡게 되었으며, 모스크바에 곡물, 밀가루 등을 공급하게 되었다. 19세기 후반에 철도와 도로가 건설되어 오룔에서 모스크바, 우크라이나, 발틱, 볼가지역으로 교통망이 연결되기 시작했다. 이로써 오룔은 교통중심지가 되었다.

1917년 혁명 이후 소비에트 정권시기에 도시의 산업화가 진행되었으며, 자동차 공장 등이 건설되었다. 그리고 1937년 9월 27일 오룔주가 형성되었다.

2차 세계대전에서 소련의 승리는 역사상 전례가 없는 인민들의 승리였다. 2차 세계대전 중 오룔의 주민들은 한 몸으로 싸웠다. 2차 세계대전 초기에 오룔은 많은 상흔을 경험했다. 오룔은 꾸르스크의 북부 및 남부전선에서 방어전투를 치렀고, 소련군 지휘부는 쿠투조프라는 작전명이 지어진 독일군 공격작전을 전개했다. 소련군의 서부전선, 브랸스크 전선, 중앙전선의 군대는 오룔을 향해 북쪽과 동쪽 그리고 남쪽으로부터 공격해 들어왔다. 이 작전은 1943년 7월 12일에 행해졌다. 이 작전으로 독일군의 방어전선이 무너지고, 독일군은 후퇴했다. 소련군은 8월5일 독일군을 오룔에서 완전히 퇴각시켰다. 이 전투를 기념하여, 1943년 8월7일 뻬르보마이 공원에 있는 형제 묘에 탱크 T-80이 전시되었다. 탱크들은 독일군과의 전투가 계속되고 있는 서쪽으로 진격했다.

1963년에 뻬르보마이 공원은 재설계되었으며 '꺼지지 않는 불'이 점화되었다. 1968년에 T-70 탱크는 T-34 탱크로 교체되었는데, T-70 탱크는 2차 세계대전에서 소비에트 기갑부대에게 찬란한 승리를 안겨주었다. 공원중심부 형제묘에는 전투장면을 묘사한 그림이 있는 두개의 기념비가 세워졌다. 여기에는 오룔과 벨고로트가 점령자로부터 해방된 것을 기념하는 모스크바 축하행사에서 행한 군 총사령관의 기념문이 적혀있다.

1944-1956년, 1963-1968년에 걸쳐 도시건축 계획이 실시되었다. 이를 입안한 학자들은 라지오노프(А. Радионов), 씰로브람(К. Силобрам), 표도로프(С. Федоров), 레비츠끼(О. Левитский), 베르노슬로프(О. Вернослов)등이다.

2차 세계대전이후 짧은 기간에 산업시설과 공동농장이 복원되었고, 산업생산 잠재력도 수배나 증가했다. 도시에는 새로운 기업들이 설립되었는데, 강철압연공장, 시계공장, 기구제조공장, 전기기계공장 등이다. 오룔주에는 기계제작, 전기, 금속가공산업 등 다양한 분야의 산업시설을 갖춘 도시들이 생겨났다. 1966년 오룔시는 도시탄생 400주년을 기념했으며, 이를 기리기 위해 20미터의 기념조각물을 세우고 이 기념조각물 하단에 2066년의 미래세대를 위한 편지가 묻혀 있다.

2. 정치

1) 정치 일반

집행권력은 라이온, 시 그리고 주행정부가 실현한다. 집행권력의 최고기관은 오룔주 행정부이다. 주지사는 스뜨로예프(E. C. Строев)이다. 그는 1993년 봄 보통선거에 의해 주 행정수반으로 당선되었으며, 1997년 10월 선거에서 재선되었다. 그리고 2001년 10월 28일 선거에서 다시 주지사로 당선되었다.

주단위의 입법부가 있으며, 주 행정에 필요한 법률을 입안한다. 이 과정에서도 중앙정부의 입법행위를 벗어나지 않는 범위 내에서 자체 입법이 가능하다. 오룔주 의회와 선거관리위원회가 주에서 입법권력을 행사한다.

2) 선거

(1) 오룔주 지사 선거

1993년 4월 11일 주지사 선거가 실시되었으며, 452,218명이 투표에 참여했다. 투표결과 스뜨로예프가 당선되었다.

후보명	득표수
스뜨로예프(Строев Е.С.)	239095
유진(Юдин Н.П.)	154603
레셰뜨니꼬프(Решетников В.Н.)	31019
자벨린(Забелин В.А.)	5132

1997년 10월 26일 주지사 선거에서도 스뜨로예프가 95.1%를 득표하여 재선되었다.

2001년 10월 28일 오룔주 지사 선거가 성립되었다. 4명이 입후보했고 투표는 한번 실시되었다. 투표결과는 다음과 같다.

후보명	득표율(%)
쟈프낀(Зябкин В.А.)	1.60
마쯔(Мац С.Б.)	0.56
몰로까노프(Молоканов В.Д.)	1.18
스뜨로예프(Строев Е.С.)	91.52

투표에는 등록된 유권자의 69.65%가 참여했다. 모든 후보에 대한 반대에는 투표참여 유권자의 3.83%가 투표했다.

오룔주 지사로는 스뜨로예프가 당선되었다.

(2) 오룔주 의회의원 선거

1994년 3월 20일 주의회의원 선거가 실시되었다. 많은 정당과 후보자들이 경쟁했는데, 무소속과 러시아공산당 소속 후보자들이 대거 당선되었다. 전체 50개의 선거구에서 39개 선거구에서 선거가 성립되었다. 그들의 소속을 보면 다음과 같다.

소속	당선자 수
무소속	27
노동조합 대표	1
지방자치기관 연합	1
러시아공산당	10

1995년 2월 26일 11개 선거구에서 실시된 투표 결과, 11명의 당선자 가운데 10명이 공산주의자였다.

1998년 3월 22일 실시된 주의회 의원 선거에서는, 전체 50석 중에서 공산주의자들이 11석을 획득했다. 다수의 의원들은 무소속으로 당선되었다. 무소속 의원들은 의사, 학자, 법률가, 기업체 사장, 권력기관의 장 출신이었다.

(3) 러시아연방 국가두마의원 선거

① 1993년

1993년 12월 12일 연방회의의원 및 국가두마의원 선거가 실시되었다. 선거결과, 상원인 연방회의로 무소속 스뜨로예프와 러시아공산당 소속 에삐마호프(А. Л. Епимахов)가 진출했다. 하원인 국가두마로는 무소속 보로빠예프(А. И. Воропаев)와 러시아 자유민주당 소속 보르즉(В. М. Борзюк)이 진출했다.

② 1999년

1999년 12월 19일 국가두마 의원 선거가 실시되었다. 오룔주에서는 전체 유권자의 70.89%가 투표에 참여했다.

후보	득표수	득표율(%)
라베이낀(Лабей кин А.А.)	299413	62.66
까시야노프(Касьянов А.А.)	31603	6.61
바가찌쉐프(Богатищев С.В.)	23772	4.97
에삐마호프(Епимахов А.Л.)	16319	3.41
에구르노프(Егурнов А.Д.)	14229	2.97
뽀체치낀(Почечикин В.Д.)	12178	2.54
모든 후보에 대한 반대	72773	15.23

후보별 투표에서 라베이낀이 당선되었다.

정당별 투표결과는 다음과 같다.

정당명	득표수	득표율(%)
러시아공산당	200970	42.0
단결	126039	26.34
지리놉스끼 블록	26386	5.51
우파연합	25509	5.33
조국-전러시아	19622	4.10
야블로꼬	11882	2.48

(4) 러시아연방 대통령 선거

1996년 6-7월에 실시된 러시아연방 대통령 선거에서 옐친과 쥬가노프가 얻은 득표율은 다음과 같다.

후보	1차투표(6월16일)	결선투표(7월3일)
옐친	21,46%	32,05%
쥬가노프	54,28%	63,28%

Ⅳ. 경제 시스템

1. 경제개황

오룔주는 7개의 연방지구 중 중앙연방지구에 속하고 12개의 러시아 경제지역 중 중앙경제지역에 속한다. 오룔주에는 여러 산업이 부문별로 전문화되어 있으며 대표적인 것으로 기계제작, 기구제작, 금속가공, 화학공업, 경공업, 식품공업 등을 들 수 있다. 주요 공업중심지로 오룔, 므쩬스크, 리브니, 볼호프 등을 들 수 있다.

1999년 1월 1일 주정부 통계에 따르면 7,100개의 소기업이 등록되어 있고 이 기업들 중 10개 중에 1개는 민간 소유기업이다. 현재 6만 명 이상이 소기업에서 일하고 있고 이것은 오룔주의 경제인구 중 22%에 해당된다.

이 소기업의 부문별구조를 보면 러시아의 부문별 구조와 흡사하며 이 소기업의 주도적인 부문은 건설, 유통, 식료품공업이다. 이 세 부문에 오룔주 소기업의 노동인구의 80%이상이 종사하고 있고 전 오룔주 공업생산량의 약 18%는 소기업이 생산하고 있다. 그리고 소기업은 세금을 통한 예산확보에서도 안정적인 수입원이라 할 수 있다.

러시아경제에서 차지하는 오룔주의 경제비중은 크지는 않다. 러시아경제에서 오룔주의 비중을 파악하기 위해 몇 개의 주요 거시경제지표를 비교하면 지역총생산은 러시아전체 대비 비중이 0.4%로 낮은 편이고 공업생산량도 0.3%로 높지 않으며 농업생산량은 1.2%로 아주 높은 수준이다. 오룔주의 거시경제지표에서 농업부문이 상대적으로 강세를 나타내고 있으며 이것은 농업지역인 오룔주의 면모를 보여주고 있다.

2000년도 러시아 주요 경제지표에서 오룔주의 비중

주요 항목	러시아전체 대비 오룔주 비율
지역총생산	0.4%
공업생산량	0.3%
농업생산량	1.2%
소매유통	0.4%
자본투자	0.4%

http://www.infostat.ru/epub.htm (검색일: 2003.1.10)

오룔주의 지역총생산은 1999년에 179억 2,800만 루블이고 1인당 지역총생산은 1999년 1,988만 5,000 루블이다. 이것은 지역총생산이 전년대비 77%이상 상승한 것이고 1인당 지역총생산은 78%이상 상승한 것이다.

오룔주의 지역총생산의 주요 구성과 비율을 보면 공업부문과 농업부문이 각각 21.5%와 19.2%로 단연 강세를 나타내고 있고 유통부문이 11.0%, 건설부문은 6.4%, 운송은 9.6%를 차지하고 있다.

오룔주의 기업부문의 지표를 살펴보면 총 기업수는 2000년에 12,769개이다. 이중 소 기업수는 2,636개이고 공업부문에서 활동하고 있는 기업수는 732개이다. 총 기업수에 비해 소 기업수는 20% 조금 넘게 활동하고 있고 공업기업수는 총 기업수에 비해 5.7%를 약간 초과하고 있다. 이것으로 비추어 오룔주는 공업이 여타 지역에 비해 경제규모의 면에서 상당히 활발한 부문임을 나타내주고 있다.

2. 산업

1) 공업

오룔주의 공업은 식품공업, 경공업, 기계제작·금속가공, 철강업과 비철금속이 대표하고 있다. 기계제작·금속가공부문은 기술장비나 설비를 제작하며 여타 부문의 공업생산, 자동차(기중기가 달려있는), 건설이나 농업의 기술적 장비 등과 관련된 것을 생산하고 있다. 많은 수의 기계제작과 전기전력관련 기업들은 높은 과학기술 잠재력을 가지고 있으며 가장 새로운 과학 기술을 숙련한 고도의 전문가가 이 부문에서 종사하고 있다.

식품공업은 설탕, 우유, 고기 등의 통조림, 비알콜성 음료, 빵 종류 등을 생산하고 있다. 이것과 함께 치즈, 기름, 알콜 등도 발전하고 있는 품목이다.

경공업은 주로 섬유부문, 재봉부문, 제화부문에 종사하고 있다.

철강업과 비철금속부문은 2차, 3차 정련제품과 관계되어 있으며 냉각제련 강철, 금속특수모직, 강철로프, 도관, 수직갱도보강용 제품, 알루미늄 주조, 비철금속 합금 등의 작업에 종사하고 있다.

이 지역은 공업필수원료의 85%를 다른 지역으로부터 수입해 온다. 왜냐하면 오룔주는 자원이 부족하기 때문이다. 예외가 있다면 그것은 건재공업과 식품공업이다.

오룔주의 공업단지에서는 770개 이상의 기업들이 일하고 있으며 그 기업들은 다양한 부문의 생산을 담당하고 있고 지역적으로는 가장 큰 공업중심지에 위치하고 있다. 대표적인 지역으로 오룔, 리브니, 므쩬스크 등을 들 수 있다. 이 곳에서 83%이상의 공업생산이 이루어지고 있다.

오룔주의 이 중심지에는 거의 모든 부문의 기업들이 위치하고 있다. 리브니는 주로 기계제작(기구제작, 건축장비 등), 식품공업이 우위에 있고 므쩬스크는 주로 비철금속의 생산에 주력하고 있다.

오룔주의 총 공업생산량은 2000년에 138억 500만 루블이고 이것은 전년대비 51%이상 상승한 수치이다. 오룔주의 산업 중 공업(러시아 전체공업생산의 0.3%차지)의 부문별 구조를 살펴보면 기계제작·금속가공이 매우 강한 부문으로 나타나고 있다. 오룔주의 공업생산의 26.4%를 기계제작·금속가공부문이 차지하고 있다. 그 외 22.0%의 비중을 가지고 있는 식품공업도 강한 부문이다. 주요 공업생산부문별 생산비율을 표로 보면 다음과 같다.

주요 공업생산부문별 생산비율

생산부문	오룔주 총공업생산 비율
전기전력	10.0%
철강업	12.5%
비철금속	3.6%
화학·석유화학	2.0%
기계제작·금속가공	26.4%
목재가공,종이·펄프	1.5%
건재공업	11.2%
경공업	3.9%
식품공업	22.0%
기타	6.9%

http://www.infostat.ru/epub.htm (검색일: 2003.1.10)

2) 농업

오룔주의 농지[1]는 208만 5,000 헥타르이다. 이 농지 중 84%가 일정한 작물이 자라고 있는 경지이다. 여기서 밀생산은 중요한 역할을 하며 추파 소맥

1) 삼림, 목장 등을 포함한다.

과 호밀을 생산하고 있다. 오룔주는 파종을 위해 가장 질 좋은 새로운 품종의 씨앗을 사용하는데 이렇게 하면 총 밀 수확량이 증가하게 되고 밀의 질이 향상된다.

이외 오룔주에서는 메밀, 귀리, 보리, 감자 등을 생산하고 있다. 그리고 식용비트도 높은 공급을 하고 있다.

오룔주의 우유생산은 러시아의 다른 지역과 비교하여 1위의 생산위치를 지키고 있다. 가축사육 부문에서 오룔주에는 암소가 30만 1,000 두 가량 있다. 이것은 시멘탈종의 소, 흑얼룩소를 포함하고 있다. 그 비율은 대략 40:60 정도이다. 이 두 종은 한 해 약 2천 kg의 우유를 생산하고 있다. 이것들은 각각 생물학적으로 순수혈통 구조를 가지고 있다. 몇 개의 순수혈통 번식소에서는 '시멘탈종'의 소를 생산해내고 있다. 이 지역은 순수혈통 생산작업의 조건이 매우 좋아 러시아 여타 지역의 순혈종의 총 합계보다 더 높은 수치를 나타내고 있다.[2)]

오룔주의 총 농업생산액은 2000년에 95억 6,710만 루블[3)]이고 총 농업생산액 중 작물관련 생산액은 2000년 63억 2,260만 루블, 가축관련 생산액은 32억 4,450만 루블이다. 총 농업생산량은 전년대비 29.8% 이상이 증가한 것으로 나타나고 있어 고무적인 농업발전을 예고하고 있다.

3. 자원 등 기타

오룔주는 다른 주와 비교하여 토지가 적은 편이지만 대부분 많은 땅들이 농경지로 이루어져 있다. 이는 날씨 및 기후적 여건이 농업에 유리하게 전개되어 있기 때문이다. 비록 1㎢당 인구밀도는 기타 러시아의 중앙지역에 비하여 낮은 편이지만 오룔주는 높은 농업생산성으로 타 지역과 차이를 나타내고 있다.

오룔주에는 2,000개가 넘는 작고 큰 강이 있다. 이들의 전체적 길이는 9,100km에 달하며 배의 통행이 활발하다. 이 지역의 주요한 강으로는 볼가강

---

2) 그들 중 리벤스키지역에 있는 КХ "50 лет Октября"공장은 450종의 소로부터 4,688킬로그램의 우유를 생산하고 있다. 또 두 개의 순혈종공장, "Звягинки" и ОПХ НПО ЗБК "Орел"은 흑얼룩소를 1,650두 정도 가지고 있다.

3) 이 수치들은 명목가격임.

의 지류인 오까강이 있다. 1960년대까지 오룔주의 강물은 수력발전을 위해 적극적으로 이용되어왔다. 그렇지만 현재 오룔주에서는 몇몇의 저수지를 제외하고는 대규모의 저수지도 없는 실정이다.

최근의 지질조사 자료에 의하면 오룔주에는 다양한 종류의 유용광물들이 매장되어 있다. 오룔주의 드리뜨로쁘스끼 구역에는 2.5미터에서 19미터의 두께를 가진 철함유량 58%의 철광석이 매장되어 있으나 아직 개발되지 않은 상태이다. 베르호쁘스끼구역에는 철함류량 42%의 갈철광이 0.5에서 7미터의 두께로 매장되어있다.

또한 건축물의 중요 자재인 석회암 및 백운석 등의 매장지는 오룔주의 거의 전 구역에 퍼져있다. 이 외 흰색의 백묵, 흰 점토, 기와, 외장용 소판, 갈탄, 인산염, 이탄 등 많은 광물이 매장되어있다.

오룔주의 숲은 풍부하여 다양한 군서를 이루고 있다. 전체 산림평지는 21만 6,500헥타르에 달한다. 이 숲지대들에는 침엽수림, 활엽수림 및 혼합된 형태의 나무들이 있으며 특히 참나무가 많은 비중을 차지하고 있다. 그러나 최근에는 공업의 발달 및 주택건축으로 인하여 산림이 벌채되기 시작했고 그 결과 소나무 및 전나무, 참나무 등의 많은 산림지대들이 사라졌다.

오룔주의 동물자원과 식물자원들은 숲 지대의 특성에 의해 결정되고 있다. 현재 60종의 짐승과 250종의 새 및 40종의 물고기와 1,000종이 넘는 곤충들이 있다. 특히 짐승들 중에는 담비와 다람쥐가 가장 널리 퍼져 있으며 곤충 중에서는 45종이 넘는 잠자리가 발견되고 있다.

이 외 기타 비천연자원을 살펴보면 특징적으로 오룔주에는 강력한 열발전소나 수력발전소 등이 부재하여 연료·에너지 수력에너지 등의 고유한 에너지자원이 없다. 그래서 꾸르스크, 스몰렌스크주의 에너지발전소 등 주변의 다른 근접한 주들의 발전소를 이용하여 전기에너지의 부족분을 충당하고 있다.

V. 문화시스템

1. 지역정체성

1) 인구

오룔주의 인구는 1995년도까지 꾸준한 증가세를 보인 후 96년부터 급격히 감소하기 시작했다. 이로 인해 2001년 현재 인구수는 1995년 대비 2.51%, 23,000명 감소했다.

오룔주 인구변동 추이

연도	1990	1992	1993	1994	1995	1996	1997	1998	1999	2000	2001
인구수 (1,000명)	895	901	907	911	914	912	909	906	902	897	891

Россий ский статистический ежегодник. Госкомстат России. М., 2001. С. 82.

오룔주에서도 러시아연방 대부분의 주체에서와 마찬가지로 출생률에 비해 사망률이 현저히 높아 인구 자연감소율이 매우 높다. 예를 들면, 2000년도 총인구 대비 자연감소율은 8,697명, 0.96%를 기록하고 있다. 이는 오룔주 인구 상황에 악영향을 주는 결정적 요인으로 작용하고 있다.

오룔주 출생자수, 사망자수, 자연증가율

연도	출생자수(명)	사망자수(명)	자연증가율(명)
1990	10,985	11,699	-714
1992	18,768	12,698	-3,930
1993	8,339	14,559	-6,220
1994	8,667	15,395	-6,728
1995	7,957	14,663	-6,706
1996	7,529	14,335	-6,806
1997	6,884	13,983	-7,099
1998	6,938	13,740	-6,802
1999	6,577	14,839	-8,262
2000	6,931	15,628	-8,697

Россий ский статистический ежегодник. Госкомстат России. М., 2001. С. 105.

오룔주의 실업률은 90년대 초 비교적 안정적인 추세를 보였으나, 1997년 경제위기를 기점으로 10%에 가까운 실업률을, 1998년에는 12.6%의 최고 실업률을 보였다. 그 후 1999년, 2000년에 이르러 다소 하향세를 보이고 있다.

오룔주의 경제활동인구 및 취업률, 실업률은 다음과 같다.

오룔주 경제활동인구(취업자, 실업자), 실업률

연도	경제활동인구 (1,000명)	취업자수 (1,000명)	실업자수 (1,000명)	실업률(%)
1992	454	439	14	3.2
1993	441	421	20	4.5
1994	421	393	27	6.5
1995	429	395	34	8.0
1996	413	374	40	9.6
1997	387	349	38	9.8
1998	395	345	50	12.6
1999	447	409	38	8.6
2000	445	407	38	8.5

Россий ский статистический ежегодник. Госкомстат России. М., 2001. С. 135.

2) 민족

2001년 현재 오룔주의 인구 891,000명 중에는 러시아인 97.0%, 우끄라이나인 1.2%, 벨라루스인 0.3%, 아제르바이잔인 0.2%, 체첸인, 유태인 각각 0.1%, 기타민족 1.0%가 분포되어 있다. 구소련 해체 및 민족분쟁 등으로 인한 인구이동으로 인해 인구구성 분포도는 유동적이라 할 수 있다.

3) 교육

최근 오룔주에서는 교육발전에 많은 관심을 보이고 있다. 최근 오룔주에는 638개 중등학교, 53개 전문기술학교 및 10개 고등교육기관(오룔 상과대학, 오룔 국립공업대학, 오룔 국립농업아카데미, 오룔 주립공무원아카데미, 내무부 산하 오룔 경찰학교, 군사아카데미, 전 러시아 금융·경제대학 오룔 분교, 국립철도기술대학 오룔 교육상담소)이 운영되고 있다.

중·고등교육기관에 재학 중인 학생 수는 약 4만여 명에 이르며, 매년 중·고등 전문교육을 받은 전문가가 7,000여 명씩 배출된다. 또한 최근 5년 동안

대학 졸업생 수가 1.5배 증가했으며, 그 중 경제 및 법률 부문은 6배, 교육부문 1.5배, 농업 및 공업 부문의 졸업생 수는 1.3배 각각 증가했다. 반면에 중등 전문교육기관 졸업생 수는 경제 및 법률 부문(1.4배 증가)을 제외한 전 부문에 걸쳐 꾸준히 감소하고 있다.

그 결과 전반적으로 오룔주 젊은 세대의 지적 잠재력이 꾸준히 상승하고 있다. 오룔주 소재 535개 도서관은 7,300,000권의 장서를 보유하고 있다.

오늘날 오룔주는 현대 농학 및 대규모 산업 중심지로 떠오르고 있으며, 기계제작 및 철강압연 공장, 각종 기기 및 전자제품 생산기업 및 4,500여개 중소기업이 활동 중에 있다.

2. 지역문화

1) 문화개괄

오룔시에는 인형 이야기로 어린이에게 웃음을 선사하는데 평생을 바친 여인이 살고 있다. 이 여인의 이름은 류보피 즈마끼나(Любовь Жмакина)이다. 그녀는 인형을 만들기도 하고 그리기도 하고 직접 인형극을 제작하기도 한다.

그녀가 첫 번째 자신의 인형극을 상연한 때는 1972년이었다. 이 연극은 어린이를 대상으로 한 연극이었는데 그 내용은 사회에서의 행동 규범에 관한 것이었다. 어린이들을 웃기기도 하고 교훈을 주기도 하며, 생활에 기초를 두고 있는 연극은 어린이들에게 상당히 흥미로웠다.

이 지역의 문화기관인 지역 전시관에서는 과거에는 예술가 연합이 예술전시를 독재적으로 운영했지만 지금은 상황이 달라져서 모든 지역 예술가들을 결합시키는 전시관이 문을 열고 있다. 이 곳에는 빠리까(Л.Н. Парика), 뚜취니나(О.С. Тучнина) 레베제프(В.И. Лебедев)와 지역의 다른 예술가의 개인 전시실이 운영되고 있다.

이들의 전시는 지역 주민에게 상당한 인기를 누리고 있다. 1996년에는 이 전시관에서 젊은 예술가 콩쿠르가 개최되었는데 아직 한 번도 자신들의 재능을 완전하게 펼쳐 보이지 않았던 젊은이들이 예술세계를 인식하는 것을 배웠다. 이 전시회에서 젊은이들은 예술 전문가들로부터 충고를 받고, 예술의 영역에서 자신들의 지식을 넓힐 수 있었다.

오룔주에는 '무지개'라는 무용 앙상블이 있는데 이 앙상블은 모스크바 850주년 기념식의 행진 카니발에 참석했다. 이 앙상블은 예술 문화 대학의 졸업생들이 주 구성원인데, 무용 그룹과 음악 앙상블이 이 단체를 이루고 있다. 앙상블의 레퍼토리에는 러시아 여러 지역의 민속무용이 포함되어 있다.

오룔시는 장식 - 실용 예술의 진흥에 적지 않은 노력을 기울이고 있다. 최근에 오룔의 문화 센터는 이 분야의 500명의 장인들을 선발해서 작품의 전시회를 열었다. 주의 여러 마을에는 목공예, 덩굴 공예, 레이스와 뜨게 공예 등이 남아 있다. 장인들은 매우 가볍고 부드러운 실 무늬를 만들어 내고 있는데 이것은 창문에 눈의 무늬가 그려지는 것에 비유될 수 있을 것이다. 뜨게는 장인술을 요할 뿐만 아니라 상당한 인내를 요하는 일이다.

점토 장난감과 도자기를 만드는 장인들도 오룔의 문화적 전통에 자신들의 업적을 더하고 있다. 오룔의 도공들에게는 다른 주의 장인들의 작품과는 구별되는 자신들만의 독특한 스타일이 있다.

오룔주 장인들의 예술품은 독일, 프랑스, 러시아의 깔리닌그라드, 모스크바, 소치에서 열린 국제 전시회에 두 번 출품되었다. 오룔주의 장인들의 문화적 전통과 의미는 조상들의 업적을 계승하는 자식과 손자들에게 소중하게 이어져 내려가고 있다.

2) 문화시설

극장 예술은 항상 관객들에게 큰 관심을 불러일으킨다. 희극, 희곡, 유명한 소설들을 극으로 보는 것은 오직 극장에서만 가능하다. 무대에서 감정과 이모션을 전달하는 특별한 재능을 가졌고 다양한 주인공 속에서 그러한 감정을 구현하는 재능을 가진 사람들은 극장이라는 세계 속에서 특별한 공헌을 하고 있는 것이다.

1949년에 오룔주 드라마 극장에 투르게네프라는 명칭이 붙여졌다. 여기서는 투르게네프의 많은 희곡과 거의 모든 단편과 장편소설이 상연되고 있다. 오룔의 극장의 역사는 투르게네프의 연극 없이는 생각할 수 없다. 투르게네프의 연극들은 이 극장의 역사에서 중요한 전환적 사건이 되었고 새로운 극장 건물을 개관하는 계기가 되었다. 오룔의 드라마 극장에게는 투르게네프의 「귀족의 둥지」가 체홉의 「갈매기」보다 의미가 크다.

이바노보주
Ивановская Область

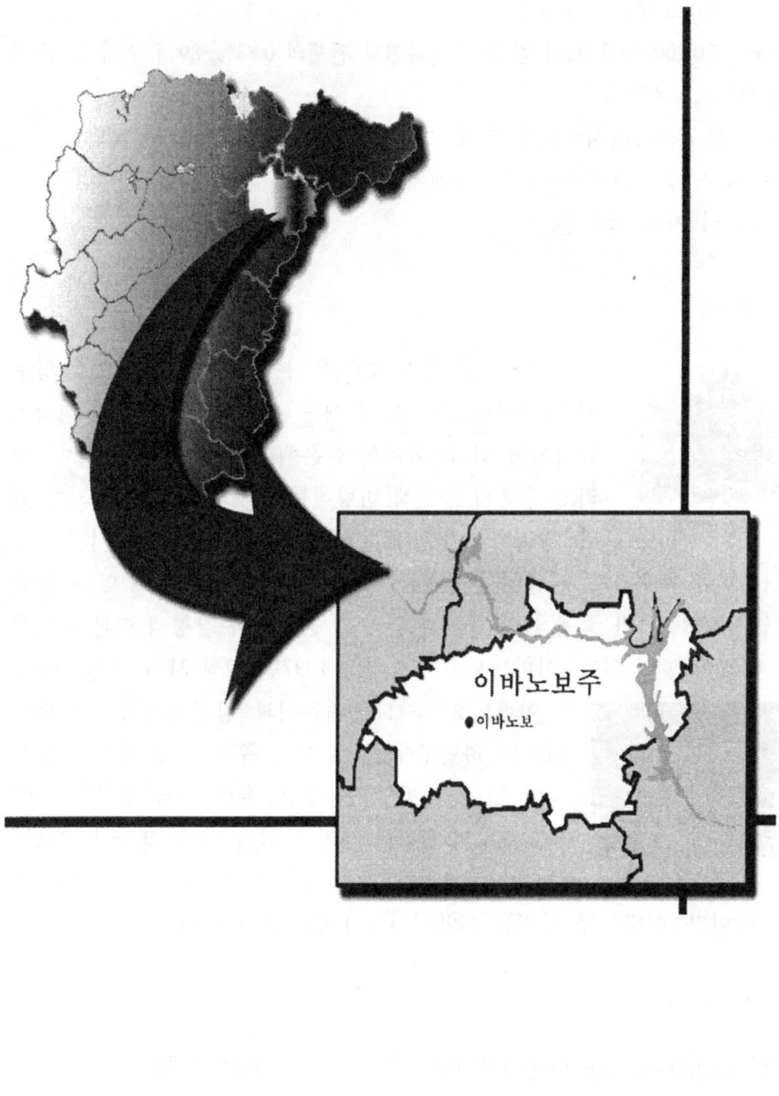

Ⅰ. 개황

1. 기초정보

주 성립일: 1929년 1월 14일.
주도: 이바노보(Иваново)
인구: 1,205,000명(2001년 현재: 러시아연방 전체의 0.83%; 89개 주체 중 47위)
인구밀도:50.41명/㎢
면적: 23,900㎢(러시아연방 전체 면적의 0.14%; 89개 주체 중 76위)
소속지구: 중앙연방지구; 중앙경제지구
한국과의 시차: -6시간

2. 상징

이바노보주 문장

이바노보주 문장(紋章)은 붉은색과 감청색으로 양분된 방패형상으로 하단부에는 세 개의 좁은 은빛 파장이 묘사되어 있다. 좌측의 붉은색 바탕에는 금제 북이, 그리고 우측의 감청색 바탕에는 은제 횃불이 장식되어 있다. 방패에는 철관(鐵冠)이 씌워져 있다. 또 방패의 우측에서는 황금 독수리가, 좌측에서는 황금 사자가 방패를 지탱하고 있다. 방패 밑에는 감청색 아마 꽃에 녹색 줄기와 잎사귀, 붉은색과 감청색 리본이 엮여 있는 화관이 놓여 있다. 이바노보주의 문장은 1997년 12월 31일 채택되었다.

이바노보 주기

이바노보 주기는 붉은색과 감청색으로 양분되어 있으며 하단부에는 세 개의 좁은 은빛 파장이 묘사되어 있다. 깃발 전면 중앙, 은빛 파장 상부에는 이바노보주의 문장이 새겨져 있다. 주요 색상과 재료는 주의 색상과 재료와 동일하다. 주기의 가로, 세로 비율은 3:2이다. 이바노보 주기는 1998년 3월 19일 채택되었다.

3. 주요도시

이바노보(Иваново): 인구 453,800명; 북위 57°1′, 동경 40°59′

끼네슈마(Кинешма): 인구 97,800명; 북위 57°27′, 동경 42°8′
슈야(Шуя): 인구 65,700명; 북위 56°52′, 동경 41°21′
비추가(Вичуга): 인구 44,700명; 북위 57°13′, 동경 41°56′
푸르마노프(Фурманов): 인구 41,100명; 북위 56°52′, 동경 38°43′
쩨이꼬보(Тей ково): 인구 37,900명; 북위 56°52′, 동경 40°32′
로드니끼(Родники): 인구 30,200명; 북위 57°7′, 동경 41°44′
꼬흐마(Кохма): 인구 27,800명; 북위 56°56′, 동경 41°5′
(인구: 2002년 현재)

4. 주요 산업 및 농업

이바노보주 주요 산업으로는 봉재산업, 메리야스산업, 신발산업, 기계제작, 금속가공(공작기계제작, 섬유산업기계제작, 이탄채굴기 제작, 엘리베이터 제작), 전력산업, 화학공업, 석유화학공업, 식료품산업, 건축자재산업, 임업, 목재가공업, 제지업, 이탄채굴업 등이 발달했으며, 농업부문은 낙농업, 양돈, 양금, 농식물 재배업, 아마, 감자, 야채, 사료식물 등이 재배된다.

Ⅱ. 자연환경

1. 지리적 위치와 구성

이바노보주는 21개 행정구, 17개 시, 31개 도시형마을, 205개의 농촌마을로 구성되어 있으며, 러시아 유럽지역 중앙에 위치하며, 주의 상당부분이 볼가 강과 끌랴지마(Клязьма)강 사이에 위치하고 있다. 지형 특성상으로는 러시아 평원의 중심부이며 호수들과 이탄 늪지가 있는 낮은 산림지대(170m 이하)에 놓여 있다. 이바노보주의 유리한 지리적 위치는 경제적 문화적 관계들의 내적 또는 외적 발전을 가져왔으며 러시아의 모스크바와 서부지역을 동부와 남동부 지역과 연결하는 육상, 철도, 수상 교통의 중요한 간선 역할을 하게끔 했다.

블라지미르주, 니제고로트주, 야로슬라블주, 꼬스뜨로마주, 이바노보주와 경계를 이룬다.

주요 하천은 볼가강이다. 그밖에도 2000개 이상의 하천과 200개 이상의 호수가 있다.

수도 이바노보와 모스크바 간의 거리는 318㎞이다.

2. 기후조건

온난기후대, 대륙성 온난기후

1월 평균기온: -12℃

7월 평균기온: 18℃

비교적 더운 여름과 항상 눈으로 덮인 있는 추운 겨울이 특징이다.

연강수량: 600㎜

식물 생장 기간: 125 ~ 130일

식생: 타이가와 혼합림 지대. 면적의 40%가 자작나무, 소나무, 사시나무, 전나무 등으로 덮여 있다.

토양: 염분회색토, 소택지 토양

삼림분포도: 45%

3. 주요 유용광물

이바노보주의 주요 광물 매장량은 많지 않은 편이다. 또한 석고, 점토, 자갈, 백운석, 석회암, 석영모래, 점토석회, 인회석 등의 비광석 유용광물이 주종을 이루고 있다. 알려진 자갈, 모래 등의 산지의 대부분은 주의 서쪽과 북서 지역에 주로 분포하고 있고 남쪽과 동쪽 지역은 현저히 빈약하다. 이들 원자재들은 주로 건축 재료를 만드는데 사용되고 있다. 지표로부터 150 ~ 200m의 깊이에 위장병 및 기타 질병 치료에 유용한 광천수가 흐르고 있다.

Ⅲ. 정치시스템

1. 역사

이바노보는 오래된 역사적 전통을 지니고 있다. 몇몇 역사적 자료에 따르면 이바노보에 대한 최초의 언급은 이반뇌제의 이름과 연관되어 1561년으로 거슬러 올라간다. 이반 마을은 이미 1328년에 언급되고 있다. 연대기에 따라 판단해보면, 이 지방의 가장 오래된 도시는 유리예베쯔(1225년)이나, 고고학적 발굴결과에 따르면 몽골이전 시기에 이미 슈야, 끼네슈마, 뻴료스, 가브릴로프 뽀사드, 꼬흐마 같은 도시들이 존재했다

예전부터 이바노보 지방은 방직과 아마 가공의 중심지 가운데 하나였다. 19세기 초에 이바노보와 이바노보 주위의 마을, 농촌 그리고 슈야와 끼네슈마 같은 도시들은 직물지방(текстильный край)이라는 명성을 확보했다. 지역은 러시아 목면제품의 대부분을 생산했고, 이를 당시 직물로 유명한 영국과 비교했다. 특히 이바노보는 멘체스터와, 슈야는 리버풀과 비교되었다. 대형 시장에는 이바노보산이라 불리는 '특별 아케이드'가 있었다.

1861년 농노해방 이후 급격한 산업발전으로 인해 러시아에는 일련의 대형 경제지구가 형성되었다. 이 가운데 하나가 블라지미르현의 북부산업지구와 꼬스뜨로마현이 남부공업지구를 두고 있는 이바노보-보즈네센스크 산업지구였다. 블라지미르현(슈야향)과 꼬스뜨로마현(끼네슈마향과 유리예베쯔향)간의 행정적 경계에 따라 이 산업지구는 분리되었다. 경계는 이미 1778년에 예까쩨리나 2세의 통치시기에 러시아제국의 새로운 현 분할이 실시되었을 때 생겨났다. 이 경계는 1778년부터 1918년까지 140년 동안이나 존재했다. 이 경계는 단일경제 총체인 지구의 정치, 경제, 문화적 발전을 어렵게 만들었다. 거대한 산업체들이 이 단일경제 총체의 기반을 이루고 있었다. 1914년 이바노보 산업지구의 기업들에서 약 15만 6천명의 노동자들이 일을 했다. 지역주민은 110만명에 달했다. 여기에서는 주로 목면, 종이와 아마포를 생산하였다.

지역은 '사라사 왕국(Ситцевое царство)'의 비공식적인 중심으로 불리웠다. 이 지역의 수도는 이바노보-보즈네센스크 시였다. 지위로 보자면 슈야에 소속된 도시였다. 따라서 블라지미르와 꼬스뜨로마 같은 현 중심도시를

추월할 정도로 산업이 발전했음에도 불구하고 이바노보-보즈네센스크 시에는 실질적으로 행정적 기관이 없었으며, 복지와 국민교육 그리고 보건비에 대한 정부할당이 아주 적었다. 혁명전까지 이곳에는 몇 십 개의 기업들만이 있었고, 이 기업들에서 약 3만 명이 일했다. 도시인구는 16만 명이었다.

직물지역은 수도뿐만 아니라 자신의 정문(парадный вход)을 가지고 있었다. 정문 역할은 끼네슈마가 했고, 모든 지역이 끼네슈마를 지나 볼가강을 따라 목화, 석유, 빵을 공급받았으며, 완제품 판매가 이루어졌다. 지역의 주요 산업중심과 관련된 철도가 북에서부터 지역을 지나 남쪽으로, 남-서부에서 북-동쪽으로 펼쳐 있었다. 직물지역 내에는 해마다 쌓여진 굳건한 경제관계가 성립되었다. 방적기업들이 방적용 털실을 공급했고, 거꾸로 개별적인 기업에는 조포(가공하지 않은 가죽)를 공급했다. 직물공업에 필요한 주물과 기계의 예비부품, 개별적인 생산용 화학제품 등의 공급은 기계제작 기업과 화학기업이 맡았다.

지역의 인위적으로 분리된 구역의 결합에는 정치적 이유가 존재하였다. 그 시기 이바노보-보즈네센스크는 러시아 정치과정의 핵심이었던 혁명활동의 중심들 가운데 하나였다. 바로 이곳에서 1905년 노동자 대표소비에트가 형성되었다. 이 모든 것이 새로운 현의 수립 시기에 고려되었다. 두 현 사이의 경제지역 분리는 객관적으로 지방의 발전뿐만 아니라, 러시아 전체의 발전에 부정적으로 작용하게 되었다.

중요한 것은 이러한 경제 및 정치적 전제들이 이바노보-보즈네센스크 현의 조성에 대한 원인이 되었다는 것이다. 결합운동은 이미 1917년 10월 이전에 시작되었다. 아주 광범위한 사회단체, 부르조아, 인민민주주의 단체도 이 운동에 참여했다. 새로운 현의 수립에 대한 문제는 1917년 10월 후 즉시 해결되기 시작하였다.

1917년 12월 6-7일 이바노보-보즈네센스크 공업지역의 노동조합, 공장위원회, 협동조합, 시자치제와 지방자치제의 소비에트 제1차 대회는 이바노보-끼네슈마현 수립문제에 대해 심사하며 빠른 시일에 실질적인 작업에 착수하기로 결정했다. 대회에서 노동, 공업위원부는 집행위원회를 만들었으며, 집행위원회의 영향은 전 지역에 미쳤다.

1918년 1월 28-29일 이바노보-끼네슈마 소비에트 2차대회는 자신을 현 창립대회라고 선언했다. 새로운 개별적인 집행위원회가 만들어졌으나, 프룬제를 장으로 하는 집행위원회는 현집행위원회로 이름을 바꾸었다. 1918년 4월 21-24일 이바노보-보즈네센스크 소비에트는 제3차대회에서 현의 구체적 경계를 정했다. 위원대표들은 새로운 현 수립과 현 경계확정에 관한 청원을 정부에 제출하기로 결정했다. 새로운 현 조직은 순조롭지 않았다. 경험과 자격을 가진 인재들이 부족했다. 블라지미르와 꼬스뜨로마에서 온 영향력을 가진 당과 소비에트 노동자 일부가 시작된 사업을 반대했다. 그러나 과정은 이미 되돌릴 수 없었다.

1918년 6월 20일 국내 인민위원 대표결정에 의해 제3차 이바노보-끼네슈마 소비에트는 대회에서 정해진 관할지역 구성에서 이바노보-보즈네센스크 시에 중심지를 가진 이바노보-보즈네센스크현이 확정되었다. 이 날은 이바노보주의 창설 기념일로 간주되고 있다. 현의 수립은 이바노보 지방의 발전과 경제, 사회 및 문화성장의 자극이 되었다. 이미 1918년 말부터 이바노보 사람들은 정지되었던 공장들을 재가동하기 시작했으며 주민들을 위한 식량공급이 좋아지기 시작했다. 독자적인 현 교육으로 1920-24년에 지방의 경제적 잠재력이 완전히 복구되었다. 1918-20년대 초 이바노보-보즈네센스크에는 종합기술교육대학과 국민교육대학, 지리학 박물관, 공공도서관, 노동자교육의 집, 사회-경제 직업학교, 일련의 보통교육 학교, 보건시설이 문을 열었다.

이바노보-보즈네센스크현의 강력한 잠재력은 20년대와 30년대 러시아 공업화 실행에 최대한 이용되었다. 1929년에 실시된 새로운 행정구역제에 따라 현이 주로 개조되었다. 블라지미르, 이바노보-보즈네센스크, 야로슬라블, 꼬스뜨로마 현들이 벨기에와 네덜란드를 합친 것보다 두 배 이상 더 큰 면적(13만 5천km[2])을 가진 이바노보 공업주로 통합되었다. 이바노보 공업주의 수립은 전체적으로 러시아와 러시아의 중요한 성원으로 들어간 다른 지역들과 같은 산업, 문화발전의 여러 문제들을 해결할 수 있도록 했다. 이 시기에 이바노보에는 이바노보 수력발전소와, 멜란쥐브이 콤비나트, 꼬롤료바 '이브또르마쉬' 공장, 빵과 고기-콤비나트, 어류공장 등의 건설이 시행되었다. 종합공업대학의 기초위에 4개의 독립적인 고등 교육기관과 일련의 직업기술학교가 설립되었다. 약 20개의 새로운 학교가 문을 열었다. 서커스와 드라마극장, 영화관이 건설되었고, 중앙우체국, 철도역사가 지어졌다. 주 라디오와 자동전화국이 일을 시작했고, 전차와 버스운행이 개시되었다. 주택건설은 거대한 규모가 되었다.

이 당시 주민은 약 5백만 명이었다. 제조생산물 가격기준으로 이바노보주의 공업 생산량은 모스크바주와 레닌그라드주 다음으로 세 번째를 차지하고 있었다. 전연방 목면 생산의 49%와 아마 77%가 이곳에 집중되었다. 주에는 65개의 도시와 마을이 있었고, 여기에는 이바노보-보즈네센스크, 야로슬라블, 블라지미르, 꼬스뜨로마, 르빈스크, 꼬브로프 같은 대규모의 공업중심지들이 포함되었다. 모스크바와 레닌그라드 다음으로 이바노보-보즈네센스크는 소연방의 '제3의 프롤레타리아 수도'로 간주되었다. 이곳에 오래 산 노인들의 증언에 따르면, 이 시기에 모스크바에서 러시아의 대도시들 중 하나로 러시아 공화국의 행정중심을 이전하는 주장에 대한 논의가 진지하게 진행되었다. 러시아 연방의 수도가 되고자 레닌그라드와 니즈니 노브고로트, 스베르들로프스크 그리고 노보씨비르스크, 로스또프-나-도누, 이바노보가 경쟁하였다. 하지만 모스크바가 소연방의 수도로 남게 되었다. 바로 여기에서부터 20년대와 30년대 중간에 이바노보에서 생겼던 사회, 문화프로젝트가 대규모로 시작되었다: 도시중심의 주요한 재 계획, 거대한 소비에트 궁전건설, 커다란 드라마 극장건설 등, 일부는 실현되었고, 다른 것들은 염원으로만 남았다.

1924년 8월 이바노보-보즈네센스크 변두리에 첫 번째 노동자 마을이 건설되기 시작했다. 1926년 이곳에 912호를 가진 138동의 새로운 집이 건설되었다. 2층 집은 모습이 서유럽 교외의 작은 집을 연상시켜, 이 지역은 당시 '이바노보의 네덜란드' 또는 '이바노보의 스웨덴'이라 불렸다.

멜란쥐비 콤비나트는 공업화 시기의 대형건설이 되었다. 콤비나트 토대의 초석을 1928년 5월 1일 놓았다. 건설장소로 6킬로미터의 철도 지선을 들여왔고, 건설 지역에 협궤를 부설했다. 이 건설현장에 러시아의 여러 곳에서 수천의 노동자들이 왔다. 이 시기의 기술은 적었고, 건축의 토대를 넣기 위한 구멍들은 삽으로 파서 진행되었고, 흙과 벽돌들은 외바퀴 손수레로 날랐다. 이 건설의 모든 어려움에도 불구하고, 1929년 봄에 벌써 도시의 허허벌판 변두리에는 콤비나트의 고층건물이 들어섰고, 1929년 9월 7일 콤비나트의 축하용 가구가 생산되었다. 콤비나트는 1만명 방직공에게 일자리를 제공해 주었다.

1941년 6월 22일 독일의 침입은 러시아의 평화로운 삶을 파괴했다. 이미 전쟁 첫날 지역에서 대중집회와 회의가 개최되었으며, 사람들은 조국을 위해 힘과 목숨을 아끼지 않을 것을 서약했다. 수십 개의 징병소가 문을 열었고, 통지서를 교부받기 이전에 많은 사람들이 군사위원부에 자원병들의 전선파견 요청서를 제출했다. 2차 세계대전 때 수천의 이바노보 사람들은 조국수호에 참여했다. 많은 사람들이 집으로 돌아오지 못했다. 이바노보 사람들은 훌륭하게 침략자들과 싸웠다.

전쟁 시기 이바노보 사람들은 전선에 필요한 물품을 생산하기 위해 헌신적으로 후방에서 노력했다. 1941년 가을 모스크바 근교에서 교전시기에 파시스트들은 이바노보주에 아주 가까이 다가왔다. 이와 관련하여 10월 22일 이바노보에는 전선 근처의 도시들과 같이 시 방위위원회가 창설되었다. 1941년 가을 이바노보 주위에는 완전한 방어구축물 망이 생겼다. 벙커, 간이진지, 대미사일 참호, 가시철망 장애물, 목재 방공기구 등이 그것이다. 도시에는 수만 명을 수용할 수 있는 방공호가 나타났다. 마당에는 흙으로 만든 방탄호와 은폐물이 축조되었다.

벌써 전쟁 첫 달에 천명의 부상자들이 주로 들어왔다. 호텔, 학교, 대학과 직업기술학교, 기숙사들과 산업체들이 병원이 되었다. 의사들의 재능과 관심 깊은 보살핌으로 부상들 중 약 90%가 병원에서 대열로 돌아갔다. 약 10만명의 피난민이 주에 왔었다. 이미 1941년 7월 8일 이들을 위해 이바노보에는 기숙사와 식당, 병원을 가진 후송소가 설립되었다.

침략군은 러시아의 중요한 곡창지대를 점령하여 중대한 식량문제가 발생하였다. 특히 전쟁 첫해의 겨울은 힘들었다. 보급카드에 따라 필수품이 배급되었다. 노동자에게 일일 600g의 빵, 피부양자들에게는 400g, 어린아이에게는 300g이었다. 섬유기업체가 있던 우크라이나, 백러시아, 스몰렌스크는 포위되었고, 봉쇄된 레닌그라드의 공장들이 남았다. 그리하여 이바노보주는 군수품 공급에 중요한 역할을 하였다. 산업은 전시체제로 개편되었고, 공장들은 솜, 가제, 군복용 천을 생산하기 시작했다. 재봉공들은 군복과 내복, 위장용 웃옷과 낙하산을 지었다. 이바노보 멜란줴비 콤비나트 노동자들만이 1941-1945년 동안 약 1억 미터의 천을 공급했다. 다시 말해 1천2백만 군인들을 입혔다.

전쟁 후 주의 주민들은 주민은 국민경제를 다시 부흥시켰고, 전통적인 직물산업만이 아니라 기계제작 및 다른 부분에서도 급격한 발전이 일어났다. 중형 공작기계 제작공장, 자동차 밸브, 직조기계, 소면기(면방적기의 일종) 공장들, 일련의 기계제작 공장과 주 지역도시들에 산업건설이 시작되었다. 경제성장에서 50년대 말 - 60년대 초 시기는 20-30년대와 비슷하여, 당시 이바노보는 베르흐네-볼쥐스키 경제지구의 중심이 되기 시작했다. 80년대 중반에 일어났던 개혁은 이바노보주의 경제, 정치, 인구, 사회생활에 대한 변화를 가져왔다.

이바노보주는 러시아 전체와 함께 살아왔고 발전했으며, 추락을 맛보았고, 성공을 이루었고, 패배를 견디어냈다. 이바노보 땅은 러시아 과학, 문화, 예술의 뛰어난 활동가들과 관련되어 있을 뿐만 아니라 브레지힌(Бредихин Ф.А)과 같은 천문학자들과도 관련이 있다.

2. 정치

1) 정치 일반

이바노보주에서의 권력행사는 러시아연방 헌법과 연방구조 원칙에 준하여 이루어지며, 입법, 행정, 사법의 3권 분립을 기반으로 한다. 입법권력은 이바노보주 의회(Законодательное собрание)에 의해 실행된다. 집행권력은 이바노보주 행정부와 행정수반에 의해 실행된다. 최고 집행권력기관은 이바노보주 행정부이다. 이바노보주에서의 사법권력은 민사, 형사, 행정소송 절차에 따라 연방헌법 및 법률에 준하여 구성된 법원이 실현한다. 주에서의 법원의 활동과 권한은 연방법률로 정해진다.

이바노보시 행정부가 있고, 뜨로예글라조프(В. В. Троеглазов)이다. 산하에 부시장, 부서와 위원회를 두고 있다. 이바노보시에는 시의회가 있다. 제2기 이바노보시 의회의장은 꿀리꼬프(В. Н. Куликов)이다. 주에 속하는 라이온들에도 역시 행정기구와 수장이 있다.

2)선거

지노비예프(Н. Е. Зиновьев)를 위원장으로 하는 선거관리위원회가 선거를 관리하고 있다.

(1) 이바노보 시장 선거

이바노보 시장선거가 2000년 12월 6일 실시되었고 그 결과는 다음과 같다.

후보자	득표수
그로셰프(Грошев А.В.)	33685
삐메노프(Пименов И.Н.)	23969
보치꼬프(Бочков В.М.)	20972
살리호프(Салихов И.Ф.)	20247
뜨로예글라조프(Троеглазов В.В.)	17587

투표결과 그로셰프가 시장으로 당선되었다.

(2) 이바노보주 지사 선거

2000년 12월 3일 이바노보주 지사 선거가 성립되었다. 5명이 입후보했다. 결선투표는 2000년 12월 17일 실시되었다.

1차투표의 결과는 다음과 같다.

후보명	득표율(%)
벨랴닌(Белянин А.Д.)	1.04
골로브꼬프(Головков А.П.)	32.84
로바예프(Лобаев Н.В.)	2.44
뽀지가일로(Пожигай ло П.А.)	5.06
찌호노프(Тихонов В.И.)	48.46

선거관리위원회의 집계에 따르면, 투표에는 등록된 유권자의 47.39%가 참여했다. 모든 후보에 대한 반대에는 투표참여 유권자의 7.97%가 투표했다.

12월 17일 실시된 결선투표는 찌호노프와 골로브꼬프를 대상으로 실시되었다. 투표결과 찌호노프는 62.36%를, 골로브꼬프는 33.08%를 득표했다. 투표에는 등록된 유권자의 42.88%가 참여했고 모든 후보에 대한 반대에는 투표참여 유권자의 3.49%가 투표했다.

이바노보주 지사로는 찌호노프가 당선되었다.

(3) 러시아연방 국가두마의원 선거

1999년 12월 19일 러시아연방 국가두마의원 선거가 실시되었다. 이바노보주의 유권자수는 938,882명이고, 투표에는 582,593명이 참가하여 62.05%의 투표율을 보였다.

정당별 투표에서 주요정당이 얻은 득표율은 다음과 같다.

정당	득표율(%)
야블로꼬	4.39
단결(메드베드)	26.53
지리놉스끼 블록	9.49
조국-전러시아	9.46
러시아공산당	23.55
우파연합	7.36

Ⅳ. 경제 시스템

1. 경제개황

이바노보주는 7개의 연방지구 중 중앙연방지구에 속하고 12개의 러시아 경제지역 중 중앙경제지역에 속한다. 이바노보주는 운송과 공업, 그리고 문화에서 매우 발달되어 있어 중앙연방지구와 중앙경제지역의 중요한 지역으로 자리잡고 있다. 이바노보주는 러시아의 유럽부 중심에 있다. 그 주위에는 여타 지역이 있으며 상호 영향을 크게 미치는 지역은 야로슬라블주, 블라지미르주, 꼬스뜨로마주, 니제고르트주 등이 있다.

이바노보주의 우월한 자연적인 지리조건은 경제성장에서 대단히 긍정적인 영향을 주었고 이 덕분으로 무역, 문화 등 서유럽과의 관계가 더욱더 확내·강화되어 왔다.

이바노보주는 공업이 기반되어 비교우위를 가지고 있는 지역이다. 대규모 공업단지를 가지고 있는 곳은 이바노보와 끼네슈마이다. 그 외에도 규모가 좀 작은 공업지역은 비추그, 떼이꼬프, 뿌르마노프, 슈 등이다.

한때 이 지역에도 1990년초 러시아에 경제위기가 왔을 때 매우 어려운 시기가 있었다. 그러나 이제는 거의 경제위기가 이바노보주를 통과해서 다 지나갔음을 여러 경제지표에서 보여주고 있다. 특히 1999년 3/4분기부터 이바노보주경제의 중심축인 경공업을 중심으로 차츰 상승을 하고 있는 것으로 나타나고 있다.

이바노보주는 러시아경제에서 차지하는 경제비중이 작은 편이다. 러시아경제에서 이바노보주의 비중을 파악하기 위해 몇 개의 주요 거시경제지표를 표로 보면 다음과 같다.

2000년도 러시아 주요 경제지표에서 이바노보주의 비중

주요 항목	러시아전체 대비 이바노보주 비율
지역총생산	0.3%
공업생산량	0.3%
농업생산량	0.6%
소매유통	0.3%
자본투자	0.2%

http://www.infostat.ru/epub.htm (검색일: 2003.1.10)

이바노보주의 지역총생산은 2000년 기준 러시아 전체대비 0.3% 이다. 생산액에 있어 1999년에 127억 6,100만 루블로 1998년 89억 1,200만 루블과 비교해 전년대비 43.19%이상 상승하였다. 1인당 지역총생산은 1999년 103억 8,200만 루블로 1998년 대비 44.56%이상 증가하였다.

이바노보주의 지역총생산의 주요 구성과 비율에 있어서는 공업부문이 30.3%를 차지하고 있어 이바노보주의 지역총생산을 지탱하는 대들보의 역할을 하고 있다. 이바노보주는 중앙지역에서의 농업경제의 분업적 역할에서 적지 않은 생산을 담당하고 있다. 농업부문이 18.3%의 비중을 차지하고 있다. 여타 부문을 표로 보면 다음과 같다.

지역총생산의 주요 구성과 비율

주요 산업부문	지역총생산의 주요 구조의 비율
공업부문	30.3%
농업부문	18.3%
건설부문	3.3%
운송부문	3.6%
유통부문	9.0%

http://www.infostat.ru/epub.htm (검색일: 2003.1.10)

이바노보주의 총 기업수는 2000년 20,152개이고 소 기업수는 2000년 5,137개이다. 이것은 1999년에 비해 총 기업수는 9.16% 증가하였고 소 기업수는 88.90%를 나타내고 있어 다소 감소하였다.

공업부문에서 현재 활동 중인 기업 수는 2000년에 1,311개이고 이것은 전년대비 85.07%를 기록, 하락세가 다소 나타나고 있다. 공업기업들은 2000년 현재 총 기업수에 비해 6.50%에 이르고 있어 여타 지역의 총 기업수 대비 공업기업수에 비해 매우 높은 비율을 나타내고 있어 공업기업의 활동이 활발함을 알 수 있다.[1)]

2. 산업

1) 공업

이바노보주의 공업은 몇 개의 주요한 부문이 경제를 떠받치고 있다. 그것

1) 연말 통계임

은 경공업, 화학·석유화학공업, 식료품공업, 목재가공, 기계제작·금속가공부문, 전기전력, 그리고 건재공업 등이다.

경공업부문에는 다음과 같은 분야가 주를 이루고 있다. 재봉분야, 메리야스분야, 섬유분야, 신발 등이다. 경공업부문의 기업에서 일하는 노동자들은 총 공업부문에서 일하는 노동자의 절반 정도 된다. 이것으로 비추어 경공업이 이바노보주에서 차지하는 비중은 절대적 수준이라 할 수 있다. 경공업에서 섬유공업은 중요한 의미를 가지고 있는바 현재 러시아 전 섬유공급의 절반정도를 생산해내고 있다.

이바노보주에서 또 하나의 중요한 부문은 기계제작부문으로 여기서 활동하는 기업은 공작기계, 굴착기, 측량도구, 농업기계, 무선기계장치 등을 생산해내고 있다.

목재가공·종이펄프부문도 빼놓은 수 없는 중요한 역할을 하고 있다. 이 부문의 생산을 위해서 목재의 공급이 대량 요구되며 이 목재를 가지고 있는 산림이 이바노보주 영토의 1/3을 차지하고 있으므로 목재가공부문의 발달에 유리하게 작용하고 있다.

식료품공업도 이바노보주의 산업을 구성하는 중요한 분야이다. 이것에서 생산되는 제품의 대부분은 러시아의 여타 지역과 외국으로 판매되어진다. 여기서 생산되는 식료품은 주로 소세지 제품, 마요네즈, 밀가루, 고기와 우유의 통조림, 과자류, 면제품 등이다.

이바노보주의 공업관련 지표를 보면 총 공업생산량은 1998년 61억 9,800만 루블, 1999년 94억 1,000만 루블, 2000년에 133억 500만 루블로 증가폭이 매우 크다. 매년 약 30억 루블 이상 공업생산량이 증가하고 있다. 2000년에는 공업생산량의 상승폭은 약간 줄고 있지만 생산액은 큰 상승을 나타내고 있다.

공업생산지수는 1998년에 105, 1999년에 112, 2000년에 108을 나타내어 공업생산지수상에서는 큰 변화폭이 없는 것으로 나타나고 있다.[2] 이바노보주의 공업[3]의 부문별 구조는 전통적으로 경공업이 월등히 생산량이 높다. 그 비율은 35.8% 이다. 그 외 전기전력 18.7%, 식품공업 13.1%도 현저한 비율을 가지고 있다. 여타 공업부문을 표로 보면 다음과 같다.

---

2) 전년대비 %

3) 러시아 전체공업생산의 0.3%차지하고 있다.

주요 공업생산부문별 생산비율

생산부문	이바노보죠 총공업생산 비율
전기전력	18.7%
연료공업	0.1%
철강업	0.4%
비철금속	0.1%
화학·석유화학	4.2%
기계제작·금속가공	15.3%
목재가공, 종이·펄프	4.9%
건재공업	3.7%
경공업	35.8%
식품공업	13.1%
기타	3.7%

http://www.infostat.ru/epub.htm (검색일: 2003.1.10)

2) 농업

이바노보주는 농업에 적절한 기후를 가지고 있는데 수많은 강과 호수들, 기름진 땅이 바로 이바노보주의 농업을 발달하게 한 요인이었다. 이바노보주에서는 소, 양, 염소, 돼지, 닭 등을 기르고 있고, 당근, 감자, 사료용 식물, 양배추, 식용근대 등을 재배하고 있다. 특히 작물재배 중 아마는 이바노보주의 생산물이 유명한데 이바노보주는 섬유가 좋고 긴 아마를 재배하고 있다. 이바노보주의 섬유공업이 현재 러시아 전 섬유공급의 절반정도를 생산해내고 있는 요인도 이 질 좋고 풍부한 아마의 생산량에 기인한다.

이바노보주에는 1,000개 이상의 농장이 있는 바 2000년 농장경제는 곡물이 주요생산물이었고 많은 농장에서 가축사육도 하고 있다. 이 농장들은 몇 개의 농업발전 프로그램을 만들어 많은 기업과 공급계약을 맺고 있다. 주요 공급계약 품목은 우유, 고기, 채소 등이며 기업들은 이것을 가공하여 통조림 제품을 만들어낸다.

이바노보주의 모든 토지는 214만 4,500 헥타르이다. 이것 중 40%가 농업에 활용되고 있다. 이것은 매우 높은 수치인 바 여기서 가장 앞서있는 농업 분야는 낙농목적의 가축사육, 양돈, 양금 사료용 작물재배, 그리고 아마재배 등이다.

이바노보주의 파종면적은 총 51만 4,300 헥타르이다. 주요 파종면적의 구성을 보면 가을용 호밀, 밀, 곡물, 기타 사료용 작물 등이다. 주요 구성비율을 보면 사료용 작물재배를 위한 파종이 절반이 넘으며 이 사료용 작물에는 곡물이 42%이고 감자나 채소 등이 6%이다. 특용작물은 모두해서 총 파종면적의 1.6% 밖에 되지 않는다.

이바노보주의 2000년 총 농업생산량은 44억 2,090만 루블이며 이것은 1999년의 37억 6,610만 루블에 비해 17.39%상승하였다. 총 농업생산액 중 작물관련 생산액은 1999년과 2000년에 각각 18억 6,770만 루블과 21억 7,440만 루블을 기록하고 있다.

농업생산액 중 가축관련 생산액도 1999년과 2000년에 각각 18억 9,840만 루블과 22억 4,650만 루블로 전년대비 2배정도 상승을 기록하고 있다.[4] 2000년에 상승속도의 둔화가 있지만 상승액은 적지 않은 생산량의 증가가 있었다.

농업생산 지수추이는 1998년에는 85, 그리고 1999년에 112, 2000년에 118으로 점차적인 상승으로 나타나고 있어 이바노바주의 농업경제가 활성화되고 있는 것으로 예측되어 진다.[5]

3. 자원 등 기타

이바노보주에는 약 30%의 무두질토양, 늪지대, 회색산림토양 등이 분포되어 있다. 토양의 특성상 그 구성성분은 점토에서 모래에 이르기까지 매우 다양하다. 이바노보주의 땅의 면적은 214만 4,500 헥타르이며 이중 104만 6,500 헥타르는 농경지로 이용되고 있다.

이바노보주의 주요 수자원은 하천에 유입되는 수량이다. 각 도시로의 물 공급을 원활히 하고 기업의 공업용수 공급과 농경지의 필요를 충족시키기 위해 45개의 저수지가 건설되었다.

이바노보주에는 30-50m 이상 깊이의 광천수가 있으며 이 물은 음수용뿐만 아니라 치료용으로 요양소에서 사용되고 있다.

이바노보주에는 단지 비광석 자원만이 발굴되고 있다. 비광석 자원으로는 땅의 표면에서 가까운 곳에서 채굴되는 점토, 모래, 자갈, 카르보네이트 등의 자원이 있다. 1998년에 이 지역에서 69개의 매장지가 탐사되었으나 26개 지

4) 명목가치임
5) 실질가격,전년대비=100

역은 채굴이 되었고 나머지 매장지는 국가관리 하에 비축되어 있다. 이 자원들은 지역적으로 골고루 분포되어있지 않고 특정지역에 편중되어 있는 경향을 보이고 있다.

이바노보주의 산림지대는 전체 면적의 44%를 차지하는 103만 7,500 헥타르이다. 이 목재들은 단지 건축용 목재로뿐만 아니라 다양한 종류의 야생의 조류나 생태환경을 위해 주요한 역할을 하고 있다.

이 지역의 숲 지대에는 2,929 헥타르의 식림이 이루어졌고 1,508 헥타르의 면적에서는 숲의 자연적 회생을 보조하기 위해 주 정부가 적극적으로 지원하는 등 산림보호 및 활성화에 많은 노력을 들이고 있다.

이바노보주의 식물은 1300여 종이 있으며 이들의 대부분이 사료, 식용, 약용, 양봉, 장식 등 중요한 용도에 사용되고 있다. 1997년 이바노보주는 27,000 그루이상의 나무와 150,000 그루이상의 꽃을 심는 등 주 정부차원에서 산림 및 식물자원에 대한 육성을 하고 있다.

수산자원을 육성하기 위한 정부의 노력으로 인공산란둥지 94,200여개를 만들어 하루 90,000개 이상의 산란을 유도하고 있다.

V. 문화시스템

1. 지역정체성

1) 인구

이바노보주의 인구는 2001년 현재 1,205,000명으로, 러시아연방 전체의 0.83%, 연방 89개 주체 중 29위를 기록하고 있다. 인구밀도는 50.41명/㎢이다.

이바노보주의 인구상황은 해가 거듭될수록 악화되고 있으며, 오늘날에는 전후 이래 최악의 인구 상황으로 평가되고 있다.

이바노보주 인구변동 추이

연도	1990	1992	1993	1994	1995	1996	1997	1998	1999	2000	2001
인구수 (1,000명)	1,295	1,289	1,285	1,277	1,271	1,263	1,253	1,242	1,232	1,219	1,205

Россий ский статистический ежегодник. Госкомстат России. М., 2001. С. 82.

1992년부터 시작된 인구감소 추세는 2001년 현재 84,000명이 감소하는 등 매우 열악한 상황이다. 이는 전적으로 사망률이 출생률을 훨씬 능가함으로써 야기된 것으로, 근본적인 원인은 경제상황의 악화에 있다(1999년 세후 1인당 명목소득 949루블).

전출입 상황은 인구 1,000 명당 전입 27.6명, 전출 23.0명으로 여전히 긍정적인 상황이다. 하지만 이 수치 또한 점차 감소하는 추세에 있다.

이바노보주 출생자수, 사망자수, 자연증가율

연도	출생자수(명)	사망자수(명)	자연증가율(명)
1990	14,952	18,084	-3,132
1992	11,603	19,425	-7,822
1993	10,347	21,830	-11,483
1994	9,738	24,122	-14,384
1995	9,236	23,278	-14,037
1996	8,786	22,418	-13,632
1997	8,377	22,170	-13,793
1998	8,772	21,780	-13,008
1999	8,107	24,914	-16,807
2000	8,592	24,651	-16,059

Россий ский статистический ежегодник. Госкомстат России. М., 2001. С. 106.

인구감소는 자연스럽게 경제활동 인구의 감소로 나타나고 있다. 90년대 초에는 비교적 안정적인 실업률을 기록하였으나, 90년대 중반부터 시작된 고실업 사태는 97년도 경제위기를 계기로 최고조에 달한 후 약간의 하락세를 보이고 있다. 하지만, 경제상황이 여전히 침체된 상황에서는 가까운 장래에 실업률이 정상화되기는 어려울 듯하다. 이바노보州의 경제활동인구 및 취업률, 실업률은 다음과 같다.

이바노보주 경제활동인구(취업자, 실업자), 실업률

연도	경제활동인구 (1,000명)	취업자수 (1,000명)	실업자수 (1,000명)	실업률(%)
1992	673	633	39	5.9
1993	656	601	55	8.4
1994	624	539	85	13.6
1995	641	547	94	14.6
1996	628	524	104	16.5
1997	609	506	103	16.9
1998	592	482	110	18.6
1999	600	495	105	17.5
2000	600	539	61	10.1

Россий ский статистический ежегодник. Госкомстат России. М., 2001. С. 135.

2) 민족

이바노보주의 민족구성은 러시아인 95.8%, 우끄라이나인 1.2%, 따따르인 0.7%, 벨라루스인 0.4%, 모르도바인 0.3%, 추바슈인 0.2%, 아제르바이잔인, 몰다비아인, 집시, 우즈베크인 각각 0.1%, 기타민족 1.0% 등으로 구성되어 있다. 대부분의 주에서와 같이 러시아인이 절대다수를 차지하고 있으며, 민족갈등은 거의 발생하지 않는다.

3) 교육

이바노보주에는 491개 중등학교가 개설되어 있으며, 35개 국립 중등전문학교, 8개 고등교육기관이 운영되고 있다.

그 중 이바노보 국립화공대학, 슈야(Шуя) 국립사범대학이 유명하며, 이바노보 국립섬유아카데미, 이바노보 국립건축아카데미, 이바노보 국립의학아카데미, 이바노보 국립 농업아카데미 및 모스크바 국립경제대학 이바노보 분교, 모스크바 국립산업대학 끼슈네마(Кишнема) 분교 등이 있다.

이바노보주에서는 거의 모든 유형의 복잡한 과학·기술 제품의 제작, 기술 개발, 새로운 설비 생산 등이 가능하다. 다양한 과학·기술연구소는 컴퓨터 프로그램, 정보통신, 섬유, 화학공업 및 기타 기계제작 등에서 매우 높은 수준을 자랑한다.

2. 지역문화

1) 문화개괄

이바노보주는 옛날부터 직물공예품, 넝쿨 공예품, 자수 공예, 민속 의상, 도자기 공예 등의 전통 공예로 유명한 지역이었다. 그 중에서도 직물공예가 가장 발달했는데 이바노보의 직물은 전 러시아에서 유명하다. 이 지역의 직물공예가들은 그림과 꽃무늬가 있는 우아한 작품들을 만들어냈다.

이바노보시는 역사적으로나 문화적으로나 이바노보주의 가장 중요한 도시임에 틀림없다. 18-19세기부터 보존되어 있는 건물들이 도시에 특별한 색조를 더하고 있다. 이들은 주로 민속 공예 공장들인데 지금은 공예건축 기념관으로 사용되고 있다. 최초의 공장은 18세기 중반에 세워졌고 19세기 초에는 이바노보-바즈네센스크(Иваново-Вознесенск)에 이러한 공장들이 이미 150개가 넘었다. 18-19세기부터 유명한 건축가들인 본다렌꼬(И.Е. Бондаренко), 또나(К. А. Тона), 쉐흐쩰(Ф.И. Шехтель)의 설계에 따라 세워진 독특한 교회와 성당이 이바노보-바즈니센스크를 장식하고 있는데, 이것은 높이 솟아 있는 독특한 성모 성당의 건물이며 지금은 예술회관으로 사용되고 있다. 17세기부터 신도들을 받아왔던 오래된 공동묘지교회는 그 보존 상태가 나쁘지 않고 문화적으로도 큰 가치를 가지고 있다. 지금은 이 교회는 성모승천교회로 불리고 있다.

혁명 광장에는 성 십자가제 사원의 아름다운 건물이 높이 솟아 있다. 이바노보주의 푸르마노보(Фурманово)시에는 18-19세기의 아주 독특한 교회들이 있고 아직도 운영 중이다. 모더니즘 당시의 스타일, 구성주의 스타일, 개별 스타일로 세워진 많은 건물들이 이바노보시를 장식하고 있다. 건물들 하나

하나는 다른 것들과 구별되는 자신만의 독특함을 가지고 있다. 이 건물은 '붉은 군대'거리와 '극장' 거리의 모퉁이에 위치한 이전의 겨울 극장 건물인데 지금은 이바노보주의 '문화의 집'으로 사용되고 있다. 그리고 실업학교의 독특한 건물이 인상적인데 지금은 예술 박물관으로 사용되고 있다.

1920년대와 30년대에 이바노보-바즈니센스크에는 지지(地誌)박물관, 대중도서관, 드라마 극장과 '쩩스찔쉬크(Текстильщик, 방직공이라는 뜻)'라는 영화관이 문을 열었다. 이 지역 문화의 역사는 부를린의 이름을 딴 많은 박물관에서 찾을 수 있는데, 부를린은 원래 대 공업자본가였으며 희귀품의 수집가였는데 말년에 이 희귀품들과 오랜 세월동안 수집해온 예술 컬렉션과 전시품들을 시에 기증했다.

유서 깊은 이바노보 땅은 재능과 천품을 가진 많은 사람들을 배출한 곳이다. 작가들, 시인들, 예술가들, 건축가들, 성악가들, 작곡가들이 러시아의 이바노보 땅에서 태어났다. 러시아 민속예술의 아름다움과 독특함은 빨레흐(Палех)지방의 독특한 세공품에 잘 나타나 있는데 이 지방은 놀라운 예술가들을 세상에 많이 배출한 곳이다. 고대 루시로부터 현재에까지 예술가들의 장인술이 대대손손 이어져 내려오고 있다. 궤짝, 패물함, 귀중품함들에 그려진, 빨레흐 지방의 장인들의 그림의 독특함과 개성은 이것들을 보는 이로 하여금 탄성을 자아내게 만든다. 이 작품들은 옻으로 칠해져서 마치 내부에서 빛을 발하는 것처럼 보여, 민화와 영웅담, 구전가요에서 따온 장면의 섬세한 그림들은 밝게 빛난다.

이러한 그림들의 주제는 주로 푸쉬킨의 작품 중에서 따온 것으로 예술가들에게 사랑받는 줄거리들이다. 그리고 고리키는 빨레흐지방 예술가들과 특별한 관계가 있는데 그는 이 지방 예술가들의 조력자였다. 그들은 공예품의 삽화에 고리키의 소설「단꼬」,「바다제비에 대한 노래」,「매에 대한 노래」, 희곡「밑바닥」등에 나오는 내용을 인용했다. 빨레흐 지방의 세공품에는 굽이치는 흰 자작나무, 푸른 들판과 초원, 마을을 감아 도는 아름다운 작은 강 같은 러시아의 진정한 자연이 잘 묘사되어 있다.

옛날부터 빨레흐 지방은 성상화로 유명했는데 이 지방의 성상화는 모스크바, 볼가 유역, 그리스, 비잔틴, 스뜨로가노프스키, 노브고로트의 양식에서 조금씩 빌려왔다. 빨레흐 지방 성상의 독특한 양식은 18세기경에 성립되었다. 그들 예술에 대한 명성은 러시아를 넘어서 외국에까지 퍼져나갔다. 물레, 소금그릇, 일반그릇 같은 공예품은 특히 유명한데, 1925년에 파리에서 개최된 전 세계 박람회에 전시된 빨레흐의 공예품들은 최고의 가치를 인정받았고, 빨레흐 공예조합은 금메달을 땄다. 상을 수상한 것이 이 지방 예술가들이 올바른 길을 가고 있다는 것을 증명하는 것이기 때문에 예술가 조합은 성장하기 시작했고 새로운 기술이 창조되었다. 빨레흐 예술학교의 졸업생들이 그 전통을 이어가고 있다.

많은 빨레흐 예술가들은 러시아의 예술가 연합에 가입해있다. 빨레흐 지방은 훌륭한 복고예술가들과 장인들, 벽화 기술자들, 조각가들을 세상에 배출했고, 이 지방에서 놀라운 사실주의 예술가인 꼬린(Павел Дмитриевич Корин)이 배출되었다.

이바노보주에는 별로 크지 않은 아름다운 도시 쁠레스가 있다. 경탄할 만한 자연과 17-18세기의 건물들이 이 도시에 특별한 매력을 주고 있다. 1982년에 이 지역은 쁠레스 국립 역사-건축-예술박물관 보존지역으로 지정되었다.

1888년에서 1889년까지 빨레흐 지역에는 레비딴(Исаак Ильич Левитан, 1860-1900, 러시아의 유명한 풍경화가)이 살면서 작품 활동을 했다. 여기에서 그는 '볼가의 저녁', '저녁, 황금의 강', '자작나무 숲' '비온 후의 강' '황금의 가을. 농촌' 등 다른 많은 작품을 그렸다. 그가 살았던 집은 1982년에 박물관이 되어 사람들을 맞이하고 있다. 이 곳에는 그의 사적인 물건들, 사진, 자료가 보관되어 있다. 이곳에는 레비딴의 그림과 함께 위대한 러시아 화가인 사브라소프(А. К. Саврасов, 1830-1897), 뽈리노프(В. Д. Поленов, 1844-1927), 쉬쉬낀(И. И. Шишкин, 1832-1898)의 그림도 전시되어 있다. 옛날부터 이바노보 지역은 저명한 문화와 예술 종사자들로 인해 정신적으로 고양되었고 그들로부터 예술적 자양분을 얻었다. 빨레흐 지방은 예술가인 체르니초비 형제, 화가인 사브라소프, 레삔(И .Е. Репин, 1844-1930), 베레샤긴(В. В. Верещагин, 1842-1904), 꾸스또지에프(Б. М. Кустодиев, 1878-1927)가 유명하다.

이 지방에는 또 러시아의 역사가이며 학자로서, 모스크바의 푸쉬킨 조형예술 박물관의 창립자인 이반 츠베따예프와 그의 딸이며 훌륭한 여류 시인인 마리나 츠베따에바가 살았다.

2) 문화시설

(1) 이바노보 역사-지지 박물관

역사지지 박물관은 주의 박물관중에서 가장 오래되고 유명한 박물관이다. 이 박물관은 건축가 뜨루빈꼬프의 계획에 따라 1914년에 세워진 독특한 건물에 위치하고 있다. 건물 건축을 위한 재정은 골동품과 희귀품의 수집가이며 공업자본가인 부를린에 의해 출자되었다. 풍부한 개성의 소유자인 그는 예술을 제대로 이해했을 뿐만 아니라 자신이 직접 시도 쓰고 오랫동안 이바노보 바즈니센스크의 역사책도 썼고, 많은 곳을 여행하면서 자신의 자식과 같은 박물관을 위해 귀중한 수집품들을 모았다. 예를 들면, 이집트의 미라와 1873년 파리의 기술자인 빌레트의 작품인 복합시계들이 그 수집품이다. 지지박물관은 주의 자연, 고대부터 현재까지의 주의 역사에 대한 자료를 가지고 있다.

박물관은 다음과 같은 전시실로 나뉘어 있다: '이바노보 주의 자연', '지역의 건축 기념물', '부를린의 무기 수집품', '부를린- 이바노보 박물관의 창립자', '승전 기념일'

(2) 츠베따예프 가족 박물관

츠베따예프 가족 박물관

이 박물관은 이바노보에서 3킬로미터 떨어진 노보-딸리츠(Ново-Талиц) 마을에 위치하고 있는데 이곳에는 19세기 중엽부터 몇 세대 동안 러시아의 유명한 츠베따예프 가족이 살았었다. 이 가족은 러시아에 위대한 이름을 전하고 있는데 이반 츠베따예프는 러시아의 학자이며 라틴 문학 박사였고 그의 딸 마리나 츠베따예프는 유명한 러시아의 여류 시인이었다.

정원이 있는 아름다운 러시아양식의 집은 베르구자 강의 언덕에 서 있고, 그 옆에는 거의 허물어진 오래된 교회가 있다. 츠베따예프 가족 중 블라지미르 바실리에비취가 처음으로 딸리츠로 왔는데 그는 목사였기 때문에 이 곳 니꼴라이 추도뜨보르츠 교회에 봉직을 위해 보내졌던 것이다. 그의 사망 후 이 교회의 봉직을 그의 아들 뾰뜨르 블라지미로비치가 이어받아서 생의 마지막까지 봉사했다. 츠베따예프 가족은 1928년까지 딸리츠에 살았는데 그

후 집은 국유화되어서 스미르노프 가족의 소유로 넘겨졌다. 1988년 집은 국가에 의해 사들여져서 목사 츠베따예프의 낡은 집의 장소에 당시 모습 그대로 새로 세워졌다. 집의 신축은 몇 년 동안 계속되었는데 1995년 5월 18일에 박물관은 개관되어서 러시아의 학문과 문화의 긍지가 되는 인물들의 삶을 잘 보여주고 있다.

참고문헌

http://www.mojgorod.ru/karacherk_r/index.html

http://wgeo.ru/russia/reg07.shtml

http://wgeo.ru/russia/reg08.shtml

http://socarchive.narod.ru/bibl/polros/Krasnod/geogr-kras.html

http://wgeo.ru/russia/reg23.shtml

http://socarchive.narod.ru/bibl/polros/Dagestan/geogr-dagest.html

http://wgeo.ru/russia/reg05.shtml

http://wgeo.ru/russia/reg61.shtml

http://wgeo.ru/russia/reg34.shtml

http://socarchive.narod.ru/bibl/polros/Sevos_r/geogr-sev.html

http://wgeo.ru/russia/reg15.shtml

http://wgeo.ru/russia/reg26.shtml

http://wgeo.ru/russia/reg01.shtml

http://wgeo.ru/russia/reg47.shtml

http://www.ingushetiya.intergrad.ru/

http://wgeo.ru/russia/reg47.shtml

http://wgeo.ru/russia/reg20.shtml

http://www.intergrad.ru

http://www.gov.ru

http://www.regions.intergrad.ru/

http://wgeo.ru/russia/

http://www.roiip.ru/regions/index.htm

http://www.intergrad.ru/kultura_mus.htm

http://www.gov.ru

http://www.museum.ru

http://www.theatre.ru/

http://ys.mmc.ru/dagestan.html

http://www.towns.ru/main.html

http://www.lenobl.ru/culture

http://www.russianculture.ru/

http://www.bumbinorn.ru/index.php?page=6

Аронов. А. А. Мировая художественная Культура. Россия XX век. М., 1999.

Балакина. Т. И. Мировая художественная Культура. Россия 9с-19с. М., 1999.

Кононенко. Б. И. Культурология. Альбом схем. М., 1998.

Радугина. А. А. Культурология. М., 1998.

Регионалистика: Учебное пособие для вузов. М, 2000.

Регионы России : Стат. сб. В 2т. Т.2./ Госкомстат России. М., 2001.

Экономика и энергетика регионов Российской Федерации, М., 2001.

연 구 진

● **권 세 은**

모스크바 국립대학교 정치학 박사.
현 경희대학교 외국어대학 러시아어학과 부교수.

주요논저:
러시아 관계』(공저, 2001); 『21세기 러시아 정치와 국가전략』 (공저, 2001); 「Синергетический подход к описанию трансформации российского общества」(2003); 「지역연구의 패러다임으로서 복잡성에 대한 시론」(2004)

● **공 우 석**

영국 헐대학교(The Univ. of Hull) 지리학 박사.
현 경희대학교 문리과대학 지리학과 교수.

주요논저:
『정보화시대의 국토와 환경』(공저, 2000);『한국의 제4기환경』(공저, 2001); 『경관생태학』(공저, 2001); 『러시아의 지리』(공저, 2002)

● **안 병 용**

모스크바 국립대학교 문학 박사.
현 경희대학교 외국어대학 러시아어학과 부교수.

주요논저:
「현대 러시아드라마 연구」(2001); 「<적자색 섬>에 나타난 작가와 검열의 문제」(2001); 「<위선자들의 까발라>에 표현된 불가꼬프와 몰리에르」(2002); 「한국에서의 러시아문학 수용 연구」(2003)

● **성종환**

한국외국어대학교 문학박사(노어학).
현 경희대학교 비교문화연구소 러시아지역연구팀 책임연구원.

주요논저:
『현대 러시아어 관용구연구』(2001); 「러시아 지역 정체성연구」(2003); 『동방특급열차』(역서, 2003)

● **공영호**

모스크바대학교 노문학 박사.
현 경희대학교 러시아지역연구팀 책임연구원.

주요논저:
「러시아 연방지구 문화연구」(2005); 「러시아 지역문화연구방법론」(2004); 「러시아 문화연구방법론」(2003)

● **김 성 훈**

모스크바대학교 경제학 박사.
현 경희대 비교문화연구소 러시아지역연구팀 책임연구원.

주요논저:
『이슬람경제의 사상과 적용』(공저, 1999); 「Capital accumulation during the transition period in russian economy」(1999); 「복잡시스템에 기초한 지방경제의 분석모델 연구-러시아 7개 지구 연방지구의 예시」(2004)

러시아 지방연구 I : 중앙연방지구

인 쇄 일 | 2006. 2. 20
발 행 일 | 2006. 2. 27
저 자 | 권 세 은 외
발 행 인 | 김 병 묵
발 행 처 | 경희대학교 출판국
등록번호 | 1977년 11월 8일 제6-5호
주 소 | (130-701) 서울시 동대문구 회기동 1번지
전 화 | (02) 961-0106 / 7
팩 스 | (02) 962-8840
이 메 일 | khup@khup.com
홈페이지 | http://www.khup.com
인 쇄 처 | 한다문화
Tel. (02) 961-7500 Fax. (02) 961-7400
Email. handapp@hanmail.net

ISBN 89-8222-117-4(94980) 정가 20,000원
89-8222-116-6(세트)

ⓒ 2006 경희대학교 출판국

잘못된 책은 바꾸어 드립니다.
저자와의 협의에 의해 인지를 붙이지 않습니다.